JN432608

쌀 · 삶 · 문명 총서

1950년대, 공무원 이강운의
『삼계일기』

이 저서는 2019년 대한민국 교육부와 한국연구재단의
지원을 받아 수행된 연구임 (NRF-2019S1A5C2A02083616)

쌀·삶·문명 총서

1950년대, 공무원 이강운의

『삼계일기』

이정덕, 박지환, 이성호, 소순열, 김미숙, 진명숙, 양선아, 공은숙, 이홍재 편

전북대학교출판문화원

△ 이강운 (1965년 3월 촬영)

△ 부인 태재남 여사 (1965년 3월 촬영)

△ 어머니 김성녀 여사(1953년 12월 1일 촬영)

△ 이강운, 태재남 부부 (1959년 경 촬영한 것으로 보인다)

△ **가족사진**

이강운, 태재남 부부와 어머니 김성녀 여사, 그리고 장남 홍재와 장녀 길재 (1959년 촬영)

△ **장남 홍재를 안고 찍은 사진**

이강운은 1956년 1월 3일 일기에 "어제밤에 學慶이한테 오늘 와서 寫眞 한 장 찍어 달라고 해서 相當히 기다렸드니 自己의 甥姪과 같이 올라와서 興宰를 다리고 撮影했다. 이제까지 興宰의 寫眞 一枚 撮影치 못했었는데 오늘 처음으로 記念撮影을 하였다"고 적었다.

△ **종매 강주 결혼식 사진**

1956년 3월 30일, 큰집 종매 결혼식 사진. 앞줄 신랑 옆이 백부, 신부 뒤가 이강운이다.

△ **군 시절**

1961년 10월 23일 촬영.

이강운은 1961년 8월 26일 입대하였다. 외아들에 홀어머니와 부인, 그리고 세 자녀를 둔 가장이었던 이강운은 1962년 4월 5일 가사 사정에 의해 제대(의가사제대)했다.

△ 1954년 농도원 연수 중 찍은 사진

이강운은 1954년 6월 9일부터 28일까지 익산 황등의 농도원(農道院)에서 20일간 연수를 받았다. (『삼계일기』, 1954년 6월 9일과 28일자 일기) 사진 뒷면의 기록에 의하면, 연수 기간 중인 1954년 6월 23일 일과를 마치고, 전북 농도원에서 찍은 것으로 왼쪽은 남원 대산면에서 연수를 온 이운태(李雲泰)이다.

△ **친구들과 함께 찍은 사진**

1959년 2월 27일, 왼쪽부터 이강운, 오상영, 곽병술이다.

△ **3인이 부부 동반하여 찍은 사진**

남자들의 양복과 넥타이가 모두 위 사진과 같은 것으로 보아 같은 날 촬영한 것으로 보인다.

△ **1959년 남산공원 이승만 동상 앞**

아마 서울 출장이나 연수 중 동료들과 남산을 찾아 찍은 것으로 보인다.

△ 1957년 2월 2일 삼계국민학교 강당에서 삼계면 청년회가 연극 공연을 하고, 그 다음날 무대를 정리하러 가서, 교정에서 기념촬영을 했다(삼계일기 1957년 2월 2일과 3일자 일기).
사진 뒷면에는 "바리에디쇼(버라이어티 쇼)에 출연한 그들은 누구?"라고 적고,
촬영 날짜와 장소가 적혀있다.
왼쪽 사진의 맨 오른쪽, 오른쪽 사진의 왼쪽에서 세 번째 중절모를 쓴 이가 이강운이다.

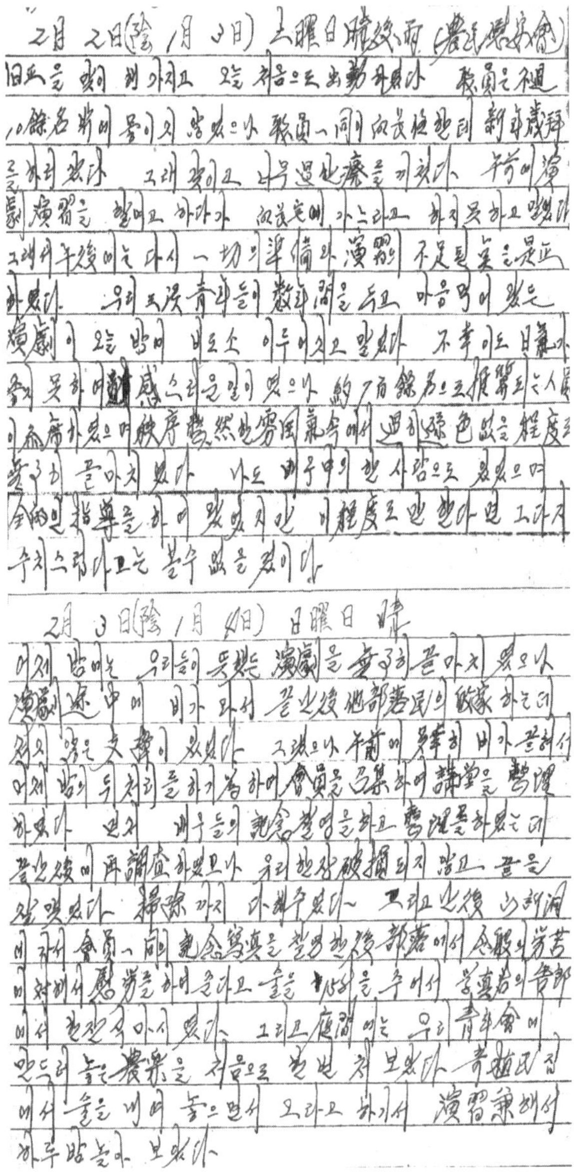

△ 삼계면 청년회의 연극 공연과 기념촬영에 관한 기록을 남긴 1957년 2월 2일과 3일의 일기

서문

우리는 지난 1년 동안 1950년대 농촌 일기 한 편의 탈초·입력·해제 작업을 해왔다. 이 일기는 전북 임실 삼계면에서 오랫동안 면장으로 봉직해 온 고 이강운李康惲 옹의 일기로, 그 원본을 우리가 얻게 된 것은 지난 2016년 가을이었다. 이 옹의 큰 자제인 이홍재 교수가 우리 연구팀에게 일기, 편지, 가계부 등 선친의 개인 기록물들을 연구 자료로 제공해 주었던 것이다. 그런데 우리는 이런저런 사정으로 이 자료들의 분석에 착수하지 못하고, 작업을 차일피일 미루고 있었다. 다행스럽게도 작년부터 〈한국연구재단〉의 연구비 지원을 받게 되어, 미뤄왔던 이 옹의 일기를 읽고, 입력하고, 분석하는 작업을 진행할 수 있게 되었다.

우리는 일기의 제목을 글쓴이의 직업과 이름, 그리고 배경이 되는 지역 이름을 합쳐서 정하기로 하였다. 몇 개의 안을 검토한 결과, 가족과 연구팀의 의견을 모아서 『1950년대, 공무원 이강운의 삼계일기』(이하 『삼계일기』)라는 제목으로 출판하기로 결정하였다. 『삼계일기』는 1954년부터 1957년까지 약 4년 동안의 기록이다. 그리 길지 않은 기간이지만, 한국현대사 연구에서 상대적으로 공백 상태에 놓여있는 1950년대 초중반의 기록이라는 점이 우리 연구팀의 관심을 끌었다.

일기의 저자는 1931년 임실 관촌면에서 태어나 9세 되던 1938년 삼계로 이주한 후, 줄곧 그곳에서 생활하였다. 일기를 쓰기 시작한 1954년은 저자가 25세 되던 해이다. 일기가 기록된 4년 동안 이강운 옹은 삼계면사무소에서 면서기로 근무했다. 이 시기는 휴전협정이 이미 조인되었음에도 불구하고, 삼계면을 포함한 임실군 전 지역에서 여전히 전쟁이 진행되고 있던 때였다. 전쟁으로 드러난 이념 갈등이 아직 봉합되지 못했을 뿐 아니라, 심심치 않게 산사람이 출몰하고 그때마다 무장한 군경이 마을 전체에 비상을 걸곤 했다.

『삼계일기』는 제도와 조직체계가 채 정비되기도 전에 전쟁을 겪은, 매우 불안정한 국가가 체제를 유지·강화하기 위해서 어떤 정책 수단들을 동원하는지, 그것이 국가 조직의 말단 기구인 면사무소를 통해서 농촌 마을사회에 어떻게 전달되는지, 그리고 전후의 빈곤과 공포 속에서 살아가는 농촌 주민들은 국가의 통제와 동원을 어떻게 해석·대응하는지를 보여준다. 근대적 규범을 강제하는 국가기구와 전통 공동체 규범을 고수하려는 마을주민 사이에 낀 면사무소의 말단 공무원은, 터무니없는 강제 동원과 통제를 지시하는 국가에 대한 불만과 법과 행정체계를 무시하고 거부하고 회피하는 주민에 대한 원망을 일기 속에 털어놓았다.

우리 연구팀은 일기를 비롯한 개인기록이 개인의 일상과 정치·사회제도가 부딪치는 접점을 통해서 한 시대의 역사를 복원해준다고 믿는다. 특히 현대일기는 한국사회의 압축된 근대화가 빚어낸 제 요소들의 모순적이고 불균등한 접합을 구체적인 현장 수준에서 보여주는 자료임이 분명하다.『삼계일기』는 그동안 근대사 연구에서 상대적으로 소홀히 다루어졌던 1950년대 중반의 농촌사회에 대한 기록이다. 어느 개인기록 연구자가 말한 것처럼, 일기는 전체 사회 또는 민족국가 수준의 사회변동과 지역사회 및 공동체 수준의 변동 사이의 상호작용을 개인의 경험을 통해 보여준다. 이런 점에서『삼계일기』는 전쟁 직후, 불안정한 국가와 가난한 농민이 만나는 현장의 다중적, 다층적 모습을 젊은 면서기의 경험을 통해 보여주고 있다. 우리는 이 일기가 해방, 전쟁, 그리고 과대성장한 국가로 이어지는 구조사의 틈을 메우는 자료가 될 수 있기를 기대한다.

무엇보다도 소중한 삶의 기록을 남긴 고 이강운 옹과 그 기록을 선뜻 연구 자료로 제공해준 그분의 가족들께 감사드린다. 일기란 원래 개인과 집안의 내밀한 사연을 담고 있는 것이어서 전문을 공개하고, 그것을 출판하기로 결정하는 것이 얼마나 어려운 결정인지를 잘 알고 있다. 그럼에도 불구하고 우리 연구팀에게 기꺼이 자료 일체를 건네주신 가족, 특히 이강운 옹의 아내이신 태재남 여사께 깊이 감사드린다. 당연한 일이지만 우리 연구팀은 이 기록을 학술자료로 활용하는 데 있어서, 저자와 가족께 누가 되지 않도록 최선의 노력을 다하겠다는 약속을 드린다.

일기 원본의 초고 입력에 수고를 아끼지 않은 김성식 박사와 윤희숙 선생께 감사드린다. 전쟁 직후에는 한글 맞춤법 통일안조차 제대로 갖추어져 있지 않았다. 국한문 혼용에 현대 문법에 맞지 않는 글자들이 섞인 일기 원문을 해독하는 작업은 언제나 깊은 집중을 요구한다. 연구팀과 함께 일기의 독해와 탈초 작업에 공을 기울여 준 두 분의 노고가 우리 연구팀에 큰 힘이 되었다. 일기가 세상에 나오기까지 온갖 궂은일을 맡아준 유승환, 엄태양 군에게 감사 인사를 전한다. 『삼계일기』가 세상에 나오는 데는 두 사람의 공이 가장 컸다. 마지막으로 어려운 상황에서도 선뜻 일기의 편집과 출판을 맡아준 전북대학교출판문화원의 구자생, 이진영 선생께도 감사드린다.

2020년 12월

연구팀을 대신하여 이성호 씀

일러두기

1. 일기 원문의 한글 표기는 틀린 글자나 방언 등도 교정하지 않고 원문을 그대로 입력하였다. 다만 방언이나 일본식 용어 등의 뜻풀이가 필요한 경우에는 〈각주〉에 간략한 설명을 추가하였다.
2. 모든 문장의 끝에는 '마침표(.)'를 넣었다. 그 외의 문장 부호는 원본에 있는 그대로 입력하였다.
3. 띄어쓰기는 문법에 맞게 고쳐 입력하였다.
4. 누락된 글자는 수정하지 않고 그대로 두는 것을 원칙으로 하되, 문장의 이해를 위해 반드시 필요하다고 판단되는 경우에 한해서 〈 〉 안에 빠진 글자를 입력하였다.
   예) 여〈러〉가지
5. 틀린 한자는 [ ] 속에 바른 한자를 넣었다. 같은 단어에서 틀린 글자가 계속해서 나올 때에는 매년 첫 출현지점에서 1회만 교정하고 나머지는 원본 그대로 입력하였다.
   예) 誤[娛]樂
6. 한자의 약자나 간체자는 정자로 고쳐서 입력하였다.
   예) 事実 → 事實
7. 날짜 표기는 원본과 관계없이 아래와 같이 입력하였다.
   1) 일기 원본에서는 연도 표기를 '단기'로 하고 있으나, 일기 표지의 연도 표기와 매일 매일의 날짜 표기는 모두 '서기'로 고쳐서 입력하였다. 다만 일기 내용 중에 등장하는 단기 표기는 고치지 않고 그대로 입력하였다.
   2) 연, 월, 일, 요일, 날씨는 모두 원문 그대로 한자로 표기하였다.
   3) 일기 원문에서 매일 매일의 날짜 표기에는 연도가 기록되어 있지 않으나, (검색의 편의를 위하여) 연도 표기를 넣어 형식을 맞추었다.
   4) 일기 원문의 날짜 및 날씨 표기 형식 , 즉 "양력 월, 일(음력 월, 일) 요일, 날씨"는 그대로 입력하였다.
      예) 1956年 12月 30日 (陰 11月 29日) 日曜日 曇 後 雨
8. 해독이 불가능한 글자는, 글자 수만큼 'ㅇ'로 표기하였다.

목차

일기 제1권

〈1954년(단기 4287년) 5월 1일 – 9월 23일〉

1954年 5月 1日 (陰 3月 29日) 土曜日 雨 (勞働節)

나는 오늘부터 日記를 써보려 한다. 過去에 써보지 않은 日記를 今日부터 急作히 始作하였는데 이겄이 그대로 繼續될 것인지가 自身이 의문이다. 그러나 一旦 始作한 以上 誠意를 다하여 繼續하여 보기로 마음과 約束한다. 오늘은 아침부터 구름이 찌고 매우 날씨가 좋지 못하였으나 在鄕軍人手帖 進達 次 上郡하였었다. 郡에서 韓大錫과 맛나서 用務를 끝마치고 大韓뻐스 停留所 前에서 기다리다가 朴 係長을 맛났섰다. 나려올 적에는 車가 없어서 任實장을 보고 돌아오는 장사군들을 실코 오는 車를 탔었다 車中에는 大多數가 장사군들이여서 좋지 못한 言動을 함으로 나는 大端히 氣分이 나뻤다.

 獒樹에서 三溪로 行하려 하였으나 營團에 있는 車主 韓相鳳이가 車가 있다기에 기다리다 車가 없어서 歸家치 못하고 夕飯을 萬基 氏한테 페를 끼치고 屯南面事務所 宿直室에서 오늘의 하로밤을 보냈다.

1954年 5月 2日 (陰 3月 30日) 日曜日 晴

오늘은 獒樹에서 朝飯을 먹고 三溪로 오려고 車를 기다렸으나 一時 以上 기다려도 않 오기에 걸어서 돌아왔다. 支署에서 付託한 三月 末 統計 關係로 日曜日임에도 不拘하고 夜勤까지 했다. 午後에 支署에서 새로 부任한 鄭 巡警이 人事 次 登所하였다. 面長室에서 竹溪 三溪 德溪의 三個 部落 兒童에게 種痘를 實施하였다. 夜間에 面에 놀러 나갔드니 當直이 없어서 代直하였다. 夜間 뉴-스 美國의 소리 제네바 會談 關係가 放送되였다. 北韓은 單獨으로 總選擧를 主張하고 南韓에서는 UN 監視 下에 實施하자는 卞 外務長官이 主張하였다고 한다. 如何間 今般

會議에서 우리 韓國 問題가 順調로히 進行되기를 苦待하는 바이다.

1954年 5月 3日 (陰 4月 1日) 月曜日 晴

어제부터 豫想하였든 겄이 틀림없이 마젔다. 午前 中에 支署 小使가 왔는데 召集令狀 6名이 下令되여서 明日 出發이라고 書類 作成을 付託한다. 골치 아풀 놀읏이다. 돈 걱정이 先決 問題이다. 午食을 한 뒤에 支署에 갔드니 今般 新任 兵事擔當 職員은 從前 舘村支署 兵事擔當者로서 從前에부터 아는 親友이였다. 支署에서 面으로 가는데 郡 産業課長과 農事係長이 改良묘판 設置 次 出張하여 가지고 面前에 學淳이 苗板이 規格에 어긋낪다고 自身이 물논에 들어서서 改良을 하고 있는데 그대로 볼 수가 없어서 職員들도 같이 하였다. 夕陽에 歸家하였는데 正壽 氏가 와서 鶴亭里 朴玩根이가 今般 令狀을 받았다고 適當히 하여서 入隊치 않토록 하여 달라고 哀願을 한다. 우스운 世上이라 돈만 가지면 萬事解決인 줄만 알고 있는 이 心事를 어찌 할고. 나는 끝까지 拒否하였다. 아무리 黃金萬能의 時代일지라도 자기에게 負荷된 의무를 完遂치 않고 이겄을 金錢으로 막어보려 하는 20世紀의 人間生活. 우리에 머리로부터 바로 없에야 할 問題 바로 이겄부터다. 金錢이 有罪이냐 時代가 有罪이냐. 하나님이시여 우리의 口號 中의 하나인 (사바사바)란 言句가 없어지게 하여 주옵소서. 그리하여야 만이 우리 人間生活에 曙光이 빛일 겄이다.

1954年 5月 4日 (陰 4月 2日) 火曜日 晴

昨日 發付하였든 第二國民兵 令狀을 받은 壯丁을 引率하여야 함으로 아침부터 마음이 초조하다. 午前 中에 數個 里長을 相對하여 今般의 所要 經費를 徵收하는데 大端히 분주하였다. 午後에 壯丁을 引率코 步行하려 하였으나 時間 關係 上 本意는 않이나 不得已 洪春植 道峯運動車가 있어서 其 車便을 利用하여 獒樹까지 行하였다. 任實서 郡에서 事務 마치고 署에를 갔었다. 今般 新任한 動員班長 梁 警査와 初人事을 하였다. 人間的으로 相當히 溫順한 사람이였다. 宿所은 獒樹旅館으로 定하였다. 今日 動員된 人員은 韓丙洙 朴琉根 金仁基 金丙植 金學均 金車植 等이었다. 家族들도 任實까지 따러 왔는데 모두 不安한 表情들을 하고 있다. 나도 最初에는 이 光景이 보고 싶지 않하였으나 이제 와서는 無通[痛]之事가 되였다.

1954年 5月 5日 (陰 4月 3日) 水曜日 晴 (어린이날)

오늘은 任實까지 引率한 入隊壯丁을 全州까지 引率하여야 한다. 午前 10時 半 頃 任實東中 運動場에 集結하여 壯行會를 끝마치고 任實驛으로 行하였다. 驛에서 約 3時間 동안 기다렸다 1時 半 車로 全州에 行하였다. 壯丁들의 引率로 全州에 온 지도 벌써 數個月이 經過되였다. 今般 以外로 宿所가 從前과 變更되여 '院坪館'으로 정하였다. 壯丁들의 中食을 代用食으로 提供하고 梁 警査와 같이 中食을 끝마치고 今日 開催되는 地方自治 2週年 記念大會場인 道廳 會議室로 行하였다. 會議室에서는 약 400餘名의 각 市郡邑面의 行政責任者가 集結되여 熱熱[烈]히 進行되고 있었다. 道知事를 비롯하여 各 課長과 各 係長 그리고

道內 巨物級만이 모였음으로 과연 嚴肅하고도 緊張하였다. 地方實情의 廳[聽]取와 代議員大會 및 討論이 끝난 後 一但[旦] 大會가 終幕을 짓고 끝으로 豊南國教學生의 慰安會가 있었다. 여기서 본바 農村의 學生과 都市學生의 差異란 너무나도 컸었다. 音樂과 춤, 개미와 매미의 題目으로 된 演劇이란 참으로 잘- 하였다. 約 한 時間 假量 하였는데 끝으로 女兒들이 男裝을 하고 16名 가량 나와서 農樂을 치는데 야~ 정말 잘들 하드라. 꽹매기와 장구는 先生任들이 안 보이는 데서 치고 어린 아이들이 소구놀음을 하는데 참 잘하였다. 이것이 끝난 後 宿所로 歸家하여 본즉 壯丁들은 從前과 같이 화토놀음만 하고 있었다.

1954年 5月 6日 (陰 4月 4日) 木曜日 晴 (立夏)

오늘은 壯丁의 引繼하는 날이다. 朝飯이 끝난 後 壯丁을 引率하고 宿所를 出發하여 公設運動場으로 集結하였다. 가는 途中 蓬來[萊]園에 들어가서 結婚式場의 內部와 花園을 求景하고 나왔다. 오늘은 新兵補充隊에서 引受官이 빨리 안 와서 午後 늦게야 引繼하였다. 運動場 周圍에는 많은 사람이 꽉 찻다. 歡送 나온 사람 引率者들이였다. 그러나 其中에는 좋지 않은 行動을 取하려 오는 사람들도 勿論 있을 것이다. 오늘 入隊者는 金丙植 朴琓根 둘뿐이였다. 引繼가 끝났으니 다른 때 같으면 피勞한 몸이니 全州서 자고 올 것이나 旅費 關係로 바로 歸家하였다. 引繼 後 다시 蓬來園 앞으로 오는데 結婚式이 擧行되고 있었다. 나는 처음으로 보았기에 들어가서 求景하였다. 式場은 華麗하게 裝置되여 있으며 正面에 新郎 新婦 둘이 섯고 兩便에는 各 二人式 둘러리가 서 있었다. 過[果]然 農村의 그것과는 判異하드라. 여기에도 農村과 都

市를 區別할 수 있으니 사람은 반드시 都市生活을 하여야 만이 人間다운 生活을 할 수 있드라. 나도 반드시 앞으로 都市人의 一人이 되기를 計劃하고 있다. 計劃이 제대로 되여서 나의 目的이 達成되기를 기다릴 뿐.

1954年 5月 7日 (陰 4月 5日) 金曜日 晴

近日의 出張을 마치고 歸廳하여 오늘은 出張하라는 겄을 當直이라 하여 나가지 않 하였다. 午前 中에 面長室에서 面長任의 道會議 結果로 因한 職員會議가 있었다. 저녁에는 宿直으로 面 宿直室에 나왔는데 副面長과 前 黃 校長이 놀러 나왔다. 오늘의 하로는 無意味하게 無事히 보냈다. 오랫만에 一個月分 俸給을 찾았는데 前日 全州 出張 時 千圜을 前渡하였기에 오래간만에 찾은 俸給이 불과 몇百圜이다. 요새는 너무나도 經濟的 打擊이 甚하다. 오래동안 기다렸던 겄이 요 모양이니 말만 좋고 허울만 좋은 月給쟁이 身勢다.

1954年 5月 8日 (陰 4月 6日) 土曜日 晴

家屋稅 其他 여러 가지 用務로 後川里에 出張하였다. 阿山市場에서 財務係長을 맛나서 같이 二區로 갔다. 後川 二區라 하면 面內에서도 有名한 部落이다. 거기다 里長마저 없어서 部落에서나 面 行政에도 크나큰 困難이 있다. 里長代理로 許光漢씨와 같이 部落 全部를 戶口訪問하였는데 過然 困難트라. 所謂 面內 有志라고 하는 분들이 協助는 그만두고 破壞的인 態度를 取하니 이래서야 우리 面 行政뿐만이 아니라 全

體 國家的 見地에서 生覺할 때 寒心하기 짝이 없다. 其 中에도 淳朴한 분들도 있었으나 우리에 目的을 達成치 못하고 三區로 行하든 中 川邊에서 모욕을 하고 部落民의 말을 들어본 즉 里長 班長이 모다 없다기애 다시 阿山市場으로 行하였다. 阿山市場에서 一區 里長을 맛나서 이야기를 하고 歸家하였다.

1954年 5月 9日 (陰 4月 7日) 日曜日 晴

一週日에 한 번 있는 日曜日이다. 普通時代이라면 應當 休日이나 戰時下이기에 이 즐거운 日曜日도 所用없다. 出勤 後 改良苗板 關係로 出張을 하였다. 明日 道 農務課長이 來面 視察한다기에 優先 道路邊이라도 改良하겠다고 出張한 것이다. 그러나 우리들의 想想[像]과는 正反對이다. 제아무리 舊習的 苗板을 없애고 改良하여 보겠다고 當國에서는 아무리 指導督勵을 하여도 이겄은 쓸데없는 空念佛에 不過하다. 왜 이다지도 農民들은 政府의 指示하는 施策에 順應치 않은고. 雜種金이나 税金 等은 自己의 財産의 一部分이 消費되기에 그러하다. 자기에게 유리한 農業增産도 웨 듯지 않고 이다지 사람을 괴롭핀지 답답한 일이로다. 歸家 時 공고롭게도 朴世俓의 選擧運動車를 타게 되였다. 公務員이 選擧運動車 탓〈다〉고 할가바 마음속에서 쥐돗을 놓았다. 앞으로는 絶對 이러한 車 않 타기로 決定하였다.

1954年 5月 10日 (陰 4月 8日) 月曜日 晴

昨日의 出張에 責任 完遂를 못하여서 今日 또다시 鴻谷里로 行하였다.

途中에 水邊에서 개고리 戰爭을 재미있게 求景하였다. 如何間 우스운 일이다. 개고리가 數10마리 集團的으로 모여서 싸움을 하는지 作亂을 하는지 야단들이다. 어느 데를 가든지 똑같은 光景이였다. 이상야릇한 일이라고 모두들 얼굴을 서로 맛댄다. 鴻谷 二區 里長이 없어서 一區로 行하였다. 一區 里長과 같이 苗板을 보고 一區 部落에서 中食을 盧主事와 같이 마치고 午後에 일직 歸家하였다. 남들은 4月 8日 慶節이라고 모두들 契樹場으로 막걸리 한 잔式이라도 먹으러 갓는데 下待받은 末端公務員은 이날을 즐기지 못하고 쓸쓸히 하로 해를 보내게 되였다. 하잘것없는 未[微]官末職 바뿌기만 잔뜩 바뿌니 이 事情을 알어줄 사람 그 누구리요.

1954年 5月 11日 (陰 4月 9日) 火曜日 晴

아침 햇빛이 밝아오니 어쩐지 마음이 바쁘다. 今日을 相當히 기다렸었다. 지난 9日에 開催 豫定이였든 民議院立候補者 合同政見發表大會가 雨天 關係로 今日 開催케 되였다. 또한 學校에서는 어린이날 週刊을 記念하기 爲하여 學藝會를 開催한다. 이것저것 合하여 相當히 기다렸든 날이다. 九時 頃이 되자 各 立候補者가 들어와서 選擧運動員들이 마이크를 通하여 熱辯을 吐하고 있다. 各 里에서는 많은 人員들이 여기에 모여들어 이 재미있는 觀景을 보고 있다. 三溪里 洞內가 언제나 이렇다면 大都市 부럽지 않하겠다. 數千名의 群衆 數臺의 擴聲器. 洞內는 一大 都市와 같은 氣分이 났다. 時間이 되여 政見發表大會가 始作되는데 全部 다 雄辯家들이다. 其 五名 中 一名이 榮譽를 獲得하고 남은 四名의 落選이 決定될 것이니 過然 어떠한 人物이 當選될 것인지. 남들은 그와 같이 大志를 품고 國家를 爲하여 勇躍議政壇上에 나가겠다고 그와 같이들 하는데 이 拙者는 이겼을 꿈에도 生覺지 못하고 그네들의 얼굴만 쳐다보고 있으니 寒心하기 짝이 없도다.

大會가 끝난 後 署長任의 講演이 있었고 中食을 끝마치고 午後부터 學藝會가 始作되였다. 어린이들은 數日間 精誠껏 배운 바를 여러 아버지 어머니 兄任 누나를 모시고 재미있게 놀고 있다. 나도 10年 前에는 이 學校 이 자리에서 저 아이들과 같이 놀았겠만 無情한 歲月만이 빠르게도 흘러 벌서 옛 追憶의 한 토막이 되고 마렀다. 언제나 또 저와 같이 즐거운 時節이 또 올 겄인가? 萬若에 못 온다면 섭섭하기 짝이 없다. 場內를 살펴보니 어렸을 대 같이 놀든 舊 親友들이 벌서 어린애를 등에 없고 이 자리에 몽여 있더라. 보고도 모른 척하고 알고도 人事가 없는 異性 間이라 답답하다. 農村의 社會生活.

1954年 5月 12日 (陰 4月 10日) 水曜日 晴

어제의 재미있는 하루를 보내고 오늘을 맞이하니 마치 맛있는 飮食을 먹다 쓰디쓴 藥을 對하는 것 같다. 일직이 出勤하여 멫일 쉬엿든 탁구를 한번 쳤다. 家屋稅 徵收 次 出張하라기에 磊川 三隱 方面으로 出發하여 磊川里에 도着하여 其 部落에서 戶戶訪問을 하여 徵收하였다. 한 집에 二回式이나 訪問하여도 주지 않은다. 勿論 經濟的 打擊이 莫甚한 줄은 共通된 事實인 줄 아나 國民의 納稅 觀念이 極度로 薄弱하여진 事實이라 아니할 수 없다. 持參 納付 할 義務가 있는데도 不拘하고 戶戶에 訪問을 二 三次式 하여 모른 척한다. 일직이 歸家하여 할 일 없이 길거리를 헤매였다. 요새에 같으면 하루해도 지질하다.

1954年 5月 13日 (陰 4月 11日) 木曜日 曇 後 雨

昨日의 出張을 繼續하여 다시 磊川里를 經由하여 三隱里 行하였다. 一區 里長任은 若干의 稅金을 徵收하여 놓았드라. 남은 家庭에 대하여 訪問하여 보았으나 別無神通이라 별수 없이 二區 里長한테 가서 中食을 마치고 亦是 個別訪問을 하여 끝마쳤다. 아직도 未完임으로 明日 또 出張하여야 할 테이니 마음이 괴롭다. 젊은 놈이 門前門前 訪問하고 다니니까 챙피하기도 하고 추접하기 짝이 없다. 그래서 三隱 二區에서 바로 歸家하였다.

1954年 5月 14日 (陰 4月 12日) 金曜日 雨

今日도 계속하여 에제의 出張用務를 執行하여야 할텐데 雨天 關係로 午後에 出張하려고 斷念하였다. 그러다가 다시 비가 개여서 出發하였다. 가는 途中 비가 와서 困難하였다. 磊川里에서 前日의 用務를 다시 繼續하고 海谷에 가서 個人 相對해서 徵收하여 가지고 돌아오다 海谷 堤淵에서 낙시질하는 데서 잠간 놀다 歸家하였다. 午後에는 出勤도 않아고 집에서 놀다 洋服店에 가서 下服을 찾어 가지고 오다 店房에서 成植이한테 燒酒 한 잔 어더 먹고 들어왔다.

1954年 5月 15日 (陰 4月 13日) 土曜日 晴

二日 前부터 나리든 비가 完全이 개였다. 오는 5.20 總選擧에 對한 啓蒙宣傳 次 出張을 하여야 한다. 勿論 今日은 槧樹市日이기에 部落에 나가밧지 사람이 적다는 겄은 아는 일이나 緊急性에 빛구어 全 職員 出

張하였다. 磊川里에 가서 보니 里長도 없고 班長은 一名이 있어서 其班長을 相對하여 部落民을 集合시켰으나 여간 모여 주지 않은다. 午後二時에 豫定이였든 것이 약간 느저서 始作되였다. 要旨는 李 大統領閣下의 七次에 걸친 談話 發表에 對한 解說과 棄權 防止 및 無效投票 防止에 對한 內容으로서 할 줄 모른 말로서 時間을 채웠다. 始作하기 前에 里長이 와서 끝난 後 가치 海谷에 와서 班長에게 內容을 說明하고 바로 歸家하였다.

1954年 5月 16日 (陰 4月 14日) 日曜日 晴

오늘은 가장 재미있게 놀어야할 일이 있는데 遺憾스럽게도 가지 못한다. 今般 郡 兵事係長 朴東業씨가 갈여서 餞別會를 舘村面 四仙臺에서 擧行키로 하였는데 오늘따라 5.20選擧 啓蒙講演 次 郡守 署長 郡選擧委員長이 來面하여 各 選擧委員 里長 班長 有志 合同會議가 있다기에 가지 않고 待機하였다. 그래서 九時 頃 學校에 가서 기다렸더니 11時頃에 와서 그때에서 바로 始作하여서 늣게사 會議가 끝났다. 午後에는 요새 멫일 쉬였든 탁구를 늣게까지 쳤다.

저녁에는 宿直으로 因하여 面 宿直室에서 놀다가 오늘의 하로밤을 새웠다.

1954年 5月 17日 (陰 4月 15日) 月曜日 晴

86年度 兵務協會費 未收 徵收 次 後川 二區 出張하였다. 福贊 魯植 光朝와 같이 가서 班長을 찾었으나 없어서 할 수 없이 三區로 행하였다,

그러나 亦是 거기도 里長은 現在 欠員 中이고 班長 亦 없어서 할 일 없이 山水里에 가서 거기서 里長을 맞나서 今日의 出張用務를 이야기하였다. 班長들의 要求는 個別訪問을 主張하였으나 그러하고 싶지 않하였다. 그래서 午食이 끝난 後 주저하고 있든 次에 炳八과 泰植이가 와서 村前 酒幕에서 燒酒를 먹기 시작한 겄이 그만 해가 넘어가서 볼일다 틀여 버리고 泰植과 炳八은 燒酒에 떠러지고 말었다. 絶對 過飮하면 재미없으니 제발 좀 好酒客들 삼가했으면 모-든 面으로 바서 有利할 겄 같은데 떠들다 잠든 炳八와 떠드러대는 泰植과 같이 山水里에서 今日 하로밤을 새웠다.

1954年 5月 18日 (陰 4月 16日) 火曜日 晴

아침 일직이 일어나서 어제 술 먹고 속 앞은 사람들을 爲하여 里長 집에서 해장국을 끓여왔다. 未安하여 죽겠드라.

朝飯 後에도 舊 里長의 집 舍廊에서 할 일 없이 놀고 있었드니 朴 巡警이 와서 같이 있다 다시 後川里로 行하였다.

後川理에 가보니 如前 里長은 없어서 阿山市場으로 가서 基洙 氏 집에서 中食을 먹었다. 市場日이나 場內는 너무나도 冷冷하였다. 午後에는 選擧事務 關係로 各 投票委員 里長 面職員 合同會議 三時부터 始作되였다. 이번 選擧야말로 가장 重大하기에 이 事務에 責任이 있는 機關에서는 하나에서 열까지 精誠껏 力量을 기우리고 있지 않은가. 앞으二日 앞둔 選日이기에 우리 投票事務에 從事하는 公務員들도 大端히 마음과 같이 몸도 바쁘다.

1954年 5月 19日 (陰 4月 17日) 水曜日 晴

明日의 投票事務準備에 大端히 바뻤다. 午前 中에는 모든 準備를 끝마치고 午後에 學校에 가서 投票所 設備를 하였다. 나는 第二投票區 選擧委員會 幹事이란 職責을 맡았기에 主動的인 役割을 하지 않으면 않이 되여서 모든 準備를 職員과 같이 推進하였다.

1954年 5月 20日 (陰 4月 18日) 木曜日 曇

어제부터 구름이 기여서 날씨를 염여하였으나 多幸히도 비는 오지 않했다. 오늘이야 말로 三千萬의 運命을 左右할 수 있는 重大한 날이며 우리 國民에게 負[附]與된 最大의 權利를 行事할 수 있는 가장 重且大한 오늘이다. 午前 5時 頃에 일어나서 投票所로 行하였다. 前日 準備는 하여 놓았으나 若間[干] 未備된 것을 整理하여 놓고 午前 七時를 기다려 正刻부터 投票를 行하였다. 벌서 三, 四次 하여 본 것이라 前에 보다는 相當히 進步되였다. 午前 中 選擧 巡視 次 檢察廳 職員과 署長이 投票所에 왔다가 갔다. 午後 5時가 되여서 投票事務는 完結지였다. 總有權 1,409名 中 1,369名이 投票하여 97% 以上의 좋은 成績을 내였다. 投票函 送致하는 車를 타고 같이 屯南 只沙를 經由하여 任實로 갔다. 郡兵事係에 用務가 있어서 갔었으나 느저서 못봤다. 開票 結果를 보려고 저녁에 郡廳에 나가보았으나 通行禁止 時間 關係로 도로 鳳凰旅館으로 드러갔다. 10時 頃 하여서 開票가 始作되여 開票가 끝나는 대로 스피카를 通하여 알어지는데 第1次로 新德부터 始作하였는데 12時 頃까지 數個 投票函을 開函하여 본 結果 朴世俓 氏가 絶大 優勢하였다. 裡里放送局에서 드러온 報告에 依하면 全州市는 李哲承 氏가 有利하고

裡里市는 李春基 群山市 金判述 氏 等 優勢하였섰다. 이겄은 中間發表이다. 來日의 發表를 기다리며 오늘의 被[疲]勞한 몸을 풀기 爲하여 鳳凰旅館의 房 한구석에서 저녁을 보냈다.

1954年 5月 21日 (陰 4月 19日) 金曜日 曇 (小滿)

어제 開票 結果를 알고저 일직이 잠이 깨였다.

洗面를 하고 開票場으로 달름질 쳤다. 가보니 三溪面은 이미 끝나고 江津 屯南만이 남었는데 當落은 이미 決定되여 버렸다. 記號 三番 朴世俓 氏가 絶大多數로서 優勢하였다. 그 후 兩面의 投票函을 열어본즉 亦是 大多數 票가 朴世俓 氏에 集中되여서 任實郡의 10萬 選良은 自由黨 公認立候補 朴世俓 氏가 當選의 榮光을 獲得하였다. 그 後 消息通에 依하면 全州는 李哲承 裡里 金春鎬 群山 金判述 氏 等 其他 郡에서도 各各 當選되였다는 報導[道]가 들여오고 있다.

1954年 5月 23日 (陰 4月 21日) 日曜日 請

오늘은 面 支署 里長 合同野遊會 날이다. 오랜만에 日曜日을 하루나마 즐기려 하였다. 場所는 赤城面 漁隱亭을 定하였다. 四年 前에 놀든 자리다. 支署에서 自動車는 準備하였다. 約 50餘名이 가서 놀았다. 午前에는 뱃노리를 하였는데 물장난이 나서 옷을 다 적셨다. 午後 三時 頃에서 中食을 마쳤다.

中食 後 約 一時間 놀다가 歸家하였다. 歸家 途中 車中에서 作亂이 이러나서 若間 소동이 났다. 오늘 들놀이로 因하여 鷄 一首 狗 一頭 羊

一頭만 불상하게도 황천行 하였다.

저녁 늦게야 無事히 歸家하였다. 特히 오늘은 나의 집의 한갓 慶祝日이라고 할 수 있는 乳兒의 百日이다.

1954年 5月 24日 (陰 4月 22日) 月曜日 雨 後 請

어제의 들놀이에 시달였는지 職員들의 缺勤이 많었다.

어제밤에부터 나리든 부슬비는 소리 없이 창박에서 나리고 있다. 몇일間 中斷되였든 新聞이 配達되였다. 今般 5.20 民議院 議員 當選者 發表가 記載되였다. 黨的으로 自由黨이 絶對 優勢하여 過半의 議席을 無難히 차지하였다. 今般 當選된 民議院들이 앞으로 우리들의 四年間 生活에 있어서 어떠한 영향을 줄난지 자못 注目 되는 바이다.

1954年 5月 25日 (陰 4月 23日) 火曜日 請

今般 入隊케 되는 忌避入隊 壯丁의 輸送經費 關係로 鄭光朝와 같이 上三溪로 出張하였다. 德溪 梧枝 一, 二區 漁隱 二區를 다녔으나 里長을 相面치 못하고 獒樹로 나가든 中 漁隱 二區 里長을 맞났다. 經費 關係로 出張이라고 이야기하였으나 別無信[神]通하고 그대로 獒樹에 갔다. 本是 兵事係 文 巡警이 收金 次 三溪 出張 中이라고 하여서 그기서 中食을 마치고 그대로 돌여 보냈다. 運動靴만 한 커리 사가지고 들어오는 추럭으로 그대로 돌아왔다.

웨 그런지 요새의 面 行政에 支障이 많다. 下部機關인 里에서 面 行政에 對하여 協助心이 極度로 薄弱하여저서 萬一 이대로 간다면 面 行

政에 重大한 欠함이 생길 겄이다.

1954年 5月 26日 (陰 4月 24日) 水曜日 請

來日의 出發準備를 爲하여 全職員이 出張하고 主務者인 나만이 出張치 않했다. 忌避入隊者의 輸送 經費를 割當하여 職員出張 時에 傳達하였다. 午前 蓬峴 二區 里長과 經費 關係로 言爭을 하였다. 그러하지 않으려고 自重을 하나 極度로 神經질이 나면은 이러한 수가 있다.

나의 過去의 性質과 至[只]今의 性質을 比較하여볼 때 내 自身이 잘 알지만 確實이 좋지 못하다. 이겄이 내의 自身으로도 어찌할 수 없다. 職責이 그러한 職責이 되여 있기에 冷情치 않을 수 없다.

1954年 5月 27日 (陰 4月 25日) 木曜日 請

오늘 忌避入隊 壯丁의 動員의 因하여 任實에 가게 되였다.

많은 壯丁을 忌避者라고 收容하였다가 審查 結果 全部 該當者가 않이고 二名만이 入隊케 되였다. 中食을 식힌 後 出發하였다. 任實에 倒[到]着하여 郡에 用務 마치고 署에서 壯丁을 引繼하고 歸家하였다. 獒樹서 늦게 李 巡警과 같이 步行으로 왔다. 面事務所에 倒着하여 보니 밤 열시였다.

저녁 늦도록 이와 같은 일이 한두 번이 않이다. 勿論 第一線에서 勤務하는 軍人과 같은 甚한 苦痛이야 아니지만 그래도 우리들 後方人의 일로서는 相當히 複雜하고 괴로운 일이다. 이와 같은 事情을 알어 줄 이가 그 누구리요.

1954年 5月 31日 (陰 4月 29日) 月曜日 請

明日의 壯丁 入隊準備로 相當히 바쁜 날이다. 모든 準備를 갖추어 놓아야 만이 支障이 없기에 언제나 出發 前날이 바쁘다. 午前에 여<러>가지 準備를 마치고 午後에는 壯丁들이 集結하기에 거기에 從事하였다. 壯丁의 待機所를 許銀旭이 집의 舍廊를 利用하여 되였기에 食事를 거기다 付託하였다. 이번에는 特히 30歲의 老練[齡]層의 壯丁이 되여서 若干 困難할 겄같이 生覺된다. 經費는 不足하고 壯丁들은 띵강 놓고 일하기가 매우 複雜하게 생겼다.

요새는 할 일 없이 바빠서 몇일間 日記를 끈케 되였다. 一日도 빠짐없이 連續하려든 겄이 數日을 끈케 되니 아무리 맘먹어도 되지 않은 일이니 事故라.

1954年 6月 1日 (陰 5月 1日) 火曜日 雨

午前 九時에 壯丁들이 出發하여야 한다기에 平常時보다 速히 일어났다. 일어나면서 바로 出勤하여 가지고 모든 準備를 끝마치고 일직 出發키로 하였다. 朝飯이 끝난 後 10時 頃에 自動車가 와서 出發하였다. 아침부터 날씨가 매우 좋지 못하였는데 途中에 비가 와서 옷을 담뿍 적시였다. 우리 一行은 鳳凰旅館으로 갔었는데 거기에는 이무 靑雄 只沙가 先着하였다. 그래서 槩樹旅館으로 자리를 옮기였다. 午前에 一切名簿를 作成하여 가지고 署와 郡을 거치였다. 오늘의 動員 成績은 매우 좋지 못하다. 勿論 거기에는 어떠한 말 못한 事情도 있을 겄이다. 언제 이 兵事業務가 제대로 遂行될 겄인지 매우 딱한 일이다.

1954年 6月 2日 (陰 5月 2日) 水曜日 雨 後 曇

어제부터 나리든 구즌 비가 오늘도 如前히 繼續하고 있다. 午前 10時頃부터 任實東中學校 校庭에서 入隊 壯丁의 壯行會가 擧行되였다. 郡守 署長任을 비롯하여 많은 人士가 參會하였으며 많은 學生이 뫃여서 式은 성대히 擧行되였다. 비를 맞어가며 驛前으로 行하여서 자리 뭄기였다. 한참 後에 汽車에 몸을 싫고 기적소리와 함게 車는 웁지기였다. 언제나 보는 일이지만 나는 여기에 새삼스럽게도 이상한 感이 들었다. 歡送 次 나왔든 家族의 우름 소리에 나 亦是 가슴이 아펐다. 無情한 汽車는 이겄을 아는지 모르는지 자기 혼자만이 씩씩거리고 줄다름질 친다. 이겄이 오늘날 우리 靑年들의 할 일이다. 우는 어머니와 눈물 흘리며 손수건을 흔드는 젊은 아내를 뒤에 남기고 오-직 祖國의 부림에 應하고 있다. 靑年들이여 앞날의 大韓民國을 爲하여 씩씩히 싸워다오. 이겄이 三千萬 民族의 부르지즘일 겄다. 於언間 우리는 南原驛에 몸을 나리게 되였다. 當局의 幹[斡]旋으로 慶南旅館으로 宿所를 定하였다. 中食을 식힌 後에 몇몇 親友들과 같이 廣寒樓에서 記念寫眞을 찍었다. 南原에도 여러 번 왔으나 廣寒樓에 들어와 본 지는 相當히 오래 되였다. 南原의 자랑거리인 湖南第一樓를 當局의 協力으로 若間 端裝[丹粧] 되였다. 저녁에는 漢城旅館에서 편히 쉬였다.

1954年 6月 3日 (陰 5月 3日) 木曜日 晴

連日 나리든 비도 오늘은 활작 개이고 오늘은 제법 좋은 날씨다. 朝飯後에 食事代를 精算하는데 主人과 우리들 사이에 相當히 論爭이 되였다. 要는 壯丁이나 또한 우리들에 對하여 待遇가 나뻤기에 始作된 問

題이다.

代金을 淸算 後에 引繼 現場인 龍城國民學校 校庭으로 갔다. 언제 와서 보지만 南原으로 오면 氣分히 좋지 못하드라.

이번에도 西戰司*에서 나와 가지고 일하는데 困難이 많이 있었다. 壯丁의 引繼가 完全히 끝났으나 有故者에 對 措置가 速히 않 끈나서 相當히 遲滯가 되였다.

이번에 入隊한 者 數는 東[同]面에서 16명 郡的으로 125名 入隊하였다. 午後에 三千旅館에서 任實 舘村 聖壽面 職員 같이 잤다.

1954年 6月 4日 (陰 5月 4日) 金曜日 晴

午前 7時 頃 大韓뻐-쓰로 올라왔다. 獒樹에 오니 三溪面 排跡[球]選手團 一行이 오늘 任實에서 열인 競技大會에 參加 次 나와 있었다. 營團 앞에서 支署 金大均 巡警을 맛나서 놀다가 學顔이의 問病 次 病院으로 가서 學顔이를 차젔다. 三年 以上의 隊員生活에 이제야 銃 마즐 줄은 몰났다고 學顔이 失望의 말을 하였다. 그러나 不幸中 多幸이다. 그쯤 되여서 生命만이라도 살았다는 겄이 多幸이다. 도리켜 生覺할 때 在山 共匪들은 무었을 生覺하고 機[期]待하였기에 父母兄弟 妻子를 다 버리고 冬至 섯달 모진 추우에도 其 苦生들을 하는지. 하루 速히 光明天地 밝은 날을 찾어서 서로 웃고 같이 놀고 같이 일하는 날을 擇하지 않은지. 다 같은 同胞 다 같은 檀君子孫 아닌가. 在山同志들의 下山을 祈願하노라.

---

* 서남지구전투사령부.

1954年 6月 5日 (陰 5月 5日) 土曜日 晴 (端午節)

오늘은 端午節이다. 말만 드러도 좋은 날이다. 五月이라 端午날에 뻐꾹새야 울지마라. 이 노래와 같이 오늘 젊은 靑春男女가 가장 즐겨워 하는 날이다. 特히 젊은 색씨들은 五色으로 그네를 매고 쌍쌍히 그네를 뛰며 이 靑春 하루를 즐기는 날이다. 한 많은 이 世上에 꿈많은 靑春은 이러한 날만 있으면 機會는 왔단 듯이 三三五五로 짝을 지여 들놀이 뱃놀이를 나간다. 이 오직이나 좋은 날이랴. 그러나 나의 身勢를 生覺하여 보자. 이 모든 것은 한갓 꿈에 지나지 않는다. 어찌 農村의 우리에게도 이와 같이 좋은 꿈이 올소냐. 나는 이날 하루를 심심한 冷水처럼 헛되이 보내고 말었다.

1954年 6月 6日 (陰 5月 6日) 日曜日 晴 (芒種)

어제의 端午節도 헛되히 보내고 日曜日임에도 不拘하고 꼬박꼬박 出勤하였드니 좋지도 않은 消息이 들린다. 正條植 督勵 次 漁隱 方面 出張이다. 가다 보니 바로 道路邊에다 散條植을 버젓하게 하여 놓았다. 漁隱 里長 宅에서 中食을 하고 里長 및 農 業要員과 같이 나가서 심어 놓은 모를 일일이 뽑았다. 이것이 욕먹을 증조다. 그러나 도리켜서 다시 한번 생각하여 볼 때 너무나도 官의 指示를 民에서 듯지 않은다. 本人에 有利한 食糧增產의 根本인 正條植을 勵行하라고 그러케 웨처도 듯지 않으니 都大體 이 일을 어텋게 하여야 할 것인지. 도라오는 길에 梧枝里 韓氏祭閣에서 梧枝 一區 里長 班長 合同 花田[煎]놀이하는 데 가서 不請客이 自來로 술 한 잔식 마시고 돌아왔다.

1954年 6月 7日 (陰 5月 7日) 月曜日 曇

任實서 會議가 있어서 추럭으로 獒樹까지 가서 거기서 大韓뻐쓰로 任實까지 갔다. 會議 中 中食은 郡에 모처럼 準備하여 주었다. 會議가 끝난 後 今般 人事移動에 있어 前 兵事主任 丁宗南 氏가 全南 光陽으로 榮轉하고 그 後任은 同署에서 新任한 兵事主任 康 氏의 新任人事가 있었다. 그러고 바로 이여서 親睦으로 全部 合同하여 寫眞을 찰影하였다.

署에서 用務를 마치고 獒樹旅館 第一旅館 鳳凰旅館 等에 外上 食代를 淸算하고 나니 나려가는 車가 없어서 困難하든 次에 마치 道議員 金容南 氏 찦車가 있어서 그 車로 오수까지 왔다. 목마를 때 물과 같이 이 찦車야말도 참으로 반가웠다.

1954年 6月 8日 (陰 5月 8日) 火曜日 晴

오늘은 里長 農業要員 合會議날이다. 午前부터 始作하여 會議는 午後 늦게야 끝났다. 午後에 郡 産業課長이 正條植 督勵 次 來面하였는데 途中에서 德溪里 松亭고개에서 道路邊에 散條植을 한다고 하기에 職員 멫이 急據[遽] 出動을 하였다. 바로 面 小使 學實의 논이였다. 심어논 모를 다시 뽑아 가지고 正條植으로 심어주었다. 그러나 主人은 나와 보지도 않는다. 심어놓은 本人도 그겄을 보면 氣分 나쁠 테지만 하고 다니는 우리들도 事實 氣分이 좋지 않드라. 被[彼]此間 困難치 않게 일을 하면은 오직이나 좋을까.

1954年 6月 9日 (陰 5月 9日) 水曜日 曇

午前에 出張을 갈야고 할 적에 今次에 沈炳八이가 敎養講座를 가야한 단 말을 드렀다. 그 代로 盧源亨 氏를 指命하였는데 그 亦 家庭事가 困難하였다. 그래서 내가 代理로 가겠다고 하였드니 副面長이 事情을 한다. 별수 없이 내가 가기로 承諾하였다. 집에 와서 점심을 먹고 道具를 챙겨 가지고 추럭을 기다려서 타고 獒樹까지 갔다. 거기서 大韓 뻐-쓰를 타고 全州로 갔다.

全州에서 從兄任을 차저 뵈옵고 旅館으로 갈야고 하였드니 兄任이 집이로 가자고 하여서 작은집에 가서 잤다. 한 번 가보지도 않했든 黃登 農道院을 이번 처음으로 찾어 가게 되는데 얼마나 많은 배움을 어더 가지고 올 것인지. 앞으로 20日間은 農道院 生活로 因해서 不得已 日記 쓰는 것을 中止케 되였다.

1954年 6月 28日 (陰 5月 28日) 月曜日 雨 後 曇

오늘은 20日間의 團體生活로부터 解體되는 날이다. 아침부터 비가 나리기 始作하여 매우 걱정이다. 20日間의 情든 親友들을 東西南北으로 헤여지게 되였다. 맞나면 헤여진 것은 人間의 自然之事이나 헤여지기가 너무나도 섭섭하였다. 앞으로 다시 맞나기가 어려운 사람도 많이 있다. 修了式에는 道知事 및 地方課長이 參席하였다. 式이 끝난 後는 各己[其] 離別의 情을 나누고 講師先生任들에게 作別人事를 하고 道에서 가지고 온 車로 裡里驛前까지 와서 거기서 各己 分散되였다.

나는 書店에 가서 憲法解義 行政法 中卷 및 公務員制度解說이라는 册을 사 가지고 나려오는 急行列車로 왔다. 오는 途中 舘村을 지나서

車에서 내다보니 빼쓰가 내려오는데 거기에는 副面長과 敏植 氏가 타고 있었다. 槩樹에서 맛나기로 하고 나는 理髮을 하고 나와보니 벌서 出發했기에 오다 漁隱 앞에서 맛나가지고 同行하여 왔다.

1954年 6月 29日 (陰 5月 29日) 火曜日 雨 後 曇

오랬만에 왔기에 面에 出勤하여 職員에게 人事를 하고 다른 職員은 正條植 督勵 次 出張한데 나는 이야기하고 그냥 집으로 와서 煜植이네 모를 덜 심어서 같이 助力하여 끝내고 午後에는 우리 논에 남은 놈을 같이 끝냈다. 멫일間 놀고 만 지내다 갑작스럽게 하루 일을 하니 大端히 몸이 피곤하다. 이번 비로 移秧은 거진 끝날 겄이다. 今年에도 豊年은 거이 確定的이라고 볼 수가 있다. 앞으로 날씨만 잘하면 豊年이 틀림 없다. 今般 講義가 豫定은 오늘까지인데 하루빨리 해서 어제 修了式을 하였다.

1954年 6月 30日 (陰 6月 1日) 水曜日 晴

오늘은 또다시 正條植 督勵 次 出張을 가지 않으면 안 되게 되였다. 店房에서 밀대모자를 사서 쓰고 八名의 職員이 梧枝 一區를 目標하고 行動하였다. 가서 보니 과연 道路邊에다 散植을 하여 노왔다. 職員들은 事情 없이 모를 뽑기 始作하였다. 나도 별수 없이 하기는 했으나 사람으로서는 하기 어려운 일이였다. 道路邊을 끝마치고 마을로 드러 가니 거기도 亦是 散植한 데가 많았다. 일일이 모를 뽑으니 其中에는 主人이 未安之心을 가진 者도 있고 도려 悪談을 하는 者도 있었다. 勿論 심어는 모를 뽑은데 좋탄 사람은 한 사람도 없을 겄이다. 그러나 뽑으로 다닌 우리들인들 마음에 좋아서 그러한 일을 하지는 안했을 것이다. 늦게야 歸廳하니 來日 아침 部落例會에 參席하라고 한다. 하루 종일 도라다녔드니 몸이 고되고 마음이 좋지 않은데 明日의 例會에 參席하라니 末端에서는 이와 같이 눈코 뜰 새 없이 일을 하여도 上級官廳에서는 이겄 알 道理가 없으니 욕 어더먹고 일 많은 겄은 末端機關이다.

1954年 7月 1日 (陰 6月 2日) 木曜日 晴

아침 일직이 例會에 參席 次 出發하여야 할 텐데 늦잠으로 因해 朝飯을 먹은 後 磊川으로 行하였다. 말이 例會이지 요새 이 바쁜 때에 누가 集合하여 줄 겄이냐. 部落에 가서 里長에게 말하여서 適當 措置를 取하지 않을 수 없어서 適當이 해가지고 海谷으로 가서 거기서 印章 몇 개 찍어 가지고 오는 길에 山水里 韓重錫이를 맛났다. 이 사람은 國民學校 時代 同期同窓으로 둘도 없는 親友이였다. 그러나 6.25 當時 入隊하여 捕虜가 되여 中共軍의 治下에 가진 苦難을 격고 도라와서 다시 軍人生活을 하다가 이번에 除隊하고 歸家하였다. 歸廳하여 事務를 보는데 受講生活 中의 習慣이 있어서 낮잠을 자고나니 職員들은 全部 退廳하였다.

1954年 7月 2日 (陰 6月 3日) 金曜日 晴

오늘도 正條植 督勵로 因하여 職員 10名이 漁隱 方面으로 出張하였다. 漁隱里는 農村模範部落이기에 里 自體로 特別이 注意를 하여서 正條

植은 잘되였다. 中食을 漁隱 一區 里長 집에서 먹고 午後에 梧枝 一區로 갔었는데 梧枝 一區는 過然 成績이 不良하였다. 村前 정자나무 아래서 쉬다가 作亂이 나서 밀대모자를 全部 다 찌저버리고 말었다. 내 것은 多幸이도 保存되였든 것이 松亭에 와서 찍기고 말었다. 거기 술한 잔식 하고 各自 집으로 헤여 왔다.

三溪面의 職員들은 比較的 親切이 지내기 때문에 作亂이 벌어지면 언제나 損害 갈 것뿐이다. 受講 中에 가만이 앉었다 急作이 요새 出張을 댕기니 몸이 大端히 피곤하다.

1954年 7月 3日 (陰 6月 4日) 土曜日 晴

어제에 뒤이여 오늘도 下三溪로 出張을 하였다. 가다가 蓬峴 一里 사람의 논에서 모를 뽑게 되였는데 主人 婦人이 와서 未安하다고 謝過를 하는 데는 우리들도 立場이 如間[干] 困難치 않애서 道路邊쪽만 뽑고는 主人에게 잘하라고 付託하고 끝쳤다. 事實 移植 後 10餘日式 된 놈을 뽑기에는 너무나도 自身에 勇氣가 나지 않드라. 鄭完朝 집에서 점심을 먹고 阿山市場에 求景 次 갓드니 사람은 별로 오지 않앴으나 고기는 다 떠러저 가드라. 이 市場은 本來부터 그다지 發展性이 內抱되지 않았기에 언제나 그 狀態를 推[維]持하고 만다. 늦게 돌아오다 복바우 酒幕에서 멫 사람이 얼여서 저녁 11時가 지낸 後까지 놀다가 그 後에야 歸家하여 面 宿直室에서 잤다.

1954年 7月 4日 (陰 6月 5日) 日曜日 雨

새벽부터 나리든 비는 繼續해서 온 終日 끊어지지 않앳다.

日曜日이고 또한 비 많이 와서 面에 出勤을 다념하고 집에서 午前 中에는 明日부터 實施한다는 教養 關係로 憲法解義를 놓고 뒤적거려 보았으나 20日間의 講義에는 그다지 좋은 成果가 않이여서 속속히 머리에 들지 않애서 如間 困難하다.

午後에는 李容鎭 氏를 오래만에 맛나서 놀다 殷植 氏도 또한 같이 앉어서 한담으로서 하루 日曜日을 無味하게 보냈다.

비는 午後에도 度를 加해서 여전이 나리고 있다.

이번 비로서 移秧은 完全히 끝날 것이며 今年에도 豊年은 이미 決定的 段階에 오르고 있다.

1954年 7月 5日 (陰 6月 6日) 月曜日 曇

前般부터 實施 計劃이던 教養講座를 오늘부터 實施의 初步를 것게 되였다. 언제나 한번 한단 일은 하고 마는 副面長의 性質이라 期於코 施行하고야 말었다. 그러나 困難한 것이 講義를 나한테 責任 주는 데는 大端 困難치 않을 수 없다. 短時日의 受講에 얼마나 좋은 結果가 있었다고 나더러 하라는데 당황치 않을 수 없다. 별수 없이 배운 대로 또한 憲法解義 册에 依해서 약 1時間 20分 程度하였다. 이것을 職員 自身들이 바래고 있지 않은 것이라 空念佛에 지나지 안은다. 그러나 나는 一端[旦] 責任이 있는 以上에 나의 誠意것 하였다. 이것이 제대로 잘 運營되어 各自 아는 바를 서로 討議한다면 크나큰 希望이라 아니할 수 없다. 夕陽에 在修가 와서 저녁에는 孝植의 舍郎房에서 밤늦도록 놀았다.

1954年 7月 6日 (陰 6月 7日) 火曜日 曇

連日 날씨가 흐리드니 오늘도 日氣는 不順하였다.

午前 10時부터 里長 班長 合同會議가 面에서 開催케 되였는데 定刻보담 늦게 12時 頃부터 會議를 始作하여 午後 늦게까지 繼續되였다. 午前에 郡 兵事係에 있는 李相武가 찾어와서 점심을 국수로서 代用시키고 午後에 자기 집으로 歸家했다. 그 사람의 말에 依하면 이번에 法條 延期 進達하는 것이 제대로 되지 않은 것 같이 말을 한데 萬若 그러케 되였다면 대단히 困難하다. 나는 이 말을 듯고 하루 동안 氣分이 좋지 못했다. 오늘 밤에 宿直을 吳章煥 氏가 付託하여서 敏植 氏와 副面長과 같이 宿直室에서 잤다.

1954年 7月 20日 (陰 6月 21日) 火曜日 曇

요새에 日記 쓰는 것을 잊어서 몇일 中斷이 되였으나 今日부터 繼續해야 하겠다. 連日의 장마에 오늘은 날씨가 좋을 것 같으니 如前이 흐린 날씨다. 三隱 磊川으로 家屋稅 徵收 次 出張 갓다가 里長이 槃樹市場에를 가기에 같이 갓다. 한 일도 없이 하루를 槃樹에서 보내게 되였다. 屯南面事務所에서 놀다가 市場에서 할 일 없이 헤매이고 炳八이와 같이 올야고 기다리다 안 되여서 三隱 部落民과 같이 同行을 하게 되였는데 三隱 一區 吳夢泳 氏가 요새에 喪妻를 當하였는데 그 아들이 槃樹中學校를 갔다 오는 길에 途中에서 울면서 오는데 내 마음도 가슴 쓰리며 눈물이 절노 나서 그대로 볼 수가 없었다. 그것을 보더라도 반다시 어린아이들은 어머니가 없으면 못살 겄 같으고 어머니 없이 자라는 아이들이 限없이 불상하다.

1954年 7月 21日 (陰 6月 22日) 水曜日 曇 後 雨

三隱 一區 里長 집에서 아침을 먹고 里長과 같이 家屋稅 徵收 次 家家 訪問을 始作하여 몇 집 다니다 三隱 二區로 가서 보니 里長은 논 매로 가고 없어 柳公鉉과 같이 이야기하다 磊川里로 갔다. 오늘 柳公鉉과 이야기 한 件에 對하여는 내 이제까지 일해 본 中에서 가장 氣分 나뻣다. 勿論 公鉉이와의 사이에 그런 것은 아니지만 柳再鉉이가 事實 相對者가 못 되였다. 人間이란 信用과 言約이란 것이 自己의 生命같이 여겨야 한데 그것을 이즌다면 人間으로서 對할 人物이 못 된다고 본다.

내가 自己에게 付託한 것도 아니고 自己가 말하므로서 自己의 심부름을 한 내의 立場만 困難하게 해놓고 게다가 내가 무슨 營利를 目的하는 者같이 되였으니 내가 이제가지 하는 일 중에서 이저지지 않은 일이로다. 많은 사람을 相對하니 별사람이 많다는 것을 알었다. 面에 와서 보니 1, 2, 3월분 戰時手當 糧穀이 나와서 그것을 찾어 왔다.

1954年 7月 22日 (陰 6月 23日) 木曜日 雨

約 50餘日間 잠잠하드니 急作히 또 일이 터지고 말었다. 出勤 途中에 今狀이 下達되였냐고 물은 사람이 있어서 나는 모르것다고 하였다.

事實 初聞이였다. 面에를 다녀서 支署에 가서 보니 過然 틀림없는 事實이였다. 자그만치 40名에다 忌避者 檢擧 23名 合하여 63名이란 人員이 25日에 出發해야 할 겄이다. 거기에다 勞務動員까지 抱含되여 面일이 二重으로 複雜하여젓다. 名簿를 寫해가지고 面으로 도라 왔는데 問題는 經費 調達이다. 面長任과 相議해서 卽時 割當은 했으나 그 누가 나의 事情 아러서 速히 納付하야 이번 일하는데 支障이 없도록 하

여 줄 것인지? 萬若 제대로 經費 調達이 못되면 困難 當하는 것은 나뿐이라.

1954年 7月 23日 (陰 6月 24) 金曜日 雨 (大暑 中伏)

여름철로서는 가장 더워야 할 大暑와 中伏이 접처서 오늘인데도 不拘하고 날씨는 連日의 장마로 더웁기는 고사하고 오히려 추울 程度이다. 장마도 分數가 있지 무슨 비가 요러케도 날마다 오는지 알 수 없다. 水害는 各處에서 많어질 것이고 칯채 나무 때문에도 困難이다. 그만 끝이고 몇일만 좋아주셨였으면 좋겠다. 우선 25日 壯丁 出發 때문에 큰 걱정이다. 오늘 里長會議가 있어서 今般의 經費 關係를 力說하고 또 事情하다시피 하였는데 이것을 履行해주는 里長이 과연 누구일고? 오늘도 5名의 忌避 壯丁이 任實署로 가는데 이놈의 經費통에 큰일이라. 來日은 오수 가서 다스기*用 人造絹을 사와야 할텐데 이것 살 돈이 없으니 莫[漠]然한 일이로다. 職員들을 이 雨中에 出張을 나가라 하니 좋아할 사람이 누가 있으며 나의 自身도 未安하기 짝이 없었다. 入隊壯丁의 諸般 書類 準備 關係로 午後 늦게까지 執務하였다. 저녁 판이 되여서 창 박에서는 쏘낙비가 쉴 새 없이 쏘다저 큰일을 앞에 둔 나의 가슴을 더욱 쓰리게 한다.

---

* たすき(襷). 어깨띠.

1954年 7月 24日 (陰 6月 25日) 土曜日 曇 後 雨

壯行會 準備로 槩樹에 物品 購入을 하러 갓다. 다스기 감과 菓子를 사고 屯南面에 잠간 들엿드니 거기는 壯丁의 다스기와 太極旗까지도 다 準備해 놓앗다. 歸廳 途中 漁隱里에 들여서 今般의 經費를 徵收하엿다. 그리고 歸廳하여 諸般準備를 하엿다. 勞務徵用者는 오늘부터 集合하여서 面 宿直室에 재우게 되엿다

勞務者 中 新亭里 사람 하나는 자기의 손을 낫으로 베엿다는 말을 들엇는데 아무리 가기가 싫다 한들 그와 같은 일을 할까.

1954年 7月 25日 (陰 6月 26日) 日曜日 晴 雨

壯丁의 出發을 念慮하여 日氣가 若間 좋아진 듯하다. 아침에 主任이 찾어서 나가 봣드니 副面長이 全州서 도라와서 같이 오늘의 準備를 討議하고 있엇다. 같이 壯行會 關係를 打合하고 있는데 박에서 또다시 오늘의 壯途를 숦어함인지 또한 깨트리려 함이 쏘낙비가 如前히 나리고 있다. 令狀 下令 後부터 日氣가 不順하여 大端 念慮하엿드니 아침에 갠찬할 것 같으니 아직도 未練이 있어 남은 비가 나의 마음을 조리게 한다. 午前에는 書類 作成에 바뻣다. 午食을 마치고 面事務所에 壯行會를 擧行하엿는데 平素보다는 盛大히 하엿다. 出發 할야고 人員把握을 하는데 總下令者 40名 中 21名 集結에 忌避入隊者라고 해서 2名 이것뿐이엿다. 警察署에 가서 名簿를 作成하여 提出해 주고 郡에서도 用務를 마치고 旅館으로 도라가니 壯丁들이 술 달라고 밥을 않 먹고 기다리고 있어서 별수 없이 소주 5升을 주었다. 저녁에는 언제나 壯丁 引率때면 常例로 되여 있는 誤[娛]樂을 始作하여 날을 새우고 말었다.

1954年 7月 26日 (陰 6月 27日) 月曜日 晴 雨

어제밤에 잠도 못 자고 오늘은 아침부터 바쁘게 생겻다. 아침에 나와보니 氣分 나쁘게 내 신이 없었다. 그 旅館에는 다 차저야 없어서 槃樹旅館을 가보았드니 거기 있는 壯丁이 신고 가서 거기서 찾었다. 아침 氣分으로 理髮을 하고 도라오니 壯丁들은 벌서 朝飯食事를 끝마쳤다.

朝飯을 먹고 郡에 갔드니 如前이 引率 經費를 졸으고 있다. 1人當 若 400圓이면 만족한 것을 670圓式 納付하라니 두말없이 얼른 줄 사람이 별로 없을 것이다. 그러나 벌서 거이 다 徵收하고 몇 個 面만 未納이니 제아무리 生覺했자 必要없게 생겨서 그대로 納付해 주고 말었다. 이것이 왜 그 사람들 말대로 하지 않으면 안 되나?

그것은 말할 必要도 없이 나중에 한 번이라도 우리가 아순 소리를 하게 되는 때가 많기 때문이다. 汽車의 受苦를 빌려 全州까지 到着하여 宿所를 豐城旅館으로 定하였다. 이번에 李 係長에게 付託之事가 있어서 全州까지 일부러 갓엇다. 언제나 하는 일이지만 한 件씩 通過할라매 여간 창피를 다 當해야 하고 말할 수 없는 困難이 많다. 多幸이도 이번 일은 뜻과 같이 되였다.

1954年 7月 27日 (陰 6月 28日) 火曜日 晴

따라오지 못하게 하든 郡이나 署에서 아순 때에는 우리들을 찾은다. 名簿 作成 하는데 우리들 面 職員들이 助力치 않으면 困難 莫甚할 것인데 그리도 같이 햇기에 제대로 끝낫다. 午前 中까지 해서 겨우 일을 마치고 壯丁의 引繼 場所인 全州國民學校로 갔다. 언제나 되풀이하는 일이지만 여기에 와보면 實로 目不忍見이다. 가는 壯丁들의 歡送을 爲해서 와 있는 사람은 별로 없을 것이다. 제各己 한 사람이라도 빼 갈야고 神[紳]士 兩班들이 왔다 갓다 한다. 勿論 個人事情으로는 고마운 일이다. 國家民族으로서 生覺할 때 한없이 슯은 일이다. 언제나 入隊케 된 사람은 돈 없고 빽 없는 불상한 親舊들만이 가게 되니 神聖해야 할 兵役義務가 商品化한 感이 있으니 寒心할 일!!

1954年 7月 28日 (陰 6月 29日) 水曜日 雨

어제밤에는 알도 상도 모르는 남의 집에서 하루밤의 신세를 젓다. 任實組合에 있는 韓容福 氏의 案內로 東仁치科醫院에 가서 잣든 것이다. 아침에는 全州市場 求景을 하고 食後 驛으로 行하였다. 壯丁들이 驛에서 맞나기로 햇기에 時間 前에 到着햇드니 한 사람도 없었다. 얼마 後 全部 集合이 되여서 鍾判이에게 車票를 付託하여 票 사는 데는 支障이 없었다.

暴雨가 나리는데 마침 交通部長官의 初度巡視가 있다고 하드니 얼마 後에 車가 到着하였는데 長官이 驛長室로 案內되였다. 勿論 車는 特別列車 있으나 萬若 다른 長官이 온다면 宏張[壯]한 歡迎이 있을 것이나 이때에는 쓸쓸히 나리고 말었다. 얼마 後 出發하는데 그때에는 警察樂隊가 나와서 歡送하여 주었다. 오는 途中에 비가 또 繼續하여 松亭酒幕에서 잠간 쉬는데 東溪面의 不合格 歸鄉 壯丁이 거기 들여서 같이 쉬는데 그 사람들의 말이 大端히 兵事行政을 非難하고 있었다. 勿論 거기에서 注意를 시김직하나 그럴 必要조차 없을 것 같애서 그대로 듯고 말었으나 實은 壯丁의 눈에 거실닌 짓이 있이게 그러하리라고 생각한다.

1954年 9月 19日 (陰 8月 23日) 日曜日 晴

마음먹고 繼續할야는 日記가 또다시 中斷되였으니 나의 한 일은 언제나 내 自身도 못 믿겠다. 日曜日이나 出勤하여 事務를 보왔다. 午前에는 社會係에서 救護糧穀을 支給한 關係로 面이 大端히 소란하였다. 午後에는 傷痍勇士 會員들이 任實서 와서 去般 配付한 國旗代 關係로 宏張하였다. 이 代金 未收를 應當 面에서 責任지고 해줘야 할 겄 같이 말을 하고 社會係長이 何 罪라고 惡談을 하고 大衆 앞에서 모욕을 주는지 맷맛한 것은 面書記라.

萬若 任實 全州旅館에서 오게 되면 去般 實施한 除隊軍人 給食費 關係로 내가 저꼴이 되게 생겼으니 남의 일 같이 않다. 요새 날의 公務員은 金錢 徵收員이 대야하니 이러고도 民의 福利增進을 위한 일을 언제할 수 있을가 困難한 일이로다.

1954年 9月 20日 (陰 8月 24日) 月曜日 晴

오늘은 오수장날이라 아침부터 추럭의 往來가 빈번했다. 午前 中에 公文을 보니 21日에 民兵隊 創設 1週年 記念行事를 擧行한다 하여 學校에 가서 鄭 先生과 打合해 가지고 標語와 其他는 學校에서 責任지고 受[手]配만은 面에서 하기로 하여 各 機關 및 社會團體에 手配하였다.

郡 社會係長으로부터 私信이 社會係에 到着하여 內容을 보니 極祕라 바로 明日로 里長會議를 召集키로 公文을 發送한 모양이다. 여하튼간에 面에서 또다시 소동이 나겠다는 것은 事實이다. 副面長은 身病關係로 全州病院에 가고 없으니 社會係에서 골치 앞을 일. 午後에 新聞을 보니 金門島 事件이 매우 興味거리. 여기에서 國府軍과 中共軍이

도화선을 이르키고야 말 것인지. 臺만도 여기에 對해서는 상당히 방위를 하고 있는 모양이나 만약 야수적인 中共이 손을 뻐치게 되면 問題는 確大할 것. 夜間는 宿直으로 因하여 面에서 新聞을 뒤적고리고 오늘의 하루도 虛送歲月하고 말었다.

1954年 9月 21日 (陰 8月 25日) 火曜日 晴

오늘은 里長會議를 開催했기 일직부터 里長이 모여들었다.

會議의 重要目的은 今般 差出해야 할 勤勞動員 問題이다. 會議 途中 該當 里長은 相當히 理由가 많았다. 午後에서는 支署에서 하고 學校에서 民兵隊 一週年 記念行事를 할야고 하였든 것이 記念式은 自己들낄이 끝마치여 버려서 里長들은 거기에 參席은 안했다. 夕陽에 職員會義가 있었다. 이번 差出者를 引率키 爲하여서 나는 德溪里로 갔다. 里長한터 付託만 해놓고 來日 가기로 하고 안 갔다. 저녁에는 나의 宿直當番은 아니나 當直者가 없을 것 같애서 나갔드니 마침 敏植 氏가 와서 있고 萬基도 나오고 賢植이도 놀러와서 저녁에 相當 오래되도록 菓子먹기 화토를 치고 놀았다.

1954年 9月 22日 (陰 8月 26日) 水曜日 晴

어제 命令받은 出張을 할야고 面에를 나갔드니 學吉이 會計員이 出勤했다고 하기에 前日이 付託之事를 알어볼여고 福範이 맜나 보았드니 않되였다고 말을 한다. 나는 어찌나 氣分이 나쁘든지 말할 수 없다. 萬一 다른 사람이라면 自己한테 맛기들 않했을 것인데 어느 程度 信任하고 맛겼든 것이 요 모양이 되엿으니 結局 信用할 사람은 하나도 없는 겄이라고 생각킨다. 화는 나지만 벨수 없이 참고 德溪里를 行하여 出發을 했다. 松亭에를 가니가 里長이 今般 該當者를 다리고 나와서 거기서 잠간 쉬였다가 같이 돌아왔다. 今般에는 豫想 外로 成績이 좋았다. 11名 割當人員 9名이 出發했다. 午後에 잠간 드르니 前 支署主任 金源俊이 도로 삼계로 온다는 말을 들었다. 사람은 좋은 사람이였다. 저녁에 正雲 氏가 맛나자 하기에 찾어서 맛났다. 이번 喪事에 내가 차자가야할 텐데 가보지도 못하고 對面을 할야리가 罪悚하기 짝이 없다.

맛난 要旨는 熺植이 건 때문에 付託한다. 勿論 나도 마음에는 생각한 바가 있지만 이것이 如一하게 될 것인지 내 自身도 의문이다.

1954年 9月 23日 (陰 8月 27日) 木曜日 晴 (秋分)

오늘은 全州旅館에 給食費를 請[淸]算키 爲해서 金錢을 取貸해 가지고 任實로 보내 주웟다. 其間에 얼마나 욕을 하였을난지 알 수 없다. 除稗督勵 次 鴻谷里로 出張을 가는데 마침 里長이 와서 同行해서 後川里 阿山市場까지 가서 거기서 모욕을 하고 蓬峴 二區에 가서 光朝 집에 가서 잠간 놀다 다시 阿山市場으로 나려가서 점심을 먹었다. 이발소에서 놀고 있는데 부면장과 新主任이 놀러 나려 왔었다. 드른 말에 依하면 阿山市場에 난장을 연다고 하는데 이것 아조 재미없는 일이다. 이 판속이란 全部 盜賊의 마음씨를 갔게 되니 나는 이러한 겄은 아주 좋지 않은 일이라고 본다. 오늘도 盲目的인 하루의 出張으로서 다리만 앞으제 成果는 없이 그대로 歸家의 길을 발밨다.

일기 제2권

〈1954년(단기 4287년) 10월 1일 – 11월 21일〉

1954年 10月 1日 (陰 9月 5日) 金曜日 請

오늘은 面長 支署主任 兵事主務者 合同會議가 있어서 朝飯을 일직 먹고 面廳에서 기다리다 추럭으로 獒樹로 갔다. 郡에 가서 今般 進達한 延期願을 提出하고 나니 上納金을 내라고 졸은다. 멧 차레 延期해 나왔었으나 이번에는 期於而 달라고 한다. 今般에도 내 俸給 타논 겄을 壹千圓 代納해서 가지고 갔으나 도무지 말을 안 듯고 내라고만 졸은다. 사정사정 해놓고 中食은 提供해 주길래 먹고 午後에부터 合同會議가 始作되였다. 첫째 10月 1日부터 10日까지 兵役義務完遂强調期間 設置에 對한 座談會와 이어서 會議를 進行햇다. 前般에 다 들은 바이지마는 徵集令狀 六枚가 交付되였다. 今般부터 絶對로 法에 依한 그대로 徵集業務를 遂行한다고. 이와 같은 强調期間을 設置하는데 이겄이 어느 程度의 效果를 낼 겄이지 如何 듯던 中 반가운 말이다. 從前과 같은 方法을 一掃하고 今般에는 正常的인 業務이니까 好成績을 擧揚키를 빌 다름이다. 會議가 늦게 끝나서 鳳凰旅館에서 屯南 只沙 靑雄 江津 德峙 等과 同宿하였다.

1954年 10月 2日 (陰 9月 6日) 土曜日 雨

任實서 나려오는 첫 뻐-쓰로 나려와서 獒樹서 三溪 오는 車를 알어보니 空軍車가 온다기에 기다렸었다. 기다리면서 營團에서 新聞을 잠간 보니 鎭安郡의 民議員 補걸選擧에 자그만치 10하고도 1名이 出馬해서 登錄을 畢하였다고. 勿論 全部 다 有資格者요 全部가 다 愛國者이며 政治家일진대 과연 누구에게 當選의 榮譽가 오를 겄인지. 또한 10名이란 諸公落選이란 悲運을 免치 못할진대 過然 이분들은 國家와 民族을

爲하여 多額 金錢을 消費해 가면서 民議院 內의 비인 자리 하나를 차지 할려고 하는지. 如何間 누구든지 間에 一名만은 틀림없이 當選되리라.

아무리 車를 기달여 않와서 途中까지 오는 車가 있어 타고 오다 "수랑들"에서 나려서 거러 왔다. 午後에 兵役義務完隊强調에 對한 標語를 써놓고 支署主任과 令狀 下令에 對해서 打合할야고 갔드니 없어서 그냥 도라왔다. 아무리 上部에서는 徵集은 面 自體로 하라고 하지만 도저히 面 自體로는 解決할 수 없고 支署와 같이 協助치 않으면 안 될 것이다. 李 巡警에게 內容 이야기만 해주었다. 光朝가 明日 안 온다기에 順朝에게 나오라고 付託하였다.

1954年 10月 3日 (陰 9月 7日) 日曜日 雨 後 晴 (開天節)

어제부터 나리든 비가 오늘은 개였다. 오늘은 開天節 날이다. 지금으부터 4287年 前에 大韓民國이 檀君聖祖로부터 始作하여 지금에 이르렀든 것이다. 이 뜻깊은 날을 마지하여 三溪面 支署 主催 敬老會를 學校에서 開催하였다. 60歲 以上으로서 近 100名 參席하셨다. 最高 年老者이신 三溪里 金正式 老人에게 '유기그릇' 한 벌을 贈모하고 그 남어지는 年長 順으로 쌈지를 贈모하였다. 大韓民國 樹立 後 最初의 일이다. 午前에 鄭文朝와 支署 金永北이에게 令狀을 交付토록 하고 나는 來日의 里長會議 書類를 만드럿다. 學校에 金潤基 先生과 三溪里 趙秉五에게는 내가 交付하고 鴻谷里 韓秉道 것은 아직 未交付다. 午後에는 戶籍係長任과 같이 푸랑카-드를 만들었다. 이번에는 令狀만 交付해놓고 集結日字까지 제대로 두니 各者[自] 맘을 어터케 먹고 있는지. 이번에 成果를 거둬야 次期부터 제대로 徵集制度가 올바른 궤도에 올을 것인데 자못 궁금하며 큰일이다. 萬若에 失패하면 다음부터 영영 바로 이끌기가 困難할 겄이다.

1954年 10月 4日 (陰 9月 8日) 月曜日 晴

面에서 里長 및 班長 合同會議가 開催되였다. 重要 案件으로는 道路整備와 兵役義務 完遂强調其間 設置에 關한 건으로 場所는 學校 教室에서 行하였다. 例年마다 하는 道路整備이지만 今年에는 特別計劃이 크다. 砂利는 콩자갈로 하라고 하니 코자갈은 고사하고 밤자갈도 못할 形便인데 콩자갈을 하라니 제대로 될지. 내 自身 제대로 될 지 疑問이다. 午前에 韓秉道의 令狀을 交付치 않아여서 나 혼자 가서 秉道 아버지에게 代理交付를 하였다. 내 自身이 令狀을 發付하는 것은 아니지만 이와 같은 것을 交付하러 가면은 氣分이 異狀하더라. 令狀을 交付하고 慰勞의 말을 하고 里長과 같이 올라왔다.

郡에서 李相武가 와서 里長會議가 끝난 後 中食을 같이 먹었다. 午後에 來 六日에 開催케 될 徵兵座談 開催에 對한 公文을 受配하였다.

1954年 10月 5日 (陰 9月 9日) 火曜日 曇

오늘은 9月 9日로서 아침부터 차사군들이 왔다 갔다 한다. 나도 세수를 하고 차사를 드렸다. 언제나 혼자서 차사나 제사를 지내기 때문에 쓸쓸하기 짝이 없다. 남들과 같이 盛大히 하였으면 한 生覺 뿐이다. 午前에는 面에 出勤해서 內務를 보고 들어와서 午後에는 나가지 않하였다. 午後에 殷植 氏 家에서 學冑 學明 學禹 學胤 魯植 等과 같이 술을 먹었다. 여기서도 나는 大端히 쓸쓸한 感을 느꼈다. 全部가 다 自己들의 一家들로서 서로 재미있게 對하는 겼을 보면 더욱히 외로워진 感이 든다. 나도 故鄕에 가면 一家들도 많건마는 他鄕에 와서 있기 때문에 이와 같지 않은가. 하루 速히 그리운 내 故鄕에 가서 나도 재미있는 때를 보냈으면 싶은 생각뿐이다. 저녁 판에 山所洞에서 놀다 學眞이네 집에서 오라기에 가서 술 한 잔을 먹었는데 大端히 취했다. 學校 運動場에 가서 술김에 한번 뛰여보니 맘과 같이 않되드라 저녁에는 禮植이가 와서 禮植의 작은방에서 화토로서 한 時 되드락 時間을 虛費햇다.

1954年 10月 6日 (陰 9月 10日) 水曜日 雨

아침부터 비가 나리기 始作하였다. 오늘 面에서 徵兵座談會를 開催할 날인데 雨天 關係로 三個 部落에서 몇 명 나오고 其 外 部落에서는 甚至於 里長도 나오지 않은다. 萬若에 이번 主催 警察이였드라면 雨中에라도 많이 參席하였을 겼이다. 그러나 面에서 主催를 하게 되니 요 모양이니 참으로 寒心之事라 아니할 수 없다. 宿直室에서 낫잠을 자고 있자니가 깨워서 나가보니 郡에서 吳南黙이가 와서 座談會에 參席할 모양이나 이무 요 모양 되였으니 별수 없는 노릇이고 아래 酒幕에다 食事를 시키는데 쌀이 없다고 하여서 學仁이한터 쌀 二升을 빌려다주고 시켰다. 점심을 먹을야고 할 즈음에 署 兵事係 龍 巡警이란 자가 亦時 座談會 參席 次 나왔다. 午後에 署 職員은 간다고 하드니 나중에 보니 支署 主任네 집에서 자고 간 모양이다. 저녁 판에 光植 氏가 와서 작고만 가자고 하기에 따라 왔다. 어저게 回婚年 잔치를 하고 오늘 請한 겼이다. 넉넉지도 못한데 相當히 힘을 많이 썻다. 이 回婚年이란 대단히 드문 일이다. 支署에 몇 巡警과 同席하였는데 大端히 좋지 못한 言辭들을 하기에 기분이 나뻤다.

1954年 10月 7日 (陰 9月 11日) 木曜日 雨

날씨나 좋았드라면 學校에서 運動會를 開催할 날인데 天候 關係로 延期하고 말었다. 吳南黙이를 餞送하고 今般에 所要되는 經費를 徵收코저 上三溪로 出張을 하였다. 德溪里를 沈炳奎 氏와 같이 갔는데 部落民이 總動員되여 堆肥運搬에 努力하고 있다. 今般 堆肥增産競進會에 入選코저 하여 木洞部落에 있는 堆肥를 아랫마을로 運搬하는 途中인 겄이다. 農業行政의 施正해야 할 點이 여기에 있다고 본다. 外面的인 일을 삼가하고 實質的인 일을 하는 겄이 좋을 겄 같은데 外形的으로만 일을 하니 內實이 어덯게 될 겄인가. 入選하겠다고 그 堆肥를 運搬하고 또 正四角立方으로 싸올리고 하면 그 勞力이 얼마나 많이 消費될 겄인가. 이와 같은 일을 좀 말었으면 좋을 겄 같은데 梧枝 一區를 다녀서 漁隱 一區로 가서 里長을 맞낫다. 里長 宅에서 술을 내와서 滿足하게 먹었다. 夕陽 나서서 오는데 途中에 車가 있어서 타고 오는데 途中에서 비가 나리기 시작하여 비를 맞고 왔다. 하루를 다녔어도 收金은 一錢도 못하고 虛行을 하고 말었다. 今般에 所要經費 捻出이 大端히 걱정된다.

1954年 10月 8日 (陰 9月 12日) 金曜日 曇

어제밤부터 몸이 異狀이 앞어서 아침 늦게까지 누었는데 禮植이가 다 이제스트 册 一卷을 가지와서 일어났다. 오늘의 出張 計劃이 없의면 出勤을 못하게 생겼는데 不得已 나갔다. 出張을 나갈야 할 적에 支署에서 오늘 救護物資를 실코 온다고 電話가 왔다고 人員을 手配해 노라고 한다. 그래서 各 出張員에게 該當者를 빼주기에 가지고 磊川에 가서 점심을 먹고 三隱 一區에 갓드니 宗中에서 관평을 한다고 部落民들이 많이 參席하여 있었다. 마침 술이 있다고 주워서 한 잔 먹었드니 몸에 大端히 나뻣다. 三隱 二區에는 里長도 없어서 代理에게 傳하고 바로 집으로 왔다. 面에 나가보니 議會가 繼續 中이여서 잠간 事務室에가 앉었노라니가 몸이 앞어서 집에 와서 누은 겄이 그만 잠이 드러서 자자니가 깨워서 일어나 보니 韓秉道가 와서 앉어서 노는데 禮植이가 와서 자기 집으로 가자하기에 저녁 먹고 禮植이네 집에 가서 오래도록 놀다 왔다. 漁隱里 韓琦鎬가 와서 놀러오라는데 가지 못햇는데 거기서는 노니라고 밤늦도록 노래 소리가 나는 것이 재미있게 노는 겄 같다.

1954年 10月 9日 (陰 9月 13日) 土曜日 晴 (寒露 한글날)

오늘은 世宗大王께서 한글을 지여 나라에 펴치어 온 나라 國民으로 하여금 이를 배우고 쓰도록 하여 至今에 이르렀는데 이 한글은 世界에서 가장 잘된 글로 배우기 쉽고 쓰기에 便利하고 보기에 아름다운 글이다. 이와 같이 우리 國民에게 배움의 길을 열어 주었든 날로서 우리는 다 같이 世宗大王의 業績을 다시 한 번 더 讚揚해야 할 날이다.

오늘은 副面長과 같이 入營壯丁의 家庭訪問을 할야 하였든 겄이 郡에서 德溪里에 堆肥審查 次 나온다 하여 副面長 마저 거기에 가버린다. 面長은 產業行政에는 相當히 烈[熱]이 있으나 其外 行政에 等閑이

하는 傾向이 많으며 特히 兵事行政에는 無關心한다고 하여도 過言이 아닐 정도다. 나 혼자 洗心 一區에 갇드니 里長이 안 계셔서 班長과 같이 먼저 萬吉이 집에부터 갓드니 마침 자기 兄이 있어서 人事를 하고 이야기를 하든 中 자기 어머니가 와서 慰安의 말을 하고 나오다 途中에서 鄭寅重이 아버지를 논에서 맛나 가지고 人事와 慰安의 말을 하고 後川里로 나려 갓다. 거기서 光朝와 學珪를 다시 맛나서 好俊이가 술을 내는 판이여서 거기서 놀다 敏植 氏가 出張 왔다 病이 나서 누었다기에 가서보니 얼골이 大端히 축젓다. 같이 同行해서 徐徐히 올라와 보니 面事務所는 텅텅 비여 있다.

1954年 10月 10日 (陰 9月 14日) 日曜日 晴

兵役義務完遂强調期間이 오늘로 期間 行事는 끝나는 날이다. 學校 運動場에서 兵役義務完遂大會를 擧行하였다. 郡과 署에서 臨席하였다. 參席人員은 若 150名 程度 集合하였으며 푸랑카드도 持參하였다. 萬一 이 大會의 主催가 다른 機關이라면 오늘의 集結 成績이 이보단은 낳었을 겄이다. 명색이나마 大會는 끝맞었고 來面한 臨席者들의 給食을 葜樹에 가서 하자고 支署에서 하여서 별수 없이 面長任만 葜樹로 같이 갓다. 雪上加霜으로 支署에서 나온 사람의 旅費를 달라고 하여 面長, 副面長이 承諾한 것을 나 혼자 反對하였드니 나중에 副面長이 별수 없이 주워야 한다기에 葜樹까지 나가서 次席에게 주고 왔다. 寒心스러운 일일 것이 面民들에게 한 푼 두 푼 모흔 돈이야말로 피맺힌 돈인데 달라는 사람은 이것을 普通之事로 하느니 만약 不應 時는 大端히 不快하게 생각할 겄이다. 오늘 하루의 氣分은 大端히 좋지 않았다. 내가 이 종이에다 이와 같은 말을 쓴 것을 보더래도 오늘의 還[環]境이 어떠하였다는 것을 다 알고도 남을 것이다.

1954年 10月 11日 (陰 9月 15日) 月曜日 晴

따듯한 날은 벌서 다 지낸 것 같다. 벌서 어제밤에는 찬서리가 하얏케 나렸다. 겨울의 찬 날씨도 차츰차츰 目前에 到達한다. 높고 맑은 가을 하늘 아래 秋收를 始作할 날도 몇일 남지 않했다. 오늘은 道路 및 兵事關係 經費 徵收 次 全 職員 出張이다. 나도 道路整備 督勵 次 山水里에 出張하려 하였으나 內務가 複雜해서 안 나갔다. 午後에 來日의 入營壯丁들이 集合할 겄인데 洗心里서 二名만 나오고는 나오지 않했다.

그래서 二名도 다시 집에 가서 자고 來日 오라고 부탁해 놓고 다시 돌려보냈다. 않 온 사람도 내일은 다 올 겄 같으며 今般에는 成績이 좋을 겄 같다. 거기다 今般에는 志願兵도 있을 겄 같은데 앞으로 이와 같이 되면 忌避者란 없어질 겄 같으다. 오늘 道에서 堆肥審査 次 德溪里에 出張할 모양인데 過然 今般에 當選의 榮譽를 獲得할른지. 舊 沈 面長의 大祥이 오늘인데 몇몇 職員만 가보고 나는 바뻐서 못 가봐서 大端히 罪悚스런 생각이 난다.

1954年 10月 12日 (陰 9月 16日) 火曜日 晴

오늘은 4287年 9月 以後부터 實施하는 徵集業務의 첫 단게로서 三次二回의 徵集壯丁의 入營의 날로서 아침부터 바뻤다. 全 壯丁들은 豫定時刻 內에 集合하였다. 從前과 같은 方法을 취하지 않애도 成績은 第

一 좋다. 學校에서는 來日의 運動會 準備에 大端히 바쁜데 校監先生한테 말하고서 壯行會를 學校에서 擧行키로 하여 全 兒童이 集合하고 其他 里長 및 家族이 集合하여 盛大히 行하였다. 面에서 送別酒는 먹었는데 集結 成績이 좋아서 氣分 좋은 바람에 豫算 外에 超過되였다.

人員이 많의면 車가 있을 것이나 적은 人員임으로 步行으로 獒樹까지 가기로 하여 걸어서 가다가 梧枝里 앞에서 崔龍範을 맛났는데 그때 마침 車가 와서 그 車를 利用하여 獒樹까지 가서 獒樹서 中食을 먹고 任實로 갔다. 任實 가서 봐도 今般 集合 成績이 第一 좋은 겄 같다. 50名 中에 2名의 忌避者니가 大端히 좋다.

1954年 10月 13日 (陰 9月 17日) 水曜日 晴

아침 일직이 理髮을 할야고 理髮所로 가는데 相當히 날이 춥다.

벌서부터 朝夕으로는 찬바람이 불어오니 찬 겨울이 아득하다. 朝飯後에 壯丁들은 任實東中學校 敎庭으로 集合하여 壯行會를 擧行하는데 꽃다발 贈呈과 손수건 贈呈이 있었다. 壯行會가 끝난 後 入營壯丁들과 같이 紀念寫眞을 찍었다. 全州에서 宿所는 洛陽館으로 定하였다. 나중에 南原 金堤 等이 들어와서 宏張이 複雜했다. 韓秉道나 許柄奎의 延期願 提出한 것 때문에 大端히 골치 앞었다. 今般에는 可決者도 現場에서 알려주제 事前에 알리지 않은다고 司令部나 道에서 極祕에 부치고 있음으로 도저히 內容을 알 수가 없어서 如간 애탄 바가 아니다. 저녁에 다른 사람들은 劇場에 들 가는데 나 혼자만이 않 갔다. 여러히 앉아서 노는 것이 그만 날이 새도록 놀았다. 약간의 손해도 봤다. 앞으로 이러한 일은 絶對 삼가야 할 겄을 覺悟했다.

1954年 10月 14日 (陰 9月 18日) 木曜日 晴

어제저녁을 꼽박 자지 않았드니 잠이 와서 大端히 困難했다. 道 壯行會를 全州公設運動場에서 擧行하였다. 道知事 司令官 警察局長 全州市長 等의 壯行辭와 祝辭 等이 있었고 警察樂隊와 全州工業學校 樂隊도 나왔으며 高女生과 各 高等學生 等이 많이 參席하여 例外 없는 盛大한 壯行會를 베풀어 주었다. 壯行會가 끝난 後 壯丁만을 남기고 其外 사람은 全部 周邊 언덕 위로 올라가게 한 뒤 新兵補充隊에서 引受官이 왔다. 거기서 第一 먼저 法條可決者를 呼名하고 그다음에 正教師 學生 등 有事故者를 불러내는데 法條可決者 부를 적에는 大端히 마음이 조리였었는데 多幸히도 二名 다 可決되여서 氣分이 좋았다. 萬若 거기서 틀였드라면 大端히 立場 困難했을 겄인데 千萬多幸한 일이다. 壯丁 引率하는 데도 今般은 前例에 비추서 多少 秩序가 잡힌 것 같은 感이 든다. 모든 겄이 이대로만 잘되여 가면 몇 번 안해서 제대로 될 것 같다. 引繼가 끝난 後 바로 뻐-쓰를 타고 任實까지 와서 任實 鳳凰旅館에서 자게 되였다.

1954年 10月 15日 (陰 9月 19日) 金曜日 晴

아침 첫 大韓뻐스로 獒樹로 나려 왔섰다. 下車하자 바로 三溪 一區 里長을 만났는데 今日 附로 支署主任이 慶北 居昌署로 轉勤 發令이 났단 말을 들었다. 그러자 바로 李鍾得 巡警이 또 쪼차와서 主任이 付託한 것 사왔느냐고 뭇는다. 如何間 속 좋은 친구들이여. 말만 하면 척척 되는 줄로 알고 있으니 큰일들이다. 오늘은 오랜만에 오수난장판에 한번 求景할여고 원동山에 가서 잠간 살펴보니 보지 못한 노름이 相當히 퍼

젓드라. 그야말로 야바우판속이라 못 돌라 먹어서 한이고 못다 먹어서 한이드라. 銃 쏜 데는 많은 紳士들과 老人들도 많이 하고 있어서 안할 야고 斷念한 것이 나도 한 번 한 것이 相當히 여러 번 하여 結果的으로 볼 때 별 損害는 없었다. 왼 終日을 虛送하고 저녁에 力士씨름이 있다기에 그것을 보고 가기로 하고 씨름大會를 求景하고 밤 1時 頃에야 學仁이와 秉道와 鴻谷里 사람 몇 명과 같이 同行하여 歸家했다. 씨름에 一等 한 群山 力士의 身體는 대단히 좋고 二等 한 裡里 選手도 身體도 좋고 씨름들도 다 잘들 하드라.

1954年 10月 22日 (陰 9月 26日) 金曜日 晴

어제밤에 漁隱 二區 柳成春이의 집에서 자고 午前에야 歸廳하였다. 그 사람한테 너무나 폐를 끼첫다. 어제도 酒泉里까지 가서 놀다 밤중에 와서 가제 오래까지 놀다 너무 과히 떠들기까지 해서 心中 未安感이 있다.

오늘 里長會議가 있어 같이 面으로 왔다. 오늘의 會議는 前般 徵集에 뒤이어 社會係에서 勞務動員 關係로 會議이다. 24日에 八名의 人員이 出發해야 할텐데 過然 어떤 部落에서 該當되여서 가게 될느는지?

午前 中에 郡에서 特使가 왔는데 來日 副面長과 兵士 主務者 合同會議가 있다는 郡守의 特命 下達이 있으니 또 무슨 일인지 알 수 없다. 11月分 徵集 計劃이 벌서부터 始作인가 딴 關係인가 萬若에 또 있다면 심난할 노릇이다. 經費 遽[醵]出 잘되지도 않고 미처 完結도 짓키 전에 뒤이어 일이 자꾸만 터지니 걱정거리다. 오늘도 經費 關係로 鶴亭 一區 里長과 言爭을 하였으며 其他 여러 里長한테 事情 많이 해 봤지만 나도

靑年의 몸인데 里長들한테 돈 달라고 事情하기란 창피하기 짝이었으며 限없이 뇌꼴스럽다.

1954年 10月 23日 (陰 9月 27日) 土曜日 晴

오늘 副面長 兵事主務者會議가 있어서 副面長과 같이 걸어서 獒樹까지 가서 보니 뻐-쓰가 금방 出發해 버려서 추력으로 任實까지 갔다. 가서 잠간 기다려서 會議를 始作함으 會議室로 들어 갔드니 무러볼 必要도 없이 公文을 보니 또 나왔다. 11月 中 實施 計劃인 徵集이다. 本 面에도 19名의 現役兵 證書가 發付되였다. 其中에서 所在地 사람이 四名 있는데 熺植이 일이 第一 難問題다.

郡 係長한테 付託은 잘해놓고 왔지만 當然히 法條可決이 되여야 할 사람인데 萬若 入隊케 되면 그 사람의 家庭事가 큰일이다. 會議가 끝난 後 中食은 郡에서 提拱[供]해 주웠다. 獒樹에 와서 炳八 文鉉 光朝 等과 같이 新亭旅館으로 가서 술 한 잔 먹고 늦게야 歸家했다. 오다가 支署에를 들였드니 道路整備 잘못했다고 三溪 一區 部落民을 全部 나오래 가지고 相當히 問責을 하고 있는 中이다. 勿論 部落民 全體가 나쁜 것은 아니다. 그러나 몇몇 사람의 怠慢으로 因하여 全 部落民이 그와 같은 現狀을 내게 되니 이러한 惡習을 가진 者의 覺性[醒]이 必要하다. 무슨 일이나 보면 언제나 말성거리 된 사람이 무슨 일이든지 每 一般이다.

1954年 10月 24日 (陰 9月 28日) 日曜日 晴 (霜降 UN데-)

日曜日에도 쉴 줄을 모르는 官廳은 末端行政機關인 面박에 없으리라. 一週日에 한 번식 돌아오는 日曜日마저 꼬박꼬박 出勤하여 모든 殘務를 處理해야만 하니 이래도 누구 하나 알어준 사람은 없다. 令狀 交付에 對한 職員의 出張 計劃을 세어서 몇몇 職員은 出張했다. 午後에 社會係에서 勞務者 八名 中 七名을 引率하고 出發했다. 언제나 되풀이하는 일이지만 勞務勤員이나 徵召集에는 隘路 많다는 것은 直接擔當者가 앉이면 그 內容을 모른다. 季節은 벌서 霜降인데 앞으로는 그야말로 찬 서리 나리는 추운 날이 돌아오는데 至今부터 入營케 되는 壯丁이나 勞務動員者들은 大端히 困難할 것이다. 닥처오는 嚴冬雪寒에 그대들의 健康이 있기를 빈다.

1954年 10月 29日 (陰 10月 3日) (麥 播種)

1954年 10月 30日 (陰 10月 4日) 土曜日 晴

아침 일직이 漁隱里 金學述이가 찾어와서 아침에 일직 이러났다. 金學述이란 사람은 今般 令狀 下令者인데 戶籍上 年令은 69年生으로서 年令未達인데 登錄 錯誤로서 그러케 된 것이다. 午前에는 炯基네 祖母의 出喪을 하느라고 상부가 나간다. 사람이란 一平生이 길다면 길고 짧다면 잘븐 時節인데 其 期間 內의 苦樂이란 말할 수 없이 많다. 맑고 개인 가을 하늘 아래 일생을 이저버리고 꽃으로서 장식한 화려한 상여로서 머나먼 나라로 가게 된다. 그와 反面에 오늘을 화려하게 보내는 一

生에 잊지 않은 回甲잔치를 하는 데도 있다. 午後에 德溪里 許曾玉 先生의 養父 回甲이라고 오라고 해서 職員 몇과 先生 巡警해서 20餘名이 갔다. 時節도 좋은 때요 生活도 넉넉함으로 잔치는 相當히 잘 했다. 마당에서 한참 노는데 이웃집에서 火災가 나서 全部 動員되어서 불을 겄다. 우리네들의 나쁜 習慣이 있다. 그 집 어린 少女가 불을 냈는지 누가 냈는지는 몰라도 자기 어머니가 오드니 야단부터 한다. 그란해도 그 少女는 가슴이 두근거린데 大衆 앞에서 그 야단이니 그 마음이 얼마나 놀랠 겄이랴. 불이 꺼진 뒤 우리들은 돌아왔다.

1954年 11月 1日 (陰 10月 6日) 月曜日 雨 後 晴

今般 入營者들의 延期願을 進達키 위하여 아침때 郡에를 갔다. 郡에를 가니 그때에야 職員會議가 있다. 그 후 月曜敎養講座가 있어서 같이 배웠다. 內務課長이 行政法에 對하여 敎養하였다. 조금 있으니가 屯南 只沙 青雄 江津 聖壽도 모여 들었다. 午前에 用務를 마치고 일직 올여다 일이 그대로 되지 않고 中食을 먹으러 郡 職員과 같이 第一旅館으로 가서 約 一時間을 기다려도 消息이 없어서 그냥 나와서 鳳凰旅館으로 가서 먹었다. 屯南 只沙와 같이 갔었다. 午前에 나려 올려는데 揮發油難으로 車가 不足하여 相當히 기다려서야 任實 장사군들을 실은 車가 있어서 그 車를 타는데 너무나도 많이 타서 여간 困難이 아니였다. 보도시 葜樹까지 와서 거기서 三溪 오는 추럭이 있어서 타고 三溪까지 왔다. 어둬서야 왔는데 正雲 氏가 오서서 나를 찾는다 하기에 저녁에 熤植이네 집에서 맛났다. 勿論 여기까지 온 內容인즉 물어볼 것 없이 熺植이 件이다. 조카를 爲하여 이와 같이 熱成[誠]겄 努力하고 있다.

1954年 11月 2日 (陰 10月 7日) 火曜日 晴

오늘은 날도 가을 하늘이기에 대단히 좋은 날씨다.

午前 11時 頃에 職員이 거의 다 後川里를 나려갔다. 다른 일이 아니다. 오늘은 後川 三區 金萬基가 故人이 되여 出喪하는 날이다. 그래서 職員들과 몇몇 里長들과 같이 阿山市場까지 가니 벌써 상여는 거기까지 왔다. 거리에서 喪主와 상여를 맛났다. 나는 나도 모르는 사이에 눈물이 나왔다. 방골 양반이 땅을 치며 우시는데 눈물이 아니 나올 수 없었다. 葬地까지 같이 갔다. 埋葬이 끝난 後에 職員들과 같이 돌아왔다. 人生이 한 번 나서 한 번 죽은 겄은 元亨利致[原形理致]이나 36歲를 一期로서 버린다는 겄은 너무나도 애석하였다. 마음씨 좋고 人情 많은 分이였다. 그의 身病에 苦痛을 하드니 마침내는 最後의 決心을 하여 生死의 기로에서 入院하여 受[手]術을 하였든 것이 不幸이 이와 같은 現狀을 내고 말었다. 人生의 一生이 이와 같이도 험악하거늘 그 짧븐 기간을 왜 不平 없이 못살고서 苦痛스런 生活을 하는고. 이 세상을 사는 데는 오-직 慈善만이 좋을 겄이다.

1954年 11月 7日 (陰 10月 12日) 日曜日 晴

三次 三回 入營壯丁의 出發의 날이다. 今般에는 人員이 많아서 많은 經費가 必要하게 된다. 補助金의 未受領으로 因하여 經費가 不足하게 되여 面長任에게 말하였드니 萬圜을 立替하여 주셔서 多幸히 支障은 없었다. 望田里에서 二名이 늦게 와서 壯行會를 늦게 끝마치고 鍾原이네 집에서 中食을 하고 추럭으로 槃樹로 해서 只沙 壯丁을 실코 와서 槃樹 壯丁을 실었다. 三個 面의 壯丁을 실은 데다가 家族들까지 타

게 되니 車가 滿員이 되여서 壯丁들은 안 간다고 띵강을 놓고 運轉手도 안 가겠다고 해서 사정사정해서 任實까지 갔다. 鳳凰旅館으로 갔는데 屯南 壯丁들은 어찌 떠드는지 모두 싫어했다. 술들이 만취가 되여 가지고 저이들 世上으로 알고 떠드러댄다. 나는 三契面 壯丁에게 注意를 시켰다. 今般 徵集에 있어 本 面에도 二名의 忌避者가 생겼다.

徵集을 忌避한 者는 斷呼[乎] 處罰하여야 할 것이다. 萬若 이것을 흐지부지하게 處理하며는 앞으로 徵集에 大端 困難할 것이다.

1954年 11月 9日 (陰 10月 14日) 火曜日 晴

壯丁을 오늘은 引繼하여야 한다. 언제나 볼 수 있는 일이지만 全州公設運動場에 가면 人山人海를 이루게 된다. 이것이 가는 壯丁을 歡送키 爲하여 나왔다면 勿論 좋은 일이나 其中에는 그렇지 않은 사람이 많은 것이 큰일이다. 가는 壯丁을 빼낼야고 오는 사람이 많다는 것이 큰일이다. 道 主催 壯行會에는 各 高等學校 男女學生과 一般民 그리고 道知事를 비로하여 各 機關 社會團體에서 參席한 가운대 盛大한 壯行會를 擧行하였다. 바로 補充隊에 引繼가 始作되였는데 法條可決者 및 入隊不能者를 除하고는 全部 入隊하였다. 本 面에서는 二名의 法條可決者와 二名의 有事故者가 있었다. 午後 四時가 지낸 後에야 引繼가 끝나고 洛陽館을 다녀서 寶城旅館에서 자게 되였다. 모욕을 하고 와서 저녁을 먹고 노는데 옆에 방에서 이야기 소리가 한참 나드니 벼란간 큰 소리가 나서 우리는 一齊히 달여가 봤드니 어머니와 아들이 싸우고 있다. 內容을 아러보니 그 아들은 四代獨子로서 어렸을 때 아버지를 여이고 어머니 슬하에서 男妹가 잘 있는데 現在 26歲로서 자기 어머니의

契돈 約 30餘萬圓을 가지고 商業을 하든 中 大田에서 某 女子 하나를 다리고 와서 結婚도 않하고 있는 者가 그 女子와 살며 契돈을 모조리 써 버렸다 해서 그 旅館에 있는 겄을 알고 자기 어머니가 좋게 忠告하니가 惡을 쓰고 달여 들어서 우리들은 좋게 타일어서 어머니를 딸아가게 하였다. 倫理道德은 땅에 떨어진 世上이다.

1954年 11月 10日 (陰 10月 15日) 水曜日 晴

나려오는 汽車로 내려 올여다 來日 韓大錫의 結婚한 데를 가기 爲하여 午後 急行列車로 나려왔다. 아침에 東亞婦人商會에서 가방을 2,300환 주고 하나 샀다. 오전에 몟몟 사람이 大錫이의 紀念品을 살여고 南門市場으로 갔다. 금반지와 春秋 베르벧드 치마 그리고 거울과 사진각을 샀다. 物價는 말할 수 없이 비싸다. 大錫이도 物品을 샀다. 物件을 다 사가지고 急行列車를 타고 任實에 와서 잤다. 大錫이와 新平面 金亨坤이는 바로 올라가는 臨時列車로 館村으로 가고 屯南 只沙 任實과 같이 서울舘에서 吳南黙이가 한 잔 주워서 먹고 저녁에는 영화 구경을 하였다.

1954年 11月 11日 (陰 10月 16日) 木曜日 晴

아침을 먹고 있는데 相武가 달려와서 署 車가 至今 舘村을 간다고 빨리 가자고 하기에 朝飯을 速히 먹고 郡守 官舍 앞으로 갔더니 全部 車에 타고 있어서 같이 舘村까지 갔다. 車 앞에다가는 生竹을 꽂고 左右 前後는 結婚이라는 글자를 써서 부치고 갔다. 大錫이는 이미 道路邊에 와서 기다리고 섰다가 車를 타고 新婦 自宅까지 갔다. 舘村面 앞에서 車를 내려서 面에서 놀다 結婚式場에를 갔다. 郡守를 비롯하여 職員 그리고 面 職員 또한 全州에서 온 親舊들이 많이 왔다. 그러나 新婦家가 외로워서 그다지 재미있지 않았다. 式이 擧行되였는데 약간의 모순된 점이 있었다. 카메라가 셋이나 왔다. 제법 재미있게 되였다. 禮式이 끝난 後 祝辭와 祝電文 랑독이 있은 後 記念品 贈呈이 있고 이여 寫眞을 찍을여는 찰라에 新婦가 졸도하고 말었다. 場內는 一但 緊張하였다. 長時間의 고민인가 그러치 않으면 콩 떤진데 놀래서 그런지 何如間 新郞으로서는 氣分 나쁠 일이다. 그로 말미암아 式은 끝나고 마당에서 술과 飮食을 먹고 午後에 일직 올여 한 것이 車가 없어서 오지 못하고 郵便局에 가서 놀다가 다시 그 집으로 같드니 마침 全部 놀로 나와서 같이 박에서 노는데 나려오는 추럭이 任實까지 있어서 그 車로 내려왔다. 任實까지 오는데 時間이 지냈다고 다섯 간데서 檢問을 한다.

1954年 11月 12日 (陰 10月 17日) 金曜日 晴

鳳凰旅館에서 朝飯을 먹고 조금 있으니가 全北뻐스가 와서 타고 내려왔다. 獒樹에 와서 新亭旅館에 外上값을 多少 주고 나와서 三溪로 오는 車를 기다릴여다 바로 걸어서 오는데 "사망당고개" 있는데 오니가 三溪 오는 車가 지나가 버린다. 별수 없이 걸어서 삼계까지 왔다. 집에 와서 보니 中食 때가 못 되여서 바로 面으로 나가서 面長을 보고 어린애의 種痘를 마치고 집으로 들어왔다. 오늘은 어린애가 처음으로 자기 外家에를 간다고 벌써 準備를 다 갖우고 있는 중이다. 午後에 떠난 뒤에 나는 몸이 앞어서 꼼짝도 않고 누워 있었다. 메칠 간의 出張에 몸이 相當이 피勞하여 졌다. 밥맛마저 없어지고 기운이 탁 풀어진다.

1954年 11月 13日 (陰 10月 18日) 土曜日 晴

約 一年만에 鶴亭里를 가 봤다. 나무 실로 가는 車를 타고 面長任은 面有林을 보러 가고 나는 鶴亭里를 가는데 車가 洗心里 안에 소았터로 들어가서 거기서 나려보니 여기 圓[原]木이 산떼미같이 많이 있다.

面長은 거기서 남고 나는 鶴亭里 製材所로 갔다. 가는 途中 길을 몰라서 어떤 길로 갔다가 다시 찾어갔다. 一年만에 보는 이 場所 相當히 變했다. 판자집이 늘어 있고 라듸오 소리까지 나온다. 나의 目的은 돼지막 질여고 판자 좀 사러 갔다. 主人에 內容을 말하고 팔기를 請하니 안 판다고 한다. 기분이 납었다. 支署에서 오면 無償으로도 주면서 그러한다고 거기 있는 사람들이 말을 한다. 그 위에 와서 놀다가 準基 車가 와서 다시 내려가 사정을 하였드니 마지못해서 두 다발을 준다. 價格은 200환. 받을 대로 다 받으면서 자 쌘다. 그때 마침 酒場 車가 와서 올 적에 거기다 싫고 왔다 山비탈길은 大端히 위험한 길이다. 運轉手들도 거기 나려올 적에는 相當히 情[精]神이 씨이겠드라. 三溪까지 無事히 到着하였다.

1954年 11月 14日 (陰 10月 19日) 日曜日 晴

오래간만에 처음으로 日曜日을 한번 찾어봤다. 아침때부터 돼지막을 지였다. 正良이와 자형과 함계 지였다. 좁은 터를 담듬어서 짓느라고 저녁때까지 했다. 집에서 하루식 일하는 것도 재미있는 일이다. 아직까지 돼지는 길러본 일이 없는데 今般에 처음으로 한 번 길어 보려고 지난 5日에 正良이네 집에서 새기 한 말이를 샀다. 10餘日 동안을 덕가리 안에다 가두어 키웠다. 오늘에야 비로소 넓은 집에 들어가서 활발

하게 클 수가 있다. 집은 제법 근사하게 지였다. 사람의 힘이 무서운 겄이다. 그 심란한 자리에다 始作하였드니 그리도 넉넉히 질 수가 있으니 좋고도 무서운 겄이다. 처음 실시하는 일이니 잘되기를 바란다.

1954年 11月 16日 (陰 10月 21日) 火曜日 晴 曇

아침에 다른 때보다 일직 일어나서 마늘을 심었다. 약간 좀 싸늘하지만 아침 일은 참 몸에 좋드라. 아침에 한참이나마 일을 해본지가 相當히 오래다. 午前에는 來日의 里長會議를 受配하였다. 그리고 거기에 對한 里長會議 書類를 만드니라고 終日 바뻤다. 저녁 판에는 宿直室에 職員들이 全部 모여서 한 잔 마셨다. 이겄이 職員들 間의 親睦이다.

1954年 11月 17日 (陰 10月 22日) 水曜日 晴

오늘은 里長 班長 合同會議의 날이다. 豫定 時間보다 늦게 12時가 지난 後에야 會議를 열었다. 內容은 兵役忌避者 및 無斷탈營者의 自進申告期間이 今般에 實施되여 今月 1日부터 末日까지의 期間行事에 對하여 討議하였다. 面長의 開會辭가 있은 후 新任 支署主任의 人事가 있었다.

會議는 午後 늦게까지 繼續되였다. 今年에도 例年과 다름없는 收得稅 調定 時의 經費를 갖이고 四個 里 問題로 말이 相當히 많았다. 收得稅法이 이대로 存續하는 限 언제나 이와 같은 不美之事가 演出될 인가. 國家의 稅金을 調定하는데 中間에서 商業行爲를 한 者가 있으니 참으로 寒心한 일다. 이것도 早速히 解決하여야 할 겄이다.

1954年 11月 19日 (陰 10月 24日) 金曜日 晴

오늘부터 今年 秋穀 收納 督勵 次 出張이다. 午前에 職員會議를 하고 바로 出張地로 나가게 되였다. 每年 되풀이하는 일이지만 이 秋穀 收納 問題가 大端히 골치 앞으다. 내는 사람이나 督勵하는 사람이나 다 같이 걱정이다. 出張만 내놓고서 午後에는 나가지도 않앴다. 집이 와서 보니 어린애가 外家에 갔다 돌아왔다. 午後에는 무를 뽑았다. 一年의 農事와 같은 이 무도 우리의 겨울사리에 大端한 要素이다. 人生이란 一年의 統計를 본다면 宏張이 많이 먹은 겄이다. 이 무와 배추도 올해 겨울에는 다 없어질 겄이 않인가. 저녁에 孝植이네 집에서 殷植 氏를 맞났는데 말하는 겄이 現在 大韓民國의 施策에 對하여 많은 不平을 갖인다. 國家의 施策보다 全 公務員에 對해서 不平을 갖인다. 이겄은 그 사람이 나쁜 게 아니다.

1954年 11月 20日 (陰 10月 25日) 土曜日 晴

出張 中임으로 面에 出勤을 않아고 槧樹에 별 볼일도 없이 갔었다. 먼저 理髮을 하고 中食을 먹을여고 新亭旅館에 가 들어앉었는데 그 앞에서 銃쏘기 노름을 하느라고 마이크를 대놓고 굉장이 시끄럽게 떠든다. 사람의 마음을 꿇어어 自己들의 目的을 達成할여고 애를 쓴 모양이다. 거기에 가서 그 짔 하면은 何人을 莫論하고 必히 損害 볼 증조이니가 미리서 않간 게 좋다. 김장꺼리를 좀 사가지고 車를 기다려서 車를 타고 왔다. 三溪에 와서 내리니 李 巡警이 보고 지랄을 한다. 兵役忌避者 自進申告其間 中에 申告者가 없으면 自己들이 困難하니까 저이들이 할 일을 못하고는 내가 오니가 생지랄을 다하고 있다. 저이들 마음

에는 面 書記 같은 것은 問題가 아닌 것 같이 取扱을 할야고 한 模樣이여. 面에 가서 期間 行事宣傳啓蒙班을 編成하였다. 面長 議會議長 教長 主任 等의 四組로 編成하여 各 部落을 巡廻 啓蒙하도록 하여 各 里에 公文을 發送할여고 謄寫하여 주고 어두컴컴한데 面을 막 나올여고 하니까 兵友雜紙社에서 册代받으로 왔다고 오고 있다. 밉쌀쓰럽다. 누가 册을 달난 덕시 갔다 주워놓고 저녁 판에 가닥그리고 온 것이 大端히 보기 싫었다. 별수 없이 아래집에다 저녁을 식혀서 먹이게 하고 나는 出張 간다 하고 나와 버렸다. 이와 같은 일을 먼저 시정해야 末端에 일하는 사람이 좀 나흘 것이다.

1954年 11月 21日 (陰 10月 26日) 日曜日 晴

面에를 나가니가 어제 册代 받으로 온 者가 채다보고 섰다. 애당초에는 絶對 代納을 않할여는 것이 여기까지 온 것을 도로 보내기가 人情上 안되여서 會計한터 借用할 여고 한 것이 會計가 주지 않해서 魯植이한테서 借用해 가지고 주워서 보냈다. 오늘 秋穀 收納日인데 收集 狀況은 아주 나쁘다. 不過 10餘 가마니박에 出荷되지 않했다. 今年度에도 收納을 끝낼여면 例年과 같이 難關이 勿論 있을 것이다. 하루 速히 끝나야 다른 事務에 支障이 없을 것이다. 午後에 面長任과 같이 啟蒙宣傳班에 나갈 面職員을 決定해 놓았다. 오늘 副面長으로부터 面長任에게 片紙가 왔다. 이 外에도 光州서 왔다. 副面長도 너무나 病에 對해서 걱정을 하고 있어 큰일이다.

일기 제3권

〈1954년(단기 4287년) 11월 22일 – 12월 31일〉

1954年 11月 22日 (陰 10月 27日) 月曜日 晴

會議에 參席키 爲하여 朝飯을 일직 먹고 걸어서 獒樹까지 나갔드니 마침 추럭이 있어서 無難히 任實까지 갔다. 每週 月曜日에 實施하는 朝會마저 秋穀 收納 督勵 出張 關係로 略하고 있다. 12個 面에서 내가 第一着으로 到着하였다. 나는 생각기를 이번 會議의 用件도 徵集인 줄 알고 갔드니 多幸이도 이번 計劃에 西南地區만이 除外되였다고 한다. 勿論 今般에 實施않은 代身 次回에 많은 人員이 나올 줄로 아나 今般만이라도 除外된 것이 多幸으로 여긴다. 屯南 只沙가 와서 같이 이야기를 듯고 나왔다. 任實驛前에까지 추럭으로 갔다. 交通이 急作히 나뻐저서 汽車로 다녀야만 하게 되였다. 1時 15分에 내려오는 列車로 나려왔다. 내리다가 德溪里 李鍾滿이를 맛났다. 이 사람은 나와 國民學校때부터 親友인데 不幸히도 兵役 關係로 約 二年間 隱身했기 때문에 二年만에 맜났다. 그러다 今般에 登錄을 하고 身體檢査를 한 後 獒樹商高에 入學하여 在學 中임으로 이제는 活潑히 다니므로 이제야 만나게 된 것이다.

같이 가서 中食을 하고 걸어서 집에까지 왔다. 任實驛에서 車를 탈여고 할 적에 副面長을 맛났다. 身病으로 몹시 걱정을 하고 다니드니 今般에 집에를 다녀갈여고 任實서 내려서 郡에 볼일을 보고 온다고 任實서 내리는 중이다.

1954年 11月 23日 (陰 10月 28日) 水曜日 晴 (小雪)

벌서 오늘이 小雪이다. 글자 그대로 눈이 올 날인데 오늘의 날씨는 봄날 이상으로 따뜻하다. 今年 겨울에는 아직 그다지 추운 날이 없었다.

萬若 이와 같이 따숩다가 急히 추워지면 사람들은 勿論 꼼작도 못할 겄이다. 午前에 漁隱里에서 兵役忌避者 自進申告에 對한 啓蒙宣傳을 할 計劃이 되여서 가봤드니 벌서 面長任과 支署 李光茂 巡警이 와서 있다. 사람을 集合시키는데 여간해야 모이지 않는다. 漁隱 二區에서도 사람이 와서 12時 半 頃에 集合한 人員이 겨우 60餘名박에 모이지 않았다. 이와 같이 억지로 모인 사람들에 講演이네 무었이네 해봤자 귀가에 들리지도 않을 겄이다. 나오기 싫은 사람을 억지로 데려다 놓으니 精神이 어먼 데 가있지 講演한 데 있을 리가 없다. 먼저 面長任이 끝나고 李 巡警이 한 다음 나도 여기에 對하여 잠간 몇 말 附言 하였다. 점심을 먹고 바로 梧枝 一區로 갔드니 里長이 二區로 갔다하기에 二區로 가서 보니 사람이 모여 있지 않다. 그때사 集合시켜서 저녁 판에야 잠간 끝마치고 늦게사 집으로 왔다. 오다 생각하니 저녁에 海炯이 代直을 맡어서 面에 가서 잤다.

1954年 11月 24日 (陰 10月 29日) 水曜日 晴

秋穀 收納 督勵와 兼하여 初度巡視 次 吳 産業課長이 來面한다고 해서 出勤했다. 바로 收納 督勵 次 出張을 갔다. 山水里로 出張 간지도 상당히 오래 되였다. 里長과 같이 東山里에서 個別訪問을 하였다. 거개가 다 가마니가 없다는 理由다. 農村生産이여야 할 가마니 같은 겄을 쳐서 할 생각을 않고 買入해서 할 생각들을 하고 있으니 이래서 農村生活을 어덯게 할 수 있나. 아래마을에 가서는 個別訪問을 안했다. 正嚔이네 집에서 점심을 먹었다. 午後에도 個別訪問은 않하고 돌아왔다. 일일이 訪問하고 事情하면서 秋穀 내라고 하기는 싫다.

1954年 11月 25日 (陰 11月 1日) 木曜日 晴

來日까지 繼續 出張 中임으로 面에를 않이 나갈여다 나갔드니 道路邊에를 가니가 支署에서 불으기에 가봤드니 本署 兵事係 蘇 警査가 돈 받으로 왔다고 와서 있다. 이것도 勿論 正當히 우리가 내야할 돈이라면 몰으겠으나 아무 터무니없는 돈을 내라고 未收證만 가지고 와서 졸은다. 面으로 와서 面長이나 副面長께 이야기하니 快히 承諾을 한다. 그러나 出處가 어데서 나올 겄이냐가 問題다. 至今 當場에도 三次 三回時 食代나 酒代를 달라고 와서 졸으고 있는데 어찌 될 겄인지 漠然하다. 내 個人 經濟에 이와 같이 쪼달리면 젠작 破產 程度일 겄이며 보대기여 못살 겄이다. 後日에 주기로 하고 그대로 돌여보냈다. 서울 있는 鍾熙한테서 片紙가 왔다. 재미있는 이야기를 많이 썼다. 누구나 다 軍人이라면 가기를 싫어하지만 가만 놓으면 다 잘되여 가지고 온다. 鍾熙도 當初에는 入隊를 싫어하다가 그 後에 入隊하드니 이제 憲兵으로서 活動하고 있다. 그까지 面書記 지금까지도 繼續해봤자 별 겄 없지만 그리도 거기서 잘만하면 여기 있는 겄보다는 훨신 좋다. 午後에 許仁秀가 面 臨時雇員으로 들어온다고 面長室에 와서 있다가 갔다. 旣往이면 主務者의 意見도 좀 들어서 했으면 좋을 겄 같은데 主務者는 알지도 못하게 係員을 쓰고 있다.

1954年 11月 26日 (陰 11月 2日) 金曜日 靑

秋穀 收納이 始作되여 이미 數次의 共販 찐 데도 不拘하고 오늘의 共販에도 쓸쓸하였다. 不過 百餘 叺 나왔다. 不合格品도 상당히 많이 나왔다. 내가 出張 가서 督勵해놓은 山水里에서는 2叺박에는 않나왔다. 너

무나도 寒心하였다. 今月 末 現在 統計表를 作成하였다. 저녁 판 늦게까지 作成하고 있는데 李鐘得 巡更이 오드니 今般 人事移動에 依하여 戰鬪隊로 發令이 났다고 말을 한다. 勿論 사람이란 맛남과 同時 헤여진다는 原則이 있지만 支署에 職員들은 너머나 往來가 甚하다. 그 말을 듯고 그대로 있을 수 없억서 書類를 치우고 나왔드니 學珪와 같이 나가기에 잠간 있다 點岩 氏 집으로 가서 보니 學珪와 光朝와 같이 술을 먹고 있어서 같이 들어가서 술을 먹었다. 내가 가서 菓子도 사가지고 와서 같이 먹은 게 술을 너무 과음했다. 상당히 취하게 마셨다. 어두워진 뒤여야 헤여저서 집으로 왔다. 그 사람도 本性이 그다지 惡한 사람은 않인데 갈리게 되니 大端히 서운하다. 집에 와서 舍廊房에 가서 노는데 어뎋케 술이 취하든지 혼이 났다. 내 언제나 禁酒할여는 겄이 不得已 조금씩 먹으면 요지경이란 말이다.

1954年 11月 29日 (陰 11月 5日) 月曜日 晴

午前 中에는 三隱 一, 二區 出張을 나갔다. 먼저 二區에 가서 里長을 찾으니 마당에 있든 아이가 안으로 들어가드니 다시 나와서 里長 없다고 한다. 내 언제나 생각해보지만 박에서 사람을 찾는데 안에서 없다고 하는 데는 氣分이 나쁘다. 方今 있다던 겄이 없다고 한단 말이다. 다시 里民을 찾어 가지고 그리 말고 맛나자고 하였드니 그때에야 나온다. 勿論 本人은 其 職을 그만둘라매 그러한 手段을 쓸 줄 알으나 그러케까지는 할 必要 없다고 생각한다. 一區에까지 가봐야 里長도 없어서 바로 집으로 돌아왔다. 梁相文이한테 가서 前日 付託했든 넥타이 찾었다. 오늘밤에는 大韓航空協會에서 와서 講演과 演據[劇]을 한다고 해서

저녁을 먹고 바로 學校로 갔다. 相當히 機[期]待가 컸다. 이러한 시골에 와서 演據이란 참으로 보기 어려운 일이라 學校 講堂에는 超滿員을 이루었다. 그러나 기대와는 너무도 거리가 멀었다. 명색 喜據이라고 하는 것이 아이들의 作亂도 않이요. 적어도 一面 內의 人員을 集合 식혀 놓고 말도 않이다. 돌라갈 적에는 모두 다 不平을 하고 돌아들 간다.

1954年 11月 30日 (陰 11月 6日) 火曜日 曇

來日 郡守 初度巡視 次 나온다고 面에서는 一大 淸掃가 벌어졌다. 淸掃를 한다는 데는 大端히 좋은 일이다. 그러나 이겄이 언제나 하는 일이라면 모르되 어떤 人物이 나오게 되면 한다는 겄이 이겄이 大端히 모순된 일이다. 사람의 눈을 속여 볼여는 짓박에 되지 않은다. 모든 일에 있어 平素에 잘해야지 뜻박에 變動할여면 到底히 되지 않은 法이다. 내가 이제까지는 三隱里 擔當을 하였는데 오늘 春泳 氏가 三隱里를 맡으겠다기에 내가 斗月里를 맡으게 되였는데 大端히 困難한 問題이다. 斗月里라면 有名한 部落인데 모든 일에 있어 責任完遂를 해야 할 텐데 앞으로 어터케 될는지. 來日 아침 部落例會 參席 次 斗月里를 가보니 里長이 없어서 바로 班長에게 부탁하고 돌아오는데 村前에서 그 마을 學生들이 나를 보고 저이들끼리 하는 말이 "또 돈 바드러 왔다간다. 支署에나 面에서는 맨 돈만 바드러 다녀. 어떨 때는 支署에서 忌避者도 잡으로 와." 이와 같은 말을 저이들끼리 하고 간다. 이겄을 들을 적에 기분이 이상했다. 어린아이들이 저렇게 말을 할 적에는 自己들 家庭에서는 어떠하랴. 事實인즉 모다 싫어하며 욕할 겄이다. 내 이것을 모른 배 아니다. 그러나 내 本心이 나쁜 게 않이라 내 職責이 그러하니 별수 있

나. 내 이 職責을 그만두지 않는 限 별수 없다. 아이들이여 너머나 비웃지 마러다요.

1954年 12月 1日 (陰 11月 7日) 水曜日 雨 後 曇

郡에서 兵事主務者會議가 있어서 아침 일직부터 걸어서 褩樹까지 갔다. 뻐스를 기다리다가 잠간 新聞을 보니까 28日字 新聞에는 改憲案이 否決이라고 하였는데 그겄을 取消하고 可決이라고 記載되여 있다. 그 原因은 計算에 있어 端數 計算을 하느냐 않느냐의 두 가지 點에서 惹起된 問題인 모양이다. 뻐쓰가 와서 票를 끈은데 料金이 今日부터 五割이 引上되였다. 物價가 오르니가 이겄도 뒤떠러지지 않을여는 모양이니. 會議는 人員集結 關係로 午後로 미루고 中食 後에 開催하였다. 內用은 볼 겄도 없이 三次 五回 徵集에 對한 건 13名의 人員이 現役兵 證書를 받게 되였다. 郡에서 끝나고 나니 그래도 느진데 署 兵事主任이 와가지고 몟 말한 關係로 늦게야 廢[閉]會되여서 車가 없어서 屯南 係長과 같이 걸어왔다. 屯南面 係長이 한사코 自己 집으로 가자고 해서 별수 없이 늦게야 그 집으로 가서 저녁을 먹고 자게 되였다. 자고도 걱정이다. 今次 이일을 또 어찌할가.

1954年 12月 2日 (陰 11月 8日) 木曜日 晴

오래만에 겨을날의 위엄을 보일여고 그러한지 오늘은 날씨가 상당히 차다. 南岳이에서 褩樹까지 나오는데 눈이 한낫식 나린다. 屯南面에 와서 面長任을 뵈옵고 組合에 가서 三次 三回 徵兵補助金을 달라고 하니가 現金도 未到着이고 또한 다른 돈도 없다는 겄이다. 組合에서 일하는 겄은 어덯게 하는 일인지 道에서는 送金했다고 하는데 組合에는 現金이 없어 못내준다 하니 이놈의 판속이 어찌된 셈인지 알 수가 없다. 그놈의 組合이 차라리 없어졌었으면 차라리 나흘 겄이다. 별수 없이 찾도 못하고 그대로 오는데 마침 車가 있어 그겄을 타고 왔다. 와서 보니 大幸이도 오늘 里長會議를 召集해 놓아서 里長會議 席上에서 今次 徵集에 對한 指示와 經費 問題에 대해서 討議했다. 上部의 指示는 經費에 대해서는 一切 民 負擔을 식히지 말고 道에서 나온 補助金으로서 充當하라고 하는데 四割 程度박게 되지 않은 補助金을 가지고 어덯게 하라는 말인지 도저히 理解難이다. 勿論이나 民弊를 끼치지 않고 國庫 補助로서 한다면 大端히 좋은 일이나 말뿐이지 實踐도 되지 않은 일을 上部에서는 指示하고 있으니 발을 묵거놓고 다름질 하라는 겄이나 마찬가지제. 下部에서 일하는 者만 애먹이잔 모양이다.

1954年 12月 3日 (陰 11月9日) 金曜日 晴

추위는 本格的으로 들어갈 모양이다. 오늘 令狀 交付 次 望田里를 가는데 相當히 날이 추웠다. 재넘에와 재안에는 日氣에 對하여 많은 差異가 있다. 佳洞서부터 찬바람이 나는데 그야말로 겨을날이 완연하다. 望田里에 가니 鄭文朝가 와서 있어서 里長과 같이 該當者 家庭을 가봤드니 大端히 困難한 處地에 놓여있는 家庭이다. 마침 本人이 나무해 가지〈고〉 와서 本人에게 令狀을 交付하고 新亭里에 가서 里長을 찾으니 거기에도 마침 鄭明仲이가 와서 있다. 조금 있다 金永北 巡警이 와서 같이 점심을 먹고 秋穀 收納 督勵를 하고 令狀을 交付하러 갔드니

德奉이 本人은 없고 家族만이 있는데 其 事由를 말하면서 令狀을 受領하라니가 自己 어머니와 妻는 令狀 受領을 못하겠다 强鞭[硬]히 拒否한다. 若干 氣分도 납었으나 當하는 家族의 心情을 깊이 理解하고 仔細 內容 이야기를 하였으나 영 反對해서 自己 同生한테 交付하고 竹溪里로 갔다. 竹溪里에 가서보니 一名은 既入隊者요 一名은 學生으로서 裡里에 있다는 것이다. 小極的 見地에서 볼 때 누구를 莫論하고 入營을 싫어하는 겼이나 좀 더 넓이 생각하면 그럴 必要도 없는데 한번 交付할 여면 속이 썩어야 한다.

1954年 12月 4日 (陰 11月 10日) 土曜日 晴

秋穀 收納日이 되여서 아침부터 많은 사람이 북적거린다. 이제까지 몇 번채의 收納日이 지내가서 오늘만은 많은 成果가 있을 겼을 機待하였다. 機待에는 맞지 않했으나 若 1,400叺 可[假]量의 出荷를 본 겼 갔다. 午前에 支署 兵事係 職員이 人事 次 왔는데 알고 보니 只沙支署에서 兵事 보든 陸 巡警이다. 其 前부터 이미 아는 處地이라 모른 겼보다는 좋다. 今次 所要된 經費를 割當해가지고 面長한테 가지고 갔드니 道 補助를 豫算치 말고 全額을 다 割當하라고 해서 退字 마젔다. 上部에서는 絶對 割當치 못하게 한데 面에서 補助金도 面 豫算에 넣고 주지 않으려고 하니 참으로 困難한 일이다. 面長의 命令이라 별수 없는 일이나 大端히 不快하였다. 斗月里 里長이 와서 今般 下令者가 現在 집에 없다고 해서 本人의 父를 오래고 했드니 자기 아버지가 와서 하는 말이 아들의 行方을 모르겠다고 하고 있다. 勿論 父母의 立場으로는 이 추운 때에 보내기 싫어하는 겼은 事實이나 아무리 그렇지마는 자기 아들의

行方을 모른다는 것은 말이 아니다. 如何튼 찾어오라고 했드니 確答을 않안다. 나도 이 事務를 집어치워야지 行勢 못하게 생겼다. 擔任者의 立場으로서 말 안할 수 없고 좀 强鞭히 말하면 도라서서 나쁘다고 욕할 겄이고 事實 젊은 몸으로서 챙피하고 욕만 어더먹으니 寒心한 일이다.

1954年 12月 10日 (陰 11月 16日) 金曜日 晴

요새 몇 일간 흐리다가 오늘은 날씨가 개였다. 午前에 婺樹에 일직 나가려 하였으나 어제 出頭通知書를 發付하였든 竹溪 一區 盧成道가 出頭치 못하겠다고 해서 支署主任에게 其 事實을 말하고 좀 늦게 나갔다. 오수에 가서 理髮을 하고 組合에 가서 三次 三回 徵兵補助金을 찾는데 여간 말해야 주지 않는다. 結局 찾기는 찾었으나 組合의 處事에 不滿을 아니 가질 수 없다. 一 個月 前에 道 金庫에서 送付하였는데 組合에는 現金 未到着이라 하니 어찌케 되여 간 판속인지 도모지 알 수가 없다. 어린애 藥을 起必 氏 藥房에서 지여가지고 新亭旅館에 가서 中食을 먹고 前般 面長이 와서 本署 職員과 같이 먹은 食代의 殘額을 支出하여 주었다. 그리고 今般 使用할 壯行會 物品을 사가지고 光朝 海炯 學仁과 같이 걸어서 저녁 판 늦게야 돌아왔다. 집에 와보니 어린애가 앓어서 大端히 不快하였다. 어른과 달러서 어린애가 몸이 편치 않으면 大端히 困難하다.

1954年 12月 12日 (陰 11月 18日) 日曜日 晴

오늘은 三溪面에 例에 없는 各 機關 親睦體育大會를 開催할 날이다.

날이 따술 때 같으면 相當히 재미있는 날인데 날이 추울 때라 별로 盛況을 못 이루었다. 午前에는 民兵隊 主催로 英 加案 南北總選擧反對 궐기大會를 마치고 午後부터 體育大會를 始作하여 먼저 支署팀과 學校팀의 對戰으로 排球大會가 始作되였다. 中途에 나는 金鐘熙의 除隊申告 關係로 面으로 왔는데 書類를 完備해놓고 가보니 벌서 排球大會는 끝났다. 學校팀이 이기고 面 對 里長팀은 面팀에서 이겼다. 그래서 學校가 一等 面이 二等을 点[占]하였다. 다음은 리레가 始作되였는데 스다트에서 二番까지는 先頭를 달였는데 三番채에 選手가 不足하여 三等을 달여 決局은 一等 學校 二等 支署 三等 面이 되였다. 이여서 二人組로 책상 돌아오기와 個人的으로 寶物찾기 等을 하고 紀念寫眞을 찰영하고 教室에 들어가서 연회를 베푸렀다. 그 席上에서 體育會 任員選出이 있었는데 會長에 金殷植 副會長에 韓大淵 盧世昌이 當選되였다. 늣게야 끝났다. 如何間 一次 組織된 것이 앞으로 씩씩하게 잘 運營되기를 기다린다.

1954年 12月 13日 (陰 11月 19日) 日曜日 晴

三次 五回 徵集者의 入營의 날이다. 아침 일직부터 바뻣다. 豫定은 午前에 일직 壯行會를 끝마칠여고 했든 것이 集結이 느저서 늣게야 壯行會를 擧行하였다. 歡送 次 나온 사람이 적어서 室內에서 壯行會를 擧行하였다. 面長의 壯行辭와 支署主任의 祝辭가 있은 後 壯丁 代表의 答辭가 있었다. 壯行會가 끝날 무렵에 壯丁 한 사람이 노래 한 자리씩을 불렀다. 유쾌하게 끝났다. 支署 앞에는 國民學校 兒童들이 나와서 歡送을 盛大해 하여 주웠다. 酒場 車를 말하였드니 車가 금방 고장이

나서 못 간다고 해서 별수 없이 壯丁들으게 사정해가지 걸어서 가는데 多幸히도 修繕을 해가지 와서 오수까지 나갔다. 당초에 計劃은 獒樹서 뻐-쓰로 갈 예정이였든 것인데 뻐-쓰가 떠나고 없다. 中華料理집에서 壯丁의 中食을 식히고 별수 없이 酒場 車를 다시 付託해가지 任實까지 늦게야 到着했다. 이번에도 計劃에서 二名이란 忌避者가 생기고 말었다. 언제나 充員 未達이 되고 만다.

1954年 12月 14日 (陰 11月 20日) 火曜日 晴

어제밤에는 눈이 제법 나려서서 아침에 보니 들이 하얗게 빛나고 있다. 今年 들어 처음이다. 먼저 눈이 왔다고 해야 별 것이 없었는데 이번에는 눈 온 것 같은 氣分이 난다. 郡 主催 壯行會를 끝마치고 任實驛前까지 걸어갔다. 今般에는 壯丁들이 溫順한 편이다. 아무 말 없이 任實驛까지 걸었다. 驛前에서 中食을 식히고 올라가는 往[緩]行列車로 全州에 到着하였다. 가는 途中 車中에서 우수운 넌센스를 보았다. 勿論 靑春男女라면 普通之事라고 하겠지만 너무나도 度에 넘친 짓을 하고 있드라. 男子는 陸軍中尉요 女子는 하는 態度나 타잎프로 바서 家庭婦人이 않인 것 같은데 男女 둘이 얼굴을 맞대고 앉아서 그 무었인가 속삭이고 있는데 너무나도 얼굴을 맛대고 있는 것이 一般으로 하여금 興味꺼리가 되여 가지고 있다. 車中에 있는 男女는 老少를 莫論하고 視線이 總 集中되고 있다. 勿論 自己들끼리야 興에 넘처서 그러할테지마는 陸軍中尉의 마-크로서는 너무나 추접하다. 今般 全州에서 宿泊處는 寶城旅館에 자리를 잡었다.

1954年 12月 15日 (陰 11月 21日) 水曜日 曇 後 雪

道 主催 壯行會 場所이며 引繼 場所인 全州市公設運動場所에 아침 일직부터 集結하기 始作하였다. 오늘은 날이 추워서 그러한지 前과 같이 많은 사람이 모이지는 못했다. 道 壯行會에 特히 色채를 띠운 겄은 祝辭에 있어 大韓婦人會長으로부터의 祝辭에 壯丁들은 拍手를 쳤다. 壯行辭나 祝辭에 있어서 拍手를 치는 겄은 아마 이번이 처음인 것 같다. 勿論 뚝뚝한 男子의 말보다 愛嬌 있는 女子의 말이 더욱 귀에 쏠릴 겄은 事實이다. 어머니의 立場에서 말한다는 그 말에는 自然 感개無量해진다. 이여서 全州高等學生과 全州師範女學生으로부터 學生을 代表하여 격勵辭가 있었다. 壯行會가 끝난 後 잠간 자근집에를 다녀왔다. 從兄任은 光州 가고 안 계셔서 자근어머님만 뵈옵고 바로 運動場으로 왔다. 뜻박에 눈이 나리기 始作해서 運動場에 있는 사람은 全部 추에 못이겨 허리가 오그라진다.

1954年 12月 16日 (陰 11月 22日) 水曜日* 晴

今般에 宿泊을 寶城旅館에서 해가지고 前番과 틀려서 經費에도 多少 差異가 있었다. 그 關係로 宿泊料 請算하는데 많은 異論 있어서 早朝부터 氣分이 나뻤다. 그러나 별수 없이 宿泊料를 請算하고 市場 求景을 하고 뻐-쓰 停留所에 가서 뻐-쓰를 타고 任實까지 왔다. 二日 前에부터 豫測햇든 일이지마는 어제 壯丁 引繼를 끝마쳤는데 오늘 또 繼續해서 四次 一回 令狀이 下令되였다. 그 關係로 任實서 下車해가지고

* 木曜日의 오기임.

郡에서 令狀을 받어가지고 왔다. 數字는 자그만치 35名이나 되여서 郡內 第一位를 占領하고 있다. 너무나 甚한 일이다. 그래도 引繼 後 書類整備한 뒤에 나온다는 것은 모르지만 引繼하고 나려오면서 또 가지고 온단 것은 너무나도 過度하다. 三溪里에서도 困難한 사람이 몇 명 나왔는데 法的으로 봐서 應當 該當者인데 法의 惠澤을 받게 될는지 大端이 疑問이다. 多幸히도 酒場 車가 있어서 三溪까지 無事히 왔다. 今般의 充員 計劃이 如何히 될 것인지 매우 걱정거리다.

1954年 12月 22日 (陰 11月 28日) 水曜日 晴 (冬至)

오늘이 冬至라 겨울도 한고비다. 그러나 例年보다는 若干 日氣가 緩和한 편이다. 四次 一回 入營壯丁이 오늘 出發할 날이다. 어제도 法條 延期願 送達 次 任實에 갔다 오고 오늘 또 가니 거이 每日같이 任實을 다니게 된다. 壯行會는 學校 運動場에서 하게 되였다. 面長이 李鍾錄이 結婚式에 參席하여서 若干 늦게야 壯行會를 開催하였다. 壯行會가 끝나고 校門을 나오는데 千萬 뜻박에도 큰집 사촌누님이 오시고 全州 작은어머님이 오셔서 기다리고 계셨다. 나는 너무나도 뜻박의 일이라 먼저 人事를 하고 잠간 이야기를 하고 나의 일이 밥뻐서 그대로 헤여졌다. 너무나도 섭섭해서 하루 종일 생각키였다. 맛난 지가 數年이 되였는데 그와 같이 急히 헤여지니 너나 섭했다. 그대로 헤여저서 壯丁의 中食을 식힌 後 酒場 車로 任實까지 갓다. 郡에 막 들어스니 兵事係長이 學根이 延期願에 錯誤가 있다고 해서 다시 戶籍謄本을 하러 보내고 매우 걱정이 되였다.

1954年 12月 23日 (陰 11月 29日) 木曜日 晴

어제저녁에 學根이 일로 걱정을 相當히 하였는데 多幸히도 아침에 일직이 戶籍謄本이 到着 되어서 多幸히 郡이나 署에서는 無事히 通過되였다. 郡 壯行會가 끝난 後 驛으로 步行하는데 壯丁들이 안 가겠다고 하고 버티고 서서 三溪面 壯丁에게 코-스를 넣어 가지고 그대로 가게 하였다. 驛에 到着해서 조금 있으니가 車가 와서 바로 全州로 가게 되였다. 全州의 宿所는 前番과 같이 寶城旅館으로 갔다. 이 旅館에는 壯丁이나 손님에 對한 待遇가 좋지 못했다. 그래서 안 갈여는 것이 또 가게 되였다. 壯丁을 방에 드려보내고 中國집에 가서 中食을 식혀다 먹였다. 이번에는 學仁이와 興燮이와 學胤이가 와서 같이 있게 되였다. 저녁에 係長이 名簿를 作成해 달라고 해서 新平面 係長과 같이 名簿 作成을 하여 주웠다. 그것이 끝난 後에는 다른 때와 다름없이 誤樂이 始作되여 늦게까지 놀았다.

1954年 12月 24日 (陰 11月 30日) 金曜日 晴

오늘도 다른 때와 다름없이 全州市公設運動場에서 壯丁을 引繼하게 되였다. 前例와 다름없이 이번에도 道 主催 壯行會를 끝마치고 引繼에 着手하였다. 特히 今般에는 四名의 法條 延期願 提出者가 되느냐 않되느냐 問題로 相當히 초조하였다. 그 後에 名簿 作成하는데 가보았드니 四名 中 二名은 되고 二名은 않되여서 大端히 困難하였다. 그러나 별수 없이 一段[旦] 決定된 것이라 一名은 入隊하고 一名은 入隊拒否를 식혔다. 내가 이제까지 일해 본 중 第一 困難한 處地이였다. 다시 寶城旅館으로 가서 자게 되였다. 오늘의 일을 생각하니 마음에 大端히 不

快하였다.

1954年 12月 31日 (陰 12月 7日) 金曜日 晴

요새에 몇일間은 그놈의 徵集이 하도 甚해서 日記 한 장 쓸 새가 없다. 日記를 쓸 새보다도 밥 먹을 새가 없다고 해도 過言이 않이다. 지난 27일에 四次 二回 壯丁을 引率하고 全州에 간 後부터 今日까지 日記를 中斷하게 된 것이다. 豫定대로 하면 어제 全州서 내려올 판인데 南門거리에서 金成基를 맛나 가지고 한사코 자고 가라하는 바람에 全州서 자게 된 것이다. 거리고 그날 밤에는 白都劇場에 가서 映畵 며누리의 설음을 보았는데 過然 말 그대로 며누리의 설음이였다. 그러니라고 오늘에야 나려 왔다. 오는 途中에 漁隱里 들여서 敬鎬한테 物件을 맛기고 걸어서 집에까지 왔다. 午後에 面에 잠간 다녀서 집으로 왔다. 저녁에 孝植이네 사랑에 가서 놀았다. 이것으로서 陽曆으로는 선달 그믐날의 밤이다. 上部의 指示가 二重過歲는 말고 陽曆 單一過歲를 하라고 積極 推進하고 있다. 그러나 陽曆過歲를 한 사람은 一名도 볼 수가 없다. 勿論 우리의 先祖 때부터 내려온 慣習이요 風習인 以上 陽曆過歲는 그다지 쉬운 일이 않이다. 倭政 時부터 그렇게 主張해왔으나 그것은 實行되지 못하고 말었든 것인데 至今에 와서 到底히 實行키 困難한 것이다. 우리들의 私生活에 있어서는 그와 같이 陽曆施行을 않으나 公務에 있는 나로서는 너무나도 陽曆과 멀게 할 수 없다. 우선 내가 每日每日 使用하는 出勤簿도 오늘로서 4287年度에는 完全히 도장을 다 찍었고 來日부터는 4288年이란 새해를 맞이하게 될 것이다. 도리켜 生覺컨대 지난 一年 동안이란 너무나도 내 日常生活에 분주했섰다. 多事多難한

時代이였다 아무 일 하나 해놓은 겄 없이 온전히 해를 바꾸게 되니 이대로 歲月을 虛送한다면 나의 前途가 過然 어덯게 될 겄인지 내 自身이 알 수 없다. 複雜多難한 甲午年도 이대로 저무러가니 돌아오는 새해부터는 萬事에 亨通하여야 할 겄이며 좀 더 뜻깊은 좀 더 재미있고 華麗하고 줄거운 時節이 되어주기를 衷心으로 기대할 뿐이다. 저무러 가는 甲午年아 60年 後에 다시 보자. 그때에는 나는 어더한 人間이 될 겄인가. 勿論 머리에 흰털이 나고 老人이란 두 글자 靑春이란 두 글자를 完全히 쫓츨 겄이니 60年 後의 變化를 그 누가 알 겄이랴. 돌아오는 乙未年아 반가이 나를 맞어다오~

일기 제1권

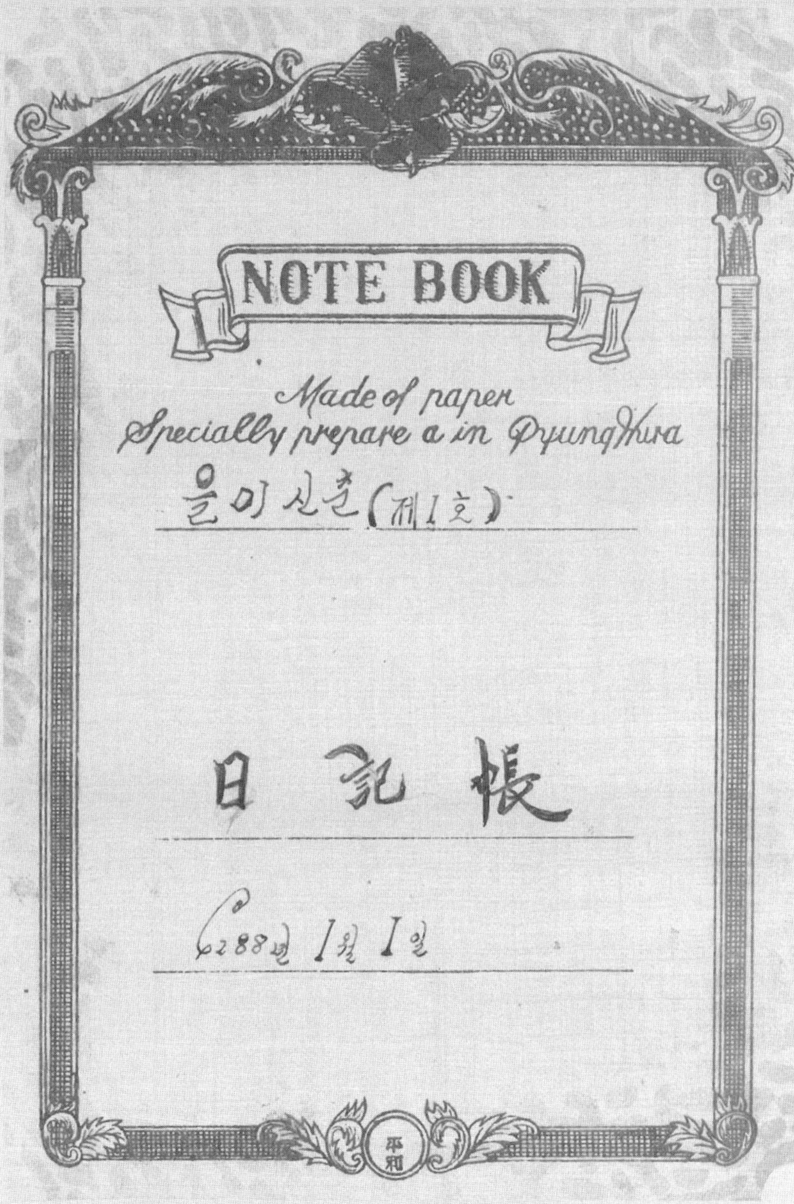

〈1955년(단기 4288년) 1월 1일 – 4월 12일〉

1955年 1月 1日 (陰 12月 8日) 土曜日 晴

새해의 光明한 아침 해빛은 온 大地에 붉은 해빛을 빛낸다.

複雜하고도 多難하였든 甲午年도 어제로 幕을 닷고 아침 해빛이 비처오는 아침부터 乙未年이란 새해를 맞이하게 되였다. 그러나 새해는 맞이했으나 새해란 氣分이 하냐도 없으니 그는 웨 그러할가? 이겄은 물을 必要조차 없다. 우리들이 일직부터 陽歷을 主로 해왔드라면 오늘의 이날이 가장 뜻깊은 날일 겄이다. 그러나 우리들은 아직 거기까지 미치지 못했다. 아직까지도 우리의 慣習으로 되여있는 陰曆을 버리지 못한다. 그래서 오늘은 설날 아닌 설날이 되고 만 겄이다. 萬若 우리가 陰曆過歲를 않고 陽歷過歲을 한다면은 오늘 아침은 相當히 바뻣을 겄이다. 그러나 바쁘기는 고사하고 낮에는 나무를 하러 간 사람이 다 있다. 아침에 마침 次植이의 生日이 되여서 거기 가서 朝飯을 먹고 떡도 먹었다. 午前 中에 面에서 놀다 學校에 가서 잠간 놀았다.

姊兄의 民兵隊 手帖 찾으러 갔었드니 學實이가 申請을 않애서 않되였다. 午後에는 집에서 낮잠만 싫겄 자고 말었다. 저녁에는 孝植이네 舍廊에서 노는데 殷植이가 술을 많이 먹고 와서 떠드는데 비위에 맞지 않드라. 自己는 만약에 어떠한 地位에 오르게 되면 어찌 할란지 알 수 없으나 너무나도 이야기할 때마다 公務員을 惡評하는 데는 듯기에 大端히 不快하였다. 勿論 貪官오吏가 있으니가 그런 말을 할 테이지만 너무나 그러한 데는 듯기 싫다. 自己도 별다른 사람 않이고 萬若 어떠한 地位에 오르게 되면 亦是 똑같은 사람이 될 겄 않인가.

1955年 1月 2日 (陰 12月 9日) 日曜日 晴

正初요 日曜日임에도 不拘하고 오늘도 如前히 出勤하였다. 日曜日도 正初도 아무겄도 없는 官廳을 자나 깨나 나의 職場이라 날마다 드나들고 있다. 午前 中에 支署 李 巡警이 와서 말하는데 今般 道民證 發給 關係로 오늘 里長會議를 召集하였다고 한다. 말을 들으니 本面에 7,500名의 對象者가 있는데 이 사람들은 如何한 일이 있드라도 全部 交付申請을 해야 한다고. 事由를 물으니 道民證 카-드代 問題이라고. 道民證은 必要하거나 不必要하거나 間에 카-드代만은 如何한 일이 있드래도 納付해야 한다고 한다. 그뿐이랴. 道民證 카-드를 가지고 支署에 와서 쓰는데 그 代身에 任實서 쓰는 途中의 經費로서 6,000圓을 上納해야 한다나. 그겄도 저겄도 다 좋은 일이야. 그러나 根本的 問題를 解부하여 볼 때 道民의 身分을 確認하기 爲한 道民證이냐 그러치 않으면 돈 벌기 爲한 道民證이냐. 前者이라면 좋겠으나 萬若 後者이라면 寒心한 일이다. 經濟難에 허덕이는 사람들한테 道民證을 준대 해놓고 寫眞代 用紙代 手數料 合해서 勿餘[無慮] 70餘圓式이 消費되니 이러한 줄을 上級官廳에서는 아는지 모르는지. 人間的으로 差別을 해서 어떤 사람은 道民證을 가져야만 하고 어떤 사람은 않 가저도 하니 여기서부터 異狀하다. 저녁에는 竹溪里 吳秉善이가 와서 禮植이네 집에서 놀다가 孝植이네 집에 가서 里長과 같이 道民證 카-드를 썼다.

1955年 1月 6日 (陰 12月 13日) 木曜日 晴 (小寒)

今年 들어 처음으로 里長會議를 召集한 날이다. 新年 初인 만큼 한 번쯤은 좋은 成績을 내여줄 줄 알었는데 以外에도 集合狀況은 아주 납었

다. 午前 會議는 못하고 午食을 하게 되엿다. 年初이라 해서 面에서 中食準備를 하였다. 職員들도 같이 가서 中食을 하였다. 午後에야 學校에 가서 里長會議를 開催하였다.

面事務所의 用務는 大概 面長任이 指示하고 繼續해서 學校 修理 關係로 提議가 있었는데 異議가 相當히 많았다. 大局的 見地로 볼 때는 우리들의 子弟를 爲하고 鄕土文化發展을 爲하여 大端히 좋은 일이나 요새에 農村의 經濟事情으로 봐서 大端히 困難한 일이다. 里長들은 勿論이나 여기에 對해서 贊成한다면 우선 收金 關係로도 反對할 겄이다. 그러나 우리는 언제나 앞길을 바라보고 나가야만 한다. 앞으로 自己의 子弟들의 배움터이란 겄을 다시 한 번 생각할 必要가 있다고 본다. 至[只]今 現在를 보드라도 유리가 없고 册床이 없어서 어린아이들의 授業에 困難이 莫甚하다. 그러나 오늘 校監先生任의 말씀은 確實이 失言이라고 본다. 會議 席上에서 一個[介] 里長을 指名해서 攻擊한다는 겄은 좀 過度한 일이였다. 저녁에 孝植이네 집에 가 있으니가 支署에서 孝植이가 公文을 가지고 왔는데 來日이 會議이라고. 公文件名만 보아도 심난하다. 무슨 일이 어터케 있을난지?

1955年 1月 7日 (陰 12月 14日) 金曜日 晴

오늘 會議에 參席할려고 아침 일직이 朝飯을 먹을여고 한데 난데없이 梧枝 一區에 사는 韓俊錫이란 老人이 와서 쓸데없는 이야기를 하고 있어 얼는 가지 못하고 普通 時와 같이 朝飯을 먹고 걸어서 槳樹까지 갔다. 가서 보니 뻐쓰는 벌서 떠난 지 이미 오래였다. 별수 없이 기다리다 추럭을 탄는데 途中에서 軍人들이 많이 탓다가 馬峙고개에서 나렸다. 아침 空氣는 相當히 추웠다. 會議는 일직 할 줄 알았든 겄이 午後 二時 頃에야 始作하였다. 西戰司 兵事係長이 全州서 나려오는 길에 마침 會議에 參席하였다. 內容인즉 알기 쉽게 4次 3回 徵集이였다. 徵集이라도 슈狀이 제대로 下슈된다든지 하였으면 모르되 從前 忌避者에게 一部 下슈되고 一部는 忌避者로서 充當하라 하니 사람 죽을 노릇이다. 어떻게 우리들이 忌避者를 잡어서 充當할 수 있으랴. 더구다나 우리에게 白紙슈狀을 주면서 充員을 하라 하니 이대로 가면 이 짓도 못해먹을 일이다. 西南地區에 있어서는 特히 義警과 正[戰]警을 保留하게 됨으로서 더욱 人員이 不足된다는 겄이다. 會議를 끝마치고 郡에 가서 公文을 가지고 나스니 車가 있어야지. 별수 없이 걸어서 馬峙의 毒風을 마저 가며 집에를 오는데 正말 困難트라. 酒泉 앞 酒幕에서 쉬 가지고 술 한 잔식 하고 다시 걸어서 三溪에 到着하니 저녁 10時였다. 面에를 가보니 職員들이 待機하고 있다. 勿論 自己들도 待機하고 있자니 困難한 테이지만 人事 한마디 없이 不平부터 하고 있다.

1955年 1月 8日 (陰 12月 15日) 土曜日 晴

어제밤에 늦게까지 걸었고 또 늦게가지 面에서 出張 計劃을 세우느라고 늦게야 잠이 둘어 늦잠을 잣다. 늦잠이라야 다른 때보다는 일직 일어났지만 애초 아침 6時에 出動하기로 하였는데 時間이 좀 늦었다. 面에 나가니가 支署에서 네 번이나 델러 왔다고 한다. 막 나갈여 하는 次에 金 巡警이 와서 같이 支署로 갔다. 次席이 大端이 不快히 말을 한다. 自己도 職員을 集合시켜 놓고 氣分 납었을 테이지만 나도 事實 不快했다. 어제밤 그토록 욕보고 아침에 또 나간 데도 不拘하고 아침부터 不

快하게 對한 데는 나도 氣分이 않 조왔으나 그대로 참고 다시 打合해서 出發 計劃을 세워가지고 卽時 出發했다. 나는 梧枝 方面으로 갔다. 아침에 낫도 안 시첫다. 洗手 안해 보기는 요새로는 처음이다. 陸 巡警과 沈炳八 盧源亨과 같이 德溪里에 가서 許基萬을 찾였드니 마침 朝飯 먹고 나가서 없다기에 令狀을 記入해서 自己 兄에게 주고 梧枝 二區에 가서 里長 宅에서 朝飯을 먹고 張判植이 집에 가서 令狀을 交付하는데 相當한 演說이 必要하였다. 거기서 斗月里로 나려와서 中食을 식혀서 먹고 金鳳柱 令狀을 自己 어머니에게 주는데 相當히 애먹었다. 自己 어머니도 本人의 居處를 모른다. 하지만 家族이 모를 理는 萬無한 일이다. 令狀을 交付하고 다시 德溪里에 가서 許基萬을 다리고 와서 支署에다 引繼하고 面에 와서 職員들한테 復命書를 받었다. 오늘 하루에 三名 檢擧했다. 이와 같은 일은 처음 했는데 이 짓은 못해 먹게 생겼는데 큰일 났다. 到底히 充員은 未達된다.

1955年 1月 9日 (陰 12月 16日) 日曜日 雪

아침부터 함박눈이 나리기 始作하여 하루 終日 나리였다. 눈이 않이 온다고 하드니 그 代價를 하기 爲함인지 쉬지 않고 나리고 있다. 來日의 會議에 대기 爲하여 書類 作成 次 出勤하였다. 마침 光朝가 와서 除隊軍人 登錄者 名簿를 作成하라고 맷기고 나는 12月分 月末統計를 作成하였다. 午前에 統計 매느라고 한참 바쁜데 槊樹서 軍事다이제스트社 分局 記者라고 한 者이 하나 들어와 人事를 請하기에 人事를 하였드니 한참 있다 잠간 좀 보자고 하기에 應해 주었드니 나더러 하는 말이 첫말이 요새 兵事係長 收支 맞는다면서야고 말을 한다. 나는 처음에는 농담인 줄 알었드니 眞談으로 물코 앉었다. 하도 어이가 없어서 나는 그대로 좋다고 對答하여 주었다. 몰常識한 자식이였다. 어데서 어떠한 말을 들었는지는 몰으겟으나 이 눈 속에 그런 말하겠다고 三溪까지 걸어들어 왔으니 우수운 일이다. 누가 어떠한 謀略을 했는지 그러치 않으면 어데서 잘못 들었는지는 모르되 제가 初面에 그와 같이 한다는 겄은 너무나도 過度한 말이였다. 그까짓 記者가 얼마나 큰 겄인 줄 할고서 한번식 흔드러 볼여고 하는 겄이 우스웠다. 冷情하여 주웠드니 後日 보자 하고 그대로 눈 속에 사라졌다. 後日에 보자 하면 저를 얼마나 무서워 할 줄 알었든 모양이지. 午後에 늣게까지 일을 하고도 못다 해서 夜勤을 해서 끝냈다. 夜勤이 끝난 後에 마을에 들어스니 "시산댁"에서는 새사위가 와서 青年들의 合唱소리가 재미있게 흘러나온다.

1955年 1月 10日 (陰 12月 17日) 月曜日 晴

어제밤에 굉장하게 나리든 눈도 오늘은 맑은 하늘로 개이고 말었다. 그러나 어제밤에 많이 나렸든 눈이 그대로 남어있고 날씨가 상당히 추운 날이였다. 會議에 가기 爲하여 槳樹를 걸어서 가는데 춥기가 今年에는 오늘이 第一 추운 것 같다. 里長과 同行해서 槳樹까지 갓다. 停留所에 가보니 屯南面 兵事係長이 車를 기다리고 서 있다. 午前 10時 半 頃에 到着하였다. 눈이 많이 와서 交通이 大端히 나뻐젓는 模樣이다. 大幸히도 全北뻐-쓰 一臺가 오는데 乘車할 사람이 30餘名이 넘는다. 서로 밀고 잡어댕기고 해서 車에 오르는데 一大 소동이 일었낫다. 나는 그 車에 탈 생각조차 하지 않했다. 우리네들의 交通道德이 나뻐서 그러나? 그러치 않으면 列車가 적어서 交通에 支障이 있어서 그러한 겄이냐? 車를 탈 적에 보면 老人과 어린아이들은 到底히 탈 생각도 못하며 탓댓자 의자 하나 천신도 못할 지경이다. 그 車를 못 타고 다음 車를 기다리는데 사람이 車 기다리기와 사람 기다리기란 참으로 애먹어 죽을 일이다. 午後 三時 頃에 大韓뻐-쓰가 어제 故障이 나서 못 내려갔든 걿이 오늘 修理해가지고 다시 올라가서 그 車를 利用하게 되엿다. 잠간 中食을 하고 와서 보니 그 車에도 벌서 滿員이 되엿다. 郡에 가서 보니 다른 面에서는 왔다가 돌아간 面도 있고 아직 안 온 面도 있다. 郡에서 놀다가 兵籍簿를 가지고 鳳凰旅館에 가서 저녁에 兵籍 整理를 하엿다. 兵籍 整理를 해야 별것도 없다. 從前에 面에서 다 整理해 놓은 걿이다.

1955年 1月 12日 (陰 12月 19日) 水曜日 晴

오늘은 秋穀 收納 關係로 全 職員 出張 中이고 戶籍係長하고 副面長과 나만 남았다. 午前 中에 除隊申請을 받고 있는데 支署에서 陸 巡警이 찾는다 하기에 가볼여고 道路邊에 나가니 마침 陸 巡警이 나려오는 中이다. 內容을 알아보니 本署 兵事係 職員들이 忌避者 檢擧 次 來面한 걿이라 한다. 어제 屯南面을 거처서 오늘 아침에 漁隱部落에서 朝飯을 먹고 一部는 斗月里로 오고 一部는 梧枝 德溪로 해서 오는 中이라고 한다. 그래서 副面長한테 이야기하고 아래 집에다 中食을 식히고 支署로 갔드니 文, 黃 巡警이 와서 있다. 漁隱 一區에서 한 사람을 다리고 왔다. 鶴亭 二區에서도 한 사람이 와있고, 조금 있으니 鴻谷 一區에서도 한 사람이 自進해서 出頭하고 있다. 한참 있으니 蘇甲述과 李東圭가 들어온다. 먼저 들어온 斗月里 部隊에서는 요새에 結婚해가지고 再行

온 新郎을 檢擧해가지고 왔다. 그래서 相元이가 와서 蘇 班長에게 事情을 하고 있다. 蘇 班長은 立場이 困難하니가 용서해주자고 하나 그 밑에 巡警들이 反對함으로 成事치 못하고 말었다. 그 사람이 바로 靑雄面에서 令狀 忌避者인 模樣이다. 그러나저러나 間에 再行 길에 妻家에서 그러한 꼴을 當하니 人情 上으로 봐서 안 되였다. 그 사람들을 中食을 식힌 後 洗心 方面으로 보냈다. 저녁 판에 어떠한 婦人 한 분이 戶籍謄本을 하러 왔는데 本籍이 斗月里라고 해서 斗月 戶籍을 보니 出生屆가 않되였다. 그래서 謄本은 못하고 갈 데가 없어서 우리 집에 와서 자게 하였다.

1955年 1月 13日 (陰 12月 20日) 木曜日 晴

現役 軍人의 除隊申請 關係로 하루 동안 大端히 바뻤다. 入隊시키는 것도 나의 職責 上의 義務이요 除隊시키는 것도 나의 職責 上의 義務이다. 나의 主管은 언제나 마음에 公正이란 것을 생각하고 있다. 入隊해야 할 사람은 반듯이 入隊해야 하고 또한 家庭事가 困難한 者는 法에 依한 延期나 또는 除隊를 식히는 겄이 나의 職責의 가장 重大한 義務이라고 본다. 나의 힘으로서 可能한 限은 時間을 게울리 하고 싶지 않다. 그래도 其 中에는 좋네 납쁘네 하는 사람이 많은데 만약 等閑視하고 入隊나 除隊나 모르겠다는 式으로 하면 말성이 더욱 많을 겄이다. 그래서 나는 오늘은 내게 있어서는 가장 意味심장한 날인데도 불고하고 늦게까지 執務하였다.

음역으로 12月 20日이라 하면 내의 一生 아-니 내의 아들 내의 孫子까지도 잊지 않을 또한 이저서는 않이 될 重大하고도 슯은 날이다. 내가 四歲 때에 나의 아버지는 어머니와 누님 한 분을 남기신 채 永遠히 도 이 世上을 作別하신 날이다. 나는 그때에는 世上의 物情을 알지 못한 어린아이의 몸이여서 어쩐 줄을 몰랐었다. 다만 記憶에 남어있는 것이란 德川里에서 小祥 時엔가 大祥 時엔가 잘 생각할 수는 없으나 아마 大祥 時인 모양이다. 술잔을 부어 제상에 올려논 記憶이 남어있을 뿐 다른 記憶이란 하나도 없다. 나는 철을 안 뒤에부터는 아버지라는 말을 남과 같이 부르지 못하게 된 것도 오늘의 이날이 있기 때문이다.

"아버님이시여 永遠히 고히고히 잠드소서 不孝子"

1955年 1月 14日 (陰 12月 21日) 金曜日 曇

오늘도 午前부터 除隊申請書 接受關係로 大端히 바뻤다. 그러나 職責上 별수 없는 일이니 그대로 했다. 支署에서는 里長會議를 召集하여 놓았다. 언제나 支署에서 里長會議를 할라며는 面長과 어떠한 事前 打合이 있어야 할 것임에도 不拘하고 單獨的으로 里長을 움직이려 하니 面의 立場을 너머나 無視한 것박에는 되지 않은다. 面에서는 支署會議에 參席치도 않핬였다. 가보나 안 가보나 間에 內容은 道民證 關係인 것 같다. 道民證을 받든지 않 받든지 間에 用紙만큼은 該當者가 全部 負擔해야 한다는 것이다. 이게 도대체 어찌된 셈판인지 알 수 없는 일이다. 上級官廳에서도 下部의 이와 같은 實情을 아는지? 모르는지? 또 支署에서는 前般[番] 四次 一, 二回에 令狀이 나와가지고 法에 延期措置를 받은 盧鐘滿 金學聲 河鉉德을 本署 兵事係에서 오라고 한다고 支署에다 대려다 놓고 있었다. 어찌 된 일인지 司令官의 名議[義]로서 延期하여준 사람들인데 무었 때문에 오라 가라 한 지 알 수 없다. 午後에는 米山寺에서 어제 부처님을 모셔왔다고 祝賀연을 하기 爲하여 面 職員과 支署 職員을 오라고 해서 가게 되였다. 案內할 사람이 없다고 나더러 다리고 오라 해서 支署나 面에 내가 手配해가지고 다리고 갔다. 夕陽에야 가게 되였다. 가서 보니 婦人들만 모여 있었다. 별 準備는 없으나 절에서 만든 飮食이라 그대로 알고 먹었다. 저녁을 가저와서 저녁까지 거기서 먹고 나려왔다.

1955年 1月 15日 (陰 12月 22日) 土曜日 曇 後 雪

四次 三回 徵集者가 오늘 任實로 集結하기로 해서 나도 오늘 任實로 가게 되였다. 徵集實施라 해야 별겄도 없다. 從前의 忌避者를 檢擧 入隊시키는 겄뿐이다. 그래서 壯丁은 먼저 다 出發해 버렸고 나 혼자만 가게 되였다. 獒樹까지 스리코-타가 있어서 그로서 갔다. 獒樹에 갈 때면 언제 步行을 하는 겄이 普通인데 오늘 마침 車가 있어서 타고 간 겄이다. 中食을 磊川里長이 사주어서 學仁이와 같이 가서 먹게 되였다.

올라가는 뻐-쓰를 기다리는데 마침 추럭이 있어서 글로서 任實까지 갔다. 學仁이가 石油代 納付하러 간다고 해서 同行하였다. 郡에를 들어가니 韓大錫이 깜작 놀라며 電話 안 받고 들어왔느냐고 한다. 그래 무슨 말이냐고 했드니 壯丁 出發日字를 18日 延期했다고 한다. 공연히 올라오느라고 헛 費用만 들었다. 다시 내려올여고 뻐-쓰 停留所에서 기다리는데 郡 社會係長 崔伏範이가 와서 자기도 집에 가는 中이라고 하면서 잠간 茶房에나 갔다 오자고 한다. 勿論 拙者를 이와 같이 對하는 데는 裏面에 어떠한 內容이 있었기 때문이다. 任實의 茶房에 出入하기는 처음이다. 뻐-쓰가 延着해서 그대로 타고 오수까지 왔는데 主

任이랑 않 가고 해서 車 들어가기만 기다리다 어두워지는데 눈이 나리고 억센 바람이 불므로서 到底히 갈 수가 없게 되였다. 主任은 따뜯한 房에서 술을 먹고 있는데 安相文이와 學顏이 其 外에 몇몇 사람이 기다리다 나는 學顏이 하고 같이 新亭旅館에 가서 잤다. 언제나 車 기다리다 요지경 된다.

1955年 1月 23日 (陰 12月 30日) 日曜日 晴

요새에 忌避者를 지난 19日날 全州에 가서 引繼하고 其他 여러 가지로 바뻐서 日記를 中斷케 되였다. 몇칠 前에 近來에 보지 못하게 눈이 많이 나려서 아직도 눈은 녹지 않했다. 數日間 눈에 덮여서 나무를 하지 못하였음으로 燃料難이 大端히 甚해서 작은방을 몇일間 廢止하였다. 그래서 오늘은 나무를 몇 짐 求했다. 今年에는 그러네저러네 해도 나무 해주는 아이가 있어서 그다지 困難은 않 當하였는데 來年에는 萬若에 그런 아이도 없게 되면 燃料 關係로 큰 困難이다. 오늘은 우리 韓國民으로서는 大端히 뜻깊은 날이다. 아무리 上部에서 陽曆過歲를 하라고 웨치지마는 그래도 우리는 옛날 先祖들로부터 傳해오는 慣習에 依하여 陰曆過歲를 하고 있다. 그러므로 섯달 그믐날로서 甲午年의 마지막 날이다. 오늘로서 甲午年이란 해도 좋고 났고 間에 저물어 가게 된다. 60年 前의 甲午年에는 東學亂이 있었고 올해의 甲午年에는 三八線이 가로막힌 채 南北이 서로 버티고 있으니 돌아오는 甲午年에는 完全한 平和國으로서 마지하여야 할 것이다. 나의 一生記錄을 하게 된다면 今年도 歷史의 한 페이지가 相當하게 記錄될 것이다. 數次例의 徵集召集에 골머리 아픈 일 또한 現在 내가 쓰고 있는 日記도 今年에야 始

作한 것이다. 슳은 일과 좋은 일이 많은 甲午年도 이 밤으로서 完全히 넘어가고야 마니 돌아오는 乙未年에도 萬事亨通하기 바란다.

1955年 1月 24日 (陰 1月 1日) 月曜日 晴

아침 해가 뜨기도 前에 아직도 어두운데 박에서는 사람의 소리가 분주하게 들린다. 모두 다 설을 쇠기 위해서 아침 일직히 일어난 模樣이다. 오늘은 今年 一年의 처음 길을 밥는 날이다. 아침에는 일직 일어나야 할 것이요 또한 先靈의 奉祭사를 지날나매 아침 일직부터 바뻐야 한 날이다. 나도 내 간에는 일직히 일어나서 洗手를 하고 옷을 갈어입었다. 煜植이와 次植이가 歲拜를 하러 왔다. 아침에 차사를 지내는데 나 혼자서 지내게 되니 마음에 좋지 않했다. 내 홀로 쓸쓸히 過歲를 하게 되니 寒心하기 끝이 없다. 勿論 내가 獨子이기 때문에 그러하지만 그렇다 하여도 他鄕만 않이였어도 이와 같은 않을 것이다. 우리 從兄弟들도 全部 한 테가 살면 남만 못할 택이 어데 있으랴. 他鄕의 외로운 몸이란 主로 이와 같은 名節 또는 冠婚喪祭의 大事에 더욱더 쓸하여진다. 朝飯을 먹고 歲拜를 하러 다니기 始作했다. 여기에 困難하였다. 같이 同行해서 歲拜 다닐 사람이 없으니 혼자 다니기에 大端 거북하고 쓸쓸하였다. 에직간이 다니고 집에를 와서 보니 全州 게신 從兄任이 오셔서 게신다. 어제 全州서 나려오셔서 新基에서 過歲하고 아침 일직히 나서서 오셨다고 한다. 午後에는 兄任과 같이 놀다가 저녁 판에 孝植이네 舍廊에서 한숨 잤다. 年中 大名節이지만 그다지 興味가 없다. 他鄕의 외로운 몸이라 더욱 그러한 感이 있다. 來日은 그리운 내 故鄕인 新基里에 가게 된다. 마음에는 一便 기쁘기도 한다.

1955年 1月 25日 (陰 1月 2日) 火曜日 晴

아침때 일직부터 新基里에 가기 爲해서 집을 나섰다. 땅이 질걱그리기 前에 갈여한 겄이 땅이 바로 녹아서 大端히 步行하는 데 困難하였다. 全州 兄任이 坌土洞 큰산소에 성묘 디리고 가자고 해서 磊川里로 해서 三隱里로 갔다. 먼저 성묘를 디렸다. 이 산소로 말하면 나로는 15代祖의 墓이다. 山直이를 맛나서 이야기하고 가다가 三隱里에 사는 金東在가 兄任의 妻家로 해서 어떠한 緣戚 關係가 있다고 잠간 보고 가야하겠다 하기에 같이 들어가서 人事하고 떡국을 끓여 와서 먹고 큰집으로 갔다. 큰아버님께 歲拜를 하고 亨宰 집에를 갔다. 아주머님을 뵈였다. 廷賢이와 廷孝를 보게 되였다. 둘이 다 老處女들이다. 康埈이 兄 宅에 가서 歲拜를 하고 조금 있으니 떡국을 끓여 와서 먹었다. 거기 있다가 起全이와 起翼이 아재를 맜나서 人事했다. 起翼이 아재는 몃 年만에 맜났다. 午後에 같이 歲拜를 다녔다. 이집 저집 해서 해가 지도록 다녔다. 그래도 갈 집에를 다 못 가고 말었다. 저녁에는 起翼이 아재 집에서 一村의 青年들과 같이 놀았다. 青年들이라고 해야 깄긋 우리 집 일가들이다. 밤늦도록 화토 치고 놀다 큰집에 가서 잤다. 오늘 하루는 재미있는 날이다.

내 故鄕!! 이 얼마나 幸福스럽고 多情多感한 데냐. 現在 내가 살고있는 三溪里도 내 故鄕과 같으나 그래도 어덴지 마음에 틀린다.

1955年 1月 26日 (陰 1月 3日) 水曜日 晴

아침에 일직히 理洞 兄任이 오셔서 朝飯을 했다고 자기 집으로 가자 해서 從兄任과 같이 그리로 갔다. 그래서 거기서 朝飯을 먹고 한참 놀다

무수洞 대부 집에 가서 무수洞 대모를 人事하고 아짐들도 人事했다. 起翼이 아재의 婦人은 山水里에서 여러 번 봤기 때문에 이번에 처음 보고 人事하는데 若間[干] 異狀하다. 누가 우리 집안 식구 될 줄이야 알었으리요.

그 後에 從兄과 서내 山所에 성묘했다. 먼저 五代祖父의 墓에 성묘하고 아버님 山所에 성묘했다. 언제나 墓 前에 가면은 느기는 일이지만은 今年에도 氣分이 이상해지며 머리가 自然的으로 숙그려진다. 다른 사람은 우리 또래에 兩親이 다 게신데 나는 아버님 얼골조차 보지도 못했으니 참으로 寒心한 노릇이다. 七祖 山所와 큰어머님 山所에 성묘하고 角洞 祖父母任 山所와 九代祖의 山所에 성묘를 들었다. 그리고 木士洞 아재 집에 가서 歲拜를 했드니 아네서도 新基里 와 버리고 아부도 없는데 아우들이 나가서 떡국을 끄려와서 먹었다. 그리고 밤 지내로 해서 屯基里 九長 大父 집에를 갔드니 여간 반가히 하였다. 그래서 저녁을 먹고 가라 해서 저녁 먹고 面長任이 오셔서 人事하고 從兄이 面長한테 나를 屯南面으로 옴기게코롬 해달라고 해서 나는 意外의 말이였다. 面長은 此後에 機會만 있으면 그리하여 준다고 한다. 그래서 저녁에 兄과 같이 新基里로 왔다.

1955年 1月 27日 (陰 1月 4日) 木曜日 晴

오늘은 兵事主務者會議가 郡에서 開催하는 날이다. 다른 때 같으면 應當 내가 參席했을 겄이나 큰집에 온 바람에 鄭光朝가 代理로 參席했다. 勿論 四次 四回 徵集計劃에 틀림없을 겄이다. 正初부터 複雜하게 생겼다. 오늘도 일직부터 "삭실" 성묘를 하러갔다. 途中에서 屯南面長

任 맛나게 되였다. "삭실" 가서 祖母 6代祖 8代祖 祖父任의 山所에 성묘를 들였다. 山直 집에 가서 잠간 앉었다가 나와서 從兄은 屯南面에 用務가 있어서 그리로 다녀오기로 하고 나는 바로 큰집으로 왔다. 큰집에 와서 잠간 노는데 光州와 大田에 게신 從兄任들이 들어오신다. 서울 康厚兄任은 못 오고 그 아들 聖宰만이 왔다. 모두 맛난 지가 이미 오래 되였다. 元宰도 왔다가 바로 올라갔다는 겄이다. 모두 各處에 헤여져서 살게 되므로 맛나기가 여간 힘들지 않은다. 저녁에 起翼이 집에서 놀다 늦게야 돌아오니가 그때까지 잠도 안 자고 앉어서 큰집 일을 討議하고 계신다. 光州 큰兄任은 到底히 여기 와서 살 수가 없다는 겄이다. 要는 土臺가 없기에 經濟的 困難으로 살 수가 없다는 겄이다. 그래서 서울 게신 兄任이 집과 논밭을 사주게 되면 게신다고 해서 全州 從兄任이 곳 서울을 올라가서 다시 한번 相議하기로 했다. 對外的으로 볼 때 大端히 남부끄러운 일이다. 그러나 어덯게 해서든지 新基里에 한 집이라도 있어야만 故鄕이라는 氣分이 있을 겄인데 如何튼 이번 일은 "서울" 兄任의게 달였다.

1955年 1月 28日 (陰 1月 5日) 金曜日 晴

午前 中에 일찍히 大田, 全州 從兄任들이 일직 떠나시게 되였다. 勿論 各者[自] 職場과 事業場이 있으니가 오래 있을래야 더 있을 수 없는 處地이다. 마을 앞에까지 나가서 餞送을 하고 들어왔다. 光州 從兄任은 안 떠나셨다. 大田 從兄任은 인제 헤여지면 언제 또 맛날 줄도 모른다. 四方에 헤여저 살게 되므로 이번 같이 맛나기도 드믄 일이다. 돌아와서 大村 아짐과 水洞 아집을 가보았다. 두 집에서 다 果實과 飮食을 내

놓아서 먹었다. 故鄕의 즐거움이란 것이 여기에 있다. 내 집안 大小家 이라면 서슴없이 드나들 수 있는 것이 더욱 活潑하다. 大村 아짐은 나의 집과 똑같은 形便이다. 외아들 하나가 軍門에 가서 있으므로 딸을 하나 다리고 있을 뿐이다. 그 딸을 나더러 三溪面에 좋은 데 있으면 仲媒하라고 하는 것이다. 그럭저럭 놀다가 큰집에를 가서 있으니가 雲岩大父 집에서 점심을 했고 다리로 왔기에 거기 가서 점심을 먹었다. 동녁굴서 다른 손님들이 와서 늦게까지 이야기하고 있다가 큰집으로 돌아왔다. 한참 있다 큰아버지에게 떠난다는 人事를 하고 집으로 돌아왔다. 돌아오는 길에 三溪 石門에 오면서 바우에 색여논 할아버니의 姓名을 보게 되는데 언제나 여기에 와서 거기를 보면은 感개無量하다. 큰집에 간지 四日만에 돌아왔다. 다른 때에는 큰집에 가도 잘해야 하루 쉬여오는데 四日間을 있다 오기는 이번이 처음이다. 언제나 故鄕山川에 들어가서 安樂한 生活을 할 수 있을난지?

1955年 1月 29日 (陰 1月 6日) 土曜日 雪 後 晴

이번 兵事主務者會議의 結果를 알기 爲하여 일직히 出勤하였다. 職員들은 하나도 나오지 않했다. 宿直室에서 혼자 新聞을 보고 있었다. 이것 저것 보고 있노라니가 光朝와 學珪가 왔다. 光朝에게 會議의 要旨를 물으니가 먼저 豫期했든 바나 틀림이 없다. 四次 四回 徵集計劃에 틀림이 없다. 12名이란 人員이 令狀이 나왔다. 마음에 심난하다. 일직부터 豫期했든 일이나 막상 當하고 보니 답답하다. 더구나 今般 下令者는 全部가 還[環]境이 좋지 못한 사람들뿐이다. 從前의 忌避者 未受檢者 等으로서 充員은 到底히 不可能한 일이고 切半도 센찬하다.

面長과 副面長도 나오지 안하여서 내가 計劃을 세워서 支署와 合議해서 出張을 내보냈다. 나는 月末統計 作成 關係로 出張을 못하였다. 如何間 今般 일이 大端히 困難하게 생겼다. 저녁에는 孝植이네 舍廊과 寬植이네 舍廊에서 놀다 올라오는 길에 시산댁의 사위와 露洞댁의 韓서방이 왔다고 해서 시산댁에 가서 놀다가 다시 露洞댁에 가서 밤늦도록 놀다가 왔다. 韓琦鎬도 노는 데는 소질 있게 잘 놀드라. 오늘밤의 노는 데는 매우 재미있게 유쾌하게 놀았다.

1955年 1月 30日 (陰 1月 7日) 日曜日

近來에 처음 가게 많은 눈이 나렸다.

1955年 2月 1日 (陰 1月 9日) 火曜日 晴

二日間이나 繼續해서 나렸기에 많이 쌓였든 눈이 오늘부터 녹아나리기 始作한다. 어제밤에 學眞이네 舍廊에서 今般 入營케 된 金貴植 君의 歡送會를 하느라고 늦게까지 자지 않았드니 몸이 느긋해진다.

今般에 必要한 歡送費를 割當치 않코 次後에 補助金이 나오면 쓰기 爲해서 優先 前般 割當된 金額을 받어서라도 使用키 爲하여 職員의 出張 計劃을 세웠다. 正初에 出張을 가라 하니 職員인들 좋아할 理가 없다. 나 自身부터 가기 싫은데 남이야 勿論 싫어할 것은 當然한 일이지. 海炯 炳八과 같이 梧枝 一區에 先參을 했다. 部落民들이 雜種金을 割當하겠다고 集合하여 놀고 있다. 우리들이 들어가니 좋아할 理가 있겠는가. 들어가서 里長에게 事由를 말하니 이마에 내천자만 쓰고 있지 않은가. 里長네 집에서 中食을 먹고 가는 걸음에 받어가지고 가겠다고 이야기해 놓고서 漁隱 一區로 갔다. 날이 따수니가 눈이 녹아서 길이 매우 고약하다. 多幸히도 長靴가 있어서 그다지 困難은 않 當했다. 이러할 때는 長靴의 惠澤이 크다 漁隱里長을 찾으니 多幸히도 집에 있다. 用務를 이야기하니 우습으로 넘기고 酒床을 차려서 가저와서 잘 먹었다. 돈은 받지 못하고 槃樹에 볼 일로 해 넘어간 後에 槃樹를 갔다. 늦게 집에 와서 저녁에는 吳秉善이가 와서 같이 놀았다.

1955年 2月 2日 (陰 1月 10日) 水曜日 晴

아침에 일직이 出勤하였드니 아직 한 사람도 나오지 않고 날로불도 피여 있지 않다. 조금 있다 職員들이 온 뒤에 어제의 出張結果를 復命받은데 純全 한 푼도 않받어가지고 온 職員도 있다. 副面長이 화가 나서 다시 出張을 가라고 한다. 勿論 못 받은 데 隘路는 더 많을 줄 아나 그래도 하나도 받지 않고 그대로 온 사람은 等閑히 하는 까닭이라고 아니 볼 수 없다. 나중에는 副面長이 너무나 하니가 오히려 내가 職員들에게 未安한 感이 들어간다. 저녁때에 麻雀을 배우겠다고 春泳 氏와 學珪와 같이 宿直室에서 했다. 前에부터 하는데 求景을 數次 해보았으나 그다지 해보지를 않아서 약간 머리가 뼁 돈다. 그래도 한 판을 끝내 놓고 보니 4,000가량이나 내가 땄다. 어느 기박이나 처음 배우는 사람이 잘 된다. 한 판 끝내고 막 宿直室을 나오니가 署 兵事係 李東圭 巡警이 忌避者 檢擧 次 出張을 왔다. 梧枝 一區 崔良範이와 三溪里 金坤植이를 다리고 왔다. 良範이는 年令[齡]未達로 因하여 그대로 보내버리고 坤植이는 體格等位 戊種인데 그대로 보내겠다는 것이다. 이 사람들의 하는 일이란 都大體 알 수가 없다. 저녁에도 나가겠다고 한다. 저녁은 李光茂 와서 같이 自己 집에서 먹겠다고 해서 해주지 않고 菓子만 一斤 사주고 들어왔다.

1955年 3月 2日 (陰 2月 9日) 水曜日 晴

너무나도 오랜 期間 日記를 中止하였다. 勿論 中斷케 된 裏面에는 公私에 多忙한 關係이나 그래도 一個月을 그대로 中斷하고 보니 너무나도 섭섭하다. 其間에 四次 四回부터의 徵集이었고 特히 四次 五回에는 法條延期 되였든 者들이 全部 다 令狀이 나왔다. 其 中에는 무러볼 겄도 없이 내 겄도 나왔다. 2月 8日에 三溪를 출발하였다. 내가 令狀을 밧기는 그때가 처음이였다. 그러나 多幸히도 나는 兵事主務者이라고 그대로 黙認하여 주워서 않 가게 되였다. 其後 陰 1月 22日에는 新基里 亨宰의 大事에 가서 놀았다. 亨宰의 집이라면 우리 집으로서는 私宗家이기 때문에 特히 가보았든 겄이다. 新郎은 南原邑 竹항리에 사는 徐仁錫이라고 한 當 28歲의 老總角이였다. 나는 그때에 滋味있게 놀았다. 내가 三溪里에서 살기 때문에 故鄕에 가서 그와 같이 놀아보기는 처음이라 내 마음에는 大端히 유쾌하였다. 거기에다가 24日날은 내가 잊으랴 잊을 수 없는 날이다. 내 一平生에 나의 所有土地이라고는 아직 가저보지도 못했는데 新基里(탑골) 마을 앞에서 畓 813坪에 白米 20叺 5斗를 주고 賣買契約을 締結하였다. 平生에 잊어지지 않을 날이다. 내가 이제 畓을 가질 수 있다는 겄을 생각할 때 無限히 기쁘다. 勿論 債務는 많다. 그러나 그겄을 갑흘 날이 있을 테지. 25일날은 長城 게신 큰집에 큰누님과 같이 우리 집에 왔었다. 나도 이제는 조금만 더 힘

쓰면 故鄕에 가서 살 수가 있다. 이번에 놀아본 經驗으로 해서 故鄕이란 것이 얼마나 좋은 곳이란 것을 切實히 느꼈다. 自由 있는 곳이라고는 故鄕박에 없다고 본다. 그 後 2月 19日부터 나려서 20日까지 나린 눈은 近來에 보기 드문 大雪이였다. 約 20cm 可[假]量이나 싸혔다.

2月 23日에 竹溪里에 가서 25日날 돌아왔다. 간 用務는 勿論 妻家에도 갔지만 今般 土地買入으로 因한 白米 收集 次 갔든 것이다. 한 가마니 三溪까지 運般[搬]하는데 200환式 주웠다. 今般 土地買入한 데 全部 費用을 따져보면 買入金 外에 3,780환이 費用으로서 消費되였다. 全量은 지난 28日 槼樹市日에 龍宰가 나와서 다 引繼하여 주웠다. 이와 같이 여러 가지 일이 있어서 大端히 바뻤고 또한 燃料 關係로 작은房 居處를 않기 때문에 自然 中 日記가 中斷되였었다. 오늘은 面 兵事主務者會議가 있어서 거기에 參席하였다. 첫 뻐-쓰로 갔기에 내가 제一 먼저 到着하였다. 任實 가서 들으니 빨치산 吳述寬이 妻 金承熙란 女子를 어제밤에 江津 方面에서 射殺하여서 本署에 있단 말을 들었다. 빨지산이란면 하루속히 모조리 잡어서 이 땅에 平和의 빛이 빛어야 할 것이다. 今日 會議의 重要 案件은 4288年度 徵兵檢查에 隨伴한 指示事項이였다. 멫칠 남지 않은 期間에 準備할라면 大端히 또 바쁘게 생겼다. 兵事擔任者名簿 提出을 하는데 寫眞이 必要해서 崔浩亨이와 같이 槼樹寫眞館에서 寫眞을 찍고 돌아왔다.

1955年 3月 3日 (陰 2月10日) 木曜日 晴

職員들은 各鐘 稅金 및 雜種金 徵收 次 全部 出張 가버리고 面廳 內는 쓸쓸하였다. 아침때 일직이 三南日報社 槼樹 記者 李相武가 와서 三一

節記念 廣告料를 달라는 모양이다. 그나마도 하는 말이 듯기 싫은 말만 하고 있다.

자기가 某 面 面長의 목을 뗐다든가 또는 某 支署主任의 목을 뗏다는 등 自己가 그 얼마나 큰 勢力을 가지고 있는 겄같이 말하고 있는 겄이 그 裏面에는 萬若 三溪에서도 自己의 要求에 應치 않으면 그와 같은 行爲를 한다 말이나 같다.

午前 中에 任實教育區에서 後川分校 關係로 職員들이 來面하였다. 이겄도 要는 서로가 양보的으로 打合해서 場所를 決定지여야 할 일인데 後川서는 後川에다 定하자 하고 洗心서는 洗心이나 蓬峴에다가 定하자고 하니 被[彼]比에 意見이 相反되여가지고 甚至於는 教育區에서 다 나오게 되는 겄이다. 午後에는 昨年에 松亭이에서 이러난 自動車事故로 死亡한 里長들의 小祥에 會計員이 代表로서 弔問을 갔다. 나더러 가자고 한 겄을 나는 身體檢查 準備 關係로 바뻐서 나가지 못하고 會計員 혼자만 가게 되였다. 歲月이란 限없이 빠른 겄이다. 松亭의 自動車 事故가 어그제 같은데 벌서 一年이 되였다.

1955年 3月 8日 (陰 2月 15日) 火曜日 曇後雨

3月 15日에 實施하는 徵兵檢查에 對備키 爲해서 連日 바쁘다. 오늘도 아침때부터 身上明細書를 쓰고서 12時 頃 山水里에 出張을 갔다. 許仁秀하고 同行을 하였다. 가는 途中 仁秀 君은 지난번 結婚에 對한 이야기를 하여 준다. 말을 들으니 結婚은 잘한 겄 같으다. 新女性으로서 中等教育을 받었으니 理解할 수 있는 女性이라고 본다. 山水里에 간 用務는 勿論 公務로서 壯丁名簿에 通報人의 捺印을 받을 일도 있었지만

그겄보다도 私的 用務가 크기에 간 겄이다. 나무할 아이가 없어서 山水里에 어린아이가 하나 있다기에 그 애를 좀 보러 갔든 겄이다. 그러나 그 아이는 相對해 보지도 않이 했으나 部落民들의 말을 듯건대 내 집에로는 오지 않은다고 해서 直接 本人에게는 問議해 보지도 않했다. 별수 없이 간 일은 虛事가 되고 成植이 집에서 中食을 먹고 午後에 그대로 돌아왔다. 部落民들의 말을 들으니 日前에 "웨기재"에서 發生한 强盜事件 時에 强간을 當한 女子의 家族 則[側]으로부터 張文一이 집에 와서 손해배상을 請求한다고 한다. 그뿐 아니라 그 損害賠償의 請求도 무슨 物件 홍정하듯이 한다고 한다. 可히 우스울 일이다. 그렇다면 그날 하루밤을 그 者들에게 自己의 딸이나 또한 自己의 妻를 팔았든 겄인가. 하는 짓들이 추접한 짓만 하고들 있다.

1955年 3月 18日 (陰 2月 25日) 金曜日 晴

오늘은 아침부터 어제의 일을 繼續했다. 지난 14日에 徵兵檢査 關係로 上郡해가지고 只今까지 나려가지 못했다. 15日이 三溪面의 檢査日이 되여서 그날하고 17日이 各 面의 漏落者 受檢日이 되여서 어제 檢査가 끝나고 어제밤부터 統計와 各種 名簿를 作成하기 始作해서 아직도 끝나지 않했다. 이번에는 鳳凰旅館에 徵兵官 一行이 있었기에 宿所 關係로 大端히 困難하였다. 그래서 이집 저집 다니면서 겨우 일을 끝마쳤다. 午前까지 해서 名簿와 10餘 種目 各種 統計를 完全히 끝마쳤다. 그래가지고 書類 提出 次 郡廳에를 들어갈야고 하는데 마침 洗心里 正完 氏를 맛나게 되였다. 그래서 얼릉 郡에 가서 書類를 다 내여주고 돌아와서 正完 氏를 對하였다. 要는 어제 檢査場에서 自己 아들 鍾植이가 從前의 令狀 關係로 受檢치 못하고 署 職員에게 檢擧 當했기 때문에 그 問題도 올라왔다. 나더러 區區히 말하기에 署 蘇 警査에게 一任하여 버렸다. 署에서는 前般에 答禮가 없었음으로 거기에 誤該[解]가 있어가지고 하는 일이다. 그래서 나도 내려오지도 못하고 거기서 잘야고 하다가 저녁에 申興兩 車가 와서 副面長과 主任 其他 여럿이 타고 와서 槃樹서 車 修理하는 동안에 술을 먹고 밤늦게 約 1時 半 頃에야 그 車로서 들어왔다. 副面長과 主任은 못 들어오고 말었다.

1955年 3月 20日 (陰 2月 27日) 日曜日 晴 後 曇

徵兵檢査가 끝나고 돌아오니 道路整備 關係로 因하여 한時도 面事務所에 앉어 있을 수가 없다. 멫일 못 나가본 關係 上 더욱더 그러하다. 어제도 海炯이와 같이 三溪里에서 漁隱里 終點까지 街路樹 심을 데를 재고 갔다. 오늘도 亦是 前日과 같을 겄이다. 아침에 鴻谷 一區 里長이 찾어와서 前般에 付託한 겄 關係로 이야기를 한다. 그로 因해서 내가 일을 또한 저지르게 되였다. 午前에 面에 갔드니 泰植 氏와 炳奎 氏가 이번에 面에서 收得稅 關係로 各 部落에 返還해야 할 糧穀 買入해가지고 도精해서 米糠이 네 가마니 있다고 해서 나도 事情해가지고 德分에 半 가마니 어덨다. 그래서 그걸 집에다 運搬해놓고 바로 出張을 나갔다. 해마다 하는 일이지만 出張 中에 第一 재미없는 게 道路整備 關係의 出張이다. 가다가 中途에서 놀다가 約 11時 頃에야 나의 擔當區域인 斗月里 區域에 갔다. 아직도 하루를 나오지 않고 그대로 두고 있는 이가 있다. 勿論 그 사람도 어떠한 困難이 있어서 그러할 테이지만 事實 上 困難한 노릇이다. 이제 와서는 좋네 나뿌네 하기도 싫다. 다만 그 사람들의 處分만 기다릴 다름이다. 中食을 海炯이 집에서 먹고 화토 치고 놀다가 늦게야 돌아와서 논보리에 肥料를 주웠다. 오늘 場에 肥料 一叺(八貫)에 3,600圜이나 나갔다고 한다.

1955年 3月 21日 (陰 2月 28日) 月曜日 晴 (春分)

벌써 오늘이 春分날이다. 晝夜가 똑같이 時間이 맞는 날이다. 이로서 完全히 봄날이다. 그러나 날씨는 여전히 쌀낭거린다. 오늘도 道路整備關係로 面에서 面 支署 職員合同會議가 열리였다. 今年에는 例年과 달러서 特히 街路樹의 補植이 무었보다도 重要하다. 長時間에 걸쳐서 會議를 끝마치고 面事務所 前 道路에 見本으로 一本 植樹하였다. 規格대로 할라면은 補[保]護木과 못이 相當히 많이 必要하게 되였다. 우리가 심은 것은 見本이기에 보기에도 좋고 잘살게 심어 놓았다. 그리고 面으로 다시 들어갔다. 오늘은 다른 날보다 유달리 기쁜 날이다. 웨 그러냐 하면 우리 俸給生活者은 언제나 俸給을 依存하게 되는데 오늘 5個月分의 公務員 糧穀을 賣渡해서 그 代金과 2個月分의 俸給을 하처서 그 中에 戶別稅니 무어니 해서 控除하고 23,000餘圜을 받게 되니 남부럽치 않다. 마음이 든든하고 기쁘다. 그러나 이 돈은 바로 債務를 淸算해야겠다. 土地買入할 적에 너무나도 많은 債務가 있음으로 이로서 바로 갑어야 하겠다. 그것을 집에 갔다놓고 中食 後는 上三溪로 道路整備 督勵 次 또 出張을 하였다. 斗月里는 오늘 部落에서 다른 일로 出役關係가 있어서 오늘 한 사람도 路邊에 나온 사람이 없었다. 그래서 副面長과 같이 漁隱까지 갔다 主任과 같이 왔다.

1955年 3月 22日 (陰 2月 29日) 火曜日 晴

連日의 出張에 뒤이어 오늘 아침때 일직히 斗月里에 出張하였다. 이 道路整備 出張에 今年에는 特히 出張 回數가 많다. 部落에 가서 나가지 않으랴고 하는 部落民을 一一이 動員하여 出役시켰다. 一部는 面으로 街路樹를 運搬하러 보내고 남어지는 道路에로 내보냈다. 그리고 里長과 같이 路邊으로 나갔다. 나간 部落民들의 일하는 것을 보면 사람 애타저 죽을 노릇이다. 다를 賦役과 달러서 이 일만은 各自 擔當區域이 있으니 自己 責任區域은 自己 個人 일과 같이 해야할텐데 어쩌자고 놀고만 있으니 어쩌잔 셈판인지 알 수 없다. 나무가 到着되여서 심은 뒤에 保護木을 하는데 이것 亦是나 形式에 不過한 짓이다.

名稱이 保護木이니 原木이 흔들리지 않고 살도록 保護하여야 할텐데 保護木이 原木의 힘을 볼여고 하니 이것이 形式이 아니고 무었이랴. 中食을 먹으로 집으로 오는데 마을 앞에서 春植 氏가 片紙를 주워서 받어보니 親友 學淵이한테서 오는 것이였다. 午後에는 學仁이 하고 같이 松亭峙까지 가서 보다가 里民들이 中食 먹으러 가드니 한 사람도 나오지 않애서 도로 집으로 왔다. 里長한테 來日 한 번 더 出役시키기로 하고 돌아왔다. 일기여서 밭보리에 肥料를 주고 돌아왔다.

1955年 3月 24日 (陰 3月 1日) 水曜日 晴

오늘은 里長 農業要員 合同會議의 날이다. 언제 마찬가지로 里長會議에 時間 한 번 직혀본 일 없다. 오늘도 늦게야 會議를 始作했다. 늦게 始作한 反面에 閉會도 언제나 늦다. 各係에서 이것저것 늘어놓음으로서 해가 넘어간 後에야 끝났다. 兵事係에서는 19條에 依한 除隊申請

關係로 잠간 指示하고는 말었다. 午前부터 兵役法 19條에 依한 家事除隊 申請書를 接受하였다. 鶴亭里 金完植의 除隊 申請願을 먼저도 왔을 때 해주지 않앴드니 오늘도 또 와서 個別進達하게코름 해달라고 졸은다. 내가 무슨 私的으로서 해주워야 할 일을 해주지 않은 겄 같이 生覺들은 한다. 午後 늦게까지 기다렸으나 會議가 끝나지 않애서 못해주고 말었다. 午前 中에 熺植이한테 片紙가 와서 반가히 받었다. 訓練 中에 困[苦]生이 甚할 겄이다.

오늘도 알어보니 現在 召集忌避者 檢擧週間이 되여가지고 現에 支署에 忌避者를 檢擧해다 놓은 겄 같다. 出發일은 來日이라고 한다. 짐버서 놓고 쉴 새 없게 생겼다. 支署에서는 今般 人事移動으로 因해서 安 警査가 忠南으로 陸炯泰가 全北으로 各各 發令이 난 모양이다. 警察官은 異動이 많애서 困難하겠드라. 저녁에는 熺植 學淵이와 서울 姊兄에게 片紙를 썼다.

1955年 3月 25 (陰 3月 2日) 金曜日 晴

豫定대로 하면은 오늘이 忌避者 郡 集結日인데 延期되여서 任實을 가지 않앴다. 午前에 일직 出勤을 해가지고 新聞을 보니 召集 該當者로서 77, 78년도 該當者는 召集을 않안다고 治安局長이 發表했다. 요새하는 일이 너무나도 變動이 甚해서 알 수 없는 노릇이다. 언제는 全部 召集이라고 하고 또 언제는 80부터 召集한다고 하드니 이제 와서는 79부터 召集한다고 하니 都大體 어떤 겄이 맞을 겄인지 알 수 없다. 좀 더 나춰서 徵集만 實施했으면 좋겠다. 오늘 支署 次席 安 警査가 出發한다고 面에를 와서 따라 나갔드니 主任도 二聯隊로 轉勤發令이 났다고 한다. 너무나 大異動이다. 主任 次席 거기다 巡警이 둘이나 갈리게 된다. 特히 今般 朴基雍 主任은 以北 出身이 되여 性質이 活撥[潑]하고 溫厚한 분인데 三溪面으로서 갈리기가 너무나도 섭섭한 일이다. 午前에 일을 좀 보고 宿直室에서 麻雀을 하는데 新任次席이 人事 次 來面하였다. 人狀[相]이 퍽 좋아 베였다. 좋은 사람이 와야만이 우리 面에 榮光이다. 午後 늦게까지 점심도 안 먹고 麻雀을 하였다. 吳春洣 氏가 若干 收入이 있어서 그겄으로 저녁 판에 술을 마셨다.

1955年 3月 26日 (陰 3月 3日) 土曜日 晴

陰曆으로 三月 三日이라면 누구나 할 겄 없이 江南 갔든 제비가 다시 온다는 겄을 聯想할 겄이다. 그겄은 卽 봄이 왔다는 것을 意味한 겄이다. 例年 같으면 제비가 이미 이 땅에 왔으련만 今年에는 아직 보이지 않은다. 潤[閏]三月이 있기에 아직도 날씨가 차기 때문이다. 오늘은 三月 三日임과 同時에 慶祝日의 하나도 되여있다. 李 大統領閣下의 第八十回 탄진 記念日이다. 一生을 祖國과 民族을 爲해서 몸을 받이신 老大統領의 탄신日을 祝賀 記念키 爲하여 서울을 비롯한 各 地區에서는 盛大한 行事와 祝賀式이 擧行된다. 本面에서도 式을 擧行하고 敬老會를 開催하고 鶴亭 三區에 사는 金正洙 氏란 이가 孝子로서 表창을 받었다. 진흑 속에도 眞珠가 있다고 이 亂世에도 孝子 孝女 烈女는 그래도 東洋의 美風을 그대로 存續시키고 있다. 新聞에 보니 全北에서 표창을 받은 이가 51名이라고 한다. 그 中에서 第一 年少한 이가 任實의 孝女로서 18歲이고 第一 年上者가 戊朱의 烈女로서 82歲이다. 그리고 全北의 最高 年長이 109歲(女)이며 100歲 以上이 3名으로서 모두 女子이며

男子는 99歲가 最高이다. 80歲 以上의 老人이 2,785名이나 된다고 한다. 以上은 新聞에 報道된 數字이다. 午後에 宿直室에서 麻雀하는 것을 求景하고 있노라니가 殷植이 어머님이 別世하셨다고 부고를 받으러 왔다.

1955年 3月 28日 (陰 3月 5日) 月曜日 晴

今般 入營할 壯丁들의 一件 書類와 經費 關係로 어제 上郡할여 했든 것이 못 가고서 오늘 아침 일직히 出發했다. 오늘은 今春에 取[聚]合하여논 道路의 砂利를 가는 날이다. 所在地는 아침에 일직 나가서 갈었다. 가면서 보니 斗月里도 깔고 있는 中이다. 漁隱 앞에서 鄭文朝를 맞나서 同行하였다. 任實에 가서 書類를 郡에 提出해주고 署 兵事係에 들였드니 兵事主任 혼자 앉었다. 書類를 持參했느냐고 해서 郡에 提出했다고 했드니 大端히 氣分이 나쁘게 말을 하고 있다. 召集 關係도 郡에서 取扱하느냐고 하면서 왜 書類를 郡에 다 주웠느냐고 한다. 壯丁 待機所에를 가보았드니 三溪面에서 五名分의 書類를 해오라고 했든 것이 現在 員 二名이다. 三名 中 一名은 忌避해 버렸다고 하지만 其 外 二名의 行方은 어찌 되였는지? 알고도 모를 일. 이러고도 큰 소리만 땅땅하니 이 아니 우수울소냐. 왜 한번 檢擧 當한 사람이 아니 그보다도 더 틀임없는 令狀 忌避者가 公公然히 合法的으로 걸어나가는 데는 우리들이 보는 데 좀 困難하드라. 郡에 가서 經費를 引繼하여 주고 나는 안 갔다. 따라가 보았자 損害난 것이 내 돈뿐이다. 내려오는 12時 빼쓰로 와가지고 興雨 車가 마침 있어서 三溪까지 왔다. 午後 늦게부터 成植 海炯과 같이 麻雀이 實施되여 밤늦게까지 하였다.

1955年 3月 29日 (陰 3月 6日) 火曜日 晴

午前 中에는 法19條 除隊 關係 書類를 接受하여 整理하느라고 大端히 분주했다. 먼저번에 한번 申請했든 겄을 또다시 申請하라지가 大端히 氣分 나쁘게 生覺하는 이들도 있다. 그러나 별수 없다. 내가 그러고 싶어서 그러한 겄도 않이요 上級機關에서 하는 일을 낸들 별수가 있나. 朝夕으로 變하는 現 우리나라의 行政이란 이미 다 아는 바가 않인가. 나도 또 받을나매 大端히 마음에 맞지 않은 일인데 더구나 듯기 싫은 말들을 하니 마음에 좋지 않다. 午後에는 副面長의 弟妹의 婚姻에 술을 먹으로 오라기에 職員一同이 거이 다 가게 되였다. 나려가면서 道路整備와 道路樹 補植 및 保護木에 對해서 보면서 나려가는데 道路樹 심어놓고 保護木 해 놓은겄을 보니 可觀이로다. 原木은 그막한데 保護木은 적어가지고 保護木이 原木의 힘을 보고 있으니 이겄이 과연 올은 일인지? 무슨 일을 實地[質]的인 일을 해야 한데 모든 일이 다 形式的에 不過한 일이다. 副面長의 집에 가서 술을 한참 먹자니가 支署 職員들이 들어와서 같이 먹기 始作했다. 그리고 新郎 李 道令을 다리다가 唱歌를 식혔다. 그리고 박에 나가서 副面長 兄任의 大事를 한번 치뤄주고 그다음에 副面長의 大事를 한번 치러주고 마당에서 자미있게 놀아주웠다. 그리고 저녁 늦게야 돌아오는데 途中에서 어덯게 떠들든지 나는 머저 앞에 올라와 버렸다.

1955年 3月 30日 (陰 3月 7日) 水曜日 曇

아침부터 날씨가 좋지 않드니 食後에 細雨가 若干 나렸다가 다시 개였다. 오늘 槃樹에서 新基里 龍宰를 맛나기로 해서 槃樹를 가는데 興雨

車로 갔다. 가는 途中에 車가 좋지 않애서 다른 車에 타고 갔다. 獒樹에 들어가서 圓洞山에를 지내자지 웬 사람들이 많기에 가보았드니 막을 처놓고 나무 위에 원숭이 색기 한 마리가 앉아 있다. 내가 원숭이를 보는 것은 오늘이 처음이다. 생김새가 과연 사람 비슷하게 생겼다. 그러고 其 幕 內에는 뱀처녀가 있다고 한다. 머리는 뱀이고 몸 이하는 뱀으로 되여있다는 것이다. 20歲의 處女뱀은 慶尙道 出身이라고 한다. 入場料가 50圓이라고 해서 들어가 보지는 않했는데 보고 온 사람의 말을 들의니 틀림이 없다고 한다. 時間 關係로 해서 빨리 볼일을 보랴고 이리저리 다니다가 이동 兄을 맛나서 큰아버님이 나오셨단 말을 듣고 찾어가 뵈옵고 中食을 같이 먹었다. 이번 淸明日에 서내 큰산소에 사초를 한다고 하기에 그날 兼해서 아버님 산소에도 사초를 하기로 했다. 그래서 若干의 準備를 해가지고 왔다 龍宰가 왔기에 이동 兄과 같이 점심을 사주고 쌀값 四叺代로 20,800圓을 支拂했다. 드러올 적에는 스리코타로 와가지고 面에를 나가보니 敏植이만 남고 全 職員이 다 光朝 아버지의 回甲이 어제였는데 請이 있어 거기에 가고 아무도 없다. 그래서 나는 집에 와서 돼지막을 처냈다.

1955年 3月 31日 (陰 3月 8日) 木曜日 晴

오늘 南原에서 漏落者 徵兵檢査가 있어서 南原을 갔다가 왔다. 當初에는 않 갈여든 것이 同 職員으로 있는 炳八이가 하도 가달라고 事情한 바람에 不得已 가게 되였다. 獒樹에서 11時 大韓뻐쓰로 갔다. 郡에서는 韓大錫과 任實 聖壽와 함게 갔었다. 徵兵檢査場은 廣寒樓이였다. 湖南 第一樓인 廣寒樓에서 國家의 干城이 될 靑年들의 徵兵檢査를 하게 되니 其 壯丁들 亦是 湖南의 第一 가는 壯丁이 않일가. 現場에를 가서 보니 午前에는 벌써 끝나고 中食 時間이 되였다. 그 앞에 長春館으로 갔드니 거기서 食事들을 하고 있다. 南原郡에서 中食을 주워서 거기서 먹었다. 午後에는 늦게야 始作하였다. 任實郡的으로 10名이며 三溪는 二名박에 않되였다. 오늘의 일을 제대로 進行되였다. 徵兵檢査는 午後 일직 끝마쳤다.

廣寒樓 앞에서는 10餘名 以上의 石工들이 돌을 깨느라고 야단들이다. 알고 보니 忠혼塔 建立이라고 하는데 政府에서 一億圓 豫算으로 推進 中이라고 한다. 많은 男女들이 왔다 갔다 하면서 紀念寫眞들을 찍고 있다. 여기서 옛날에 이름 높은 成春香이가 있든 자리였든가. 建物과 장치가 次次 秩序가 잡히여 그래도 연못에는 많은 잉어도 놀고 있으며 연못 가운데 숲울도 잘 어울여 있다. 나오는 길에 竹巷里 徐仁錫이 집에를 잠간 들였드니 仁錫이는 없고 자기 아버지만 게셔서 보고 왔다. 처음에는 모르드니 人事를 한 後에야 안다. 올 적에는 急行列車로 와서 오수서는 三溪 오는 추럭으로 왔다.

1955年 4月 1日 (陰 3月 9日) 金曜日 晴

어제저녁에 舟月里 外從누님께서 오셔서 보자고 한 것을 못 가보고 아침 먹고 面에 나가면서 들어가 보았다. 前般에 義直이가 入隊한 後부터는 집안이 매우 困難한 모양이다. 말을 들으니 헛돈도 많이 드러간 것 같다. 風說에 이러니저러니 하는 말이 많으니가 內容이나 알어 보겠다고 왔다. 事實 上 외아들 하나 있다 보내고 나니 서운하다는 것은 말할 수 없는 일이다. 午前 中에는 19條 除隊 關係로 相當히 바뻤다. 이것 나더러 다 써 달라고 하니 안 해주면 섭섭하다 하고 해주자니 바쁘고 困難之事다.

오늘부터 昨年度 產 秋穀 收集해 놓은 것을 運搬하기 始作한다. 例年에 比해서 오래 保管해 둔 편이다. 學仁이한테 나래* 몇 장 팔라고 했다. 좋지 않으나마 사다 집을 이여볼가 한다. 午後에는 班에서 肥料를 노는다 하기에 가서 같이 노났다. 늣게까지 牛乳 肥料를 노느고 面에 나가보니 아무도 없다. 出張해서 들어오지 않은 것이다. 일직 들어와서 오늘 받은 肥料 中에서 硝安**만을 논보리에다 놓았다. 今年에는 보리農事를 한번 잘 지여봐야 하겠는데 이 비싼 肥料 값이 나올넌지. 肥料 8貫에 3,500圜式이나 주고 사다 해서 무슨 利益이 있을가? 오늘은 萬愚節이다. 우리나라에서는 별로 알지 못한 날이지만 西洋에서는 아마 相當히 盛行한 모양이지. 結局 남을 돌아먹은 날인데 이것이 어떠한 根源에서 생긴 것인지 알 수 없는 노릇이다.

1955年 4月 2日 (陰 3月 10日) 土曜日 晴

午前 中에는 前日에 뒤이어 19條 關係로 大端히 바뻤다. 中食을 먹고 面에를 나가는데 無意識中에 野積해논 데를 보니 野積 날개에 금방 불이 부터 타기 始作한다. 그 옆에 일을 보는 사람이 달여들어 끄기 始作한다. 나는 다름질 처서 쪼차가서 날개장을 거더재쳤다. 瞬息間에 많은 사람이 보여들었다. 불은 그대로 껐으나 相當한 損害가 있다.

* '이엉'의 방언.

** 질산암모니아.

어제부터 실어가는 中이라 날개를 많이 거더 재처 놓았으니가 그만이나 하지 萬若 제대로 있을 때 그리 되였으면 말할 수 없는 큰 損害였을 겄이다. 그래도 100餘叺은 가마니가 타서 再抱[包]裝하여야 하게 되였다. 그로 因해서 禁樹에서 組合理事와 工場長이 나왔다. 여하트 學仁이로서는 적지 않은 해를 밨다. 火災原因은 누가 담배불을 잘못 버려서 일어나지나 않앴는가 싶으다. 不幸 中 多幸이다.

오늘 병아리 한 배를 나렸는데 병아리 네 마리 나렸다. 鷄卵으로 9個가 있고 병아리 다섰 마리를 에미닭이 깔아 주겼다. 오히려 鷄卵 값도 못 된다. 저녁 판에 또 한 배에 알을 주웠는데 이겄은 또 어찌 될는지 알 수 없다. 저녁에 孝植이네 집에서 노는데 急作히 박에서 사람의 기척이 있어 門을 여러 보니 알지 못한 男子가 있다가 뒤로 가기에 우리는 도적인 줄 알고 쪼차가서 데려다 놓고 보니 異狀한 사나이다. 故鄕이 只沙面이라 해서 支署에 가서 金漢玉 巡警을 다려다 보이니가 精神異狀[常]者라고 한다. 알고 보니 富者집 맛아들인 모양이다.

1955年 4月 3日 (陰 3月 11日) 日曜日 晴

오래만에 日曜日을 한번 차저봐야 하겠다. 남들은 벌-서 고추를 다 심었는데 나는 아직 심지 못했다. 그래서 아침 일직히 일어나서 거름 석 짐을 밭으로 냈다. 지게질 해 본 지가 一年이 以上 된다. 처음 한 번은 괜찬트니 세 번채는 매우 고되다. 朝飯 後에 혼자 가서 밭을 고치고 씨를 뿌렸다. 一年 동안을 農事만 진 겄도 않이요 어쩌다 한 차레씩 일을 하는 겄은 퍽으나 재미있는 일이다. 農事란 겄이 大端히 재미있는 職業이다. 한철에 씨를 뿌리고 가꾸어 놓으면 나중에 곡식이 무럭무럭

자라서 열매를 맺고 收穫을 할 적에는 남모른 기쁨이 있는 겄이다.

일직히 다 심고 오면서 나무개비를 몇 개 주워가지고 왔다. 中食 前이 되여서 面에를 나가는데 三溪 一區 里長이 오기에 어찌 오느냐고 물었드니 今日 緊急里長會議가 있다는 겄이다. 內容을 알 수 없다. 午後에 新任 支署主任이 赴任했다. 獒樹主任으로 있든 이가 今般 朴主任後任으로 온 겄이다. 午後가 되여도 안 나온 里長은 如前하다. 支署에서는 무슨 用務인지 面長 副面長이 않이 왔다고 다려오라고 한다. 그래서 學吉이를 식혀서 面長任을 나오시도록 했으나 누구라고 그러케 나올 리 없다. 나중에야 알어보니 六.二五 以後 被害狀況調査을 調査한다고 한다. 西戰司 解散을 契機로 해서 國家에서 損害賠償을 해준다고 한다. 그겄이 事實 될 겄인지 아무리 생각해도 센찬한 일이다.

1955年 4月 5日 (陰 3月 13日) 火曜日 晴 (淸明)

오늘은 淸明日이다. 文子 그대로 오늘은 日氣가 매우 淸明하고 따뜻한 날씨였다. 오늘은 아버님 墓에 사초를 들이기로 한 날이다. 아침을 일직 먹고 姊兄과 元學이를 데리고 新基里를 갔다. 여기서 일직 나서서 갔는데 그기 가서 보니 벌서 모두 나갔다. 서내 큰산소에도 오늘 사초를 들이는 날이다. 그래서 우리 서내 子孫은 다 모인다. 큰집에를 먼저 갔드니 큰아버님께서는 벌서 나가셨다. 그래서 나도 바로 따라 나갔다. 우리 집 일꾼은 新基里에서 二名을 사가지고 四名인데 二名은 먼저 가서 떼를 떴다.

큰아버님을 뫼옵고 큰산소에 山神祭를 지낸 後 先親 山에도 山神祭를 지내고 바로 일을 着手했다. 나도 오늘만큼은 벗어제치고 같이 한

목 했다. 中食은 山直 집에다 식혀서 먹고 午後에까지 해서 오늘은 일직 끝났다. 姊兄과 元學이는 바로 歸家하고 나는 거기 남아서 伯母任山所에 사초를 같이 했다. 生覺하면 伯母任도 불상한 양반이다. 아들하나 있다 一線에 가서 戰死하고 無子한 處地이므로 앞으로라도 어데다 依支할는지 알 수 없다. 거기도 끝나고 다시 나려와서 아버님 墓에 절을 하였다. 나로서는 感慨無量하였다. 어렸을 때 棄世하신 後 여기다 墓를 쓴 後로는 한 번도 손을 대지 않애서 봉분이 다 무너진 겄을 오늘 이와 같이 해놓고 보니 내 마음에는 大端히 기쁘다. 저녁에는 康永이 兄네 집에 가서 늦게까지 麻雀을 하고 놀았다.

1955年 4月 6日 (陰 3月 14日) 水曜日 晴 (寒食)

어제밤 늦게까지 놀고 아침에 늦잠을 자는데 起文이 아저씨가 와서 깨워서 일어났다. 아침에 그 아저씨 집에서 朝飯을 먹었다. 午前 中에는 큰집에서 노는데 廷賢이가 와서 自己 집에 놀러가자 해서 거기 가서 놀았다. 亨宰 氏와 같이 놀다가 큰집에 와서 있는데 中食을 했다고 오라고 해서 거기서 점심을 먹고 午後에 늦게까지 놀다 왔다. 實은 午前 中에 올 터인데 그 집 사위가 오늘이라도 올라는지 몰라서 午前에 기다렸든 겄이다. 그 집에서도 相當히 기다리고 있다. 特히 누구보다도 기다리는 사람은 두말할 겄도 없이 直接 當事者인 廷賢이가 더욱더 애타게 기다리고 있다. 午後에는 徐 君으로부터 보내온 華婚 寫眞帖을 내여놓고 家族이 모여 안저 感想하였다. 祝辭와 祝詩도 읽었다. 廷賢이는 幸福할 겄이다. 좋은 男便을 맛나서 그와 反面에 仁錫이도 아내는 잘 어덨다. 늦게 떠나올여고 큰아버님에게 人事를 드리고 나오는데 從妹

하고 廷賢이 하고 둘이서 탑골 洞內 앞 바위 있는 데까지 餞送하러 나왔다. 거기서 헤여지기가 매우 섭섭하였다. 내가 故鄕인 이 마을에 와서 살었드면 이러한 일도 없을 겄이 아닌가. 헤여저 오다가 나는 두 번 세 번 보이지 않트락 돌아보았다. 그들도 가면서 나를 돌아보면서 간다. 나는 感謝하게 여겼다. 이와 같이 나와서 보내주니 感개無量하다. 나는 거기서 헤여저 오면서 "故鄕이 그리워도 못가는 身勢" 하면서 혼자서 노래를 부르며 왔다. 事實 헤여저서 오기가 섭섭했다.

1955年 4月 7日 (陰 3月 15日) 木曜日 晴

아침이면 늦잠통에 큰일났다. 아무리 일직 일어나서 무슨 일이고 할여고 해야 아침에 해가 뜨도록 일어나지를 않으니 事故다. 속담에 일찍 일어난 家庭에 幸福이 오고 게으른 家庭에는 福이 안 온단 말이 있는데 이와 같이 늦잠만 자니 어찌할 겄인고. 어젯밤 姊兄 집의 사장 忌故이여서 아침에는 거기 가서 朝飯을 먹었다. 午前에 面에를 가니 某 部落民이 와서 하는 말이 今般 除隊 申請한 사람들의 家庭實情調査 復命書를 添附하는데 一人當 200환式 持參코 오라고 한다. 支署에서 勿論 用紙도 없고 해서 困難하니가 그러한 겄일 테이지만 그러나 一人當 兩百圜式을 持參하라면 좀 困難之事. 午後 今般 갈리여 간 朴基雍 主任이 왔다. 언제 봐도 快活하고 明郞한 그 性格 오늘도 亦是 變함 없다. 午後에 할 일도 없고 해서 일직이 일직이래야 退廳 時間 後에 집에를 와서 보니 南原 周生 이종 兄任이 와서 게신다. 그 전에 한 번이라도 뵈온 記憶이 있는가 모르지만 처음에는 몰라봤다. 저녁을 나의 집에서 잡수시고 저녁에 나려가셨다. 오늘 午後에 學校에서는 母校 27回 卒業生들의

同窓會를 연다고 相當히 떠들석하다. 大端히 좋은 일이다. 어렸을 때 같이 6個 星霜 같이 배우고 한결같이 놀든 옛 親友들과 追憶을 더듬어 가면서 하루를 즐긴다는 겄다. 매우 즐거운 일이다. 그 사람들의 로맨듸가 學校 教室로부터 우렁차고 씩씩하고 재미있게 들리여온다.

1955年 4月 10日 (陰 3月 18日) 日曜日 雨 後 晴

連日을 두고 기다리든 비가 아침 일직부터 내리기 始作한다. 아침에 미처 일어나지도 않했는데 雷聲이 나고 번개가 치며 相當히 거참스럽게 始作한다. 느레*가 콩알만 씩 한 겄이 마구 쏘다진다. 하는 겄으로 봐서는 몣 날 몣 일이고 올 겄 같으나 실상은 허망하다. 잠간 그 야단이 드니 금방 끝어버린다. 게우 보리닢의 해갈 程度이다. 午前에 面에를 나가보니 韓秉道가 兵籍을 轉籍한다고 해달라고 해서 잠간 써서 해주고 남어있는 職員에게 理由如何를 莫論하고 誰何이든지 찾는 사람이 있그든 집으로 보내지 말라고 신신 付託해 놓고 들어왔다. 누구이던간에 집으로 찾으러 오는 데는 아주 질색이다. 무슨 用務이든 집으로 찾아오면 오히려 더 便利를 봐주기가 싫다.

오래간만에 돌아오는 日曜日에 家庭事를 좀 보려고 計劃했다. 오늘은 울타리를 할여고 일적 들어와서 울타리 밑으 허무레진 곳을 돌을 주워다 싸기 始作했다. 午後에는 姊兄과 容基와 서이서 했다. 아침때 싸가가 남은 곳을 午後에 修築하고 울타리를 했다. 農村에도 이 울타리 關係가 크나큰 問題이다. 해마다 소나무 가지로 할 수 없는 일이고 않

---

* '우박'의 전라도 방언.

이 할 수도 없는 일이고 進退兩難이다. 午後 늦게까지 해서 겨우 끝냈다. 울타리 하는 데 울장만 해서 넉 짐에 800圓이 들어갔다.

農村生活의 住宅改善 問題의 한 가지가 이겄이다. 오늘 新聞을 보니 英國 首相 처-칠이 갈이고 後任에는 外相이던 이든 氏가 任命되였다고 한다.

1955年 4月 11日 (陰 3月 19日) 月曜日 晴

일직히 面에를 나가보니 宿直室에 軍靴가 있다. 後에 알어보니 署 職員이 와서 있다. 內容인즉 今般 西戰司 解體를 機해서 麗順叛亂事件 以後의 被害狀況을 調査키 爲하여 國會議員과 內務部 次官 道知事 其他 高位層에서 많이 調査團이 明 12日 來面한다고. 面事務所와 支署의 被害 狀況 및 復舊計劃에 對하서 事前에 打合 次 왔다는 겄이다. 事實로 이 莫甚한 被害를 復舊하여 줄 겄인지 莫[漠]然한 일이다.

面事務所 마당에는 救護糧穀의 受配者들이 많이 와서 있다. 支署에를 갔드니 또 忌避者檢擧의 指令이 나와서 金光賢 巡警도 거기에 나가고 없다. 그중에는 過去에 義警으로 있다 그만두고 나간 사람도 끼여 있다고 한다. 精神을 차릴 수가 없다. 오늘이 大學卒業者 入營의 날인데 來日도 入營할 사람이 있지 않은가. 그런데 또 兼해서 忌避者 斷[團]束까지 있으니 複雜하다. 午後에는 槊樹商高 學生들이 在學徵集延期願을 提出한다고 와서 그겄을 해주웠다. 저녁 판에 三溪里長이 面長 副面長 社會係長을 술 한 잔 주는데 얼처서 나도 한 잔 먹었다. 오늘도 姉兄과 正良이가 와서 날개를 역어서 집을 이여주웠다. 언제부터 맘먹었든 겄이 오늘에야 이루워졌다. 인제는 작은방만 고치면 큰일은 에간

히 치루는데 언제나 또 방을 고치게 될는지 알 수 없다.

1955年 4月 12日 (陰 3月 20日) 火曜日 晴

壯丁들이 오늘 出發할 날이 되여서 아침부터 마음이 心亂하다. 入營壯丁이라야 一名 뿐인데 그래도 亦是 마음의 準備는 한가지다. 오늘은 特히 그보다도 國會議員 一行이 나온단 바람에 面廳 內外의 淸掃에 大端 바쁘다. 面에 나온 里長들까지 動員해서 마당의 풀을 캐고 쓸고 했다.

事實 一個月에 한 번만 이러한 일이 있었으면 싶으다. 그 德分에 面廳 內의 美化作業에 힘 좀 쓰게 했으면 한 생각이다. 小使들이 淸掃에 對해서 到底히 關心을 두지 않은다. 가는 壯丁 吳尙泳이는 왔는데 車오기만 기다리고 있었다. 車를 기다리는 것이 一時가 지나서 별수 없이 삼계에서 中食을 식힐여고 아래 酒幕에다 짜장면을 식혀서 中食을 먹었다. 남산이 북산이 모여서 壯丁 한 명에도 不拘하고 參席者가 無慮 20餘名이 넘는다. 그 바람에 車가 두 대나 가버리고 車가 또 느졌다. 特히 新亭學校에서 教師들과 學生이 많이 와서 늦게까지 기다리는 게 未安하였다. 多幸히도 車가 있어서 任實까지는 無難히 到着하였다. 單一名만을 다리고 가게 되니 氣分이 나지 않은다. 더구다나 吳尙泳이로 말하면 國民學校 同窓으 立場으로서 매우 困難하다. 오늘 나온다는 國會議員 一行은 오지 않고 獒樹에서 머므른 모양이다. 말이 그렇치 저이들이 얼마나 그리 큰일을 해줄 것인지.

일기 제2권

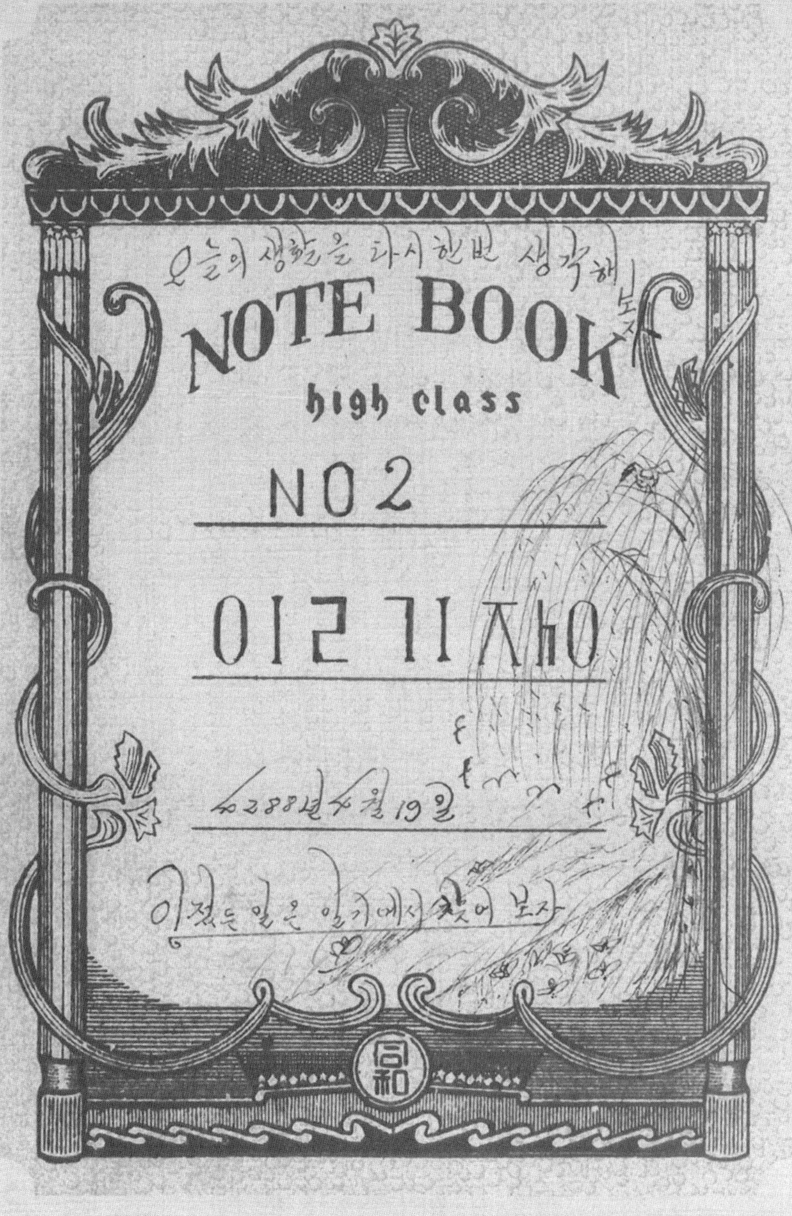

〈1955년(단기 4288년) 4월 19일 －6월 4일〉

1955年 4月 19日 (陰 3月 27日) 火曜日 雨後曇

連日의 細雨가 오늘도 繼續해서 소리 없이 나리고 있다. 비가 오지 않애서 죽는다는 보리가 이제는 비가 와서 죽게 생겼다. 어제 竹溪 一區에 갔다가 在修를 맛나서 山幕 가서 자고 午前 中으로 올려든 것이 姊兄의 집에 가서 잠간 노다와서 보니 竹溪 二區 里長의 後任者를 選擧한다고 해서 기왕 出張 온 길이니 立會를 해달라고 해서 午前에는 그럭저럭하고 거기서 놀았다. 이번에 竹溪 二區에 出張을 가는 겄도 別다른 用務가 않이다. 今般 事件된 收得稅 問題이다. 面長 以下 擔當職員은 面內를 爲해서 일한다는 겄이 結局에 가서는 오니라 가니라 하는 일까지 생기고 말지 않았는가.

署에서도 빤한 겄이 아닌가. 다 아는 일인데 무었을 그리하는지 그러한 關係로 해서 里長들에게 相議할 일이 있어서 갔는데 以外에도 里長 選擧를 하게 된다고 해서 結果를 보니 四名을 推천 立候補해서 其中에 金鐘吉 9票 吳三吉 8票 太在修 5票 李康福 1票로 開票가 끝났다. 아무리 해도 最高 得票者인 金鐘吉이가 里長에 當選된 모양이다. 午後에 兼해서 事務 引繼까지 한다고 한다. 거기서 대강 일하는 겄을 보고 술을 갔다 먹어서 한 잔 어더 먹고 저녁 판에 왔다. 面에 와서 보니 任實 갔든 사람들이 全部 돌아왔다가 오늘 또다시 會計員하고 財務係長만 오라고 해서 또다시 올라간 겄 같다. 財務係長 吳章煥 氏가 이러한 일도 왔다 갔다 하기는 너무나 억울한 일이다.

1955年 4月 20日 (陰 3月 28日) 水曜日 曇後雨

아침에 面에를 나가서 앉어있으니가 新聞을 가저오기에 보니가 東亞

日報이다. 去般 3月 17日字 誤植事件으로 停刊處分 當했든 겄이 1個月 만인 4月 18日附 發刊하게 되였다 한다. 二字의 誤植으로 말미암아 幹部에 異動이 있고 一個月間의 停刊을 當하고 했으니 한 자 한 자에 細心 注意가 必要하다. 全北日報를 보니 全羅北道의 主事級 異動이 있어 本郡 內務科長 鞠忠源 氏가 道 文敎社會局으로 轉任하고 社會局에서 李 氏가 本郡 內務課長으로 轉任한다고 한다. 機[期]待되는 바 크다. 副面長으로부터 말을 드르니 21日부터 第二國民兵 該當者의 點乎[呼]를 實施한다고 한다. 이러한 일은 해 봤자 별 效果 없을 겄이다. 그래서 거기에 對한 名簿를 作成해야할 터인데 12日부터 어린애가 앓은 겄을 그대로 두웠드니 안 나서서 藥 좀 살여고 獒樹를 나갔다. 獒樹에 가서 藥을 사고 市場 求景 좀 하러 다니다가 洋服 장사가 하도 떠들석 하고 있기에 가서 1,150圓을 주고 下衣를 한 벌 샀다. 살 마음도 가지지 않이 했든 겄을 突然히 샀다. 그럭저럭 쓴 것이 오늘 나가서 約 2,000圓 可量 써버렸다. 아무리 節約하려 해도 한 번 나가면 豫想 外로 돈을 많이 쓰니 큰일이다. 추럭을 타고 올여다가 運轉手가 하도 運賃 받은 데 말썽이 많애서 吳鎬俊이 하고 걸어서 왔다. 物件만 없으면은 걸어다니는 겄이 事故에 安心하고 第一 좋은 일이다.

1955年 4月 22日 (陰 潤[閏] 3月 1日) 金曜日 晴

오늘부터 三日間 第二國民兵에 對한 點檢을 實施한다. 그래서 어제 온 終日 名簿를 作成하고 그리도 다 못해서 오늘 早朝에 出勤해가지고 남은 名簿를 作成해가지고 面 宿直室에서 金光賢 巡警하고 같이서 始作했다. 一一히 對照해서 手帖과 道民證과 相違가 있을 時는 어떠한 方

道가 있어야 할 일인데 그러할 수도 없고 그대로 發行해 버렸다. 特히 오늘은 定期里長會議가 되여서 面廳 內가 사람이 많이 모였다. 午前 中에 公文이 왔는데 漏落壯丁의 綜合徵兵檢査를 來 24日 全州에서 實施한다고 해서 里長會議 席上에서 口頭로 指示하여 주웠다. 午後 늦게야 會議가 끝나고 里長들까지 別途 會合이 있었는데 要旨는 오는 30日에 德峙面 "내인"에 가서 하루 놀자는 것이다. 大端히 좋은 일이다. 一年에 한 번박에 없는 이 봄철을 그대로 헛되히 보낼 수가 있으랴!! 저녁 판에는 今般에 金學實 君이 結婚을 해가지고 어제 新行을 했는데 不足한 飮食 中에서 節約해가지고 面에까지 가저와서 職員과 里長 合同해서 한 잔 재미있게 마셨다. 그리고 어제 返送 當해 온 現役免除願을 整備해서 來日 芳雨 上郡한 便에 送付하여 주웠다. 退廳해가지고 道路邊에 와서 섰는데 어떠한 者이 와서 찾기에 알어보니 司令部 兵友編輯部에 報道要員이라고 한 者이 와서 旅館을 斡旋[簡選]해달라고 해서 面宿直室에서 자라고 하버리고 들어왔다.

1955年 4月 23日 (陰 潤 3月 2日) 土曜日 雨

오래간만에 집에서 작은房을 고칠여고 하니 비가 오기 始作한다. 이 房은 애당초 처음 놓고는 이제 처음으로 고친다. 點植 氏가 와서 같이 고치였다. 다른 일 같으면 오늘 面에서 第二國民兵 點檢이 있으니가 반드시 나가보아야할 테인데 特히 하루를 빼먹은 판이다. 午前 中에도 몇 사람이나 찾어왔다. 집은 보잘 것도 없고 심난한데 볼일만 좀 있으면 집으로 찾어오는 것이 질색이다. 豫算은 終日해야 다할 줄 알었드니 午前 中에 다 끝났다. 그래서 午後에는 面에 나가서 또다시 點檢하는 데 같이 했다.

1955年 4月 30日 (陰 潤 3月 9日) 土曜日 晴

於焉間 4288年도 오늘로 3分의 一이 지내갔다. 歲月이란 무척 빠르다. 요새에 一週日 동안이나 日記를 쓰지 못했다. 그겄은 요새에 작은房을 고치고서 修理 關係로 日記 쓸 時間이 없었다. 어제밤에 海炯이와 熾範이와 같이 槩樹에서 上演하는 무궁화 樂劇團을 求景하고서 漁隱里 熾範이 집에서 자고 아침까지도 거기서 먹었다. 食後 里長을 맞나러 갔었는데 里長은 서울 간다고 바로 出發해 버렸다. 其後에 바로 李濟善 巡警이 亡失共匪 搜索 나간다고 里民을 動員하러 나왔다. 이 計劃이 어제부터 始作해서 五日間이나 한다고 한다. 어떠한 效果가 있을넌직 알 수 없다. 梧枝里로 가는 途中에 다람쥐 한 마리를 잡어가지고 갔다. 梧枝 一區 里長한테 다녀서 二區 里長의 집에를 갔드니 里長이 없어서 判朝 집에서 中食을 먹었다. 그리고 午後 海炯이 하고 둘이서 盧山峙 절에를 求景 次 갔었다. 가서 主人을 찾으니가 30 5, 6歲 되여보이는 사람 하나가 나오기에 求景 次 왔노라고 이야기를 하니 그러하느냐고 對答 한 마디뿐 門을 닷고 房으로 들어가 버린다. 우리들은 밖에서 잠간 놀다 왔다. 그러나 沒常識한 자식이다. 박에 사람이 있는데 그럴 수가 있을소냐. 거기서 바로 槩樹로 갔다. 오늘밤에 마지막 上演하는 據[劇]을 보러 나갔든 겄이다. 그랬든 겄이 成植이와 源亨이가 있었다. 그런데 뜻박에도 洗心 一區 高 里長이 4名의 入場卷[券]과 저녁을 사주워서 잘 보왔다. 나는 演劇에 對해서는 大端히 趣味가 많다. 劇이 끝난 後 걸어서 저녁 二時 頃에야 집에 돌아왔다.

1955年 5月 1日 (陰 潤 3月 10日) 日曜日 晴

오늘은 이 日記를 쓰는 데 있어 가장 잊이 못할 날이다. 그러타고 해서 온 世界의 日記를 쓰는 사람은 다 그러하다는 겄은 않이다. 그러타면 누구를 두고 하는 말이냐. 卽 本人을 두고 하는 말이다. 웨 그려냐 하면 내가 바로 只今부터 一年 前 4287年 5月 1日부터 日記를 쓰기 始作한 겄이다. 그러니가 말하자면 오늘이 日記 紀元 一週年 記念이라 하겠다. 내 언제부터나 마음에 日記를 한번 써 보리라 하고 생각하였든 겄은 오래된 일이다. 그로나 그겄을 마음대로 始作한 겄이 겨우 一年 前에야 始作하고 말었다. 그렇다면 내가 一年間의 日記 쓰는 記錄을 率直히 批判해 볼 적에 成績으로 말하자면 零點이라 하겠다. 웨냐? 쓰지 않고 온전히 빼놓은 날이 無慮 數10日이다. 勿論 거기에는 裏面에 어떠한 複雜한 일이 많이 있어서 그러타고 생각하기도 하다. 그겄부터가 다 理由이다. 그러타면 또한 每日 쓰지는 않은다 할지라도 日記 쓰는 文法이 多少라도 進步되였다거나? 勿論 日記란 自體가 文法을 배우기 爲한 目的은 않이다. 그러나 그래도 一年間 쫌 쓰고 보면 그래도 어덴가 다른 點이 있어야 할 겄이 않인가. 過去 一年間의 失敗를 基礎로 하여 앞으로는 내 自身의 採點에나마 滿點이 되도록 더욱더 努力이 必要. 오늘 每月 一日이면 實施하는 班例會 關係로 午前에 일직히 斗月里로 出張을 갔다. 至今 實施하고 있는 班例會 그야말로 正常的으로 實施만 하고 있다면이야 國家의 行政運營 上 直接 間接으로 큰 影響이 있을 겄이다. 그러나 實은 그러치 못하니 事故지.

1955年 5月 2日 (陰 潤 3月 11日) 月曜日 晴 雨

언제나 해야 할 每週 職員 卽 月曜敎養講議와 職員會議를 언제나 빠짐 없이 해야 함에도 不拘하고 그겄 하나를 제대로 施行치 못하고 있다. 이겄이 勿論 많은 出張과 많은 事務로 인해서 그러케 된 겄이나 한 번 더 나아가서 生覺할 必要가 있다고 본다. 우리들의 誠意不足이라고 먼저 規定하고 싶다. 如何한 難關과 哀[隘]路가 있다 할지라도 一週日에 한 번쯤은 職員들의 會合이 있어가지고 모-든 일을 打合하고 硏究해야만 할 겄이며 敎養講議[義]도 하는 겄이 퍽으나 좋을 겄이다. 그러나 이것이 如意치 못하드니 오늘은 뜻박에도 職員會議가 있게 되엿다. 그래서 會議를 始作한 겄이 어찌 되엿든 間에 2時間 20分이나 繼續되엿다. 內容인즉 어덯게 하면 圓活[滑]한 面行政을 할 수 있을 겄인가. 이에 대해서 論議한 겄이 그와 같이 긴 時間을 消費한 겄이다. 會議에서 決議된 바 最後的인 手段으로서 職員을 二班으로 編成하여 一個 班은 稅金을 徵收하고 다른 一個 班은 增產 方面에 注力키로 하엿다. 그래서 나는 稅金 徵收하는 班이 되여서 鶴亭里로 가게 되엿다. 그래서 午後에 5名이 鶴亭里로 出發하엿다. 비를 맞어가며 기다리는 사람도 없는데 터덕거리고 갔다. 먼저 三區로 가서 일을 하엿다. 그리고 鶴亭 三區에서 오늘의 하루를 보내게 되엿다.

1955年 5月 3日 (陰 潤 3月 12日) 火曜日 細雨

아침 늦게까지 잠을 잤다. 늦게야 일어났다. 나무 집에 와서 늦잠을 자고 나니 大端히 재미없는 일이다. 食事가 끝난 後에 稅金을 받으러 나섰다. 正涯의 아들인 煥植이가 앓내서 그 집으로 갔다. 낼만하고 理解

할만한 分들이 固執을 하고 있으니 困難之事다. 거기 갔드니 新亭里 部落民이 거기 와서 木工일을 하고 있으면서 술을 받어와서 거기서 효주 한 잔 먹고 稅金에 對한 이야기를 하였드니 速히 주겠다고 하여서 그대로 一區로 行하였다. 一區로 가는 途中에 三區 區域인 은행정인란 마을에 가서 金慶基라 하는 이가 戶別稅를 내지 않애서 들어갔다가 出張하면서 처음으로 우수운 일을 한번 當해 봤다. 本人은 없고 아이들과 婦人만이 있어서 戶主를 다려오라고 했드니 없다고 하고 그대로 왔다. 그래서 家族더러 내라고 했드니 最後에 가서 하는 말이 저이들 마음대로 하라고 하드니 最後에는 우리들더러 도적놈들인 말까지 하고 있다. 너무나도 過한 言辭다. 그 後에 本人이 왔기에 그대로 참고 말었으나 너무나도 女子로서 過度한 言辭요 行動이였다. 慶基에게 이야기 해놓고 一區로 갔드니 里長도 없어서 班長을 相對해서 일을 했다. 班長들의 말에 依하면 里長에게 준 稅金도 里長이 流用하고 納付치 않았다고 한다. 그러나 다시 個別訪問해서 全部 徵收하고 二區로 겄너가서 거기서 저녁을 보냈다. 稅金 關係로 鶴亭里 部落이 이와 같은 일을 當하기는 아마 처음 일 겄 같다.

1955年 5月 4日 (陰 潤 3月 13日) 水曜日 晴

二日間 나리던 가랑비가 오늘은 完全히 개였다.

鶴亭 二區에서 朝飯을 먹고 한 집 남은 집에 稅金을 받으러 갔드니 婦人은 없고 어린아이들만 있어서 그대로 돌아스고 말았다. 마을 앞에서 보니 家屋들을 全部 新築하는데 집들은 잘 짓코 있다. 破壞는 建設의 根本이란 말과 같이 이 말은 6.25事變으로 因하여 全部 消却 當하

였던 것이 이제는 新式家屋으로서 잘들 지여 놓았다. 오늘 里長會議가 있어서 里長과 같이 왔다. 오늘의 會議는 月曜日의 職員會議 時에 決議로 因하여 緊急히 召集한 것이다. 多幸히도 많은 里長이 參席하였다. 오늘은 職員과 合同會議가 되였다. 오늘의 會議의 案件은 별다른 特別한 指示事項이 있어서 召集한 것도 않이고 다만 어떻게 해야 面 行政을 잘 해나갈 것인가 여기에 對해서 서로 좋은 意見을 交換하여 보자는 데 主要 目的이 있다. 會議 途中에 여러 가지로 區區한 意見이 많았으나 結果的으로 봐서 별로 큰 所得을 얻지 못하고 말었다. 그러나 다만 나의 見解로서는 오늘 會議 席上에서도 强調한 바와 같이 要는 우리들 公務員이 信望 있는 公務員이 되여야 한다는 것 이겄뿐이다. 各者가 國民 한 사람 하 사람으로부터 信望을 받는다면 일해 나가는 데 支障이 없으리라고 본다. 勿論 現在 政策 上으로 봐서 모순性 있는 政策이 있기에 그렇다고도 보나 그래도 우리는 民의 信望하는 公務員이 되여야 한다.

1955年 5月 5日 (陰 潤 3月 14日) 木曜日 晴 (어린이날)

오늘 槧樹에서 行政集團遊說大會가 屯南, 三溪, 只沙의 三個 面 合同으로 열리게 되였다. 集合對象으로는 面 職員 里長 班長 面議會議員 農業要員 等이며 講演 次 나오기는 郡守 兩 課長 및 各係 主務로서 構成되여 있다. 場所는 槧樹國民學校 教室에서 하였다. 먼저 國民議禮와 屯南面長의 開會辭 郡守의 訓示 內務課長의 內務行政에 對한 趣旨 說明 및 産業課長의 農事 關係에 있어 1. 耕種法改善 2. 有畜農業 3. 穀樹(有實果木) 4. 副業 5. 協同組合에 對해서 各項 別로 細細한 說明이 있었

다. 그리고 農事 蠶業 山林 畜產 主務者로부터 內容에 對한 說明이 있었다. 오늘의 이 大會에서 들은 그대로를 實踐에만 옮겨 준다면 우리나라는 富强國이 될 것이며 農業國이 되여 世界友邦國家와 어깨를 겨눌 수가 있을 겄이다. 나는 거기서 느낀 바가 많다. 나도 生活의 程度가 어느 程度에만 到達한다면 農軍의 한 사람이 되여가지고 模範農村育成에 한번 힘을 써 보았으면 싶으다. 오늘의 大會에서 좋은 말을 들은 겄은 좋으나 거기서 갔다가 署 兵事係 職員들로부터 돈을 달라고 졸리고 나니 大端히 不快했다. 署長 白熙洙가 淳昌署로 發令이 났다고 兵事係에서 餞別金을 준다고 面當 二千圓式을 無條件 하고 내노라고 하니 우습지 않은 일이다. 事實 요새날의 行政施策을 非難치 않을 수 없다. 깟닥만 하면 돈이니 이래서야 쓸 수 있나. 副面長이 承認을 하여서 못 준다 할 수는 없고 돈을 어데서든지 취해가지고 가라 했드니 그 짓도 못하고 結局 좋지 않은 얼굴로 갈리게 되였다.

1955年 5月 6日 (陰 閏 3月 15日) 金曜日 晴 (立夏)

去年에는 正條植 督勵 關係로 相當히 困難한 出張이 많드니마는 今年에는 한 거름 더 나아가서 改量苗板 設置부터 强力히 하기 爲하여 오늘부터 本格的인 出張이 始作되였다. 班을 二班으로 編成하여 主로 道路邊 部落을 中心으로 해서 始作을 한다. 오늘 우리 집에도 얼마 되지도 않은 겄을 모자리를 하게 되였다. 姊兄이 와서 모자리도 하고 棉花 播種도 하여 주웠다. 우리 집 일은 거이 다 姊兄이 하여 준다. 그러므로서 일하는 데 나가 보지도 않고 나는 나대로 出張을 갔다. 우리 班이 오늘 梧枝里와 漁隱里를 責任지고 나갔다. 特히 梧枝里는 수랑들이 바로 道

路邊이 되여있으며 五個 部落에서 모여서 農事를 짓게 되므로 指導하는 데 困難이 많다. 가서 보니 規定에 맞은 것은 한 군데도 없었다. 그래서 한 쪽에서는 씨나락을 뿌린 논을 물을 터버리고 主人이 있는 데는 잘하라고 指示를 하여 주웠다. 大部分은 規格을 몰라서 못했다는 사람이 많다. 勿論 알면서도, 里長이나 班長이 가르처주지 않애서 그랬다고 하는 사람도 있을 테이지만 事實이 몰라서 못한 사람도 많이 있다. 梧枝 一區 村前에를 가서 보니 里長이나 班長의 논부터가 제대로 되지 않고 있으니 누가 하라는 대로 할 사람이 있겠느냔 말이다. 里長의 것은 우리가 自手로서 고처주었다. 그리고 모가 約 一센지 可量이나 긴 논에도 해보았는데 事實인즉 困難하다. 늦게까지 하고 德溪里와서 잤다.

1955年 5月 7日 (陰 潤 3月 16日) 土曜日 晴 曇

아침에는 海炯이의 집에서 朝飯을 먹었다. 實은 어제밤에 헤여졌다가 다시 集合하여 일하자는 것이였는데 萬若에 헤여지면 今日 早朝에 集結하기가 如意치 않다고 해서 어제밤 그대로 德溪里에서 자게 되였다. 좋은 말도 듯지 못한 일 아침때 일직부터 始作하기는 너무도 自身에 勇氣가 없으나 그래도 별수 없는 일이였다. 午前에도 수랑들도 일직히 달려가서 보니 어제 그와 같이 하고 왔으련만 反應이 하나도 없다. 거기를 대강 보고서 漁隱里로 行하였다. 實은 어제 漁隱을 가랴했든 것이 梧枝里 以外에도 時間이 消費되여 가보지 못하고 오늘 들어갔다. 事實 漁隱은 模範農村이 되여있으니가 이와 같은 指導가 必要가 없을 줄로 아나 그래도 가서 보았드니 成績 大不良이다. 形式的이나마 제대로 해놓은 사람이 하나도 없다. 이것 좋으나 낮이나 間에 官에서 한 번 指示한 것이니가 했으면 彼此에 말성이 없이 좋을 텐데 하지 않고 여러 사람을 困難케 하고 있다. 우리나라의 民族性이 남이 하라는 일은 하지 않은 性質이 있어 노아서 그러한 模樣이야. 오늘은 하도 氣分들이 나지 않애서 中食만 漁隱里長 宅에서 먹고 午後에는 歸廳하여 버렸다. 저녁 판에 일직히 집에 와서 모처럼 돼지 풀을 좀 베여다 주웠다. 오늘 절에를 세 번 가면 좋다고 해서 어머님은 세 간데 절에를 오늘 하루에 다녀오셨다.

1955年 5月 8日 (陰 潤 3月 17日) 日曜日 晴 (어머니날)

日曜日임에도 不拘하고 어제의 뒤를 이어서 오늘도 出張키로 하여 面으로 일직히 나갔드니 册床 위에 公文이 있어서 뒤적거려 보았드니 來日 郡에서 各面 兵事主務者會議가 있다는 것이다. 內容을 보니 여러 가지 持參書類가 많다. 그래서 오늘의 出張에서 除外되였다. 오늘은 特히 副面長까지도 나갔다. 面長과 財務 産業 會計 主務者는 前般에부터 말성이 되여있는 收得稅 件으로 因하여 오늘 다시 本署로 오라고 해서 모다 올라갔다. 이것 事實 너무 한 일이다. 한번 오라고 해서 일을 끝내고 말 일이지 오니라 가니라 하고 있으니 다닌 사람들도 창피하고 一般의 疑心도 더욱더 할 것이다. 모-든 일은 法 그대로 하는 것이 第一 安全이다.

午前 中에 그럭저럭 일을 끝마치였다. 午後에는 申興雨가 와서 敏植이와 같이 여러 가지 이야기를 하다가 敏植이가 술 먹으로 가자고 해서 點岩의 집의 가서 있는데 支署 職員들이 한 패 들어온다. 이 사람들

이 오면은 어쩐지 다 꺼리낌하게 生覺들을 한다. 얼른 나와 버렸다. 道路邊에서 學明이를 맞나가지고 苗代[垈] 關係로 이야기를 하였다. 우리 마을의 農業要員이기에 말이 나왔든 겄이다. 요새에 甚한 말로서 面에서 改量苗板을 하라고 하니가 비가 않 온다고 하는 말도 있다. 이와 같이 모두 싫어하는 일이다. 거러튼 저러튼 間에 요새에 너무나도 비가 오지 않에서 苗板에 크나 큰 支障이 있다.

1955年 5月 9日 (陰 潤 3月 18日) 月曜日 晴

郡에서 오늘 各面 兵事主務者의 會議가 있다. 다른 때 같으면 아침 일직히 걸어갔을 겄이나 定期뻐-쓰가 있어서 글로서 갈여고 일직히 서대지를 않했다. 아침에 씻나락을 뿌렸다. 이제부터 本格的으로 農事의 始作이다. 이겄이 얼마 않되여 黃金의 波濤가 넘실거리는 가을철이 돌아올 겄이다. 大自然의 宇宙는 이와 같이 쉴 사이 없이 흐르고 있다.

뻐-쓰를 타고 槧樹까지 갔다. 乘客은 제법 많이 탔다. 昨年부터 運行하기를 바라든 겄이 겨우 今月 1日부터야 運行케 되였는데 人員은 이만하면 넉넉할 겄 같으다. 한 갓이 흠은 時間의 調節이 좋지 못하다. 三溪 出發이 9時 10分이 되여 놓으니가 槧樹에 가야 올라가는 車는 이미 다 出發하여 버린다. 이겄만 調節된다면 相當히 便利한 일이다. 늦게서야 郡에 가서 보니 各面에서 다 들어와서 兵籍 整理 하느라고 한참 바쁘다. 나는 遲參을 하여서 어떠한 內容인지도 모르고 해서 다시 물어가지고 着手하였다.

中食은 郡에서 주워서 그 자리에서 그대로 먹고 하루 終日을 꼼작도 못하고서 해도 다 못해서 싸가지고 鳳凰旅館에 가서 하기로 했다. 要

는 司令部에서 昨年 一年間에 무었을 하였는고 알고 싶다. 兵籍 整理는 하나도 되여있지 않고 거기다가 各種 有事故者의 證憑書類가 하나도 없어서 今般 國政調査에 困難을 받게 생겼으니 結局 우리들의 손을 빌리게 되는 것이다.

1955年 5月 11日 (陰 潤 3月 20日) 水曜日 曇 後 晴

아침에는 하늘을 처다보고 먼 산을 바라보니 비가 많이 나릴 것 같으다. 이슬비가 조금씩 오는 것이 혹시나 올라는가 하고 無限이 기다렸다. 기다린다는 것이 나만이 기다린 것이 않이다. 全 國民이 全 國民 中에서도 特히 農村에서 農業에 生命을 걸고 있는 農軍들이 더욱더 애처럽게 하늘만 처다보고 있다. 요새에 비가 오지 않애서 모자리가 말으고 萬物이 말어가니 人心이 變해지고 거기다 穀價가 仰騰하여지며 白米 一叺에 서울에서는 8,300圓까지 하며 槃樹 時勢만 하여도 7,000圓臺에 오르고 있다. 그와 같이 기다리는 비는 農軍의 마음만을 조리게 하여 놓고서 그대로 날은 개이고 말었다. 今年 農事가 如何히 될 것인지? 비나 많애가지고 豐作이나 되여야 할 터인데. 오늘 午前에 面事務所에서는 廳舍 新築에 對하여 競爭入札을 하게 되여 入札 希望者가 4,5名 可量 모여 왔다. 面 職員도 相當히 많이 모여 왔다. 그러나 入札은 오늘 하지 못하고 來日로 미루웠다. 要는 入札保證金을 가지고 온 사람이 한 사람도 없어서 來日 入札保證金과 保證人의 承諾書를 받고서 하기로 하고 오늘은 入札人의 必得書만 朗讀하여 주었다. 來日 入札이 끝나면 바로 公事가 着手되여 일이 始作될 것인데 언제나 完成이 될 날이 있을넌지 今年 內로 完成되면 多幸이다.

1955年 5月 12日 (陰 潤 3月 21日) 木曜日 晴

어제의 뒤를 이어서 오늘 面事務所의 新築 入札을 하기 위하여 入札 希望者와 面 職員들이 많이 모였다. 그래가지고 오늘은 落札을 計劃했든 것이 그것도 如意치 못했다. 어제의 流會도 要는 入札保證金을 가져오지 않이 해서 入札을 하지 않아였든 것인데 오늘도 一名은 가져왔것만 其 外의 한 사람은 가져오지 않이 했다. 그래서 오늘도 落札이 못되고 말았든 것이다. 午前에 本署 兵事係에서 文 警査와 李光茂 巡警이 出張 나왔다. 要는 忌避者도 檢擧하고 前般에 署長 餞別金 關係도 받은 다고 왔는데 如何튼 困難하였다.

요새에 日氣도 좋고 하니 들 求景 兼해서 다닐 터이지만 事實인즉 별할 일도 없이 돌아다니는 사람들이다. 별수 없이 오는 손님들이니 그대로 내버려 둘 수도 없고 점심 먹어서 그대로 보냈다. 午後에 잠깐 보니 今般에 收得稅 件으로 因하여 關係職員으로부터 辭表를 受理하였다는 面長의 確認書를 보내게 되니 이것이 大關節 어찌 될 셈인지. 이것이 惡化되여 갈 것인지 그러치 않으면 善意的으로 解決될 일인지 外部的으로 볼 적 大端히 不美스러운 일이다. 요새에 新聞紙上을 보면은 春興을 못 이겨서 그러한지 各處에서 自殺 件數가 너무나도 많다. 웬 理由가 그리도 많아서 그러한지 甚至於는 新版 로미오와 주리엣이라는 말까지 나고 있다. 이러다 藥값 오르고 쌀금 나리게 생겼다.

1955年 5月 13日 (陰 潤 3月 22日) 金曜日 晴

오늘 아침때에 郡에서 公文이 왔는데 特히 異狀하게 눈에 띠인 것이 있었다. 무었이냐. 內容을 보아하니 젠직부터 말을 하고 計劃을 세우던 일인데 公務員通信教養問答이 있다. 이겄을 多大數의 公務員은 싫어한다. 아니 多大數란 겄보다도 全 公務員이 다 싫어한다고 하여도 過言이 아닐 겄이다. 그겄은 왜 그러할가? 勿論 창피한 感도 없지 않어 있읍니다만은 거이다 高令[齡]이 되여서 거기에 對하여 念頭에 두지도 않은다. 그러나 나는 그겄을 그다지 反對하고 싶지도 않다. 왜 그러냐 하면 이겄으로서 무슨 敎養이 제절로 되지는 않은다. 그러나 其 答案을 쓰기 爲해서 多少나마 努力을 하게 되니가 거기에 對해서 硏究를 하게 되기 때문이다. 그러므로서 몰랐든 겄을 하나라도 더 알 수가 있지 않은가. 나는 이겄이 앞으로 繼續 있어서 우리들의 智識을 養成하는데 多少라도 도음이 되여주기를 마음속으로 기다린다. 面長室에서는 至今 이 時間에도 떠들석하고 있는다. 어제 締結짓치 못하고 말었든 廳舍 復舊 關係에 있어 한 사람을 다려다가 隨意契約을 하는데 理論이 많이 있었다. 業者와 面 間에도 말이 많이 있었으나 그보다도 內部的 幹力[軋轢]이 甚하였다. 議員 一部 則과 副面長의 意見이 一致되지 않애서 結果에 가서는 契約도 못하고 말었다. 이대로 간다면 新築은 莫然한 일이다.

1955年 5月 16日 (陰 潤 3月 25日) 月曜日 曇

어제부터 바람이 살살 부러 비가 올 겄도 같으나 오지 않고 오늘도 如前히 구름만 끼여있다. 農民은 너나 나나 할 겄 없이 하늘만 처다보고 이마쌀만 찌프리고 있다. 甚한 데는 苗代가 말러서 겄모 부슨 겄 같은 데가 있다. 정말 너무나도 過히 비가 오지 않은다. 이대로 몇일만 더 繼續한다면 今年도 農作이 大端히 憂慮된다. 이로 因하여 米價 繼續 仰

騰하고 民心이 날로 變하여 간다. 그러한 版局인데 面에서는 오늘 各部落으로 赤十字社會費를 徵收 次 各 里에 出張했다. 그래서 나도 斗月里로 갔다. 斗月里에서도 傭人들이 "술메기"를 하고 있다. 三溪里 어제 一日間하고 今日도 繼續해서 하고 있다. 이겄이 雇傭人들은 가장 좋은 일이다. 德分에 술 먹고 一日 놀고 거기에다 今年 農事하는데 서로 도웁고 隣保相助 하자는 겄이다. 斗月里에서 中食을 먹고 磊川里로 갔다. 成植이와 春泳 氏와 같이 行動을 하였다. 磊川里에 가보니 里長은 面에 나가고 없어서 三隱 一區로 갔다. 이 마을은 過去에 내가 一年餘間 擔當하였든 部落인데 今年에는 처음으로 갔다. 놀다가 用務는 成事치 못하고 저녁 판에 술만 한 잔 먹고 歸家하였다. 오늘의 成果는 斗月里에서 2,300圓 收入한 겄뿐이다.

1955年 5月 17日 (陰 潤 3月 26日) 火曜日 雨 後 晴

數日 前부터 비가 올여고 供[功]드리더니 어제부터 구름 기여 오늘 아침에 비가 오기 始作하였다. 오는 度數가 센찬하게 始作한다. 그러드니 아니나 다를까. 午前 中에 비는 끝이고 말었으니 그 量이 얼마나 되였을고. 게우른 사람은 물 안 뿌려도 마당 淸掃하기 좋을 程度이다. 農民들의 期待가 너무나도 失望이였다. 그래도 數日間 드린 供이니 많이는 못 오드라도 땅에 물이 多少나마 들어가야 할 겄이 않인가.

午後에는 비는 完全히 개였다. 비 온단 바람에 午前에는 面 宿直室에서 낮잠만을 잤다. 오늘 新聞을 잠간 보니 大端히 놀랄만한 記事가 있다. 무었이랴. 大韓民國 漁船이 莚[延]坪島 附近으로 고기잡이 次 百餘척이 나갔다가 休戰線 近方에서 北韓傀儡軍으로부터 砲射擊을 받었다는 겄이다. 그래서 行方不明된 배와 破壞된 배가 數 척 있으며 人命의 被害도 相當히 있다. 이 얼마나 무서운 일이냐. 處女가 아기를 낳아도 할 말은 있드라고 勿論 傀儡 側에도 理由는 있다고 할 겄이다. 그러나 이겄은 반다시 알고도 하는 짓이 分明하다. 陸海軍參謀總長談話發表에 이런 겄을 봐서 適氣[敵愾]心을 더욱더 분발시키라고 하였다. 우리들은 이러한 일을 잘 記憶하여 두워야 할 겄이다.

午後에 崔容宇 刑事가 槳樹支署로 發令이 나고 後任으로 金鎭澤이가 온다고 人事 次 왔다. 조금 後에 金漢玉 巡警도 雲岩支署로 간다고 人事 次 來面하였다.

1955年 5月 18日 (陰 潤 3月 27日) 水曜日 晴

어제 적으나마 비가 왔는데 언제 비가 왔드냐 하드시 날시는 참으로 청명 淸明하다. 그래도 비 온 뒤라고 바람은 살살 내여 분다. 午前에 職員會議를 하드니 赤十字社會費 徵收 次 出張가라는 겄이다. 心難[亂]하다. 16日에 가서 成果 못 냈는데 오늘 가서 얼마만한 成果가 있을넌지는 몰라도 별 神通치 않을 겄이 豫測된다. 일직히 出張을 갈 터인데 新基里에서 貞宰가 찾어왔다. 來訪한 理由를 말하는데 氣가 막히였다. 食糧이 없어서 왔으니 食糧 求해 달라는 겄이다. 卽時 오늘 多少라도 주워야 하겠다는 겄이다. 가슴 답답한 노릇이다. 나도 요새에 食糧은 다 되고 米價는 서울市의 時勢가 8,700圜이나 되여 팔어 먹을 수도 없고 해서 困難 莫甚한데 이런 말을 들으니 무어라 말이 않이 나오고 말문이 막힌다. 모처럼 나를 찾어올 적에는 多少나마 融通이 되리라는 自身을 가지고 왔을 터인데 이겄이 如意치 못하니 내 自身도 퍽으나 未

安하였다. 鴻谷 韓秉基와 敏植이와 鴻谷 一區 里長과 같이 酒場에 가서 藥酒만 마시고 秉基와 같이 집으로 들어와 점심만 같이 먹었다. 그리고 午後에 磊川 出張 兼해서 海谷까지 같이 가는데 무어라 말이 않이 나왔다. 나의 經濟가 多少나마 解決되였으면 이와 같이 空手로서 보내지는 않을 테인데 나의 마음을 알어줄 理 없을 겄이다. 磊川과 三隱을 다녀서 會費 1,000圓만 磊川서 받어가지고 왔다.

1955年 5月 19日 (陰 潤 3月 28日) 木曜日 曇

오늘까지 出張 命令이 되여있어서 面에 出勤을 斷念하려고 하였든 겄이 집에 있어 밧자 별일도 없고 해서 그대로 面에를 나갔다. 面에를 나가서 어제 磊川里에서 千圓 받은 돈 갖이고서 適當히 復命하였다. 그러고서 오늘은 面에 있을여고 하였든 겄이 또 出張을 가라고 한다. 가도 좋은 겄고 않이요 改良苗代 關係로 가라고 한다. 事實 마음에 맞지 않은 出張이다. 어느 때를 莫論하고 그다지 좋은 出張이라고 生覺지는 않이 하였으나 이제 와서 무슨 改良苗代 하라고 하겠는가. 비가 오지 않애서 그란해도 야단들인데 改良苗代 하라 하면 돌아슨 뒤에 精神 나간 사람이라고 욕을 할 겄이다. 午前에 本署 康元相 兵事主任이 督察次 出張 나와서 나는 午前 出張을 못했다. 어제 새벽에 水亭里(동매안)에 武裝共匪 三名이 出沒햇다고 해서 各 警察官署에서 出動되고 西戰司 參謀長이 나오고 야단법석이다. 그 關係로 主任이 나온 겄이다. 그래서 兵事主任의 中食을 面長과 같이 먹은 後에 主任은 볼일 보고 가라고 하고 헤여저서 나는 下三溪 方面으로 出張했다. 그래서 阿山市場에서 職員들 맞나가지고 蓬峴里로 다녀서 歸家했다. 오늘 面 廳舍 復舊

하는데 業者하고 隨意契約을 한다고 했는데 어떻게 今般만은 成立이 되였는지?

1955年 5月 21日 (陰 潤 3月 30日) 土曜日 晴

面에서 午前 中에 事務를 좀 볼여고 하는데 또 出張이라고 한다. 赤十字社會費 未納額 徵收 次 出張 가라고 한다. 웬겄이 그리 바쁘게 조르는 겄인지 알 수 없다. 割當함과 同時에 完納치 않은다고 督促이 甚하다. 그 關係로 郡 兵事係 金在祿이가 여기까지 出張을 나왔다. 나도 일직히 出張 나가 버렸드라면 맞나지 않었을 겄인데 나 혼자 內務를 보고 있다 만나게 되였다. 19日 새벽에 東溪面에 管內에 共匪가 出沒하드니 어제밤에는 本 管內 鶴亭 三區 金正涯 家에 亦是 武裝共匪가 出沒하였다는 겄이다. 그로 因해서 警察官이 數百名이 本 面內로 集結하고 警察官 幹部級이 數名이나 왔다. 짚車가 四, 五臺式 支署 門前에 가 있고 一大 소란이 이러났다. 各 面內에서는 部落民을 全部 動員시켜가지고 圓通山의 探索戰을 나가게 되였다. 殘匪 三名으로 因해서 이 같은 擧事가 생기고 말었다. 都大體 그 者들은 무슨 希望을 갖이고서 그와 같은 일을 하고 있는지 心理狀態를 알 수 없다. 午後에는 夕陽 무렵에 郡 出張員과 같이 斗月里에 出張을 갔다. 마침 里長은 論山 夏泳이 面會 次 가고 없어서 出動 갔다 돌아온 班長을 相對해서 일을 始作했다. 저녁 판에 歸家하려다 자고 가라고 해서 相文이 집에서 자게 되였다.

1955年 5月 22日 (陰 4月 1日) 日曜日 晴 (小滿)

斗月里 相文이 집에서 朝飯을 먹은 後 各 班長을 또다시 相對하였다. 그래서 二千圓 未納 1,700圓만 徵收하고 남어지 班長이 가지고 오늘 里長會議에 參席한다 해서 그대로 歸廳하였든이 班長은 영 안 나오고 말었다. 늦게야 會議가 始作되였는데 人員도 不過 半數에 不過하다. 나도 두 가지 件만 指示하였다. 오늘도 如前히 짚車가 왔다 갔다 하고 大端히 분주하다. 이로 因해서 面內的으로 損失만 치드라도 相當한 額이다. 이겄이 다 共匪로 因한 間接的인 被害이다. 會議 途中에 들으니 閔 主任이 南原署로 轉勤 發令이 났다고 한다. 또 餞別金 거두어야 할 터인데 何如間 돈이 많이 必要한 世上이다. 이와 같은 돈 即, 經濟的인 打擊히 甚한데 오늘 또 貞宰가 利穀 좀 달라고 왔다. 너무나 우수운 現狀이다. 나도 經濟的 打격히 甚해서 事實히 남한테 말을 못하고 있는데 이러한 일이 있으니 事實이 딱하다. 나도 오늘에야 소금 一叺을 어덯케 해서 買入하였고 大麥 精麥 一叺을 社會係長으로부터 臨時 變通하여 가지고 왔다. 요새는 정말 울고 싶다. 나의 이 心情을 어데다 呼訴하랴. 없는 집 외아들의 心情을 그 누가 알어주나. 요새같이 여러 가지로 經濟的 困難을 받게 되면 前途가 莫然하다.

1955年 5月 23日 (陰 4月 2日) 月曜日 晴

午前에 出勤을 하려고 한즉 竹溪里에서 在修가 넘어왔다. 約 2週日間이나 앓으다는 말을 듯고 病院에를 한번 가보라고 하였드니 오늘 같이 病院에를 가자고 온 겄이다. 그래서 별수 없이 面에 가서 말하고 뻐-쓰로 나갔다. 南原의 警察病院으로 가기로 했다. 그래서 檠樹에서 相當

히 기다렸다가 빠-쓰로 南原까지 갔다. 警察病院에 가서 內科醫師를 찾었다. 內科 首醫가 梧枝里 金泰泳의 妹夫이여서 그 사람을 찾어가지고 이야기를 하였드니 진찰을 하여 준다. 그리고서 注射 한 대 놓고 2日分의 藥을 지여 준다. 病院에 들어가 보기는 처음이다. 看護婦가 相當히 많이 있다. 警察官의 職務로서는 病院에 있는 게 神[紳]士的인 것 같다. 거기서 일을 다 보고 나와서 中食을 먹은 後에 廣寒樓 求景을 갓다. 今般 政府의 豫算으로 設立한 忠혼閣이 새로 建立되였다. 相當히 큰 忠혼閣이다. 아직 除幕式이 않 끈나서 一般客들의 接近을 禁하고 있다. 廣寒樓의 기둥도 색칠을 全部 새로 하여서 面모가 차차 나어저 간다. 못에는 크나큰 잉어들이 놀고 있다. 그겄들을 다 求景하고 大韓 뻐쓰로 올여고 車를 타고 있는데 마침 三溪里 柳忠鉉이를 맞났다. 國民學校를 같이 卒業했것만 그 사람은 지금 中學校 先生을 하고 있는데 나는 요 모양 요 꼴이란 말인가.

1955年 5月 24日 (陰 4月 3日) 火曜日 晴

午前에 일직히 나가보니 郡 蠶業係 職員들이 5, 6名이나 있다. 이 사람들은 去年度의 蠶種 代金을 받으러 日前에 와가지고 面內를 巡廻한 겄이다. 그래서 거이 다 徵收한 것 같다. 그러타면 웨 面에서 督促했을 적에는 納付치 않고 이제 郡에서 나오니가 그 사람들에게 納付하는 겄인지? 그 心情 알 수 없다. 이것이 좋지 못한 民族性이라고 보지 않을 수 없다. 午後에는 各種 徵收 次 出張을 計劃 세웟다. 그래서 나도 같이 出張을 가기로 하엿는데 뜻박에도 來日 全州를 가야 할 立場에 處하게 되여서 出張에서 除外되엿다. 要件은 前番 公文에 指示한 登錄證의 司令

官 確認印을 올라와서 받어가라는 것이다. 이것도 原則上으로 自己들이 해서 보내주어야 할 것인데 일부러 올라오라고 한다. 그래서 별수없이 旅費와 登錄證 用紙代를 魯植이한테서 借用하였다. 結果的으로 보아서 이러한데 쓰이는 旅費는 내의 私錢이 들어가게 되니 나만 困難을 받게 된다. 오늘부터 面事務所 新築工事를 實施한다. 百三十萬圓에 隨意契約으로서 締結되였든 大工事이다. 저녁 판에 基礎를 잡고 坐向을 定하였다. 그리고 藥酒를 갖다놓고 工事 起工式을 擧行한 셈이다. 計劃은 앞으로 二個月 以內에 完成키로 되여 있는데 그러타면 늦어도 7月 25日 頃에는 完成이 되여야 할 테인데 그와 같이 進行될 것인지 如何間 三溪面으로서는 大工事이라고 본다.

1955年 5月 25日 (陰 4月 4日) 水曜日 晴

어제 電話 來牒에 依하여 오늘 全州를 가기로 作定햇다. 아침 뻐쓰로 갈여고 하다가 이번에 처음으로 어머님을 모시고 全州 작은집에를 가기로 해서 步行으로 獒樹까지 걸었다. 어머님이 가시니가 작은 누님도 같이 간다고 해서 同行을 하였다. 獒樹 가서 汽車로 갈 豫定으로 驛에를 빨리 나가지 않고 市場 있는 데서 놀다가 汽車 到着한 後에야 驛에 달여갇으니 車가 出發하기 始作한다. 그래서 다시 나와서 마침 全州行 추럭이 있어서 그겄으로서 全州까지 갔다. 가는 途中에 氣分이 大端히 나뻣다. 車에는 돼지새기와 닭을 싫고 갓다. 거기에다 사람이 相當히 많이 타서 어떠한 일이 없을 겄인지 大端히 氣分이 좋지 않었다. 全州에서 나려가지고 작은집으로 바로 갈여고 하다 郵便局에 가서 從兄을 보고 갈여고 가는 途中에 어떤 中老人이 나를 잡고 暫間 쉬여가라고 해서 들어갓드니 觀相을 봐준다고 하면서 今月이나 來月 中으로 文官으로서 出世할 일이 있다고 한다. 그리고 其他 여러 가지 말을 한다. 내가 무슨 出世를 할 길이 있느냐? 到底히 믿어지지 않는다. 돈 百환만 損害 본 겄 같으다. 어머님과 누님을 작은집까지 대여 들이고 나는 바로 道廳으로 行하였다. 가서 보니 三層 會議室에서 整理徵兵署가 開設되여 있고 各 郡에서 모엿는데 任實서는 係長 韓大錫, 朴世銀이가 와 있다.

1955年 5月 29日 (陰 4月 8日) 日曜日 曇

오늘은 4月 8日로서 봄노리로서는 가장 즐거운 날이다. 그와 反面에 釋迦如來의 誕生日이요 烈女로 알여진 古代 南原 成春香의 生日인 것이다. 그래 해마다 南原 廣寒樓에서는 오늘을 즐기고 있다. 今年에는 特히 더 異彩를 띠울 것이다. 그러나 나는 지난 25日 全州에 와가지고 今日 午前 中까지 整理徵兵署에 쉴 사이 없이 일을 햇다. 그 結果 道內 第二位로서 完結을 지엿다. 하루만 잇다 갈여고 하엿든 것이 以外에도 너무나 事務의 量이 過大해서 여러 날을 있게 되엿다. 지난 27日에 藝院寫眞館에서 어머님의 寫眞을 찍었다. 나는 無意識 中에 눈물이 돌고 異狀한 感을 느겻다. 午後에는 公設運動場에서 全國蹴球大會가 열리어 連 三日째인 오늘 決勝戰이 있어서 가보앗드니 運動者의 精神은 하나도 없고 自己들의 힘을 자랑하는 것밖에 되지 않다. 中等部 裡里東中과 全州西中에서 一 對 零으로 裡里東中이 勝利하고 一般部에는 憲兵 1101部隊와 全北文理大生과 對戰 中 一 對 一의 無勝負였는데 途中 좋지 못한 鬪爭이 憲兵 則으로부터 始作되여 觀衆들로 하여금 이마를 찌푸리게 하였다. 그래서 나와가지고 北中 校庭에서 全國 유도와 검도 大會가 있어 거기를 가 보았드니 內容을 알 수가 없다. 처음으로 이런 大會를 보앗는데 어쩌면 勝敗진들 알 수 없어 보는 途中에 旅館으로 돌아왓다. 後에 말을 들으니 一般部 決勝戰을 세 번째까지 延長해가지고 1101部隊에서 優勝햇다고 한다. 억울하게 젓다.

1955年 5月 30日 (陰 4月 9日) 月曜日 晴

全州 올라간 6日만에 집으로 돌아오게 되였다. 世銀이는 첫 뻐-쓰로 간다고 아침에 나갓다. 나는 寶城旅館에서 朝飯을 먹고 작은집에로 갔다. 작은집에 가서 보니 從兄과 작은어머님과 어머님에 "절영리" 李哲承 氏의 祖母任 大喪이 어제이기에 거기 가시고 안 계셔서 나 혼자만 나려왔다. 驛에는 鐘判이가 있어서 언제나 票 사는 데는 支障이 없다. 오늘도 그 사람에게 付託하여가지고 票를 삿다. 오늘의 汽車는 그다지 複雜치 않아서 別 支障이 없었다.

館村驛에서 麗水商人 한 女子가 4, 5名 乘車햇는데 無賃乘車를 하고 있다가 車票檢査가 있으니가 代金으로 若干式 車掌에게 준다. 車掌은 처음에는 反對를 하드니 그 돈을 받아가지고 한쪽 구석에 가서 돈을 세고 있다. 이것이 그 사람 個人의 純收入이다. 이러한 일이 非一非在[再]다. 正當히 國家의 收入이 되여야 할 鐵道運賃을 一個 車掌의 호주머니 收入이 되고마니 國家의 財政에 赤字가 않이 날 수 없다. 나는 그 사람을 엽 눈으로 보앗드니 商人들이 나를 보고 웃는다. 이것은 各自가 反省해서 國家의 財政을 個人이 좀먹지 않도록 하여야 할 것이다. 獒樹까지 와서 中食은 韓基洙 氏가 사주워서 먹엇다. 그리고 廳舍 復舊

하는 데서 쓰는 모래 실코 오는 추럭으로 들어왓다. 저녁 판에 公務員 糧穀을 내놓앗다고 해서 姊兄과 正良이가 가서 가저왓다. 이것만이라도 가저오니 多少 食糧難이 解決된다.

1955年 6月 1日 (陰 4月 11日) 水曜日 晴

아침에 일어나서 박을 내다보니 구름 찌고 비가 한 방울식 나리기에 오늘은 비가 올 줄 알고 大端히 기쁘게 生覺햇다. 그러나 그것은 旬[瞬]間的이엿다. 올 듯 하다가 말고 날씨는 淸明하게 개엿다. 農民의 期待에는 너무 어긋낫다. 큰일이다. 이대 가다가는 農民들을 못 산단 말이 自然的으로 나올 것이다. 白米 一叺에 서울 時勢도 萬三百圓을 好[呼]價하고 있으니 이것이 모두 비가 오지 않은 데 큰 原因이 있다 아니 볼 수 없다.

아침에 돼지굴을 처냇다. 오늘이 一日이여서 原則은 어제밤에나 아침 일직히 斗月里를 나가서 部落例會를 實施하여야 할 일인데 그러지 못하고 食後에 가서 印章만 받어가지고 왓다. 이것이 좋지 못한 일이다. 그러나 部落民도 모여주지 않으니 할 수가 있어야지 별수 없이 이와 같은 式을 取하게 된다. 저녁 판에 苗代에 肥料를 주웟다. 오늘 南原에서는 麗順反亂事件 以後로 智異山 管內에서 戰死한 巡察官의 合同慰靈祭를 擧行한다고 해서 大統領閣下가 臨席하신다고 하며 各階[界]各層으로부터 많은 사람이 모여든다고 한다. 들은 바에 依하면 有事以來 大盛況을 이룰 것 같이 들인다. 그래서 面長도 거기에 參席하셧다. 요새에 新聞報導[道]에 依하면 英國에서는 總選擧를 實施하였는데 現手相 이-든 氏의 支持黨인 保守黨이 344名으로 堂堂히 第一位를 차지

하고 二位를 社會黨이 277名이 當選되엿다 한다.

1955年 6月 2日 (陰 4月 12日) 木曜日 曇 後 雨

午前 中에는 登錄證 交付 申請 關係로 그럭저럭 보냇다. 12時 頃부터 구름이 찌기 始作하드니 中食 後에는 비가 올 것 같다. 今日부터 各種 未納稅金 徵收 次 出張코저 午後에 職員會議가 있었다. 이 職員會議에 職員 一名이 參席치 않은 關係로 副面長과 相當한 言爭이 있은 後 그 職員의 立場을 拒否하고서 職員會議를 늦게야 開催하엿다. 出張을 集中으로 할 것인가? 各自 擔當部落으로 갈 것인가에 對하여 討議 끝에 終末에 가서 各自 擔當部落으로 가기로 決定하엿다. 會議가 끝나고 職員室 나와서 暫間 있으니가 비가 오는데 그야말로 天地分間[揀] 할 수가 없을 程度이다. 바람이 불고 느레가 콩보다 훨신 큰 놈이 비와 함게 때리는데 萬若 30分間만 이대로 繼續한다면 農作物에 大端은 被害가 있엇을 것이다. 그러나 大幸이도 잠간 나리다 말엇는데 그리도 삼 목아지가 많이 끊어젓다. 近來에 드문 우박이다. 비가 개인 後에 집에 와서 보니 어머님이 全州서 오셧다. 집에서 나가신 지 9日만에 歸家하셧다. 저녁 판에 成文이가 돼지 풀을 베러 나가드니 約 二時間이 經過한 後에야 낫으로 발을 베여가지고 다른 아이가 업고 들어왔다. 卽時 病院에 가서 藥을 가지고 와서 보니 相當히 많이 베여젓는데 約 2, 3週日이나 걸리게 생겻다. 나중에 말 드르니 저히들끼리 作亂하다 그러한 모양이다.

1955年 6月 3日 (陰 4月 13日) 金曜日 晴

어제 職員會議의 結果에 依하여 오늘 斗月里로 稅金을 徵收하겟다고 出張을 나갓다. 가서 里長을 찾으니 오늘 面에 나간다고 해서 같이 稅金을 낼 사람을 찾어갓다. 納稅義務者라야 單 一名뿐이다. 그러면 어떠한 사람이기에 이제까지 내지 않을고? 그 사람으로 말하면 現在 國民學校 校長의 職에 있는 분이요 自己의 妻는 前에 本面 財務係長을 歷任한 분들이다. 그러한 분들이 稅金을 納付치 않고 있다. 않 내드라도 다 같이 않 내면 모르되 國稅는 稅務署 職員이 나오니가 納付하고서 附加稅만 未納하고 있으니 그의 心理를 可히 알 수 있다. 이것이 요새날의 農村의 有志들의 하는 行爲이다. 별수 없이 稅金은 받지도 못하고 그대로 歸廳하엿다. 歸廳하여보니 무슨 軍服한 사람이 있어서 內容을 알어본 즉 新聞社 記者들인데 무슨 돈 뜨드로 온 것 같다. 돈 막겨놓고 쓰는 것 같이 와서는 졸으고 있다. 午後에는 할 일도 없고 해서 일직히 들어와서 돼지 풀을 베러 나갓다. 비가 오지 않은 關係인지 풀도 相當히 귀하다. 四方으로 헤마여가지고 조금 베야가지고 왓다. 近日의 新聞을 보면은 兵役法이 改正될 모양인데 役種 區分에 있어 變動이 甚한 것 같다. 어떠한 法이 採擇될 것인지? 또한 全北 出身 民議院任들은 찦車를 通關식혀 個人들의 利益에 맞도록 한 모양이지. 여기에 主動的인 役割히 南原 出身 選良이라고. 10萬의 代辯者로서 可히 할 수 있는 일일가.

1955年 6月 4日 (陰 4月 14日) 土曜日 晴

요새에는 兵事事務에 별일이 없어서 날마다 한가하다. 다른 때 같으면 其間에 數次 일이 있엇을 것인데 요새의 徵召集은 農村을 考慮하고 都市 置重이 되기 때문에 여기는 별일이 없다. 그래서 날마다 하는 일이라고는 登錄交付申請書를 接受하는 것 程度이다. 午前에도 별로 한 일도 없고 午後에는 面에 나가서 잠간 볼일을 끝마치고 돌아왓다. 來日 德峙面 川潭里에서 職員들 멧멧히 들놀이를 하기로 햇다. 今年에는 아직 한 번도 들놀이를 한 일이 없다. 午後에 일직히 돌아와서 보니 成文이를 저희 집에서 와가지고 다리고 갔다. 발이 낫더락 自己 집에 두기 爲해서 다리고 간 겄이다. 學淵 孝植 智植 學眞 等과 같이 米山 求竟을 갔다. 연지밭골에 가서 오래 놀다가 절에를 暫間 들여서 놀다 올려고 들여서 이야기하고 놀았다. 거기에 있는 女僧은 慶尙道人인데 警察遺家이며 특히 自己의 親오빠가 現在 民議院인 黃南八 氏가 기다고 한다. 정말 그렇다면 家庭還境이 좋은 집안이다. 이야기를 듯고 놀고 있다가 올여고 하니가 저녁 食事를 하고 가라고 하여서 더 놀고 있으니가 沈貞茂 吳烈煥 先生이 와서 같이 놀다가 저녁 먹고 절에서 나왔다. 如何튼 其 女僧이 親切하게 하여준다. 저녁에는 큰마을 學眞이의 舍郞에서 늦게까지 놀앗다.

일기 제3권

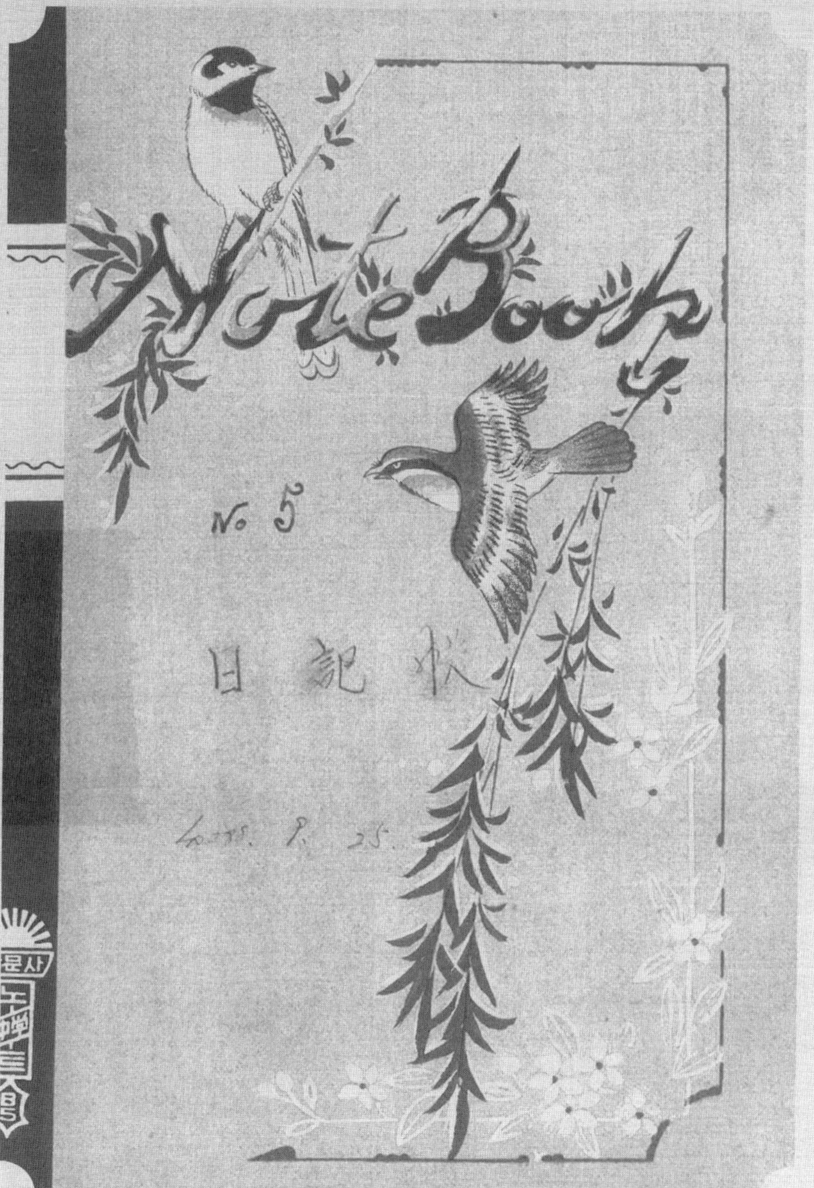

〈1955년(단기 4288년) 9월 25일 – 12월 31일〉

1955年 9月 25日 (陰 8月 10日) 日曜日 晴

오래동안 日記 쓰는 겄이 中止되였다. 노-트를 購入치 못해서 中斷되였으나 그겄은 理由에 不過한 말이고 實은 나의 誠意不足으로 봐야할 겄이다. 어제부터 시작한 徵兵適令[齡]屆 受理와 지난 22日부터 受理하는 在鄕軍人 身上 申告 關係로 事務가 大端히 複雜하다. 그 關係로 因해서 他 職員은 出張을 하였으나 兵事係만은 除外되였다. 日曜日임에도 不拘하고 面에 나가서 事務를 보려고 하여 午前 중에 今般 實施하는 適令屆 關係로 名簿를 作成하고 있는데 麻雀을 하자고 해서 中止하였다. 오늘 秋夕노리 準備하라고 7月分 給料를 支拂해주워서 3千圓을 先拂받어 約 6千圓 可量을 받었다. 優先 나무값 先金으로 2,000圓 支拂하고 殘額을 葵樹 가서 쓰기로 하였다. 炳奎 海炯과 같이 한 판을 하고 副面長까지 四名이 또 한 판을 했다. 그리고서 午後에야 葵樹를 가려고 職員室에 들어가서 册床 위에를 보니 黃義直으로부터 片紙가 왔다. 2月에 入隊한 後 二回채의 書信이다. 今般만은 速히 回答을 하여 주워야 하겠다. 마침 스리코-타가 있어서 그로 葵樹까지 갔다. 별로 산 겄도 없으나 많은 金額만 없어저 버렸다. 圓東山에서는 씨름大會와 兼해서 도박大會가 開催되여 가지고 相當히 떠들썩하다. 오늘의 市場은 그래도 秋夕名節을 앞두고 많은 人員이 모였다.

1955年 9月 26日 (陰 8月 11日) 月曜日 晴

오늘도 如前히 登錄事務 關係로 자리를 떠나지 못햇다. 午前 中에 今般 洗心學校 建築하는데 같이 派遣 나온 通信隊員 한 사람이 人事 次面에 왔다. 今般 部隊가 前方과 後方이 交替된다는 겄이다. 午前에 在

鄕軍人이 몇 名 와서 登錄하고 말었다. 登錄率이 아주 나쁘다. 主任이 와서 麻雀을 하자고 해서 副面長 主任 海炯이와 같이 中食 내기를 하였다.

麻雀하는 겄을 斷念할여고 하여도 이겄을 끊지 못하고 如前히 繼續하고 있다. 그 關係 上 他人으로부터 듯기 싫은 말도 或 듯게 된다. 오늘도 宿直室에서 하였는데 請負業者 金壯順이가 어데서 暴酒를 하고 와서는 욕지거리를 하며 떵강을 놓은다. 本 廳舍 入札 時부터 副面長과 사이가 좋지 않드니 이번 倉庫 지을 때까지도 如前히 副面長을 꺼려하고서 욕을 하고 개지랄을 다한다. 勿論 술을 많이 만신 關係로 그렇다 하겠지만 이겄이 술에다가 그 責任을 轉嫁시키기에는 너무나도 無理이라고 본다. "노가대"의 性質이란 그러한 겄이라고 말은 들었으나 金壯順이란 참으로 人種之末이다. 오늘 그 자식한테 못 當할 꼴을 當하고 말었다.

1955年 9月 27日 (陰 8月 12日) 火曜日 晴

連日 繼續되고 있는 在鄕軍人 身上 申告가 오늘은 一層 더 複雜하였다. 里長會議가 있어서 各 里長들이 몽임과 同時 登錄하러 온 사람들이 많이 와서 事務室 內는 大혼雜을 이루웠다. 언제나 하는 里長會議이지만 會議 때마다 해 넘어가는 겄이 限이다. 案件이 그만큼 많다는 겄도 있지만 더 한 거름 나아가서 너무나도 里長의 誠意가 不足해서 上部의 指示가 民間에 제대로 侵投[浸透]되지 않은 데에 原因이 있다. 細部的인 面에까지 解說을 하고 說明을 하여도 제대로 履行치 않은 分이 많다. 午後 늣게야 끝났다.

涓植이로부터 片紙를 받었다. 나는 大端히 반가웠다. 片紙라는 것은 한 쪽의 종이 卽 一枚의 書信이지만 彼此의 消息을 傳하는 것이 되여서 받고 보면 반가울 것이다. 반가움과 같이 또 나는 一便 未安한 感을 가젔다. 먼저 해주지 못하고 받고 보니 부끄러운 생각이 앞슨다. 午前에 在鄕軍人의 登錄事務에 對해서 다시 한번 反省해 볼 때에 나의 한 일에 對해서 後悔의 생각이 절로 난다. 對象者들이 하는 말과 行動에 對하여 多少 비위에 맞지 않은 일이 있다 할지라도 나는 그것을 默認해야 할 것인데 다 같이 性質을 내게 되니 해놓고 보면 언제나 後悔莫甚이다.

1955年 9月 29日 (陰 8月 14日) 木曜日 曇

오늘은 뜻박에 任實을 가게 되였다. 出勤 後 支署 金光賢 巡警이 와서 緊急히 會議가 있다고 해서 急히 上郡했든 것이다. 추럭으로 獒樹까지 가서 車가 없어서 相當히 오래 기다렸었다. 늦게야 추럭이 있어서 郡에 들여보니 會議를 進行하고 있는 途中이였다. 內容은 方今 實施하고 있는 徵兵適令届 受理 關係 指示와 各種 印章 登錄畢證 用紙 및 鐵印의 配付이였다. 생각기 보다는 以外이였다. 緊急會議가 되여서 令狀 下令이 틀림없을 줄 알었드니 多幸히도 그것만이 없어서 安心이였다. 會議가 끝난 後 뻐-쓰를 대절했다고 해서 그로서 오다 車가 途中에서 故障이 생겨가지고 大端이 말성이 많었다.

오늘 立稻先賣 資金을 찾으러 任實까지 里長이 直接 갔다가 돌아오는 길에 대절한 車이였다. 相當히 말이 많았는데 結局 다른 車를 利用하게 되여서 그로 獒樹까지 왔다. 獒樹는 圓東山에서 씨름大會와 農樂

大會가 열이여서 大端히 複雜하였다. 많은 사람이 왔다 갔다 한다. 社會的으로 봐서 이 난장판이란 겄은 絶代 禁해야 할 줄로 믿는다. 도박이 盛行해가지고 그란 해도 困難한 農民들의 호주머니가 여지없이 털리고 있다.

1955年 9月 30日 (陰 8月 15日) 金曜日 晴 (秋夕)

年中 大名節을 치라면 누구나 다- "설날"과 秋夕날을 칠 겄이다. 설날이라 하면 年初日로 新年을 마지한다는 意味에서 名節 中의 上名節이나 秋夕은 봄부터 농부들이 들판에서 땀을 흘려가며 가꾸워 놓은 五穀이 무르익어 農夫들은 이겄을 가지고 먼저 祖上이나 神靈에게 제사를 들이고 後에 우리들이 먹은다는 意味에서 "차사"를 드리게 된다. 穀食이 未熟한 때에는 九月 九日에 "차사"를 들리는데 今年에는 五穀이 豐足히 使用할 수가 있어 秋夕 "차사"를 드리게 되였다. 秋夕節이라 해서 職員들은 一名도 出勤치 않했다. 나 혼자만히 일직히 出勤해가지고 事務室을 지키고 있었다. 어렸을 때에는 秋夕이란 말만 들어도 즐겁고 기쁘드니 至今은 氣分에 變化가 조금도 없다. 그러나 어린아이들은 고흔 옷을 입고 즐겁게 뛰놀고 있다. 午後에는 海炯이가 出勤했다. 職員들도 出勤치 않고 部落에 나가야 靑年들도 없고 쓸쓸하기 짝이 없는 秋夕의 하루이였다. 夕陽에 主任이 와서 麻雀을 하자고 해서 한 겄이 밤 10時까지 繼續했다. 참을래야 참을 수 없고 끊을래야 끊을 수 없는 겄은 이 麻雀이다. 經濟的인 損害가 甚해서 그만 斷念할여고 해도 그리도 如前히 繼續하게 된다.

1955年 10月 2日 (陰 8月 17日) 日曜日 晴

公務員 生活 6年만에 喜消息은 없고 滋味없는 消息만 들여온다. 卽 全 公務員들의 指紋을 採取한다는 겄이다. 그래서 全 職員이 빠짐없이 午前 일직히 檗樹로 行하였다. 屯南 三溪 只沙의 三面을 오늘 實施하게 되였다. 指紋 採取는 署 搜査係에 主任 以下 刑事들이 나와서 하였다. 이겄은 어데까지나 앞으로 어떠한 事故가 있을 時에 對備해서 事前에 豫防的으로 實施하는 겄인데 그네들이 被採取者인 우리들에게 한는 言辭는 마치 罪人을 다루듯이 하고 있다. 다 같은 公務員끼리 좀 더 親切을 期할 수 없을 겄인가. 다 같은 立場에 있는 사람끼리 그러할진댄 一般民을 相對할 時의 行動이란 이로서 豫測할 수 있지 않은가.

午後 늦게야 겨우 끝나고 市場 求景을 하러 드러가는데 뜻박에도 徐仁錫이를 맛낫다. 結婚 當時 맛나고 이제 처음이다. 韓明錫이와 같이 와서 술집에 들어가서 술만 한 잔 마시고 말었다. 自己 父親이 病中이라 해서 自己 집에 갈여고 했다가 車가 없어서 가지 못하고 다시 집으로 가기로 하고 헤여졌다. 늦게까지 三溪 오는 車를 기다리다가 車가 없어서 오지 못하고 新亭旅館으로 가서 자리잡고 暫間 圓東山에 가서 農樂과 씨름大會를 求景하고 들어가서 잤다.

1955年 10月 11日 (陰 8月 26日) 火曜日 晴

요새 몇일은 徵兵適令屆 受理 關係로 날마다 바쁘다. 受理 期間은 8日로서 磨勘되였으나 그래도 아직까지 繼續하고 있다. 그러나 오늘 하루만은 休日이다. 卽 오늘은 三溪國民學校의 秋季大運動會 날이다. 一年에 한 번式 하는 이 運動會란 全 面民의 休日이요 또한 全 面民의 運動

會라고 볼 수 있다. 午前 일직부터 울긋불긋하게 옷들을 입고 모여드는 것은 젊은 女人들이다. 어느 大會나 演劇이나를 莫論하고 半 以上이 女子들인데 特히 이 運動會에는 女子가 10培[倍] 以上 더 많이 모인다. 오늘도 먹을 것을 한 보따리식 들고 어린아이를 없고 많은 女子들이 모여들었다.

午前보다는 午後의 푸로가 더욱 滋味있었다. 上級學年의 女學生으로서 組織한 農樂은 오늘의 運動會의 大자랑꺼리였다. 部落 對抗 600米 繼走에 三溪里에서 一等하였다. 氣分이 좋은 三溪 靑年들은 應援歌를 高唱하며 뛰놀았다. 他校 對抗 리-레이는 屯基國校에서 優勝하였다. 오늘의 運動會를 求景하매 10年 前의 나의 어릴 때의 일이 생각난다. 그러나 그때는 이미 追憶의 꿈이 되고 다시 맛볼 수 없는 오늘이 되고 말었다. 저녁에는 面, 支署, 學校 主催로 部落 對抗 씨름大會를 열었다. 一等에 鴻谷里 二等에 德溪里, 三等에 三溪里이며 個人戰 一等에는 吳鎬俊이가 되였다.

1955年 10月 17日 (陰 9月 2日) 月曜日 晴 後 曇

오늘 아침에도 늦잠을 잣다. 늦잠을 자는 것은 根本的으로 봐서 나의 몸으로나 生活面으로나 어뜬 面으로 봤든지 좋지 않은 일이다. 그러나 이겄을 내 마음대로 나의 行動을 結[決]斷을 짓치 못하니 나의 弱함을 스스로 깨닷게 된다. 어제밤도 늦게까지 麻雀을 한 關係로 아침에 늦잠을 자게 된 겄이다. 내가 요사이 이 麻雀에 中毒이 되여서 큰일이다. 않 하려니 하여도 主任이나 副面長이 한 판 하자는 데는 不可不하게 되는데 健康 上으로나 經濟 上으로 봐서 到底히 不可能한 일을 하고 있다. 午後에 어머님께서 椞樹로 "한전"을 하러 가셨다. 이겄이 사람의 몸에 얼마만한 도움이 될런지는 몰라도 婦人들은 이겄을 매우 즐긴다. 요새 紙上報導를 보면 大端히 좋지 못한 記事가 많이 있다. 舊韓獨黨 係[系]列에 있는 分子들이 陰謀해서 李 大統領을 暗殺할여고 計劃했든 겄이 事前에 發覺이 되였는데 이겄은 事前에 發覺되기에 多幸한 일이다. 國家的으로 봐서 現 李 大統領은 누구보다도 愛國鬪士요 建國 初期부터 大韓民國을 이만큼이라도 이끄러 나온 이 나라의 偉大한 愛國者를 그와 같은 흉惡無道한 計略을 세웠다는 겄은 斷연 容서치 못할 일이다.

1955年 10月 20日 (陰 9月 5日) 木曜日 晴

午前에 徵兵適令屆 登錄證을 記入하고 午後에는 椞樹市場에를 갔다. 스리코-타가 있어서 無事히 倒着했다. 우리 韓國 땅에서는 揮發油 한 방울 生產치 못하면서 自動車의 往來가 어찌 그리 甚하온지. 나 自身도 그러하지만 一㎞나 2㎞만 갈 데도 의레히 車를 탈 줄 알고 있으니 이겄이 實質面에 있어 우리 民族이 그만큼 文化民族이 되였다거나 그러치 않으면 우리나라가 그만큼 富國 되였다면 雙手를 들어 반겨할 일이로되 그겄도 않이고 다만 便利하게 놀기 爲해서 그러한 짓을 하고 있다. 그로 말미아마 各處에서는 自動車 事故가 每日과 같이 連發해서 많은 生命을 犧生[牲]하고 있지 않은가. 椞樹에 到着 即時 구두를 먼저 修繕하고 理髮을 하였다. 理髮이란 人間의 顔面을 裝節[飾]하는 한갓 調和라고 볼 수 있다. 허수루한 머리를 斷髮함으로서 온 精神이 새로워지고 새 出發하는 氣分이 난다. 오래만에 고데가게*도 하여 보았다.

理髮이 끝나고 보니 해는 이미 日落西山하고 市場은 撤廢하고 있다. 槩樹 가서 한 일이란 理髮밖에 없다. 三溪 오는 추럭이 있어서 如前히 타고 왔다. 吳章煥 氏가 宿直을 付託하였으나 나가니 않고 말었다. 宿直室에 가서 보면 精[情]이 떨어저서 宿直할 氣分이 하나도 없다. 宿直室 修理를 하루 速히 해야 하겠다.

1955年 10月 23日 (陰 9月 8日) 日曜日 晴

오늘의 日曜日을 가장 有效하게 利用하여야 할 時期인데 不得已한 形便으로 利用치 못했다. 利用치 못했다고 할 수까지 없으나 家庭之事에 利用치 못했다는 겄이다. 일직히 面에 나가서 暫間 놀다가 들어와서 어제 運搬하다가 만- 밭穀食을 저 왔다. 오래만에 지게를 지고 보니 어개나 등에 맞지 않은다. 두 번 運搬하고 나니 끝났다. 다른 일이 없으면 나락을 베어야 할 터인데 明日이 九日이 되어서 新基里를 가지 않으면 않되게 되였다. 그래서 午後에 新基里를 갔다. 모-든 사람들은 들판에서 부즈런히 일을 하고 있는데 깨끗이 옷을 입고 들판을 지나가기가 좀 어색하다. 큰집에 가서 보니 큰아버지 혼자서 밤을 치고 게신다. 人事를 들이고 있노라니가 金錢 關係를 果實을 사놓지 못했다고 말씀하시기에 館月里 앞 果樹園에 가서 배와 능금을 사가지고 왔다. 康周 혼자서 일하기가 바뻐서 廷孝가 와서 같이 助力을 하여주웠다. 저녁에 부엌에서 닭을 잡는데 셋이 같이 잡었다. 꿈에 그리든 故鄕山川을 찾어와서 자미있는 우슴을 우서가며 모-든 일 할 적마다 나는 새 기쁨이 오

---

* ごでかけ(出掛け). 외출, 나들이.

고 새 希望이 생긴다. 저녁에 "이동"兄이 오셔서 늦게까지 生栗을 쳐주시고 가셨다. 나도 相當히 늦도록 果實도 깍고 다른 일도 助力하면서 늦게까지 놀았다.

1955年 10月 24日 (陰 9月 9日) 月曜日 晴 (霜降 重陽節)

먼동이 터 오자 잠이 깨이고 잠이 깨이자 同時에 起床을 하였다. 집에서 같으면 어제 밤에 늦게 잤기 때문에 늦잠을 잔다는 겄은 빤한 일인데 여기는 큰집이요 큰아버지께서 먼저 일어나시고 그보다도 特히 오늘은 九月 九日로서 先靈에게 차사를 들여야 할 날이므로 準備 關係도 있고 해서 일직히 일어났든 겄이다. 祠堂에 掃除를 깨끝이 하고 祭床等도 같이 掃除를 하였다. 내 出生 後 큰집에 와서 차사를 參拜해보기는 처음이다. 多幸히도 今年에 나의 집은 秋夕 차사를 들였기에 오늘 여기에 參拜케 되였다. 四代奉祀에다 두 큰어머니와 從弟의 奉祀까지 11분 상이나 되니 大端히 複雜하였다. 午前에는 先親 山所에 參拜하였다. 康周하고 같이 갔다. 내가 어렸을 때에는 康植이와 같이 다녔건만 그때는 이미 옛 追憶 되고 말었고나.

今年 봄에 아버님 墓에 사초를 들였드니 떼 뿌리는 다 잘 살어 있다. 큰山所에까지 다녀서 큰집으로 왔다. 큰아버지께서 감을 따고 게시기에 내가 올라가서 땃다. 그리고 午後에는 今年에 買受한 畓을 보러 갔다.

오늘 나락을 베고 있는데 정말 形便 없이 죽어 버렸다. 메두가 늦게야 侵入해가지고 莫大한 損害를 입었다. 그러나 나는 感慨無量 하였다. 적으나마 나에게도 이만한 土地가 있고 또 여기서 穀食이 나온다는 겄을 생각하니 自然 中 마음이 기쁘다.

1955年 10月 25日 (陰 9月 10日) 火曜日 晴

벌서 큰 집에 온 지가 3일째이다. 오늘은 별수 없이 집으로 돌아가야 하겠다. 몇 年前에만 하여도 一年에 잘해야 正初에에 한 번 오와서 하루밤 程度 자면은 그 다음날 바로 집으로 가고 했는데 昨年부터는 어쩐지 故鄕이 그리워지고 故鄕에 있는 나의 一家親族이 그리워저서 한 번 오면 다시 가기가 싫어지고 가면 다시 오고 싶으니 이 일을 어찌하면 좋을 겄이냐. 어렸을 때에는 無意識 中으로 자라왔었는데 차차 成長하여지매 故鄕 生覺만이 절로 난다. 勿論 故鄕이라고 해봤댔자 大小家는 東西南北으로 各己[其] 헤여저서 쓸쓸하기 끝이 없으나 그래도 故鄕에 와서 但 一日이라도 살고싶으다. 他鄕이라고 해도 三溪里는 現在 나의 本 故鄕과 다름이 없으나 그래도 어딘지 모르게 쓸쓸한 바람이 불어오고 있다. 하루라도 速히 가고 싶겄만 나에게는 두 가지 條件이 容怒[恕]치를 않은다. 첫째 經濟的 問題요 둘째 나의 身上 問題이다. 언제나 이겄이 解決되여 가지고 나도 남과 같이 故鄕 땅에 가서 낮이면 괭이 들고 밭에 가서 일을 하고 밤이면 舍郎房에서 우슴 웃고 노는 날이 올 겄인가? 아- 가엾은 나의 身勢여. 웨 남과 같이 自由스럽고 活潑한 生活을 榮爲치 못하는고!! 마을을 떠나올 때 康周가 탑골 앞에까지 나와서 餞送을 하여 주웠다. 나는 조금 오다가 다시 뒤를 돌아다 보았드니 그도 나를 돌아보고 있다. 나는 쓸쓸히 홀로 걸어왔다.

1955年 10月 27日 (陰 9月 12日) 木曜日 晴

오늘 아침 일직히 일어났다. 일직히 일어나지 않으면 않이 되였다. 要는 어제 面內 一齊히 大淸掃日이였다. 그래서 支署 職員들이 各 部落에 出張 나가서 審査를 하였다. 三溪里에는 次席이 出張 왔었다. 家家戶戶이 一一히 訪問하여 한 집도 빠지지 않었다. 그러나 審査 結果 不過 半數박에 合格되지 못했다. 남어지 半數는 不合格으로서 오늘 다시 하라는 겄이다. 나의 집도 여기의 對象 中에 一家口이다. 그래서 早朝에 淸掃를 始作한 겄이 食後에까지 하였다. 年中行事로서 春秋에 定期的으로 實施하는 이 淸掃는 警察의 保安事務 中에서도 重大한 事務이다. 하는 사람들은 좋네 낫네 하지만 이러한 일은 반드시 있어야 할 일이다.

出勤해서 보니 職員들이 벌서 거이 다- 出勤했었다. 午前에 職員會議가 있어서 들어갔드니 職員 擔當部落 變更에 對해서 發表를 하고 거듭해서 金錢徵收 次 出張을 命한다. 從來 約 二年間 三隱里를 擔當하였다가 今般 山水里를 擔當하게 되였다. 出張用務 中 第一 急한 겄이 廳舍 復舊費와 監委遂[逐]出蹶起大會 經費 等의 徵收이다. 이 蹶起(鬪爭)大會費를 面 職員들한테 徵收를 依賴한다는 겄은 言語道斷이다. 그러나 나는 이 出張期間을 利用해서 집안일을 해야 하게 생겨서 어제 午後에 베다가 말은 나락을 午後에 繼續해서 베였다. 作況이 아주 形便이 나뻐서 收穫이 大量 減少되였다.

1955年 10月 28日 (陰 9月 13日) 金曜日 雨

今月 中에 처음으로 오늘 出張을 하였다. 어제부터 出張 命令이였으나

어제는 집에서 일을 하고 오늘까지도 일을 하고 來日쯤이나 가서 볼여고 하는데 아침부터 日氣가 좋지 못해서 出張 가기를 決心하였다. 아침에 일어나자 鍾熙로부터 온 片紙를 學顔이가 가지고 왔다. 內容을 보니 서울서 貿易會社에 就職했고 한다. 반가운 일이다. 앞으로 곧 泰國에도 간다고 한데 잘만 되면은 成功할 수 있는 길이다. 午前에 出張을 가는데 비가 한 방울식 나리기 始作한다. 相當히 오래동안 비가 오지는 않했으나 가을비는 오면은 農村에서는 아무 일도 하지 못하고 房에 앉어서 놀게 된다. 내가 山水里에 出張 가는 겄도 相當히 오래 되여 가서 보니 多少의 變化도 있다.

下山水서 午前에 놀다가 비가 와서 빨리 오지도 못하고 저녁 판에야 겨우 가는비를 마저가며 집에 돌아왔다. 日前에 新基를 갔다가 온 後로는 늘 생각나는 겄이 故鄕 生覺뿐이다. 어덯게 하여야만 故鄕에 가서 살게 될 겄인가? 어덯게 하면 하루 速히 갈 수 있을 겄인가? 이와 같은 생각히 머리에서 떠나지를 않고 마음을 조리게 하고 있다. 他鄕사리 한 지도 於焉間 18年이란 기나긴 歲月을 보내겄만 나에게는 아무러한 보잘 겄 없는 身勢만 되고 이제는 갈여고 해도 갈 수가 없는 卽 내 마음을 내 맘대로 못하는 身勢가 되고 말었다.

1955年 10月 29日 (陰 9月 14日) 土曜日 晴

아침에 일어나서 보니 日氣가 좋지 못해서 오늘도 또 비가 오지나 않을가 하고 걱정하였드니 多幸히도 日氣는 좋았다. 午前에 面에 나가 보았다. 뜻밖에도 支署主任 任昌浩 氏가 警專을 가게 되였다고 한다. 氏의 人象을 보면 人情없이 酷毒할 겄 같으나 實은 溫順하고 順博[淳朴]

한 分이였다. 3個月間이란 期間을 講習을 맛게 된다는데 受講 後에도 다시 三溪支署로 赴任할 겄인지 또는 他 管署로 갈 겄인지 알 수 없다. 三溪面으로 봐서는 再任하는 겄이 좋을 겄 같은데 如何히 될 겄인지? 郡에서 兵籍照會表와 와있어서 그겄을 確認해 가지고 오늘 面長任 上郡하시는 便에 送付하여 주고 몇일 前부터 支署 金光賢 巡警이 付託한 統計表를 作成하여 주웠다. 午後에는 面에 나가지 않고 베다가 남은 나락을 베여 버렸다. 例年에 比較해서 아주 形便 없는 作況이다. 農事가 하도 적으니가 무었이든지 일직 끝나고 한가하기는 하지만 너무나도 멋적은 일이며 經濟的인 面에 困難이 많다. 午前에 姊兄이 밭을 갈어놓아서 來日은 밭보리를 갈어야 하게 생겼다. 그래서 나락을 벤 後에 돼지막에 풀을 한 망태 베여다 넣어주고 돼지막에서 내놨든 거름을 밭으로 한 짐 지고 나가는데 大端히 무거웠다. 이와 같이 每日每日 일하는 農夫들이 몸은 고달프다. 하지만 얼마나 滋味있는 生活이냐. 自然의 神祕로움을 맛보며 봄부터 피땀을 흘려가며 지어논 穀食을 收穫하는 그 滋味는 맛보는 사람이야만 안다.

1955年 10月 30日 (陰 9月 15日) 日曜日 晴

오래만에 日曜日을 한번 잘 利用했다. 出張 中인 關係도 있고 해서 어제 計劃했든 麥 播種을 오늘 하느라고 午前에 일직히 堆肥를 運搬하여 놓고 밭을 골랐다. 午前에는 혼자 골라서 堆肥까지 깔어놓고 午後에 할여고 일직히 들어왔다. 午後에도 혼자 할 覺悟를 하였는데 姊兄이 와서 같이 하여 일직히 끝나고 들어와서 나락을 묶어 드리였다. 例年에 比해서 나락다발은 거짐 같으나 作況은 아주 나쁘다. 저다가 가리까지 하여버리고 나니 秋事는 完全히 끝난 것 같은 氣分이 난다. 나도 몸이 고달프고 해서 藥酒를 받어다 먹었드니 저녁에는 大端히 취했다. 오늘의 하루는 滋味있게 일했다.

1955年 10月 31日 (陰 9月 16日) 月曜日 晴

아침에 일어나서 보니 서리가 눈 온 것 같이 많이 왔다. 어제 終日토록 날이 춥드니 이와 같이나 많은 서리가 올여고 그러했드 模樣이지. 어름도 처음으로 얼었다. 이제부터 날이 쌀랑쌀랑 하여질 터이지. 細窮民의 生活사리가 말 안이다. 午前에 山水里에 가서 面 廳舍 復舊費와 戶別稅를 받어가지고 바로 歸廳하였다. 오늘까지가 出張 中이라 職員들도 別로 오지 않고 해서 午後에는 잠간 나갔다. 들어와서 돼지막에 풀을 베야다가 놓았다. 午後에도 날은 꽤이 찬바람이 분다.

1955年 11月 2日 (陰 9月 18日) 水曜日 晴

오늘부터 面 職員 全部가 秋穀 收得稅 調定事務에 從事하여 調定을 始作하였다. 各自 擔當部落을 맡어가지고 하였다. 收得稅法이 實施된 後로는 언제나 있었든 일이지만 今年에는 稅務署를 相對해 가지고 減稅나 免稅할여고 積極 運動하는 氣色이 보이지 않은다. 稅務署 職員도 아직 여기에 對해서 結果를 알여주지 않고 있는데 都大體 今年에는 어느 程度 減稅가 될 것인지? 國家的인 見地에서 觀察할 적에는 正當히 해서 基準收穫 그대로 해서 算出해 가지고 調定해서 現物을 納付해야 國家의 財政이 豐足해지고 豫算이 圓滑해질 터인데 民間 側에서는 多少나마도 적게 낼여고 애를 쓰고 있다. 이겄을 收納하는데 얼마나 哀路가 많을 겄인지. 저녁때 늦게까지 했으나 아직도 멀었다. 오늘 午後에 姊兄과 正良이가 논보리를 갈어주워서 麥 播種은 完全히 끝난 셈이다.

1955年 11月 6日 (陰 9月 22日) 日曜日 雲 後 曇

어제밤부터 날씨가 異狀하드니 뜻박에 아침부터 눈이 나리기 始作하였다. 今年 겨울로서는 初雪이다. 例年 比較해서 相當히 빨리 온 눈이다. 아직 나락 收穫이나 麥 播種도 끝날나면은 相當 더 있어야 할 터인데 벌서부터 눈이 나리기 始作하니 農事에 支障이 많을 겄이다. 豫定은 오늘 日曜日을 利用해서 큰방에 고래를 뚤어볼여고 했었든 겄이 눈이 오고 날이 춥고 해서 하지 못하고 말었다.

1955年 11月 7日 (陰 9月 23日) 月曜日 晴

4288年度 秋穀 收納 關係로 面 會議室에서 里長會議를 午前부터 開催하였다. 每年 되풀이 되는 夏.秋穀 收納이지만 今年度 秋穀 收納에 있어서는 더욱 困難한 點이 많을 줄로 안다. 웨 그런고 하면 今年에는 例年 없든 겄이 더욱 많애가지고 種類를 들어 말하자면 收得稅와 年賦償還量을 爲始해서 貸與糧穀 社還穀 立稻先賣 一般買上 去年度 以前 收得稅 未納量 等等해서 農村에서 生産되는 糧穀은 全量 다- 出荷해야 할 處地에 到達해 가지고 있다. 이겄이 오늘날 우리나라의 農村實情이고 보니 너무나도 寒心한 感이 없지도 않다. 特히 우리나라는 八割 以

上이 農民이요 俗稱 日 農本國이라고 稱하는 우리나라의 農村實情이 이러고서야 어지 農村生活이 潤澤해지기를 기다리며 國家가 富興해지기를 바랄 수 있으랴. 農民은 한 사람 두 사람식 自己의 生活의 本據地인 農土와 집을 버리고 都市로 都市集中하고 있으니 앞날에 우리나라가 農業國으로서 世界列强國家와 어개를 겨눌라매 爲政者 諸賢들은 다시 한번 더 農村問題에 對해서 探[深]思熟考해야 할 줄로 생각한다. 오늘의 會議도 午後 늦게까지 해서 끝났다.

저녁에는 海炯이가 代職을 付託해서 面에 가 있노라니가 副面長이 나와서 今般 講習 次 가가지고 서울 가서 國會 傍聽했다는 이야기를 滋味있게 들었다.

1955年 11月 8日 (陰 9月 24日) 火曜日 晴 後 曇 (立冬)

자고나서 보니 눈이 제법 하-얗게 나려 있다. 그저게부터 始作해서 어제도 조금 비다가 말드니 어제 새벽부터 또 와가지<고> 들판이나 산이나 집들이 하얗게 變했다. 나락을 아직도 베지 않고 있는 사람들은 大端히 困難하게 생겼다.

오늘은 事務도 別로 없고 해서 警察署에서 依賴한 職員名簿를 써놓고 午後에 麻雀을 하였든 것이 다- 끝날 무렵에 面長任이 술에 취해지고 들어와서 끝내도 못하고 中斷해 버렸다. 저녁 판에 비가 오기를 始作해서 일직히 집에 와서 나락 말릴라고 널어놓은 것을 치워 드리였다. 午前에 江洞 자근어머님께서 오셨다. 이번 元宰 婚姻에도 不參하시고 또 이와 같이 流浪의 길로 떠돌아다니신 모양이다.

1955年 11月 10日 (陰 9月 26日) 木曜日 晴

어제 午後에 出張 命令이 나서 어제는 가지 못하고 오늘 午前에 일직히 出張을 갔다. 多幸히도 나의 擔當部落인 山水里는 各種 稅金의 未納이 極少額이 되여서 里長에게 말을 해놓고 바로 돌아왔다. 와서 말을 들으니 本署 兵事係 職員들이 어제 나왔는데 三溪里에서 忌避者들 數名 檢擧해가지고 갔다고 한다. 勿論 法을 違反했으니가 法에 依한 處罰을 받어야 할 일이나 人間的인 面에 있어 너무나도 過한 일이다. 河成基가 왔다고 해서 正良이의 집에 가서 같이 午前에는 놀고 午後에는 벌서부터 마음먹었든 큰방의 고래를 둘었다.

1955年 11月 11日 (陰 9月 27日) 金曜日 晴 (海軍記念日)

前日에 繼續해서 오늘도 出張을 가야 하나 어제 里長에게 一任하고 왔기에 오늘은 가지 않고 面으로 갔다. 職員들은 全部 出張 中이라 財務係 職員만이 남어서 收得稅 調定에 餘念이 없다. 말을 들으니 支署 次席으로 있든 金在根 警査가 只沙 主任으로 榮轉하고 只沙 主任으로 있던 沈大燮 氏가 三溪 主任으로 發令이 났다고 한다. 三溪支署를 거처나간 歷代 主任이나 次席이나 또한 職員들까지 하여 今般 가게 되는 金警査 같으 니는 처음 보았다. 性格의 溫厚함이나 部下職員들에게 對한 겄이나 對外的인 面에 있어 一般民衆을 對할 적에나 그야말로 民主警察이였다. 또한 新任케 되는 沈 警査 亦是 누구에게 못지않은 德望家인 模範警察이다. 修復 後에 三溪의 治安을 바로 잡고 民心을 收合하야 떠나갈 적에도 面民들의 熱熱[烈]한 歡送裡에 三溪를 떠났든 겄이다. 兼해서 高 巡警도 移動 發令이 난 模樣인데 그만두고 自己 故鄕으로 돌아갈 겄같이 말을 한다. 午前에 面에서 할 일도 없고 해서 집으로 들어와 버렸다. 오늘 望田里 韓東基가 婦人의 新行을 한다고 틀림없이 와 달라고 招請이 있었는데 職員들이 없어서 가지 못하고 斷念해 버렸다. 午後에는 精米를 하였다. 쌀로서 九斗를 精米하였다.

1955年 11月 13日 (陰 9月 29日) 日曜日 晴

벌서 相當한 時日을 두고 어린애가 앓어서 오늘은 不得已 獒樹 趙藥房으로 가보라고 하여 어머님과 內子가 같이 갔다 늦게야 돌아왔다. 藥房에서 하는 말은 㨨[滯]증이라고 한다. 아이가 너무나도 잔病치레를 하여서 몸이 너무나도 쇠약하여졌다. 그런 關係로 집에 들어오면 짜증만 난다.

오늘도 日曜日임에도 不拘하고 出勤하였으나 內務는 別로 보지도 못하고 財務係에서 收得稅 調定하는데 協助를 依賴하였으나 그겄도 해주지 못하고 말었다. 近日 報導에 依하면 北韓으로부터 南韓에 送電할 用意가 있으며 모든 準備를 갖추고 있으니 今月 25日 開城 近方에서 政府代表와 電氣會社 社會團體代表 等이 모여서 協議하자고 提議하고 있다. 그러나 南韓에서는 이를 斷乎히 反對하고 여기에 應치 않겠다는 굳은 決議를 表明하고 있다. 勿論 그렇다. 그네들이 眞實한 마음으로서 우리 大韓民國 國家와 國民을 爲하여 送電하여 준다면 이쪽 우리 政府 側에서도 再考할 바가 없지 않을 겄이나 至今까지 그네들의 하는 行動으로 봐서 이겄은 到底히 믿을 수 없는 虛僞宣傳이며 그 裏面에는 어떠한 惡意가 內抱[包]되였다는 겄은 거짓없는 事實일 겄이다. 過去 軍政 時에 送電을 不斷하게도 中斷하여 놓고 이제 어떠한 흉計를 세웠길

레 다시 送電할 用意가 있다고 하는지 그놈들의 속은 알 수 없는 黑幕이 가리여 있다.

1955年 11月 15日 (陰 10月 2日) 火曜日 雨

오늘도 아침부터 日氣가 좋지 않드니 午前부터 비가 나리기 始作하였다. 午後에도 繼續해지고 저녁에까지 나리는데 저녁에는 비도 오려니와 바람이 공장 세게 불었다. 特히 오늘 이 交通이 不便하고 여러 가지로 地理的 條件이 不利한 本 面에 映畫가 들어와서 낮에는 敎室에서 學校 兒童들에게 上映을 하고 夜間에 一般에게 觀覽토록 한다는 것이 日氣不順으로 因하여 夜間 上映은 不得已 中止하게 되였다. 晝間에 學校 兒童에게 上映할 적에 暫間 보았는데 참으로 보잘 것 없는 映畫이였다. 그러한 것이나 되니가 이러한 山間壁[僻]地에까지 왔지 그러치 않으면 오지도 않을 같다. 모르면 모르지만 돈 주고 보기에는 너무도 아까운 映畫라고 할 수 있다.

1955年 11月 16日 (陰 10月 3日) 水曜日 雨

어제밤에 일을 생각하니 오늘의 日氣는 퍽으나 좋은 便이다. 里長會議가 있어서 里長들이 하나식 모여든다. 會議는 開閉時角이 前例와 다름이 없다. 始作은 느즈막하니 始作해가지고 끝은 해가 넘어간 後에야 끝났다.

듯건대 今日附로 支署 金鎭宅 刑事가 德峙支署로 轉勤 發令이 났다고 한다. 이 사람은 三溪支署에 二次나 赴任했지만 요새날의 警察치고는 퍽으나 얌전한 사람이였다. 後任은 어떠한 사람이 올넌지 알 수 없으나 如何間 좋은 親舊가 떠나게 된다. 저녁에는 無料入場卷이 있어서 映畫 求景을 하였다. 오늘 義直이가 休假 왔다고 왔다 갔다.

1955年 11月 18日 (陰 10月 5日) 金曜日 晴

어제부터 命令난 出張을 오늘에야 갔다. 用務는 收得稅 賦課資料인 耕作者 調査이였다. 어제의 職員會議 席上에서도 많은 論難이 繼續되였든 일이지만 이겄이 이제 와서 耕作者 調査를 한다고 해봤자 그다지 좋은 成果가 않 나오리라는 겄은 빤한 事實이다. 이 累進率이란 겄이 可장 理想的이며 細農層을 爲하여서는 合理的인 問題이라고 보나 이겄은 미끼로 一個[介] 農家가 3, 4戶로 分割을 해가지고 累進率의 適用을 않받으려고 가진 手段과 方法을 다-쓰고 있지 않은가. 오늘 山水里에 가서 다시 戶數를 合해보았으나 數量으로는 不過 三石 未滿이였다. 아마 어느 部落의 實情을 보거나 意思는 大同小異할 겄이다. 中食을 山水里 里長 宅에서 먹고 午後에는 바로 歸家하였다. 要는 今日 무와 배추를 뽑아 들여야 하게 생겨서 바삐 집으로 왔든 겄이다. 와서 뽑아놓은 무와 배추를 運搬하였다. 저녁 판에 어두웁도록 해서 겨우 다 運搬하여 들였다. 배추는 去年보다 낫게 되였으나 무는 별 겄 없다. 저녁에는 露峰宅의 사위 온 데 가서 놀았다. 新郎은 鴻谷里 사는 李萬炯이라고 前부터 아는 親舊이기에 가서 놀았다. 나도 노는 데라면 남한테 밀리지 않은데 他鄕이 되고 보니 마음대로 갈 데도 못가고 답답할 때가 한두 번이 않이다. 저녁 늦게까지 유쾌하게 놀았으나 그래도 나의 한 집안이나 一家집만 같지 못했다.

1955年 11月 19日 (陰 10月 6日) 土曜日 晴

이제까지 面 書類倉庫가 없어서 書箱에 넣어두었든 書類를 오늘 午前에 整理해 가지고 書庫에다 집어넣었다. 이제까지 아무렇게나 두웠기 때문에 多少 整理 안 된 것이 있어서 午前에는 그것만 整理하였다. 그러고 中食을 먹고 午後에 나가는데 마을 앞에를 가는데 어떤 부인이 오기에 보니까 全州 寶城旅館 주인아주머니이였다. 壯丁 引率 時 食代外上이 받으로 왔다는 것이다. 나는 알 수 없는 일인데 光朝에 關聯된 問題인 것 같다. 그래 面으로 다리고 가서 光朝를 데려다 內容은 알었으나 現金 問題로 둘이 四方으로 돌아다녀서 겨우 갚어 주었다. 未安하기도 하고 창피하기도 하였다.

1955年 11月 20日 (陰 10月 7日) 日曜日 曇

面에 出勤해 보니 日曜日이라 해서 財務係 職員 外에는 나오지 않았다. 그래서 午前에는 그럭저럭하고 말었다. 午後에는 二日 前에 뽑아 들였든 무를 구뎅이를 파서 무덨으며 또 김치 담을 항아리를 파고 무덨다. 일직이 끝날 줄 알었드니 그것도 쉬운 일은 아니였든지 한나절을 꼽박하여서 겨우 끝을 매졌다. 이 김장하는 것도 一年의 農事가 되여서 그것도 그리 容易한 問題가 못되고 뒤處理 하는 데도 相當히 바쁘다.

1955年 11月 29日 (陰 10月 16日) 火曜日 晴

오늘 아침에 洞會議를 開催한다고 해서 느즈막하게 參席하여 보았드니 不過 20名 內外박에 參席치 않았다. 그래도 90餘戶 大村에서 部落

會議를 하는데 이와 같은 重大한 會議에 이박에 參席치 않했다는데 對하여 里民의 態度를 可히 알 수 있는 노릇이다. 要는 今年度 秋穀 收得稅를 告知書 그대로 施行할 겄이냐? 不然이면 總 數字를 가지고 里內에서 適當히 割當할 겄이냐? 이 두 가지 問題로서 論議가 되였는데 結局 割當하자는 데 合意를 보았다. 面에서도 今年度 秋穀收納 關係로 오늘부터 一次로서 出荷 督勵 出張을 開始하였다. 多幸히도 나의 擔當部落인 山水里는 少量이나 이겄이라도 期間 內에 完納을 하게 될난지?

1955年 11月 30日 (陰 10月 17日) 水曜日 晴

山水里에 出張을 가느라고 아침 일직히 出發했다. 收納督勵 出張은 今年 들어 처음이다. 里長 宅에서 個人別 收納臺帳을 만들고 있는데 郡 山林係 職員이 와서 里長을 다리고 下山水로 나려가서 같이 갔다. 山水里 區域 內에서 筏[伐]採許可가 나서 거기를 보러 간 겄이다. 그런데 本署 搜査係에서 왔다고 芳字[房子]가 왔기에 中食 後에 바로 와서 보니 鄭鉉錫 刑事班長이 忌避者 立件 關係書類 作成 次 와 있었다. 그래 午後에는 支署에 있다가 夕飯을 副面長과 같이 하고 저녁에는 面 宿直室에서 證人廳[聽]取書를 作成하였다.

1955年 12月 1日 (陰 10月 18日) 木曜日 晴

오늘 面에서는 里長會議요 學校에서는 增築 關係로 面民大會를 開催케 되여 出張을 않 가기로 斷念하고 집에 있는데 竹溪里 在修가 넘어와서 하루를 같이 房 안에서 消日했다. 오는 거름에 山토끼를 한 마리 가지고 왔다. 저녁에는 爀圭 智植과 같이 놀았다. 오늘 學校 增築 關係가 如何히 決定지였는지는 알 수 없으나 大端히 困難한 問題이다. 1教室 當 30萬圓式 5教室 分 150萬圓을 面民의 負擔이여야 한다고 하니 그다지 容易한 問題가 않이다. 勿論 앞으로 第二世 國民을 養成하는 教育機關을 더욱더 擴充하여야 할 겄은 누구 다- 期待하는 바이나 經費 捻出이 重大한 要素이기 때문이다.

1955年 12月 2日 (陰 10月 19日) 金曜日 晴

今般 出張期間이 來日까지 되여서 繼續해서 오늘도 나갔다. 里長 宅에 가서 보니 班長 二名이 와서 있다. 里長과 같이 午前 中에는 秋麥播 面積을 調査하고 午後에도 繼續하다가 中止하고 下山水에 나려가서 收得稅 出荷 督勵를 하고 늦게 里長 집으로 와서 거기서도 몇 집 다니면서 督勵하고 저녁에 里長 집에서 자기로 決心했다. 저녁에 낮에 하다 남은 麥播 面績 調査를 끝마치고 集計表를 作成 添付하였다. 오늘의 하루밤은 山水里에서 보내게 되엿다.

1955年 12月 3日 (陰 10月 20日) 土曜日 晴

남의 집에서 자면서도 如前히 늦잠을 잤다. 朝飯 後에 몇몇 사람에게 早期 出荷 해달라고 付託하고 바로 歸廳하였다. 山水里에서 겨우 收得稅 5叺박에 出荷치 않앴다. 게나마도 斤數가 不足하고 나락이 좋지도 않은 겄을 모자란 겄은 借用해서 넣어가지고 게우 入庫식혔다. 111叺 中에서 5叺 出荷니 이대로 가면 앞으로 19回나 收納日이 있어야 하겠다. 面 總 出荷量이 216叺이였다. 三溪里는 收得稅만은 完了하였다. 午後에는 山水里長이 土地臺帳 하나를 만드러 달라고 해서 印刷하여 두었다.

1955年 12月 4日 (陰 10月 21日) 日曜日 晴

日曜日을 利用해서 집에서 家事를 좀 돌볼여고 하는데 뜻하지 않은 日直當番이 되여서 不得已 出勤케 되였다. 그래서 朝飯 後에 바로 마늘 밭을 코치고서 마늘 한 접을 심었다. 去年보다도 늦게 심었다. 面에는 그래도 日曜日이라 室內는 쓸쓸하였다. 한 겄 없이 午前에는 놀아버리고 午食을 먹은 後 작은房과 큰房의 문을 발렀다.

그러느라고 늣게야 나갔다. 오늘 學校에서는 增築期[基]金 割當에 對해서 理事 面 職員會議가 있었는데 五 教室 計劃했든 겄은 三 教室로 縮少[小] 하기로 決議하였다고 한다. 理由는 期金 據[醵]出 問題이기 때문이다.

1955年 12月 6日 (陰 10月 23日) 火曜日 晴

아침에 正良이가 와서 논보리에 소매*를 주었다. 어제 다른 사람을 와서 일 좀 해달라고 했드니 拒絶함으로 내가 할여고 하였드니 正良이 와서 해준다고 해서 感謝하게도 일이 제대로 되였다. 朝飯 後에 바로 山水里로 行하였다. 가서 보니 里長은 벌서 下 山水로 나려가벼려서 班

* 오줌의 전라도 방언.

長과 같이 東山村을 訪問하고 下山水로 나려갔다. 山水里는 今年에 多幸히도 煙草 耕作을 하여가지고 部落的으로 30餘萬圓의 收入이 되엿다. 그래 그 代金을 總代가 支拂하고 있는 中이였다. 거기서 暫間 있다가 正均 氏 집에서 오라고 해서 몇 사람이 가서 술을 마시고 나오는데 相基가 自己집으로 中食을 먹으로 가자고 하기에 里長과 같이 갔다. 어제 自己 弟의 結婚式을 擧行하고 來日 新行을 한다고 한다. 그 사람이 어떻게 술을 권하는 바람에 相當히 마셨다. 約 1時 半 가량이나 거기서 놀다가 다시 一班에서부터 收納 督勵를 始作하였다. 그러다가 舊里長 正謨 氏를 맛나가지고 오라고 해서 갔드니 오래만이라고 하면서 술을 가저와서 또 한 잔式 하였다. 그러고 나니 相當히 취하였다. 취하였다기보담도 머리골치가 相當히 아펐다. 그래서 일을 대강 보고 東山村으로 올라오는데 맥없이 올라 왔다. 저녁도 먹은 둥 마는 둥 하고 얼마쯤 자다가 깨여서 보니 部落民들이 모여 있었다. 밤늦게까지 놀다가 닭 잡고 추룸을 하여 늦게까지 자지 않고 놀았다.

1955年 12月 7日 (陰 10月 24日) 水曜日 晴

食後부터 바로 督勵를 加하였다. 나는 下山水로 나려가서 出荷토록 다시 한번式 督勵를 하고 出荷者들과 같이 三溪로 왔다. 오늘은 제법 많이 出荷되였다. 나는 山水里에서 出荷된 分은 別途로 놓고 調査도 하고 檢斤하는 데도 같이 보고하여 끝내 놓고 보니 收得稅 57叺 36斤인데 57叺 出荷되였고 一般買上 6叺 其他 13叺 等 해서 71叺이 出荷되였다. 收得稅는 36斤만 나오면 完了된 셈이나 年賦償還量이 問題이다.

午後 4時 頃부터 里長 面 職員 支署 職員 合同連席會議를 開催하였

다. 用件은 첫채로 收得稅를 비롯한 各種 收納 糧穀의 12日 共販日까지 完納할 것에 對해서 진지한 討議가 있은 後 불을 쓰고 늦게까지 學校 增築 問題 等 打合하고 막걸리 한 잔식 하고 헤여젓다.

1955年 12月 10日 (陰 10月 27日) 土曜日 晴

全州 行을 하여야 하게 되여서 아침 일직 일어나서 朝飯을 먹고 步行으로 獒樹까지 갔다. 要는 前般 檢擧되여 送致되여 있는 兵役忌避者에 對한 證人陳述 次 檢察廳에서 오라고 해서 가는 것이다. 첫 뻐-쓰를 타고 任實까지 가서 本署 搜査係 鄭 警査를 맛나서 말을 듯고 全州를 갔다. 檢察廳에 가서 보니 많은 被疑者들이 와서 있다. 나는 後川里 醫料[療]業者 金永植이 關係 오라고 해섰든 것이다. 그래도 檢察廳 內의 檢事의 空氣는 大端히 좋았다. 檢事들이 全部 者 私服을 입고 있으니가 그리 무시무시한 氣分도 없었다. 나에 關係된 檢事는 李 檢事인데 아주 젊은 30 前後의 青年 檢事이였다. 그러한 사람들은 勿論 많은 努力의 結果이라고 보나 참으로 앞길이 洋洋하게 보인다. 用務를 簡單히 마치고 뻐-쓰로 나려올여고 하였는데 中食 後에 보니 뻐-쓰가 出發해 버려서 時間 餘裕 있는 틈에 鐘萬이한테나 차저가 보리라 하고 完山橋를 것너 겨우 그 집을 찾어갔다. 저녁에는 鍾萬이와 같이 道立劇場에를 갔었다. 오늘부터 國唱 林芳蔚 申快龍 女子로서 民俗藝術院 院長 金素姬 副院長 朴貴姬 等 其他 名唱들이 出演해서 大好[豪]華版을 이루었다. 過[果]然 藝術人들의 生活을 快活하고 젊어서 한때는 가장 즐거운 時代라고 본다. 잠은 鍾錄의 下宿房에서 잣다.

1955年 12月 11日 (陰 10月 28日) 日曜日 晴

閑假[暇]하고 돈만 있으면 오늘 하루 더 놀다가 오고 싶으나 여러 가지로 如意치 못해 바로 내려와 버렸다. 書店에서 심심푸리로 少[小]說冊 한 권을 사가지고 驛에 가서 鐘判이한테 車票를 付託하여서 다른 사람보다는 乘車하는데 便利하였다. 多幸히도 座席을 定해서 앉게 되였는데 그 옆의 한 少女가 있는데 18歲의 處女이나 보기에는 16歲 程度밖에 보이지 않은데 故鄕 淳昌 南山臺이며 申氏라고 한다. 여러 가지로 이야기를 하면서 오는데 家庭敎育을 相當히 받은 女子이였다. 마치 親妹와 같이 여기어지며 獒樹까지 오는데 滋味있게 이야기하고 왔다. 明朗한 女子이다. 집에 와서 그 女子를 生覺케 되는 것은 그의 性格의 明朗함과 親切히 하는 것이 親妹 같기 때문이다.

1955年 12月 12日 (陰 10月 29日) 月曜日 晴

責任이란 무서운 것이다. 特히 公務員된 身分으로서는 더욱더 무서운 것이다. 나는 나의 熱意와 誠意를 다하려고 無限이 努力은 하고 있다. 個個人이 다- 각기 自己의 責任을 迴[回]避하면은 그 社會는 무너질 것이며 各者가 맡은 바 責任을 完遂한다면 그 社會 어느 社會보다 앞슬 것이며 明朗한 社會를 이룩할 것이다. 그래서만이 우리들의 生活面에 曙光이 빛일 것이다. 그래서 나는 그 責任 多少나마 履行하겠다고 食後에 바로 山水里로 行하였다. 지난 收納이 끝난 後 二回에 亘하여 里長 및 職員會議가 있었는데 收納을 12月에 完了하기로 約束한 까닭이다. 그의 보람 있어 오늘 面的으로도 2,000餘叺이 出荷되였고 山水里는 年賦償還量을 除外하고는 끝마쳤다. 特히 오늘의 收納에는 支署 沈

主任의 活動도 相當히 컸다고 본다.

1955年 12月 13日 (陰 10月 30日) 火曜日 晴

어제의 收納日을 지내고 나니 오늘은 職員 全員이 出勤하여서 事務室 內 법석거리였다. 午前에는 內務의 몇 가지를 整理하고 4289年度에 使用할 日記帳을 푸린트 할여고 原紙에다 써서 學吉이에게 付託하였다. 몇日間씩 出張만 繼續하다가 內務를 보겠다고 들어앉어 있으면 손에 일이 잡히지 않고 둥실거리다 만다. 오늘도 그럭저럭하고 夕陽에 職員會議를 하는데 收得稅도 96%라는 成績을 내여 거이 完了段階에 섰는데 第一 困難한 것이 年賦償還量 問題로 많이 理論이 展開되였다. 如何튼 最低 目標量만은 責任을 저야 한다고 한다.

1955年 12月 17日 (陰 11月 4日) 土曜日 晴

벌써 5回채의 秋穀 收納日이 되였다. 애당초의 約束이 오늘로서 完結짓키로 한 것이다. 그러나 面 全體的인 立場에서 볼 적에 當初의 約束과는 이미 어긋난 것 같다. 오늘의 出荷量을 볼 적에 形便 없는 數量이 나왔다. 千叺 以下일 것 같다. 나의 擔當部落인 山水里는 年賦償還量의 最低 目標量도 오늘로서 끝을 마쳤다고 본다. 그러나 앞으로 一般買入이 어떠한 方向으로 나갈 것인지? 이것이 자못 疑心스럽다. 只今의 形勢로 봐서 틀림없이 難關에 逢着될 氣勢가 보이는데 萬若 이것을 强制 買入을 하게 된다면 이야말로 倭政 時 共出 以上의 慘狀이 되게 생겼다. 바라건대 自由買上 그대로 實現되기를 기다릴 뿐이다. 이 難

關 속에서도 소위 面民의 代辯者라고 稱하는 面 議員들은 어제 서울 求景 次 出發하였으니 面民이나 面 職員들로서 不平 아니 가진 사람이 별로 없다.

1955年 12月 19日 (陰 11月 6日) 月曜日 晴

어제부터 다시 出張 計劃이 서서 全 職員이 出張을 가고 事務室 內는 텅 비였다. 山水里는 全量 完了하였기에 나가지 않었으나 部落 內의 償還量 出荷 均衡을 마추기 爲해서 一次 나가볼 計劃이다. 오늘 支署에서 多量의 年賦償還量 未納者를 出頭시켜 顚末書를 받고 있는데 過然 이겄이 效果를 어느 程度 發生할 겄인지? 他人의 土地를 無料로 耕作하여 먹을 作定인지 相當數의 量을 沈[滯]拂하여 놓고도 늡늡하고 있는 心理를 알 수 없는 일. 其中에는 勿論 誠意를 다하되 힘이 모자라서 못한 사람도 없지 않을 겄이나 너무 過度之事라 아니 할 수 없다.

1955年 12月 21日 (陰 11月 8日) 水曜日 曇 雪

어제 하루는 비가 나리드니 오늘은 비는 아니 오는데 若干의 눈이 나렸다. 눈이 繼續하면 斷念하려고 했으나 日氣가 어느 程度 개여서 出張을 갔다. 責任量은 全部 다- 끝났으니가 가볼 必要도 없으나 償還量을 어떤 사람은 一粒도 내지 않고 있으니 個人間의 均衡이 取해지지 않애서 이겄을 多少나마 調整해 보려고 갔으나 結果는 虛事가 되고 말었다. 勿論 自己의 食生活에 困難을 받게 됨으로 納付치 않은 分도 있겄만 其 中에는 國家에서 施行하는 行政을 너무나도 經[輕]視하여 그와 같은 措置를 取하여온 사람도 相當 數에 達하고 있다. 하루속히 이와 같은 생각을 一掃해 버려야 할 것이다.

1955年 12月 22日 (陰 11月 9日) 木曜日 晴 (冬至)

때는 빨러 벌서 오늘이 冬至이다. 밤이 제일 길고 낮이 짧은 冬至가 오늘이겄만 今年도 昨年과 같이 날씨는 매우 좋았다. 細窮民의 燃料難을 憂慮함이 우리 같은 困難한 者를 도웁는 뜻인지 如何間 날씨가 따뜻하니 추운 겄보다는 좋다. 오늘도 秋穀 收納日이 되여서 하는 겄 없이 아침때부터 일을 못하고 뒨전거리기만 하였다. 總 出荷量 約 300餘叺이다. 面 全體的으로 보면 아직도 많은 數量이 收納되지 않고 있으니 이 겄이 어느 何歲月이 完了될 겄인지? 오늘 山水里 金正河가 休暇해 가지고 面에 와서 立隊 後 처음 맛나 보았다.

1955年 12月 24日 (陰 11月 11日) 土曜日 晴

오늘도 面에서 里長會議를 開催하였다. 언제 變함이 時間은 定刻보다 늦게 12時가 지난 後에야 始作하였는데 그나마도 많은 里長이 不參하였다. 職員과 合同會議가 되여서 늦게까지 앉었다가 中途에 나와서 집에 점심을 먹으로 와서 보니 丈人 令監이 와서 게신다. 學海 氏 집에 問喪 왔다가 들렸다고 한다. 그리고 朱川面 甥姪女가 洗心 왔다가 午前에 들어왔다. 丈人 令監은 中食만 자시고 바로 歸家하셨다. 저녁에는 學海 氏 집 問喪을 갔었다. 아들 五兄弟가 全部 다- 와서 있으니가 무었보다도 좋았다. 祭物도 잘 차렸고 來客接待도 잘 하고 있다. 안마당에서는 화토와 윷으로서 즐기고 있다. 거기서 잠간 놀다가 學眞의 舍郞에 가서 立隊 後 처음 休暇하여 온 貴植과 其他 여럿이 앉어 놀다 面宿直室 가서 잤다.

1955年 12月 26日 (陰 11月 13日) 月曜日 晴

人間의 社會生活을 營爲함에 있어서는 異性의 結合이 무었보다도 重大問題인 겄이다. 異性과의 結合이 없이 이 社會에서 生活한다면 아무 無價치한 生活을 할 겄이다. 오늘 柳丙秀 君의 結婚日이다. 新婦 宅은 赤城面 海前*이란 部落인데 世旭 鉉德 東基 孝植 昌基와 같이 가서 보니 이미 禮는 끝나고 말었다. 그래서 우리끼리 別途로 祝賀式을 올리고 酒果과 中食을 잘 먹었다. 最後에 新婦가 나와서 唱歌 한 마디와 술 한 잔식을 권하였다. 그런 後에 우리 깨끗이 돌아왔다. 오래만에 머나먼 길을 걸었드니 발 뒤에 물이 잡혀서 步行에 大端 困難하였다. 저녁에는 學眞이가 와서 거기 가서 축音機 소리를 즐기고 12時 頃에야 헤여젔다.

1955年 12月 28日 (陰 11月 15日) 水曜日 晴

요새 같으면 歲月 가는 겄도 滋味있게 보낼 수가 있겠다. 지난 24日에는 柳丙秀 君의 結婚式에 參席하였고 오늘은 同僚職員 許仁秀 君이 어

---

* '홰정'이라고 썼다가 지우고 '海前'이라 씀. 순창군 적성면 '槐亭里'를 가리키는 것으로 추정됨.

제 新行을 하였다고 놀러 가자고 하여 面 職員과 支署 職員과 같이 나려 갔었다. 困難한 家庭인데 飮食을 相當히 具備하여 있다. 한 잔식 마시고 나니 別室에 있든 面長 副面長 主任 等 몇몇이 나와서 가는 겄을 우리는 따라 나오지 않고 새다리를 차려다 許權의 假結婚式을 擧行하고 許仁秀 君에게는 總角 免職 辭令을 交付하였다. 나올여고 하니 손수건을 하나식 준다. 요새같이 손수건이 들어오면 수건 困難이란 없을 겄 같다. 면사무소에 돌아와서 秋穀 收納 督勵 計劃을 세워 나는 鴻谷後川 班으로 編成되였다. 今年 最終 收納日이 31日로 決定되여서 可爲集中督勵式이다. 오늘 地方法院 戶籍課에서 課長 以下 職員 三名이 와서 戶籍事務監査를 實施하는데 어떠한 點에 不滿이 있었는지 戶籍係長과 一大 言爭이 버러졌었다. 이겄을 봐도 確實이 面書記란 存在는 너무나도 社會에서 底流層의 人間으로 取扱하고 自己들 마음대로 움지겨 볼여고 하고 있다. 그겄을 目見하고 있기도 실허 집에 와서 저녁을 먹은 後에 學眞이의 舍廊에 놀 가서 보니 全部 內室에서 놀고 舍郞에를 나오지 않은다. 그래서 學顔 店房에 麻雀한 데 가서 놀다 와서 보니 그때에는 大門을 잠거놓고 舍郞房에서 男女 合唱이 멌드러지게 들여오고 있다. 나는 거기를 들어가지 못하고 되돌아서 스지 않으면 아니 될 身勢이고 말었다. 他鄕의 외로움이 一層 더 나의 마음을 괴롭힌다.

1955年 12月 31日 (陰 11月 18日) 土曜日 晴

大自然의 法則이란 한 번도 어김없이 自己의 할 일을 그대로 하고 있다. 봄이 가면 여름이 오고 여름이 가면 가을이 오고 가을이 가면 겨울이 온다는 法則을 언제나 똑바로 지키고 있다. 어제와도 같은 甲午年

의 선달 그믐이였겠지만 벌서 乙未年의 그믐이 닥치고 보니 歲月의 빠름과 人生의 虛無함을 다시 한번 더- 느끼게 된다. 지나간 乙未年을 回想하컨대 더욱더 뼈저리게 느껴진다. 이렇다 하게 해놓은 일 하나 없고 多事多難하기만 하였다. 이와 같이 虛送歲月 되풀이하고서 前途를 생각하니 寒心하기 끝이 없다. 그러나 失敗는 成功의 根本이란 理念을 굳게 간직하여 닥처오는 丙申年는 意義 깊고 좀 더 進就性 있게 前途를 打開하여 過去의 不足함을 앞으로 補充하여야 할 겄이다. 特히 公務員 生活을 하고 있는 나로서는 이 年末을 보냄에 있어 기쁨으로 보내고 기쁨으로 新年을 마지하여야 할진대 그것은 想想[像]조차 할 수 없는 일이다. 年末이라고 해야 쓸쓸하기 짝이 없다. 그래서 午後에 警專 갔든 任主任이 와서 送年麻雀大會를 開催하였다. 夜食을 가저다 먹어가면서 한 겄이 於焉 丙申年 아침까지 하게 되여 乙未年의 마즈막 날을 面宿直室에서 보냈다. 지나간 해는 보람 없는 人生으로서 無價치한 生活을 하여 왔으나 돌아오는 새해에는 좀 더 意義 깊고 좀 더 나은 人生이 되기를 마음과 盟誓하며 하나님게 祈禱드리는 바이다.

일기

〈1956년(단기 4289년) 1월 1일 – 12월 31일〉

1956年 1月 1日 (陰 11月 19日) 日曜日 晴

새해의 光明한 아침 햇빛이 맑게 개인 東쪽 하늘을 곱게 물드리고 힘차게 소사오른다. 複雜多難한 乙未年을 無事히 보내고 기쁨에 넘치는 새해를 마지하여 온 宇宙를 나려다 보니 햇님도 반가운지 빙그레 웃고 있다. 그 우슴에는 大韓民國의 國民들이여 今年은 統一의 해 建設의 해이오니 全國民은 外勢에 依存말고 힘을 합하여 祖國統一하고 荒廢한 祖國을 建設하여 달라는 意味의 우슴인 겄 같었다. 물론 그렇다. 우리는 새해를 마지하여 지난날의 惡夢을 깨고 힘차게 나아가야 할 겄이다. 오늘이 正月 初一日이니 應當 설날이여야 할 터인데 아직까지도 우리는 엿날 先祖로부터 나려온 古代 風俗이 있기에 陽曆 설날에는 설이란 氣分은 하나도 없다. 上部에서는 陽曆 單一過歲를 實踐하라고 부르짖지만 이겄은 한낫 口號에 不過하다. 그래도 陰曆 설날이여야만 많은 飮食을 만드러 先靈의 奉祭詞[祀]를 드리고 어른과 아들은 新年의 歲拜를 다니고 處女들은 널을 뛰며 즐겨 논다.

1956年 1月 2日 (陰 11月 20日) 月曜日 晴

오늘은 甥姪 煜植이의 生日날이다. 그래서 아침에 나의 家族이 全部 그리 모였다. 그래서 남보다 早朝에는 못 갈지라도 늦게 參與는 말어야 할진대 31日 밤에 잠을 자지 않고 어제밤에도 늦게까지 놀다가 잣드니 그 餘波로 늦잠을 자서 晩參을 하였다. 거기서 熺植도 같이 早飯食事를 하였다. 熺植이는 이번에 除隊해가지고 어제 歸家하였다. 그래서 거기서 노는데 智植이가 와서 같이 놀면서 孝植이의 말을 하는데 그 사람의 還[環]境이 매우 困難하게 생겼다. 初가을에 도박도 아닌 친구들과 논 겄이 相當한 빚이 되어 每日 고민에 싸여 있다고 한다. 親友의 입장에서 볼 적에 同情의 마음이 아니 갈 수 없다. 人生이란 金錢이 그 사람의 人格을 左右하는 故로 經濟에 쪼들리면 生氣마저 잃게 된다. 午前에 學慶이한테 가서 어제 撮影한 紀念寫眞을 차저 가지고 面에 가서 痲雀하는 데서 求景하고 하루의 해를 消日하고 말었다.

1956年 1月 3日 (陰 11月 21日) 火曜日 晴

陽曆 正月이라고 해서 어제까지는 休務하고 오늘부터 執務케 되었다. 나는 休務라고 해봤자 언제나 面에 나가서 놀게 되니까 執務하는 겄이나 다름이 없다. 그래서 定刻까지 出勤해야 한데 어제밤에 學慶이한테 오늘 와서 寫眞 한 장 찍어 달라고 해서 相當히 기다렸드니 自己의 甥姪과 같이 올라와서 興宰를 다리고 撮影했다. 이제까지 興宰의 寫眞 一枚 撮影치 못했었는데 오늘 처음으로 記念撮影을 하였다. 요새에 나는 다른 데 보담도 이 興宰에게 趣味를 부치고 하루하루를 보내고 있다. 천진란만한 그의 행동이 매우 滋味있다. 父母가 子息을 사랑하는 마음과 子息이 父母를 섬기는 마음의 差異는 몇 倍가 더하다고 하드니 과연 그렇다. 누구나가 다∽ 體驗한 일이요 또한 體驗치 않고는 모를 일이다. 오늘의 하루도 別일 없이 面 宿直室에서 痲雀으로서 날을 보냈다.

1956年 1月 4日 (陰 11月 22日) 水曜日 晴

나의 마음이나마 나의 마음대로 하지 못하는 나의 心理의 弱함이 스스로 나의 몸을 해롭히고 만다. 數日 前부터 눈이 異狀한데도 不拘하고 어제밤에도 날을 새우고 말었드니 이제는 本格的으로 눈이 나뻐저서 오늘은 大端히 不快했다. 오늘 里長會議가 있어서 不得已 참고 있는데 內心은 몹시 疲困하였다. 그래 夕陽에 宿直室에서 한숨을 자고 나서 보니 里長會議는 閉會되였다. 오늘 學校에서는 三溪面 出身 留學生會에서 今年度 卒業生의 卒業 送別 파-티를 열었다. 退廳하면서 보니 많은 大學生들이 술이 醉해가지고 校門을 나오면서 노래와 춤으로서 道路를 휩쓸고 나온다. 그것을 바라보고 있는 나의 心情 몹시도 쓰라렸다. 勿論 그들의 醉한 데 對하여 그겄이 부러운 겄이 않이라 中學校 門前에도 가보지 못한 나의 초라한 身勢와 最高學部를 다니고 있는 그들과 나를 比較할 때 가슴 쓰리였든 겄이다.

1956年 1月 5日 (陰 11月 23日) 木曜日 曇

秋穀收納 次 集中督勵가 오늘부터 始作되여 나의 갈 班이 後川 鴻谷里이다. 그래 出張을 하여야 함이 原則이며 他 職員에게도 面目이 스는데 오늘만은 萬不得已 나의 計劃이 있어 他 職員에게 未安한 感을 가지면서도 出張을 斷念치 않을 수가 없다. 要는 初가을부터 마음먹었든 蓋草를 오늘에 하게 되였다. 非農家인 나로서는 집 한 채 이는데도 計劃대로 進行되지 못하고 언제나 남들 뒤만 따르게 된다. 그겄뿐이랴 나의 집을 이게 되면 오늘뿐만 않이라 例年에도 그러했지만 日氣가 不順한 겄이 큰 原因의 하나이다. 오늘도 구름이 담뿍 끼여서 비나 눈이 나릴 듯 나릴 듯하였으나 多幸히도 午後에 若干의 바람이 불었을 뿐 그래도 비나 눈은 오지 않했다.

이로서 언제부터 마음에 거리낌하게 매처 있든 한갖이 일은 끝마친 셈이 된다. 그러나 오늘 집웅에 있으면서도 日前부터 아픈 눈이 더욱 더 熱이 올라 大端히 困難하였다.

1956年 1月 6日 (陰 11月 24日) 金曜日 晴 (小寒)

어제 가야할 出張을 오늘에야 가게 되였다. 나 혼자만 않 간 줄 알었드니 他 職員도 않 가서 오늘사 同行하였다. 먼저 鴻谷 二區를 갔었다. 里長 吳鎬俊이를 찾어서 暫間 놀다가 科坪里로 와서 督勵를 加하고 다시 里長 집으로 갔다. 내 마음으로 언제나 生覺하고 있는 바이지만 鎬俊이의 性格과 그의 行動은 近來의 靑年으로서는 模範靑年에 足하다고 본다. 또한 面內 里長 中에서도 나의 見解로는 누구보다도 模範的인 里長이라고 본다. 그의 性品과 같이 昨年에 新築한 家屋도 깨끗하게 꾸며서 단란한 生活을 하고 있는 겄이 무었보담도 부러웁다. 거기서 中食을 하고 後川 二區로 行하였다. 적은 部落으로서 많은 量의 未納이 있다. 그래서 里長을 식혀 未納者를 불러다가 完納토록 理解를 식히고 바로 歸廳하는데 阿山市場을 지내서부터 불어오는 北風은 말할 수 없이 억세다. 그래도 오늘이 小寒이라고 해서 그 티를 하는 中인지 여간 센 바람이 않이였다. 그 모진 바람을 맞고 와서 副面長의 固執으로 生覺도 없는 麻雀을 始作하여 12時까지 繼續했다.

1956年 1月 7日 (陰 11月 25日) 土曜日 晴

겨을이라고 해야 立冬 무렵에 눈 좀 날리고 이제까지 눈 하나 나리지 않드니 그래도 小寒이라고 어제밤에 눈이 제법 나리여 枯木에는 白花가 滿開하고, 山과 들은 銀으로서 裝飾한 겄과 같이 하얗게 變하였다. 人間의 힘으로는 到底히 想想[像]도 못할 일이연만 自然의 힘이란 이다지도 偉大한 存在이란 겄을 새삼스럽게 느끼게 된다. 눈이란 그의 色이 사람의 마음을 깨끝하게 물드리게 한다. 함박눈이 펄펄 날리면 마음이 흐뭇해진다. 눈이 나리면 兒童들과 개는 自己의 世上을 맞이한 겄 같이 즐기고 있으나 細窮民인 우리의 身勢란 더욱더 悽慘하여져 간다. 눈은 있으나 日氣가 좋아서 오늘 收納共販을 하였다. 저녁에는 나의 夜警當番이 되여서 夜警巡察을 하였다. 하는 일마다 우수운 일만 하고 있다. 우리 面 職員이나 學校 職員이 部落內를 巡廻하면서 里長이나 班長의 捺印을 받음으로서 얼마나 크게 防犯防火가 될 수 있단 말인가? 이와 같이 形式的인 일은 아에 말었으면 좋겠다.

1956年 1月 8日 (陰 11月 26日) 日曜日 晴

日氣는 오늘도 맑게 개여 그야말로 晴天하늘이건만 그저게 밤에 나린 눈이 如前 그대로 있는 겄을 볼 적에 날씨가 춥다는 것은 如實히 나타내고 있다. 조금만 따뜻해지면 이까지 눈쯤이야 問題도 않되련만 오늘도 그대로 버티고 있으니 나의 마음은 더욱더 초조하다. 燃料가 다-되여가는 形便인데 어데 가서 나무 한 짐 살 수 없고 또 사자하니 金錢이 없으니 너무도 寒心스러운 일이다. 요새에 經濟的 打擊이 甚하여 苦憫[悶]에 싸여 그날그날을 보내고 있다. 이 추운 겨울에 外套 한 벌 없이 거리를 헤매는 나의 초라한 모습을 생각할 대 부끄럽기도 하려니와 限없이 슲으다. 오늘은 日曜日이 되여서 出勤은 않아고 學海 氏 舍廊에서 三溪里의 年末 總人口 調査를 하였다. 里長이 여러 가지 用務로 바빠서 하지 못하고 오늘사 내가 하여주었다. 이겄도 國家에서는 莫大한 費用을 消費해가면서 하고 있겄만 正確한 統計는 到底히 算出키 어려웁다.

1956年 1月 9日 (陰 11月 27日) 月曜日 晴 後 雲

兵籍整理 關係로 兵事主務者會議가 있어 거기에 參席키 爲하여 早朝에 槃樹를 가는데 大端히 추웠다. 아침에는 바람 한 점 없으나 차기는 공장이 차다. 오늘 新聞을 보니 7일의 氣溫이 零下 13度 8分로서 例年보다 3度나 나렸다고 한다. 추운 날임에도 不拘하고 아침 길을 것게 되는 겄은 時間을 嚴守키 爲하여서인데 가서 보니 뻐-쓰기리 競爭이 나가지고 30分 前에 出發해 버렸다고 한다. 할 수 없이 11時 50分 뻐-쓰를 利用해서 가는데 車內는 人間生地獄이다. 超滿員이 되여서 自己의 肉體 이겄만 自己 마음대로 움직이지를 못한다. 萬若 그대로 百里만 간다면 生病身될 程度이였다. 가서 보니 他面에서는 全部 왔는데 南部 三 面만이 그때야 들어갔다. 會議라야 書類 取전이였다. 나는 書類를 가저가지 못해서 歸廳해서 보내주기로 하고 나려 왔다. 저녁 판에 面에 到着하니 눈이 나리기 始作하여 저녁에는 相當히 많이 나렸다.

1956年 1月 10日 (陰 11月 28日) 火曜日 雪 晴 雪

어제밤에 書類 作成을 해서 아침에 學吉이한테 付託해서 任實을 갔다 오도록 했다. 急한 用務이기에 다녀오도록 했으나 어린아이를 이 추운 아침에 보내고 보니 內心 大端히 未安했다. 어제 西湖里 韓光洙가 와서 面 宿直室에서 같이 자고 아침에 나의 집에 와서 食事를 하였다. 再昨年 겨울에 竹溪里에서 初面 人事하고 어제 처음 맛났다. 아침을 먹고 나니 또 눈이 나리기 始作한다. 그 중에도 後川里에 收納 督勵 出張 가자고 해서 눈이 개인 後 갓다. 一區를 다녀갈여고 阿山市場에를 갔다가 金回祥이를 맛났다. 헤여진 지 오래만에 맛났다. 거기서 一區 里長한테서 술 한 잔式 마시고 二區로 가서 里長 班長도 없는 데서 일을 보고 副面長 伯氏 宅에서 中食을 먹은 後 바로 一區로 다녀서 阿山市場에 와서 보니 洗心 出張員 一行이 있어서 거기서 合流가 되여 가지고 밤늦도록 술을 마시고 11時가 지난 後에야 눈을 맞어가며 歸廳하였다.

1956年 1月 11日 (陰 11月 29日) 水曜日 雲 後 晴

오늘도 午前에 暫間 눈이 날리였다. 面에서는 모-두 난로가에 돌여 앉어 따뜻이 불을 쪼이고 있다. 추운 날에 불이란 여름에 氷幕보다도 더욱 人氣를 끌은다. 豫定대로 하면 오늘도 出張을 가야 맛당하나 在鄕軍人登錄狀況 報告書 作成 하느라고 册床에 가 앉어 있으니가 沈炳奎氏이 出張 나가자고 하는 것을 拒絶하고 書類를 作成했다.

핑게가 없어 말 못 하는 판에 눈이 이와 같이 왔는데 무슨 秋穀 收納이 된다고 눈을 맞어가며 出張을 나간단 말인가. 나는 그와 같은 일에는 어쩐지 不快하여 마음이 맞지 않은다. 午後에 집에서 놀다가 夕陽에 學海 氏 舍廊에 놀러 갔드니 殷植이가 놀러 와서 오늘 學校 增築 期成會 代議員 大會에 갔다 와서 敎育事業이니 무슨 經費보다도 먼저 納付해야 한다고 宣傳을 하고 있다. 남에게 말하는 것보다 자기 자신이

率先垂範함이 어떨지?

1956年 1月 12日 (陰 11月 30日) 木曜日 晴

어제밤에 늦도록 滋味있게 놀고 아침 如前이 늦잠이다. 斗月里 金鐘熙가 아랫마을 李株永 氏 孫女에게로 結婚을 하여 마을의 親友 6名이 가서 밤늦도록 유쾌하게 놀았다.

오늘이 秋穀 收納日이다. 몇日間 集中督勵를 加하였으나 出荷 成績을 보건대 매우 不振한 狀態에 놓여 있다. 勿論 그 裏面에 理由가 많이 있을 겄이나 最後까지 않 낼테면 몰라도 旣往 낼 바에야 早速히 出荷하여 줌이 彼此에 좋을 겄이다. 저녁 판에 들을 바라보고 섰든 나는 가슴이 뭉클해짐을 느꼈다. 무섰이냐? 아침에 消息은 들었지만 千萬 뜻박에도 判吉 氏가 世上을 떠났고 하였는데 夕陽 바로 出喪을 하고 있지 않은가? 어제밤에 無事하든 그이가 밤중에 病이 나서 오늘 벌써 땅속으로 드러가니 人生이 살어 있다느니보다 오히려 죽어있다는 겄이 나흐리라. 人生의 虛無함이 다시 한번 더 뼈저리게 느겨진다.

1956年 1月 13日 (陰 12月 1日) 金曜日 晴

官公廳이란 해가 박이면 年末보다도 年初가 더욱 複雜한 겄이다. 舊年度의 一切 書類를 編綴하며 諸 帳簿를 完全 無欠하게 整理해 놓아야 한다. 그런 關係로 나도 오늘부터 簿册 編綴에 着手하였다. 原則이 年度가 지난 後면 바로 未決을 整理해서 完結을 지은 後 直時 綴해야 함에도 不拘하고 늦은 感이 있으나 그래도 職員들 中에서는 내가 一着으로

始作한 模樣이다. 午前 中에 그겄을 하고 午食을 하러 드러올여고 하는데 어제 支署에서 노루다리 하나를 보내와서 오늘 그겄을 가지고 職員끼리 한 잔 있다고 해서 거기서 중식을 따젓다. 오래만에 職員들이 한자리에 모여서 술 한 잔式을 나노왔다. 夕陽에 職員會議를 하였는데 鬪委 經費를 徵收해 오라는 겄이다. 하도 어이가 없어서 나는 可否를 論하지 않왰다.

1956年 1月 14日 (陰 12月 2日) 土曜日 晴

어제밤에 面 宿直室에 가 있자니가 支署에서 通知가 오기를 오늘 本署 兵事係에서 事務處里上 緊急을 要한다고 上郡하라고 해서 槃樹까지 步行으로 갔다. 本署에 가서 보니 在鄕軍人 身上申告 關係로 錯誤된 書類가 一件이 있어서 그겄을 整理키 爲해서 오라고 한 겄이다. 그래서 暫間 해주고 郡에 들여서 人事만 하고 바로 뻐-쓰로 나려 왔다. 나는 언제나 뻐-쓰만 타면 머리 골치가 앞어서 질색이다. 나려올 적에 뻐-쓰 안에서 앞으던 머리가 至[只]今도 핑하니 異狀하게 앞으다. 特히 오늘은 어제밤에 늦게 까지 놀다가 잣드니 더욱더 그러한 겄 같다.

1956年 1月 15日 (陰 12月 3日) 日曜日 晴

오늘은 日曜日!! 一週日 한 번式 있는 이 日曜日은 人間으로서 規律的인 生活을 하는 사람은 누구나 다∽ 기다리는 날일 겄이다. 其 中에도 特히 우리 公務員 生活을 하는 者라면 더욱 切實히 기다리는 날이겄만 最末端에 職을 두고 있는 나로서는 日曜日의 惠澤이란 맛볼 수 없는 한갓 夢想에 지나지 않은다. 實은 오늘이라도 山水里를 가보아야 할 일이되 모-든 家庭之事가 如意치 않어 아침부터 心化[火]가 좋지 않어 出張 가는 겄도 斷念해 버렸다. 午前 中에 面에 出勤해가지고 할 일 없이 時間만 흘러보내고 午後에는 나가보기도 싫고 해서 學海 氏 舍廊에서 앉어 있다가 注射器를 가질러 面에 갔다 오는 길에 殷植 學海 氏 等을 맛나서 學顔이의 店房에 가서 술을 마시였다. 어떠한 內容의 술인줄도 모르고 마셨다. 저녁에 孝植이의 舍廊에서 늦게까지 놀다가 추룸 한번 하자는 理論이 臺頭되여 炫俊이네 돼지고기를 사다가 그 집에서 밥을 식혀 오래만 맛있고 자미있는 추럼을 하였다.

1956年 1月 16日 (陰 12月 4日) 月曜日 晴

아침에 일어나니 新基里 伯父任으로부터 片紙가 왔다. 內容을 읽어보니 確實이는 알 수 없으나 왔다 가라는 말인 겄 같다. 確實이 알 수 없다는 겄은 다름이 않이라 純 漢文을 초로만 써 놓았으니 漢文에는 特히 知識이 不足한 나로서는 알어볼 수가 없다. 그래서 露峰 兄任한테 가지고 가서 물어보니 틀림없이 오라는 말이였다. 前番에도 오라하시는 겄을 가지 못해서 不得已 오늘은 가보기로 決定하였다. 그래서 姊兄한테 가서 理髮을 하고 와서 面에 가서 副面長에게만 이야기하고 바로 갔다. 故鄕을 가는 기쁨은 大端히 컸다. 언제나 마음에 그리든 일이지만 故鄕땅으로 移舍[徙]치 못하는 겄이 나의 마음의 한구석에서 자리를 잡고 한숨을 만들며 쓸쓸한 表情을 만들고야 만다. 그와 같이도 그립든 故鄕이겄만 차저가 보았자 그다지 신통치도 않은 나의 마음 웨 이다지도 나를 괴롭힌지?

1956年 1月 17日 (陰 12月 5日) 火曜日 晴 (나의 生日)

오늘은 나의 生日이다. 一年 中에 한 번박에 없는 生日. 天地萬物이 어느 때나 나는 날이 있고 죽은 날이 있는 法이다. 사람의 生死가 오-직 사람의 힘으로는 움직일 수 없는 겄이다. 이 모-든 겄이 造物主의 움직임이 않이고는 할 수 없는 일이다. 그 中에도 萬物之靈이라고 自處하는 人間은 더욱더 그의 出生日을 記念한다. 그러한 意義 깊은 날이겄만 나의 還境과 處地를 살펴볼 적에는 이겄은 한갓 理想에 不過한 일이요 現實로 볼 적에 平日보다 조금 났다고 볼가? 같으다고 볼가? 그 程度이다. 웬만하면 어제 집으로 돌아왔을 겄이지만 한 번 간 바에 하루 밤이나 쉬여 오자고 큰집에서 자고 온 겄이다. 오늘은 유달리 봄날씨 같이 따뜻하여 마치 봄이 온 겄 같다. 燃料難으로 苦痛을 甚히 받어 오늘은 나무를 하러 지게를 지고 나서 봤다. 나무 지게 지고 나서 본 지도 數年間이 된 겄 같다. 特히 오늘은 나의 生日인데 나무를 하겠다고 지게 지고 나시니 한편 마음에 슲은 感도 없는 바 않이다.

1956年 1月 18日 (陰 12月 6日) 水曜日 晴 (面議會 召集)

兵事擔當者會議가 오늘 郡에서 開催 되였는데 應當 내가 參席해야 할 일이로되 鄭光朝를 代理 參席시켰다. 前番 上郡 時에 들은 바에 依하면 틀림없는 徵集 實施 計劃인 겄 같다. 그래서 內務나 完結지여 놓고 여기에 對備코저 4287年度 編册을 完全히 編綴하였다. 職員들 中에서는 벌서 編綴하는 겄을 보니 할 〈일〉이 없네 있네 하며 潮[嘲]弄을 하고 있다. 그러나 나는 그겄을 두려워 할 배 않이다. 各自 責任만 完遂하면 그만이다. 오늘 4288年度 豫算更正審議를 爲하여 面議會를 召集하여 面長室에서 會議를 進行한 바 4名의 欠席議員이 있었다. 午前 中에 更正豫算案은 原案대로 無修正 通過하고 午後에는 洗心學校 增築費 問題로 長時間 論議되였는데 結果를 알 수 없다. 저녁에 宿直을 代直 맡어서 面에 가서 있는데 敏植 氏와 光朝가 늦게사 왔다. 光朝 말에 依하면 今般 徵集 計劃이 陰曆 年末 關係로 延期되였다 한다.

1956年 1月 19日 (陰 12月 7日) 木曜日 晴

어제 光朝가 任實會議에 다녀온 結果 書類를 보니 昨年부터 말이 있든 入隊壯丁 祝旗普及이라고 해가지고 祝旗가 29枚가 配當이 나왔다. 配當 나온 物件이라 別 道理없이 各 里에 1枚式과 面, 支署, 學校用으로 各各 一枚式 配當하여 놓았다. 그러나 이겄이 短時日 內에 代金 收納이 될 겄인지 疑心하는 바 적지 않다. 枚當 無慮 1,200圓式이 받고 있으니 아무리 軍人遺族會에서 하는 일이라 할지라도 過度한 額을 徵收하고 있다. 午後에 面長 副面長이 梧枝里 가고 안 게서서 宿直室에서 일직부터 麻雀이 始作되여 데리다 보고 있는데 本署 兵事主任이 온다고 해서 支署에 가서 있으니가 主任 혼자서 나왔다. 않 갔으면 몰라도 가서 보고 그대로 올 수가 없어서 李 刑事와 相議해 가지고 支署主任 宅에다 食事를 식혀서 같이 가서 먹고 있노라니가 副面長과 沈 主任이 들어와서 食事가 끝난 後 酒場에 가서 밤늦도록 놀았다.

1956年 1月 20日 (陰 12月 8日) 金曜日 晴

副面長이 兵事主任을 送別하고 와서 하는 말이 司令部에서 文書 檢閱

을 나왔다고 棨樹까지 出張해 달라고 한다고 해서 마침 光朝가 棨樹를 간다고 해서 거기다 書類를 주워서 나가 보라고 하고서 나는 나가지 않앴다. 그러고서 夕陽에 돌아오기에 用務를 물어보니 郡 兵事係長이 88年度 徵集該當者로서 所在不明者의 面長 支署主任 確認書를 作成 送付해 달라는 겄이였다. 實은 별 겄도 않이였다. 저녁에는 學眞이의 舍廊房에 가서 範植이를 맛났다. 헤여진 지 於焉間 近 一年이 다 되여 간다. 그래 거기서 孝植과 같이 놀고 있는데 學眞의 어머니가 나와서 學眞이의 徵集 問題를 가지고서 이야기하고 있다. 그러치 않애도 나도 벌서부터 念頭에 두지 않은 배 않이로되 大端히 골치 아픈 일이다. 이러한 일이 생기면 답답하기만 하고 그러타고 해서 나의 보는 바와 같이 家庭還境이 그와 같이 생겼으니 進退兩難이다.

1956年 1月 21日 (陰 12月 9日) 土曜日 曇 (大寒)

날씨는 오늘로서 大寒이다. 歲月이란 참으로 無情하게도 빨리 흐른다. 날이 가고 달이 가고 해서 해가 박이면 그 中에 있는 우리 人間은 어쩐 줄 모르고 黑髮이 白髮로 變해가고 있다. 季節은 大寒이겄만 오늘의 날씨는 小寒도 못 되였다. 그러타고 해서 따숩다는 겄은 않이나 大寒이란 氣分이 나도록 춥지는 않앴다. 앞으로 15日間만 더 있으면 立春이 아닌가. 立春만 지나면 추위도 다- 지나가고야 만다. 오늘도 아침에 出勤은 남 먼저 해가지고 어제 光朝가 指示받고 온 所在不明者의 書類를 金學眞 蔡鍾勳 沈炳益 이 세 사람 겄을 作成해 가지고 支署主任의 捺印까지 받어가지고 郡 小使가 와서 그 便으로 送했다. 그러고서 道에서 各 面의 廳內 環境整理 審查를 나온다고 해서 管內地圖를 한 장

그렸다. 時間이 없어서 한 장만을 그려서 事務室에만 優先 添附했다.

1956年 1月 22日 (陰 12月 10日) 日曜日 曇

學眞이의 舍廊에서 단잠을 자고 깨여나서 아직 이불 속에서 일어나기도 前에 어머님께서 오셔서 副面長이 찾은다고 찾으려 오셨다. 그래서 찾는 理由를 알지 못해서 疑心하면서 빨리 面事務所로 다름질을 쳤다. 가다보니 副面長이 學顔이 店房으로 들어가기서 서슴없이 드러가보니 吳春泳 氏가 解腸[酲]을 샀다고 副面長과 吳章煥 氏와 鄭文朝가 있다. 그래서 若[如]干해야 解腸을 모르는 나로서 술 한 잔과 돼지국을 맛이 있게 치웠다. 副面長이 찾은 用務는 별 것도 없었고 다만 德分에 아침 술만 먹게 되였다. 그 關係로 해서 아침 洗面도 하지 못했다. 못했다는 것보다 않했다고 본 것이 나흘 것이다.

오늘도 秋穀 收納日이겄만 나락이라는 不過 5叺 밖에 出荷되지 않았다. 出荷量이 차츰차츰 줄어들어 다음 收納日에는 이대로 가면 一叺도 않 나올 겄 같다.

1956年 1月 23日(陰 12月 11日) 月曜日 晴 後 雲

맞낫다 헤여진다는 겄은 人間의 鐵[哲]理原則인지? 勿論 歷史는 反復되며 時節도 一年 12個月 되면 갔든 봄도 다시 온다는 겄은 누구나 다 否認할 수 없는 大自然의 原理原則일 것이다. 人間도 이 原則을 떠나서는 生存할 수 없음으로 無條件 이 原則을 追從함인지? 그러치 않으면 이 原則을 反對할 수 없어서 强弱不動으로 盲從함인지? 않이다. 人

間은 絶對的으로 또한 自然的으로 歷史의 흐름을 따라야 한다. 그래서인지 3年 前에 우리의 上官으로 모셨던 鄭 面長任이 오늘 正式으로 辭表를 提出하였다. 4287년도 土地收得稅 事件으로 因해서 數個月 前부터 辭表한다는 말을 있었으나 너무나도 뜻박으 일이다. 鄭 面長任은 確實이 人間 修養을 싸으신 분이다. 職員이나 一般 面民에 對해서 그 程度로 하시기도 어려운 노릇이다. 個人의 私慾을 채우기 위해서 收得稅를 減免한 겄도 않이요 다-만 面民의 過重한 負擔을 덜기 위해서 한 處事이겄만 最後의 責任은 面長이 單獨지고야 말었다.

1956年 1月 24日 (陰 12月 12日) 火曜日 晴 後 雪

오늘부터는 日氣가 매우 不順해진다. 겨울날의 추위가 위엄을 보일 양인지 晝間에는 쌀쌀한 날이였다. 이 추운 날이 닥처오면 오면 헐벗고 굼주린 많은 戰災民들의 生活에 더욱 위협을 준다. 따뜻한 봄날은 마치 어머님의 따뜻한 보드러운 손길과 같고 겨울의 눈보라치는 추운 날씨는 嚴格한 家庭의 위엄을 부리는 아버지와도 같다. 온 終日 추운 날씨드니 해가 저서 어두움이 들면서부터는 晴天에 구름이 더피기 始作하드니 흰 눈이 하나식 둘식 나리기 始作한다. 面 宿直室 따뜻한 房 아래묵에서는 一통 뻥 하는 소리를 들을 적에 필경 또- 麻雀이 始作된 모양이다. 窓 밖에서는 함박눈이 소리 없이 나리며 室內에서는 밤을 새워가며 한 짝의 麻雀을 죄여 自己들의 趣味인 양 떠들고 있다.

1956年 1月 25日 (陰 12月 13日) 水曜日 晴

사람의 마음이란 原來가 微弱한 것인가? 不然이면 나의 마음만이 남달리 弱하단 말인가? 않이다. 사람의 마음이 全部가 다 微弱한 것이 않이라 나의 마음만이 特히 弱하다고 본다. 내 自身 내 마음이란 바람 앞에 갈대와 같다는 것을 생각해본 적이 數十次例나 된다. 내가 벌써 언제부터 麻雀을 中止해 보려고 여러 차레 마음먹은 바 있으며 또 어떤 때에는 斷然코 않하련 하였든 것이 不知 中 始作하게 된다. 어제밤에도 한 번 벌려 논 판이 完全히 밤을 새우고 말었다. 끝난 後에 生覺해 보면 어제밤의 일이 꿈과 같다. 거울을 드려다 보니 눈알은 발글해지고 얼굴은 야월대로 야위저서 볼 수가 없다. 참다 못해서 낫잠을 자고 夕陽에 집에 들어와 보니 數日 前부터 알코 있든 어린애는 더욱 苦痛을 이기지 못하고 있는 꼴을 볼 적에 마음의 한 구석에서는 나의 罪가 컸음을 自認하며 어린아이에게 未安한 感이 든다.

1956年 1月 26日 (陰 12月 14日) 木曜日 曇 後 雪

兵事主務者會議가 郡에서 開催되여 아침 찬바람을 받어가며 그덕거리고 槊樹까지 나갔것만 無情하게도 뻐-쓰는 떠난 지 오래되여 기다리다 못해 任實 가는 추럭으로 到着하여 보니 3個 面에서 參席치 않애서 會議를 못하고 있다.

12時가 지난 後에야 開催되였는데 特히 오늘 會議에는 面 支署 合同會議가 되여 郡守 署長任이 參席하셨다. 午前에는 在鄕軍人兵務召集에 對해서 指示했고 午後에는 郡守室에서 面 主務者만이 모혀서 1次 5回 徵集에 對해서 指示가 있었다. 集結日字가 陰 1月 2日에 되여서 充

員 上 大端한 隘路가 있지 않을가 한다. 時間이 늦어서 뻐-쓰는 없고 해서 步行으로 平橋 있는 데까지 到着하니 南原行 大韓 뻐-쓰가 轉複[顚覆]되여 있다. 그겄을 바라보니 悽慘하기 限이 없다. 多幸히도 卽死者는 없었다고 하나 重傷者가 많은 模樣이다. 安全第一은 步行박에 없다.

1956年 1月 27日 (陰 12月 15日) 金曜日 晴

어제 開催 豫定이였든 里長會議를 郡 會議의 結果를 알기 爲하여 오늘로 定하였기에 午前 일직히 어제 交付받은 令狀을 支署主任에게 回覽시키고 會議書類를 起案하고 職員의 出張 計劃을 樹立했다. 많은 里長이 不參하였으나 會議는 그대로 開會했다. 今般에도 例와 다름없이 經費 關係를 가지고 論議되였는데 最後에 가서는 별수 없이 戶當 10圜式 補助받기로 했다. 上部의 指示는 民幣[弊] 根絶하라고 떠들지 今般에도 一人當 200圜式의 補助金으로서 執行하라고 하니 到底히 可能이 없는 일이다. 會議가 끝난 後에 面長任으로부터 里長 職員을 一堂에 뫃여놓고 離任辭를 하였다. 그 後에 里長 主催로 面長任의 送別宴會가 있었다. 늦게까지 있다가 中途에 나는 그 자리를 떠나왔다. 오늘 나의 집 돼지를 팔었다. 아무리 家畜이나마 一年 以上을 飼育하다가 生命의 最後가는 자리에다 賣渡케 되니 마음이 좋지 않앴다.

1956年 1月 28日 (陰 12月 16日) 土曜日 雪

아침부터 눈이 나리기 始作한다. 눈이 나려도 普通으로 나리였으면 좋겠으나 그겄도 않이고 酷毒한 雪寒風이 불며 눈이 나려 때리는 데는 精神이 혼돈될 程度이다. 하루 종일이 쉴 사이 없이 나리고 있다. 이 추운 날에 職員들은 令狀 交付 次 出張을 보내고 나만이 事務室에서 앉어있노라니가 內心 不安했다. 그러나 實은 나도 오늘 山水里에 計劃이 서 있다. 그러나 成植이에게 付託하고서 1月末 現在 統計表를 作成했다.

夕陽에 學根이가 찾어왔다. 去年 2月 10日에 全州工業學校 校庭에서 헤여저 入隊한 後에 어제밤에 歸家해서 約 一年만에 오늘 처음 맛났다. 家庭的으로 困難이 많은 사람인데 軍人의 몸으로 있느라고 手苦가 大端히 많다. 눈을 맞어가며 같이 집에를 들어왔다. 밖에서는 只今도 무서운 바람이 불며 門쌀에 눈이 날려와서 부닥치는 소리가 들린다.

1956年 1月 30日 (陰 12月 18日) 月曜日 晴 (面長選擧日)

지난번에 鄭 面長任의 辭任으로 因하여 오늘 後任 面長의 選擧日이다. 全 面民의 關心이 全部 集中되여 있다. 그러나 여기에서 어떠한 人物이 當選될 것인지? 여기에 對해서는 面民의 關心도 크려니와 그보다도 直接 우리와 마주처서 事務를 執行하여야 하기에 우리들의 마음이 더욱 초조했다. 學校에서 講堂을 利用해서 傍聽券까지 發行하며 面民으로 하여금 觀察케 하였다. 午前 12時 頃부터 會議가 始作되여 討論이 끝난 後 投票를 行하는데 一次 投票에 金學進이 七票 吳錦泳 五票가 나왔다. 그러나 一次 投票 끝난 室內의 空氣가 매우 험악하여졌다. 自由黨 公薦者인 吳錦泳이가 當選可能이 없게 됨을 알어챈 警察이나 또한 黨 自體이나 그보다도 더욱 異狀한 겄은 議員들 自身들이였다. 밖에 나가서 어떠한 秘密工作을 해가지고 들어오며 警察에서는 某某 議

員을 다려다가 무슨 工作을 하는지 한쪽 敎室로 다려다가 한참 後에 나오고 하는데 議員들 自身도 그러했겠지만 傍聽하는 우리들도 보기에 매우 딱했다. 5分間 休息한다는겄이 若 10分 後에야 二次 投票를 始作했다. 二次 投票에서는 6對 6으로 結局 一票가 움지기고 말었다. 그 結果 場內는 一次 投票가 끝날 때보다는 比較的 順順했다. 5分 後에 三次 投票를 始作해가지고 開票를 하는데 그때에는 보고 있는 우리들도 마음의 애타움이란 말할 수 없었다. 한 票 두 票 개리는데 손에서 땀이 날 程度이다. 끝난 後 한숨을 쉬게 된 겄은 무었보담도 過去에 副面長으로서 우리와 同苦同樂해오던 金學進이가 7표로서 無難히 當選되였다는 것이다. 마땅히 오른 일이다. 職員들도 거이 다 現 副面長을 支持할 것이다. 投票가 끝나니 傍聽人들은 卽時 헤여지고 議員만이 남었다. 午後에 추럭을 타고 槳樹까지 갔다. 밤중에야 歸家했다.

1956年 1月 31日 (陰 12月 19日) 火曜日 晴

몇日 前에 많이 나린 눈이 어제부터 따순 날씨가 繼續되여 凍結이 풀리기 始作하여 길이 걸어다닐 수가 없도록 질컥거렸다. 이대로 날씨가 풀어진다면 몇日 않 가서 눈은 다- 녹을 겄 갔다. 午前 中에는 今般 一次 五回 徵集令狀 交付 狀況 報告書를 作成하고서 支署에서 依賴한 一月 中 統計表를 作成하여 주웠다. 지난달과 變動 狀況이 없어서 作成中 困難은 없었으나 支署에서는 統計를 한번 내여주면 寫本을 一通式 두고 보내야 한단 말이지 全部를 다 보내여 버리니 언제나 새로 作成해야 한다. 그래서 相當한 時間이 걸리였다. 午後에 宿直室에서 있는데 梧枝里 宋桂植이가 왔다.

지난 15日에 本 마을로 結婚을 하였는데 面 職員들을 招請하러 왔다는 것이다. 그러나 職員이 退廳해 버리고 몇 名 없어서 가지 못하고 말었다.

1956年 2月 1日 (陰 1月 20日) 水曜日 晴 (先故忌日)

오늘은 나의 아버님의 忌日이다. 아침부터 마음에 悲哀感이 든다. 남들은 나의 年令[齡]에 兩親父母가 다- 生存해 게시며 아버지를 마음대로 불러도 보고 있겄만 나는 아직도 아버지란 말을 한 번도 해보지 못하고 불러보지 못했으니 아버지 안 계신 서름이란 말할 수 없는 서름이다. 사람이란 一生一死라고 하지만 나의 아버님은 너무나도 일직히 作故하셨다. 내가 2, 3歲 되였을 때 無慘하게도 이 世上을 떠나시게 된 아버님은 單 홀로 있는 獨子인 이 못난 子息을 얼마나 마음에 애처럽게 생각하시며 저- 먼 나라로 가셨을 것인가. 나는 그 일을 생각하니 글씨를 쓰고 있는 이 순간에도 아지 못한 사이에 눈물이 돌고 있다. 朱川面 큰누님게서 午前에 오셨다. 큰누님은 언제나 아버님 忌日에는 빠짐없이 잘 오셔서 홀로 쓸쓸하게 있는 나를 慰勞하여 주신다. 不孝子 이 子息은 아버님의 靈前에게 비옵나니 不孝子는 조금도 念慮 마르시고 고히 고히 잠드시길 비옵나이다.

1956年 2月 2日 (陰 12月 21日) 木曜日 晴

今般 新任 面長任이 오늘 當選 就任人事 次 上郡하였다.

數日 前만 하드래도 副面長의 職位에 있었는데 오늘날 面長의 職을

맡게 되여 그러한지 副面長 當時보다도 더 嚴하게 보인다. 사람이란 道를 닥고 修養을 거듭하는 데서 進步性이 있는 것이어늘 나같은 人間은 그것을 빤이 알면서도 조금도 履行을 못하고 있으니 이대로 간다면은 永永 人間 破鐵이 되고 말 것이 아닌가? 地政係에서 職員 出張 計劃을 세웠다. 卽 5個年間의 償還量 納付 成績에 依해서 多量 未納者로서 惡質的인 根性이 있는 者는 農政法 第18條에 依하여 沒收하여 再分配한다는 것이다. 그래서 個人 別 出荷量을 調査 次 出張하라는 것을 午後에 成植이에게 付託하고 가지 않했다. 現物이 없어서 내지 못한 農家에 對해서는 考慮의 餘地가 있겠만 現物을 두고도 내지 않는 分者는 依法 措置해야 한다.

1956年 2月 3日 (陰 12月 22日) 金曜日 晴

職員들은 어제부터 出張이 繼續되여 事務室 內에는 몇 名의 職員박에 모히지 않애서 조용하였다.

1956年 2月 5日 (陰 12月 24日) 日曜日 晴 (立春)

모지고 쓸쓸하게 불어온 겨울바람도 다~ 지나고 말만 드러도 따뜻한 氣分이 감도는 立春이 돌아왔다. 집집마다 門前에는 立春大吉을 써 부치고 새봄의 吉運이 있기를 은근히 기다리고 있다. 이와 같이 좋은 날에 나에게는 喜消息은 하나도 없고 괴로운 消息만 들린다. 어제 會計員이 任實 갔다 오드니 令狀 二枚를 가지고 왔다. 1次 5回 追加分으로서 學校에서 除籍 當한 學生이라고 해서 許敏旭과 李善載의 二名이였다. 入隊 日字나 集結 場所 等은 1次 5回의 實施와 同一한 方法이였다.

望田里와 德溪里를 갈여다가 檠樹市場에서 맛날 겄을 豫測하고 文朝와 같이 檠樹로 갔다. 그래서 許敏旭은 多幸히도 일직 만나서 그의 아버지에게 交付하고 李善載의 令狀은 交付치 못하고 文朝에게 付託하고 市場에서 볼일을 보고 그대로 들어왔다. 추럭으로 오는데 男女 혼합이 되여가지고 光景이 참아 볼 수 없었다.

1956年 2月 6日 (陰 12月 25日) 月曜日 晴

어제로서 立春이 지나드니 날씨는 확실히 풀리였다. 오늘은 그야말로 따뜻한 봄날이였다. 어제 李善載의 令狀을 文朝가 交付할여고 善載의 父親을 맛나서 말을 했으나 受領을 拒否함으로 交付치 못하고 그대로 왔기에 明仲와 同行해서 望田里를 가는데 겨울날이란 氣分은 하나도 없었다. 望田里 가서 里長을 찾으니 里長은 全州 가 버리고 없어서 班長을 다리고 前般에 令狀 나온 壯丁의 家庭訪問을 하고 李善載의 집에를 갔드니 자기의 어머니와 아우가 있는데 令狀 受領을 역시 拒否하여 交付치 못하고 말었다. 생각할수록 憤慨하였으나 그대로 참고 新亭里에 가서 入營壯丁의 家庭을 訪問하고 왔다. 누구를 勿[莫]論하고 軍人에 가는 겄을 싫어하고 있는 겄은 숨김없는 事實일 겄이나 家庭을 訪問해보니 人間個性을 可히 알 수가 있다. 어떠한 사람은 그겄을 理解 못하고 面이나 里長을 誤解하고 있다.

1956年 2月 7日 (陰 12月 26日) 火曜日 晴 (面長送別宴)

지난 1月 23日 附로 辭任한 鄭 面長任의 送別宴會를 面議員과 職員 合同으로 오늘 午後부터 面長室에서 始作되였다. 職員은 全員 參席하였으나 議員은 半數밖에 參席치 않앴다. 參席치 않은 議員은 勿論 形便에 依하여 不參한 分도 있겠으나 우리들의 보는 바는 그겄이 않이다. 今般 面長選擧 時의 贊成派와 反對派로 分烈[裂]되여 오늘 不參한 議員은 主로 反對派에 屬한 議員이라고 볼 수가 있다. 本人들의 心情이야 그러하지 않다 하드래도 이쪽에서 보는 見解는 그밖에 볼 수가 없다. 宴會는 늦도록 愉快하게 놀았다. 이로서 事務 引繼만 끝나면 鄭 面長任과는 完全히 떨어지게 되니 섭섭한 感이 한층 더한다. 午後에 德溪里 某 學生으로부터 消息을 들었는데 어제밤에 朱川面 큰姊兄 宅의 사장게서 別世하셨다고 한다. 어제 누님이 多幸히도 歸家하서서 最後의 길로 떠나신 것을 보았지 萬若에 一日만 늦었드라도 當하지 못할 번 했다. 아직 66歲의 老人이라 더- 壽하실 수가 있는데 섭섭한 일이다.

1956年 2月 8日 (陰 12月 27日) 水曜日 晴 後 雨 雲

언제 누가 發端하여 온 일인지 알 수는 없으나 大名節이 닥치면은 上官에게 親友에게 선物이 오고 가고 하는데 그겄도 特히 公職에 있는 者가 더욱 甚하다. 上部官廳에서는 이와 같은 幣習을 一掃하라고 말버릇처럼 외우고 있으나 其 裏面에는 뒷문을 드나드는 親舊가 있기를 殷謹[慇懃]히 기다리는 사람도 없지 않을 겄이다. 二重過歲를 없에라고 强力히 나가고 있으나 그래도 舊正이 몇日 안 남은 近日의 風景은 確實히 달러졌다. 오늘도 里長會議가 있고 또 大韓赤十字社에서 나와 無料 治療을 하여 주고 해서 面廳 內는 大端히 複雜하였다. 그런데 面長任이 나더러 任實 가서 買上 資金을 先拂 받어가지고 全州 가서 物件을 사다 郡署 幹部에게 주고 오라고 해서 熾範이와 같이 갔었다. 郡에서 用務를 끝마치고 나니 金融組合에는 이미 時間이 늦어서 事務가 끝난 후였다. 그래서 組合의 用務를 보지 못하여 上全치 못하고 崔伏範이 한테서 幣를 끼치고 말었다.

1956年 2月 9日 (陰 12月 28日) 木曜日 晴 後 曇

오늘 用務가 大端히 바쁘게 생겨서 아침에 伏範이 더러 手票를 擔保하고 金錢을 借用해 달라고 하였드니 多幸히 如意하게 되여서 첫 뻐-쓰로 上全했다. 全州 가서 朝飯을 먹으러 가다가 韓秉道를 路上에서 맛낫는데 今般 忠南 警察局으로 轉出 發令이 났다고 한다. 그래서 나려오는 車에 同行키로 하고 헤여저서 朝飯을 먹은 後에 바로 샤-쓰店에 가서 全部 샤-쓰로 삿다. 約 36,000圜 어치를 사가지고 車 時間이 되여서 바로 뻐-쓰 停留所에 가서 車를 타고 나려왔다. 任實 와서 보니 熾範이가 있어서 郡 小使를 하나 다리고 郡 幹部 舍宅에서 配達하고 署幹部 宅에는 署 小使 하나를 다리고 配達했다. 아침에 일어나서는 오늘 일이 頭痛거리더니 以外에도 順調롭게 進行되였다. 歸廳해 가지고 보니 職員들은 행여나 하고 기다리고 앉었고 宿直室에서 麻雀을 하기에 들어가 보니 任主任이 왔다. 今般 警專을 卒業했는데 扶安署로 發令이 났다.

1956年 2月 10日 (陰 12月 29日) 金曜日 晴

舊正을 앞둔 날씨는 제법 쌀쌀하다. 흰눈이 하나식 둘식 날리며 小寒 大寒 以上의 行勢를 할여고 한다. 섯달 대목장이라고 하겄만 오늘은 別로 장군이 보이지 않은다. 面 職員은 新舊 面長의 事務 引繼를 하기 爲하여 樊樹 가지 못하고 붓들여 앉어 있다. 아침에 일직히 出勤을 해 가지고 宿直室에 가 있노라니가 支署主任 오드니 會計員에게 年末 關係 各 里에서 해주는 것을 立替해주지 않은다고 怒發大發하고 돈뭉치를 방바닥에다 내북치고 가니 이 世上에 第一 맷맛한 게 末端 面 書記 身勢다. 會計員이 何罪也. 里에서 據[醵]出이 밎어 되지 않은 겄을 어쩌란 말이냐? 職員들에게는 年末이라고 해야 一錢 한 푼 주지도 못하고 있는 現實인데도 不拘하고 外部에서는 그 야단을 치니 사람 죽을 노릇이다. 없어서 못 주는 會計員의 心情 모른 배 않이나 설이라고 해야 반찬 하나 사지 못하고 그대로 집으로 돌아가는 職員들의 그 심정 어이 말 할 수 있으리요.

1956年 2月 11日 (陰 12月 30日) 土曜日 晴

多事多難했든 乙未年도 이로서 덧없이 저므러가고 來日이면 希望의 새해를 마지하게 된다. 陽曆의 乙未年이 지난 지는 이미 오래되였으나 그래도 아직까지 우리나라 民族의 習慣 上으로는 陰曆이래야만 설 같은 氣分이 난다. 過去 一年間의 나의 歷史를 더듬어 볼 적에 너무나도 하잘것없는 時節이였다. 짧은 人生의 한 토막을 이와 같이 無意味하게 虛送하고 있으니 나의 前途가 過[果]然 어느 程度로나 打開될 겄인지?

人生으로서 해놓은 일이라고는 하나도 없고 無情하게도 흐르는 歲

月을 것 잡을 수 없어 青春의 꽃 時節이 아지 못하는 순간에 자취를 감추고 있으니 人生의 虛無함이 애닯으고도 야속하도다. 그래도 오는 新年을 즐거웁고 幸福스럽게 맛기 爲하여 오늘 午前에 面 목간에서 모욕을 하였다. 新任 面長의 新任辭를 面長室에서 하고 職員들은 헤여진 後 몇몇 職員만이 送年會의 濁酒宴會를 하였든 겄이 大醉하여 어쩐 줄을 모로마렀다.

1956年 2月 12日 (陰 1月 1日) 日曜日 晴

光明한 새해의 아침 햇빛이 온 天地를 밝히고 보니 틀림없는 丙申年의 첫 햇빛이였다. 陰曆을 崇尙하는 우리 白衣民族은 일직 일어나 몸을 단정하고 새해의 새 공기를 마서가며 先靈에게 奉祭祀를 드리고 있다.

어느 民族이나 다 같이 正月 一日이라면 年中 大名節로서 즐기고 있으나 特히 우리 韓國에서는 年頭日이요 奉祭祀를 들이게 됨으로 名節中의 名節이다. 아이들은 아침 일직히 일어나서 고흔 옷을 갈어입고 뒤여 다니며 가문의 尊長에게 歲拜를 다니고 있다. 나도 午前에 爀圭하고 같이 洞內의 老人에게 歲拜를 다녀 보았으나 어쩐지 이제는 설날이라고 해야 즐거운 氣分이 나지를 않은다. 數年 前만 하여도 손꼽아 기다리든 설날이였겄만 虛無한 人生航路를 것고 보니 이겄마저 따라서 趣味가 없어진고나.

1956年 2月 13日 (陰 1月 2日) 月曜日 晴

4288년 第一次 五回의 徵集者가 오늘 面內에 29名이 出發하게 되였

다. 그래서 正初이겠만 職員들도 全部 出勤을 하게 되여 거이 다 出勤했다. 各 部落에서는 많은 人員이 歡送 次 나오기 始作하여 面事務所內는 大端히 複雜하였다. 오늘도 出發에 앞서 經費에 置重하였으나 이겄마저 如意케 되지 않어 困難之事이였으나 그대로 참고 말였다. 午後 一時까지 集合하라고 指示하였겄만 午前 10時 頃에 集合한 壯丁이 있는가 하면 午後 四時 頃에야 겨우 나오는 壯丁도 있었다. 壯行會는 面事務所 마당에서 擧行하고 酒席은 面長室에다가 設備하였다. 今般의 應召 成績은 大端히 좋은 便이다. 29名 下令에 有事故 不參者 하나 있고 28名이 集合하였다. 壯丁들도 이제는 차차 認識을 하여 忌避者가 없어진다. 추럭으로 밤 6時 半 頃에 任實에 到着하였다.

1956年 2月 15日 (陰 1月 4日) 水曜日 曇

언제나 보는 事實이겄만 今般에는 特히 더 많은 人員이 入隊케 되여 그러한지 南原 龍城國民學校에는 人山人海를 이루었다. 1,200餘名의 壯丁과 그를 歡送하러 몽여든 家族 引率者 等 많은 人員이 몽인 가운대 警察樂隊의 奏樂으로서 壯行會를 始作하여 壯行辭에 道知事 代理로 産業局長이 朗讀했고 吳[五]兵區 司令官과 其他 各 機關 政黨 社會團體의 격勵辭가 있었는데 特히 學生代表로서 南農高 學生의 熱辯에는 壯丁의 拍手를 받었다. 부슬비 나리는 運動場에 壯行會를 마치고 補充隊에 引繼를 하는데 今般에는 分[雰]圍氣가 確實히 틀여 가지고 있다. 忌避者가 적고 志願者가 많이 있으며 壯丁들의 士氣가 前보다 百倍나 盛하며 誤[娛]樂大會를 여는데 서로가 다투어 나아가서 노래를 부르고 있다. 이만하면 兵事行政도 刷新된 셈이다.

1956年 2月 17日 (陰 1月 6日) 金曜日 晴

今般 壯丁의 引繼를 끝마치고 南原까지 간 兼에 朱川面 큰누님의 집에를 갔다가 오늘 도라왔다. 4283年度에 가고 그 後에 가지 못했었는데 뜻밖에도 去年 겨을에 사장어른도 作故하시고 해서 問喪 兼해서 가서 어제 一日 쉬고 오늘 나섰다. 汽車 時間을 대이기 爲해서 일직히 出發해서 나와 보니 時間의 餘有[裕]가 많앴다. 驛에서 學禹를 맛나서 運送部 事務室에 가서 놀다가 時間이 되여 나와서 추위를 免할 수가 있었다. 同行해서 書道驛에서 나렸는데 露峯 가서 놀다가 가자고 해서 거기를 들었갔드니 떡국을 끓어 와서 먹고 놀다가 가 夕陽에야 왔다. 알고 보니 그 집이 이 마을 露洞宅의 親家이라고 한다. 初面에 가서 많은 幣를 끼치고 왔다. 오늘 벌써 3日째인데 겨울날 以上 가게 춥고 바람이 부러 오는데 困難했다.

1956年 2月 18日 (陰 1月 7日) 土曜日 晴

例年과 같이 今年에도 2, 3日 頃에 新基里를 다녀왔을 테인데 今般 一次 五回 壯丁 引率 關係 上 이제까지 가지 못하고 오늘에야 가게 되였다. 午前에 面에 있노라니가 支署에서 하는 말이 金禮植의 兵役忌避關係로 全州地方法院 部長判事가 來面한다고 해서 기다렸드니 1時 頃까지 기다려도 오지 않애서 中食을 먹은 後 魯植이가 新基를 간다고 해서 同行해서 갔다. 昨年까지만 해도 急作히 故鄕이 그리워지고 故鄕에 가서 살고 싶으드니 어쩐지 至今에 와서는 別로 그리 생각히 많치를 않다. 그렇다고 해서 싫다는 겄은 않이지만 昨年과 같이 마음이 動하지는 않은다. 저녁에 이동 兄이 오셔서 오래도록 놀다가 康永이 兄의 집에 가서 麻雀 한 짱 하고 늦게야 거기서 잣다.

1956年 2月 19日 (陰 1月 8日) 日曜日 晴

午前에 山所에 성묘 드리고 午後에 歲拜를 할러 다닐여고 성묘하러 나가다가 無愁洞 大母에게 歲拜 次 들어갔었다. 마침 土亭<祕>訣을 보고 있어서 거기서 한참 놀다가 나도 한번 보아 봤다. 나도 이러한 젔을 싫어하는 便이지만 旣往 있는 젔이기에 보았드니 滋味없는 卦이다. 않이 본 젔만 같지 못하다. 그젔이 끝난 後에 從妹와 같이 山所에 갔었다. 가는 길에 카메라를 가진 아들이 있어서 從妹와 같이 寫眞을 撮影하였다. 갔다 돌아오는 길에서 磊川里 沈星萬 氏와 館村面 李漢基를 맛났다. 李漢基는 나의 出生地인 德川里의 옛 親友인데 맛나 본 지가 이미 數年채이다. 오늘 이 자리에서 맛나보기는 천만뜻밖의 일이다. 午後에는 大小家 몃 집에만 찾어 보았다. 大村 아짐 宅에 가서는 여러 가지 飮食을 많이 내놓아서 맛있게 먹었다. 저녁에는 龍宰가 와서 같이 큰 집에서 놀다가 龍宰 집에 가서 그 집 사위 申서방 같이 놀았다.

1956年 2月 20日 (陰 1月 9日) 月曜日 晴 雪 (雨水)

아침을 龍宰 집에서 했기에 앉은 자리에서 먹었다. 去年에는 여러 집에서 밥을 먹었기에 큰집에 가서는 불과 一, 二食밖에 않이 했는데 今年에는 아침에 龍宰한테서 처음이다. 去年에만 해도 아무 異狀이 없든 집안이 去年 가을부터 亨宰집과 큰집에 틈이 벌어저 이제는 막을내야 막을 수 없는 틈이 되고 말었다. 그래서 그러한지 故鄕이라고 해야 去

年과 같은 氣分이 하나도 나지 않은다. 今年에는 쓸쓸하게 다녀온 셈이 되고 말었다. 이동 兄과 같이 삭실 山所에 성묘 드리고 棨樹에 가서 康述집과 起準 氏 집에 問喪을 갔었다. 起準 氏 宅에서는 7, 8人이나 되였는데 酒菓床을 찰여와서 맛있게 먹고 나와서 보니 三溪 오는 車가 있어 글로서 왔다.

오늘도 날은 相當히 추운 날씨였다. 車 위에 가 섰는 사람으로서는 겨울날에 지지 않을 만큼 차다.

1956年 2月 21日 (陰 1月 10日) 火曜日 晴

舊正을 지나고 今年 들어 처음으로 오늘부터 三日間 各種 稅金 徵收 次 出張이다. 各 班別로 가게 되는데 나는 二班으로서 鴻谷 山水 三溪 竹溪里이다. 職員會議가 끝나고 各自 맡은바 擔當部落으로 行動開始를 하였다. 出發에 앞서 支署 沈大燮 主任이 本署 搜査係 刑事班長으로 轉任하고 同 刑事班長 宋 警査가 支署主任으로 赴任한다는 말을 들었다. 沈 主任은 事變 前과 收復 卽後에 三溪에 勤務하였었고 今般이 三回채인데 面民의 信望이 높이 평가되고 있는 분이다. 우리 班員 一行은 먼저 山水里로 行하였다. 中食을 里長 집에서 먹고 鴻谷 二區로 갔드니 吳鎬俊이가 出他하고 없어서 一區 里長 집으로 갔드니 마침 里長이 있어서 里長과 같이 韓光錫 氏 宅으로 갔다. 거기 갔드니 많은 飮食物을 가저 와서 맛있게 먹고 秉瓘이의 어머니를 뵈옵고 돌아왔다.

1956年 2月 23日 (陰 1月 12日) 木曜日 曇後雪

어제는 出張을 中止하고서 오늘 鴻谷 二區로 繼續 出張을 하였다. 明仲이와 같이 鴻谷 二區에 到着하여 보니 成植이가 먼저 와서 기다리고 있었다. 里長이 科坪里에 갔다고 해서 다시 科坪里로 넘어와서 里長을 맛나 가지고 賢基 氏 舍廊房에서 里長으로부터 稅金을 引受받었다. 林野稅는 말인즉 稅金이지 納稅義務者 一名에 대하여 四 圜짜리까지 있어 件數만 많지 實收入은 적다.

里長이 많이 代納해 주웠다. 그래서 그겄만 받어 가지고 올여다가 後川里 阿山市場에 가서 理髮을 할여고 나려가서 理髮을 하고 濁酒 한 잔식 마시고 나리는 눈을 맞어가며 歸廳하였다. 올라와서 보니 前般 一次 五回에 忌避한 許敏旭과 李善載에 對한 出頭通知書가 下達되여 와서 있다. 支署에 出頭해서 誓約書를 提出하고 다음 一次 六回 徵集 時 出頭하여 應召하라고 하였으나 그겄이 如意하게 될 겄인지? 疑心되는 바 크다. 집에 와서 보니 어린아이가 如前히 알코 있어 藥을 지여다 주웠다.

1956年 2月 24日 (陰 1月 13日) 金曜日 晴

지난번 一次 五回 入營者의 兵籍整理를 하고 있는데 面長室에서 부르기에 드러갔드니 蓬峴 一區 里長選擧를 오늘 實施하는데 가서 立會하고 오라는 겄이다. 前 里長 金成植이가 里長에 될 적에도 내 가서 選擧에 立會하였는데 今般에도 공교롭게도 내가 責任이 되였다. 實은 數週日 前에 里長選擧가 있었는데 不適合者가 當選이 되여서 今般에 再選擧를 하라는 겄이다. 가서 部落의 空氣를 살펴보니 前般 選擧에 最高

得點者인 韓 氏를 無投票 當選시키겠다고 한다. 그러나 里民의 全體 意思를 一段[旦] 聽取키 爲하여 里民을 集合시키고 있는데 郡 兵事係 韓大錫이가 찾는다고 光朝가 나려왔다. 그래서 光朝에게 一任하고 올라와 보니 去般에 普及한 入營壯丁 祝旗 代金을 徵收 次 나왔다. 收入된 것은 없고 出張員의 體面을 생각해서 萬圜을 立替하여 주니가 全額 주지 않는다고 그대로 가버리니 面書記인들 何罪냐 말이다.

1956年 2月 25日 (陰 1月 14日) 土曜日 晴

人間이란 良心의 可[呵]責을 받지 않고 사러야만 올바른 生活을 할 수 있으며 一身上 安도感을 가질 수 있는 것이다. 人間生活의 眞實한 過程을 밟을라매 虛僞가 없어야만 諸般에 有利하다. 現 社會相을 考察하여 볼 적에 過然 이것이 實踐에 옴겨지고 있느냐 하면 그것이 않이여든 이것을 造作하는 者가 過然 그 누구냐?

午前에 本署 兵事係 金南斗와 李光茂 巡警이 와서 戶籍과 兵籍을 對照해가지고 年令의 僞造者를 摘發하여 가지고 갔다. 後에 適當히 하기로 하고 그대로 돌여 보냈으나 本人들도 勿論 나쁘지만 警察官 自身들도 一考 餘地가 있다 본다. 오늘 오래만에 山幕을 갈여고 計劃했었는데 그네들이 온 바람에 일직 가지 못하고 午後 늦게야 孝植 熺植과 같이 갔었다. 一年만에야 갔었다. 저녁에는 孝植이의 主張으로 在修 집에서 農樂을 치고 늦게까지 놀았다.

1956年 2月 26日 (陰 1月 15日) 日曜日 晴 後 曇

正月名節의 하나인 대보름이 오늘이다. 平和한 옛날 우리들의 어린 時節에는 오늘은 大端히 바쁜 날이다. 家家戶戶에 다니며 집과 나무를 거두어다가 저녁에는 달마지를 짓고 두렸하게 뜬 둥근 달을 바라보며 불을 놓고 農樂을 치고 하였겄만 요새 날에는 어느 마을이나 莫論하고 달마지를 짓는 데가 별로 없다. 이 山幕마을에서도 相當히 좋아하드니 今年에는 하지 않고 말었다. 그래 晝間에는 한 房에 담빡 앉어서 도람푸를 치고 놀았다. 그러고서 夜間에는 興燮이 집에 가서 農樂을 첫다. 어제밤에 치고 오늘 밤에도 끝까지 滋味있게 놀았다.

우리 韓國 農村에서 誤樂 機具로서는 그래도 農樂이 노는 데는 第一 좋다. 特히 오늘 밤에는 竹溪 一區 部落에서 選手 三名이 넘어 왔었고 山幕 部落의 中老人級에서 合同해가지고 놀았기에 相當히 잘 했었다.

1956年 2月 27日 (陰 1月 16日) 月曜日 晴 後 曇

나의 좋지 못한 特性이 하나 近來에 생기고 말었다. 이겄은 勿論 어떠한 딴 職場을 가지게 되면 고쳐질 수 있을난지 모르나 數年 前만 해도 그러지 않앴는데 突然히 變하였다. 즉 무었이냐 하면 어떠한 機會나 場所에 있어 노는데 精神이 팔리면 時間의 흐름을 모른다는 것이다. 14日에 와서 어제 하루 놀았으면 오늘은 일직히 집에 올 일이지만 午前에 竹溪 一區 가서 祝旗 代金을 받어 가지고 오려니 했든 것이 갔다 와서 논 겄이 오늘도 집에를 오지 못하고 말었다. 一區 갔다 오면서 보니 姊兄의 淑父任들이 棺木을 작반하고 있다. 넉 장이 나오는데 어머님을 爲해서 姊兄이 한 입내기 준다고 해서 일부러 올라가서 본 겄이다. 姊

兄은 나에게 對해서 그 以上의 할 道理가 없다. 그러나 나는 그 恩惠를 갚지 못하고 있다. 오늘 저녁에도 鐘紋이 큰宅에서 農樂을 치고 놀았다.

1956年 2月 28日 (陰 1月 17日) 火曜日 雪

어제저녁부터 날씨가 흐르더니 아침에 일어나서 窓 밖을 내다보니 눈과 비가 석어서 나리고 있다. 어제 午後에 歸家할 것을 노는 데에 精神이 팔려 넘어오지 않고 그대로 놀았든 것이 집에 오지 못하고 이와 같이 눈이 나리고 보니 넘어갈 일이 아득하다. 그러나 오늘은 별수 없이 와야 하게 생겨서 눈이 잠간 개인 틈을 타서 鄭明仲이와 같이 왔다. 三溪에 와서 보니 前에 여기 있다 今般 扶安으로 轉任한 任昌浩 主任의 移舍짐을 실코 있다. 歷代 主任 中에서 누구에게 못지 않은 民主警察이였는데 그와 같이 머나먼 데로 가게 되니 一片 섭섭하다. 집에 와서 보니 어린애는 如前히 앓고 있어 氣分이 좋지 않했다. 집에 有故가 있으면 마음이 便치 않어 언제나 좋지 않은 氣分이다. 面에 가서 보니 職員들 만이 뫃여 앉어 面長의 行方을 論議하고 있다. 지난 25일 早朝에 집을 나간 後로 現在까지 消息이 없다고 하니 이도 또한 방관할 問題가 않이다.

1956年 2月 29日 (陰 1月 18日) 水曜日 雪

오늘 하루 職員들은 徵稅 次 出張 中이고 事務室 內에는 몇 名의 職員만이 남어 있었다. 그래서 조용한 時間을 利用해서 二月末 現在 統計

表를 作成하고 在鄕軍人 身上 申告者 月末 報告書를 作成하였다. 그러나 午後에 東亞日報가 왔기에 보니 今般에 나린 눈이 서울에는 34年來의 大雪이라고 한다. 勿論 여기도 많은 눈이 왔지만 그때그때에 녹아 버려서 별로 싸이지는 않앴으나 任實만 하드래도 눈이 相當히 와서 뻐-쓰가 運行치 않은다고 한다. 봄눈치고는 以外의 일이다. 또한 報導[道]에 依하면 지난 1月 30日에 서울서 발생한 特務隊長 金昌龍 中將의 殺人犯 一黨 七名을 26日에 全部 체포하였다고 한다. 事件 發生 以後 28日間에 걸처 各 搜查機關에서 猛烈한 搜查를 進行하였든 바 結局 特務隊에서 잡고 말었다. 알고 보니 犯人은 軍人 5名 民間人 2名으로서 그 中에는 前 서울地區 兵事區 司令官을 지낸 陸軍大領도 한목 끼여 있다.

1956年 3月 1日 (陰 1月 19日) 木曜日 曇 (三一節)

오늘은 感懷도 새로운 三一記念日이다. 지금으로부터 37年 前에 서울 빠고다 公園에서 民族의 先驅者이신 孫秉熙 氏 外 32名의 憂國志士는 世界萬邦에 韓民族의 이여받은 傳統的인 民族精氣를 發揮하여 我國이 獨立國이며 我民族이 自主民임을 宣佈[布]하고 三千里 訪訪谷谷[坊坊曲曲]에서는 全民族이 厥起하여 大韓獨立萬歲를 불렀든 겄이다. 이로부터 國家와 民族을 爲하여 아까운 生命을 희생한 先烈志士가 많었으며 國內에서 또는 國外에서 韓國의 獨立을 爲하여 烈烈한 鬪爭한 展開되였든 겄이다. 우리가 倭國의 植民地 政策의 쇠사슬을 벗고 世界 民主 友邦國家와 步調를 같이 하게 된 겄도 遇[偶]然之事가 않이라 오로지 先烈들의 흐린 피가 헛되지 않고 結實을 맺은 데서 이루어진 겄이다. 오늘 學校 講堂에서 37週年 記念行事가 있었는데 式典에는 國民學

校 兒童과 各 里에서 많은 人員이 參席해서 盛況裡에 終幕을 나렸다.

1956年 3月 2日 (陰 1月 20日) 金曜日 雪

오늘 日氣는 繼續 흐리고 있다. 흐린다는 것보다도 많은 눈이 나리고 있다. 이것이 봄눈이 되여서 그렇지 萬若 겨울에 이와 같이 나리였다면 宏張[壯]히 싸였을 것이다. 紙上報導에 依하면 江原道 山岳地帶에는 最高 5米 80cm까지 나린 데가 있고 平均 2m 50cm 可[假]量이 나리 있어 20餘 名의 軍人이 死亡 혹은 重輕傷을 입었다고 한다. 이 얼마나 무서운 消息이냐. 敵軍의 銃彈에 쓰러지는 것도 애석한데 하믈며 降雪로 因하여 나라의 役軍이 被害를 입었다는 데 對해서는 悲感을 아니 가질 수 없다. 午前에 서울 姉兄과 內村 姉兄의 두 간데서 便紙를 받었다. 內村은 日前에 雇用兒를 하나 보내 주었드니 無事히 到着했다는 것이다. 서울 姉兄은 作別한 지가 於焉間 햇수로 三年이 되였다. 時代 潮流를 잘 맛나지 못하여 苦生도 많이 하고 이제는 多少 安定된 生活을 할 수 있다.

1956年 3月 4日 (陰 1月 22日) 日曜日 晴

지난 陰 10日부터 아프기 始作한 乳兒가 오늘날까지 繼續되여 槧樹로 藥을 지로 갔다. 어제 光州 從兄任이 오셔서 酒場에를 다녀서 오늘 出發하신다고 하셔서 酒場에 가서 作別의 人事를 드리고 步行으로 槧樹까지 갔다. 걸어가면서 한 거름 두 거름 내어 드디며 近日 中의 나의 周圍還境을 생각하면서 無表情한 나의 心情 말할 수 없이 쓰리였다.

鄭藥局에 가서 來訪의 趣旨를 말하고서 藥 二帖을 을 사 가지고 올 적에도 如前히 걸었다. 와서 들으니가 平洞 老人이 別世하셨다고 한다. 高令[齡]한 老人이요 때도 좋은 때인지라 護[好]喪이라고 볼 수 있다. 人間으로서 언제나 한번은 定해 놓은 일이겠만 年令의 高下를 莫論하고 世上을 뜨게 될 적에는 누나 다 슲어한다. 저녁에는 별안간 農樂소리가 들리여 알고 보니 新任 主任이 請해서 온 모양이라 兼해서 面長 宅과 面事務所에서도 치고 夜 一時 頃에 끝났다.

1956年 3月 5日 (陰 1月 23日) 月曜日 晴

人生이 母體로부터 光明한 宇宙 人間世界에 태여났을 적에는 何人을 莫論하고 貧富貴賤의 差異가 없이 다- 같은 人間으로서 生命의 핏줄기를 받였으련만 一年 二年 자라나는 동안에 네 갈래의 길로 갈러저 富者가 있는가 하면 가난한 者가 있고 貴한 者가 있는가 하면 그 反面에는 人間으로부터 멸시 當한 천한 사람도 있게 된다. 이겄이 人間生活의 本能인 겄 같다. 하나님은 왜 '人間'을 나리실 적에 萬民이 다- 같이 平等하게 살 수 있도록 하지 않으셨든고? 우리 같은 천한 人間은 차라리 이 世上에 나오지를 않이 했드라면 오히려 幸福일 겄을!! 요새에 어린 아이는 아퍼서 生死의 技[岐]路에 놓여 있고 어머님께서도 몸이 不便하시지 거기다 食糧이 떠러지고 나무도 없고 그런가 하면 經濟的인 面에 있어 困難과 打擊을 받고 있으니 이 못난 青春의 애닯음을 그 누구래서 알어주리요. 아- 寒心하도다.

1956年 3月 7日 (陰 1月 25日) 水曜日 曇 雪

개일 듯 하듯 날씨는 다시 惡化되여 어제 하루는 비가 나리드니 오늘은 함박눈이 나리고 있다. 억센 바람과 함게 나려오는 이 눈이 萬若 겨을 눈이라면 오늘 나린 눈만 하여도 相當히 많이 나린 눈이다. 그러나 봄눈이 되여서 바로 녹아 버리고 먼 산에 만이 눈이 나린 겄 갔다. 繼續報導된 바에 依하면 中東部 地方의 大雪로 말미암아 산 짐승이 數10마리가 죽어 그 難 속에서도 이겄을 한 사람이 여러 마리식 주섰다고 한다. 努力 안 들고 고기 주은 겄은 좋으나 때 않이 눈으로 因해서 生命을 잃은 사람의 悲哀는 말할 수 없이 크다. 오늘 新聞을 보니 지난 5日에 自由黨 全黨大會에서는 今年度 正副統領 候補者 指名大會를 열었는데 大統領에는 現 李大統領을 副統領에는 現 民議院 議長 李起鵬 氏를 各各 指名하였다 한다. 現 李 大統領의 三選은 틀림없이 確定할 수 있다고 보아 歡迎할 일이라고 본다.

1956年 3月 11日 (陰 1月 29日) 日曜日 雪

멀지 않은 앞날에 春分이 닥처오는 봄날이겄만 날씨는 개일 쭐을 모르고 如前히 추운 날씨를 繼續하고 있다. 오늘도 午前부터 눈이 나리기 始作하드니 하루를 繼續해서 나리고 있다. 節候로 따저 볼 진대 解凍期도 되였는데 웬일인지 흐린 날씨만이 繼續되고 있다. 3日 前에부터 着手한 今年度 徵兵檢查 事務 準備로 連日 바쁘다. 오늘도 日曜日의 하루를 午前에는 面에 가서 壯丁名簿를 記入하고 午後에는 理髮하고 面에 나가지 않고 말었다. 近日에는 事務에 趣味도 없고 모-든 일에 멋을 모르고 지난다. 갑작히 經濟에 苦痛을 當하고 보니 짧은 하루

이겠만 아무 價値가 없이 넘어간다. 오늘도 멋없는 하루해는 지나갔겠만 都大體 우리나라 三代 大統領은 어느 分이 當選될 겄인지? 民族의 領導者요 世界 防共 鬪士이신 李 大統領께서는 굳이 三選을 辭揚[讓]하시고 게시니 萬若 끝까지 辭揚하신다면 其 後任이 어덯게 決定될 겄인지? 궁금하다.

1956年 3月 12日 (陰 2月 1日) 月曜日 靑

이제까지 數個月間 中斷하였든 月曜敎養講座가 面長의 提議로 오늘부터 再開키로 하였다. 勿論 本 趣旨에 對하여는 雙手를 들어 歡迎한다. 他 職員은 敎養을 싫어하는 職員도 있지만 나는 잘만 된다면 누구보다도 이겄을 希望한다. 그러나 面의 實情으로 볼 적에 이겄이 過然 始終一貫 되여 나갈지? 첫째 敎養을 식힐만한 知識을 갖은 사람이 있어야할 겄인데 이겄이 안 되여 있고 둘째 職員들의 心理가 여기에는 벌서 他山之石으로 여기고 있다. 오늘도 다른 겄은 할 겄 없고 正副統領選擧法을 記載해서 가지고 硏究하라고 이겄을 써 보았으나 이겄마저 神通치 않했다. 그래서 後日에 하자고 하고 中止해 버렸다. 벌서 陰曆으로 2月 1日이라 農家에서는 農耕準備하야 할 時期가 차차 돌아오고 있으니 農節도 不遠將來이다.

1956年 3月 13日 (陰 2月 2日) 火曜日 晴 (郡會議參席)

오늘 各面 兵事主務者會議가 郡에서 開催케 되어 아침 일직히 朝飯을 먹은 後 褩樹까지 步行을 했다. 當到해보니 大韓 뻐-쓰가 와서 待機하고 있어서 바로 그로서 갔다. 任實 가서 첫째 郵遞局에 들여서 今 3月分 아리랑 雜誌 應答案을 發送했다. 自身에 答案만은 맞은 걷 같은데 이걷이 多幸히 當選되느냐가 問題이다. 萬若 當選만 된다면은 좋겠으나 이걷은 다만 運數나 바라고 있을 다름이다. 郡에 가서 보니 會議라고 해야 兵籍整理뿐이다. 거기에 4289年度 徵兵檢査에 對해서 몇 가지 指示가 있었고 祝旗만 달라고 졸으고 있다. 나의 自身 目擊했지 勿論 遺族會則의 强力한 督勵에 그러할 테이지만 郡의 態度도 또한 너무나 過度한 걷 같다. 會議는 速히 끝나서 特히 빨리 왔다.

1956年 3月 14日 (陰 2月 3日) 水曜日 晴

人生으로서 人生哲學을 그대로 實施는 못할지언정 그래도 修養은 하여 人生으로서 밟어나가야 할 道는 직혀야 할 걷이어늘 나는 그걷마저 履行할 줄 모르는 人生이 되고 말었다. 興분될 때가 있으면 그걷을 참을 줄 알어야 하는데 그 舜[瞬]間을 참지 못하고 他人으로부터 좋지 못한 人相을 받으며 不快感을 갖게 한다. 오늘도 里長會議가 있어 어제 郡에 가서 실컨 졸리고 온 代價인지 내 自身 알 수 없으나 祝旗代 問題로 里長에게는 過度한 言辭를 한 일이 있다. 그러치 않으려고 無限히 努力은 하나 不知中 他人에게 不快感을 주고 만다. 이걷이 즉 나의 人間修養이 不足한 걷이 않이고 그 무엇이랴? 다시 한번 나의 今日之事를 悔改한다. 夕陽에 公務員 糧穀으로서 白米 一叺을 가저 왔다. 去年 初秋에 받어 보고 오늘 처음으로 1, 2月分 中 白米에 限해서 가저 왔다. 이걷이라도 多幸한 일이다.

1956年 3月 15日 (陰 2月 4日) 木曜日 雨

아침부터 날이 좋지 않드니 午後부터 細雨가 나리기 始作하였다. 보리를 생각해서 좋은 비가 될 난지 알 수 없으나 그만 끝이고 개였으면 좋겠다. 오늘은 終日토록 徵兵檢査 準備로서 壯丁 名簿의 家族 狀況 記入하느라고 實은 바뺏다. 그러나 한 엽에서 하는 일이란 다름이 않이라 今般 李 大統領께서 次期 大統領 出馬를 繼續 拒否하고 게시므로 國民으로서는 그대로 目[默]過하고 있을 수가 없어 再出馬토록 勸諭하기 爲한 蹶起大會를 開催하고 陳情書를 提出하자고 그겄을 作成하느라고 大端히 바쁘게 서대고 있다. 그래서 中央에서는 公報室에서 直接 巡廻講演을 하고 돌아다니며 農村 都市에서 大會이 連日 繼續되고 있다. 여기서도 來 1, 7日을 期해서 大會를 開催하고 來 26日의 李 大統領 81回 탄진 祝賀式을 擧行키 爲하여 10餘萬圓의 巨額을 割當하고 있다.

1956年 3月 16日 (陰 2月 5日) 金曜日 曇 雨

어제 낮에부터 나리기 始作한 비가 어제밤에는 봄비로서는 너무 度가 넘게 나리여 마치 한여름의 移秧期와 같은 感을 준다. 아침에 밖을 내다보니 如前히 비는 나리고 있는데 뜰에 나려가는 물을 본다거나 논에 고여 있는 물을 볼 적에 寒心스럽게 보인다. 春麥을 播種할 農家가 多數인데 이와 같이 때아닌 폭雨가 나려 앞으로 數日間 있어야 播種을 하게 생겼으니 까딱하면 失期하기가 쉽다. 面 所有인 面事務所 前의 酒幕집이 비를 이기지 못하고 쓸어지고 말었다. 數日 前부터 修理한다고 했았드니 結局은 쓰러지는 겄이 앞스고 말었다. 그나마도 破壞되여 버렸으니 如間[干]해서 三溪里 內에 旅人宿 하나도 있기가 어려울 겄 같다. 이것도 때 않인 비의 惠澤의 하나이다.

1956年 3月 17日 (陰 2月 6日) 土曜日 晴

午前에 出勤을 하여보니 豫告도 없이 뜻밖에 梁 郡守께서 初度巡視를 나오신다 해서 職員들이 廳 內外를 掃除했다. 그래서 대강 庭園의 掃除를 끝내고 나니 짚車가 드러 닥쳤다. 梁 郡守의 就任한 지는 이미 오래되였겄만 이제야 初度巡視를 한다는 것은 좀 늦은 感이 없지 않다. 職員 申告가 있은 後 面長으로부터 官內 狀況 報告를 마치고 郡守의 訓示와 面長의 答辭로서 郡守의 迎接은 끝나고 有志 接見을 마치고 바로 出發했다. 豫告도 없이 急히 왔다가 急히 가니 面的으로는 經濟的이고 무던히 되였다. 이여서 바로 李承晩 博士의 再出馬 要請 國民蹶起大會를 學校 運動場에서 開催하였다. 서울을 비롯해서 各 都市에서 불꽂처럼 이러난 이 國民大會는 차차 시골까지 그 餘波가 미처 오늘 三溪面에서 이 行事를 擧行케 된 것이다. 如何間에 이 行事가 하루 速히 끝나도록 再出馬의 意思를 빨리 決定하서야 하겠다.

1956年 3月 18日 (陰 2月 7日) 日曜日 雨

또 비가 온다. 어제밤에까지 맑게 개였든 날이 새벽역에 突變해가지고 잠이 깨여보니 봄비로서는 너무 度에 넘친 여름비와 같이 나리고 있다. 雷聲이 震動하기 始作하는데 때 아니 震動도 여름날 以上 가게 震動하고 있다. 後에사 알었지만 "함정이고개"의 소나무 하나가 俗稱 베락을 맞었는데 가서 보니 나무껍질이 베기여졌다. 비 오는 것이 두려운 것보다 나무가 없어서 까딱하면 食事를 못해 먹게 생겼다. 나는 이겄이 第一 걱정거리이다. 개일 줄 알았든 비는 終日토록 繼續되여 移種하기 좋을 정도로 많이 왔다. 그러나 비는 올망정 별수는 일이라 午前에 鎭鶴이한테 卓球공을 얻어가지고 學校에 가서 數個月만에 처음으로 卓球를 한 번 처 보았다. 運動에 對해서 나도 그다지 싫어하는 배는 않이지만 素質이 없어 아무리 해 보아야 進就性이 없다.

1956年 3月 19日 (陰 2月 8日) 月曜日 曇

아침 해빛이 비치기에 오늘은 날이 개일나는가 햇드니 어느덧 구름이 덮이고 바람이 불기 始作하드니 날씨는 다시 험악해젓다. 月曜日이 되여서 敎養時間에 正副統領選擧法에 對해서 해설이 있었고 道路 整備 및 街路樹 補植에 對한 指導 次 明日까지 出張키로 하였다. 그래서 職員은 各自 맡은바 擔當部落으로 나가고 몇몇 職員만이 남어 있었다. 그런데 午前에 德溪里 寬相이가 와서 自己 집에 놀러 가자고 한다. 어제 自己 嚴親의 回甲날이였다고 한다. 그래서 남어 있는 職員과 學校 先生任들 支署 職員 몇몇과 가보았드니 槃樹國民學校 職員들이 한참 놀고 있는 中이였다. 飮食도 相當히 많이 作萬했다. 酒座席이 끝난 後 박에 나가서 노는데 늦도록 滋味있게 놀았다. 靑春의 꽃이 시들기 前에 아까웁게 시들지 않기 爲해서 노는 자리라면 누구에게 못지않게 유쾌하게 놀고 싶다.

1956年 3月 20日 (陰 2月 9日) 火曜日 晴 (春分)

冬至섯달 기나긴 밤이 어제와도 같었것만 벌서 오늘이 晝夜가 相半한 春分이 닥처 오고 말었다. 오늘부터는 밤의 時間은 점점 짧어지고 낮의 時間이 차츰차츰 기러진다. 오늘이 春分이라면 春麥 播種은 勿論 麥 退[堆]肥도 끝났었어야 할 일인데 不順한 天候 關係로 因해서 아직도 그대로 남어 있다. 어제의 過度한 喜樂으로 말미암아 몸도 고되고 또한 出張 中이고 해서 하루 便히 쉴가 했드니 學吉이가 와서 會議에 가야한다고 해서 별수 없이 늦게야 나갔다. 多幸히 車便이 좋아서 任實까지는 時間 內에 갔것만 가서 보니 二個 面박에 모이지 않엤다. 豫期했든 바나 다름없이 一次 七回의 徵集實施의 件이다. 4月 7日 郡 集結이라고 한다. 19名이 下令되였는데 또 걱정은 經費 問題이다. 會議가 끝나고 보니 4時가 지나서 나려오는 車는 없게 생겨서 步行으로 三溪까지 오는데 하루 旅行에도 그 날의 運이 좋아야 한다.

1956年 3月 21日 (陰 2月 10日) 水曜日 晴

어제 가저온 令狀을 오늘 一齊히 交付를 끝마처야 하게 생겨서 아침 일직히 出勤해가지〈고〉 出張計劃을 樹立하였는데 面長이 支署 가고 없어 支署에 下令者 名簿도 傳達 兼해서 가서 面長과 協議 後 職員들은 出張을 보냈다. 나개 漁隱을 責任지고 갔었는데 마침 里長이 있어서 里長 宅에서 中食을 먹고 午後에 令狀을 交付하는데 언제나 되풀이하는 일이지만 令狀이 나오면 本人은 勿論이러니와 家族도 令狀의 受領을 拒否하는 데 間或 있다. 오늘도 한 家庭에서는 自己의 父親이것만 받지 않고 本人에게 傳達하라고 하고 있다. 其 後 自己의 妻에게 말했드니 아직 나이 젊은 婦人이라도 그 婦人은 現 時局을 認識한 婦人이여서 快히 令狀을 받고 受領證을 떼여준다. 그래서 바로 歸家할여고 하는데 때마침 柳成春이가 學校에서 오다가 맛나가지고 못 오게 말겨서 거기서 자고 왔다.

1956年 3月 22日 (陰 2月 11日) 木曜日 曇

漁隱서 자고 오기 때문에 出勤 時間을 대 오느라고 大端히 바뻣다. 漁隱 二區에 가서 柳成春이나 聖熙에게 언제나 가게 되면 幣를 끼치고 온다. 어제 너무나 페를 끼치고 온 겄 같다. 오면 警察訓鍊을 받으러 가는 孝植이를 맞낫다. 兵役 關係로 언제나 活潑한 行動을 하지 못하고 있다가 今般에 萬不得已 機動警察隊를 志願해서 多幸히 合格되여 오늘 가는 中이였다. 오늘은 全 職員이 道路 整備 關係로 出張 中이고 廳內는 조용하였다. 그런데 午後에 內務課長과 行政係長이 道路 整備 關係로 因해서 來面해 가지고 여러 가지로 責望이 많았다. 道路 整備가 잘 않되였느니 廳內 美化作業이 잘 않되였느니 여러 가지로 指示가 많았다. 24日에 다시 오겼다고 하고 歸廳하였는데 언제나 春季가 되면 이 道路 整備가 가장 말성이 많은 겄이 되여가지고 있다.

1956年 3月 23日 (陰 2月 12日) 金曜日 雨 曇

어제밤에 不幸하게도 뒷집 이제 겨우 "돌" 지내간 甥姪兒가 不幸을 當하여 出勤 前에 거기를 좀 가서 보는데 나의 自身 눈물이 나와서 무어라 慰勞의 말을 하지 못하였다. 10餘日間을 病床에 누어있다가 結局에 가서 이와 같은 일을 當하고 말었다. 나는 갔어야 아무 말도 못하고 나오고 말었다. 面에 가서보니 本署 搜査係 刑事들이 宿直室에 와서 있었다. 二, 三日 前부터 와서 去年度 收得稅 件을 가지고 여러 里長까지 오느라 가느라 하고 있다. 勿論 우리가 大局的인 見地에서 생각할 적에는 國家에 對해서 犯法的인 行爲를 했지마는 論理的으로 볼 적에는 그다지 크나큰 罪를 犯했다고 볼 수는 없을 겄이다. 그러함에도 不拘하고 무슨 큰 혐의나 있는 겄 같이 宿直室에 와서 ○定을 하고 하는 데는 좀 氣分이 맞지 않였다.

오늘 三溪國民學校 卒業式을 擧行하느라고 學校에서는 卒業歌가 울여 온다.

1956年 3月 24日 (陰 2月 13日) 土曜日 曇 後 雨 (里長會議)

午前 12時 頃부터 面長室에서 里長會議가 開催되여 下記 案件을 指示하였다. 언제나 있는 일이지만은 오늘도 會議는 늦게 幕을 나렸다.
나의 里長會議 指示 案件은 4289年度 徵兵檢査 實施에 關한 細部 指示와 4288年度 第1次 7回 徵集 實施의 件을 指示하였다.

1956年 3月 25日 (陰 2月 14日) 月曜日 雨

봄날 치고서 今年가치 비가 많이 오는 해는 아마 나의 歷史上으로는 처음 보는 겄 같다. 와도 分數가 있지 날마다 繼續하여 장마가 지고 말었으니 웬 이런 일이 있단 말인가. 特히 明日은 李 大統領 閣下의 第81 誕辰 記念日이 있서 全國的으로 大大的인 行事가 있는데 오늘도 개일 줄을 모르고 如前히 비는 나리고 있다. 많은 눈이 나렸을 적에는 高地에 있는 사람이 被害를 보고 비가 많이 나리니 野地 사람들이 被害를 보고 있다. 이겼이 卽 天理 原則이라고 보아야 옳을 겄인지?

貴植 君으로부터 그리운 消息이 왔다. 客地에 있거나 집에 가 있거나 便紙의 받을 때의 기쁨은 언제나 반가운 마음이다.

1956年 3月 26日 (陰 2月 15日) 月曜日 曇 (李大統領 誕辰日)

오늘 義意[意義] 깊은 李 大統領 閣下의 第81回 誕辰日을 맞이하여 우리 國民 全體는 누구나 다- 感慨無量타 아니할 수 없다. 祖國의 獨立과 民族의 解放을 爲하여 일직히 國內에서 뜻을 이루지 못하고 國外로 亡命하시여 一片丹心 굳은 마음 變치 않고 꾸준이 鬪爭해온 보람 있어 우리에게 解放의 繕[膳]物이 온 겄이며 또한 歷史도 새로운 大韓民國이 樹立되엿든 겄이다. 오늘 이날을 뜻 깊에 맞이하기 爲하여 全國 各地에서는 慶祝行事가 擧行되엿으며 敬老會 等 多彩로운 行事가 있다. 우리 面內에서도 慶祝行事가 있었으며 農樂도 울였고 敬老會 等도 開催하였다. 實로 多彩로운 行事이였다. 學校 마당에서는 늦게까지 農樂을 첫으며 집에 와서 보니 우리 집에도 德溪里 農樂隊가 와서 치고 있었다. 술은 酒場에도 없어 주지 못하고 煙草를 사다 주웠다. 光州 相宰가 처음으로 오늘 와서 저녁에 里 內에서 農樂을 첫으나 가보지 못했다.

1956年 3月 27日 (陰 2月 15日) 火曜日 晴

오래만에 오늘은 햇빛이 비쳤다. 않 보던 것을 보는 것과 같은 感이 든다. 어제 李 大統領 閣下의 誕辰日을 慶祝함이였는지 어제밤에는 달빛도 비치드니 오늘 날이 개였다. 날은 좋으나 面에 나가보니 어제 하루 終日 手苦햇겼만 오늘부터 道路 整備 次 出張을 가야한다고 한다. 그래서 午前에 일직 갔다 올여고 明日까지 出張을 냈다. 그리고서 29日부터 年暇願을 4月 2日까지 내놓았다. 光朝에게 急한 用務는 大綱 일러주고 갔다. 山水里 가서 里民에게 來日은 一齊히 出役해서 完全히 街路樹 補植과 道路 整備를 完了해달라고 付託하고 돌아와서 面에 가서 보니 來日 郡에서 會議가 있다고 오라고 電話가 와서 있다. 神經疾[質]이 않이 날 수 없다. 郡 職員들은 깟닥하면 面 職員을 저희들 마음대로 불러드리고 있으니 창피 莫甚하다.

1956年 3月 28日 (陰 2月 17日) 水曜日 曇 後 雨

어제 電話를 받고 아침 일직히 步行으로 獒樹까지 갔다드니 時間의 餘有가 많이 있었다. 郡 會議의 用務는 前日 作成 送付한 統計表의 再作成이다. 너무도 過한 일이다. 統計表쯤이야 郡에서 잘만 하면 面 職員이 直接 上郡할 必要도 없는데 이와 같이 하는 것을 보면 群의 處事에 非難치 않을 수 없다. 獒樹에 와서 理髮을 하고 面에 와서 書類를 引繼해주고 집에 와서 옷을 갈어 입고 나스니 비가 한 방울식 나리기 始作한다. 當初에 計劃은 午前에 新基里를 갈여고 했든 것이 任實 出張으로 가지 못하고 이제야 細雨를 맞어가며 걸어가게 되었다. 다른 데 같으면 나스지 않겠으나 오늘은 별수 없이 가서 보아야 하게 생겨서 비를 마저 가며 가서 보니 많이 몽여서 바쁘게 일들을 하고 있다. 작은 방에서는 女子들이 앉어서 일을 하고 있다. 나도 같이 일을 始作하여 그들과 같이 해보았다.

1956年 3月 29日 (陰 2月 18日) 木曜日 雨 後 曇

어제 밤새도록 비가 나려서 오늘도 終日토록 나릴 줄 알었드니 多幸히 도 개일 때가 있었다. 午前 中부터 龍宰와 같이 床에 놓을 여러 가지 物件을 고이기 始作했다. 내가 이러한 일을 해 본 겄도 오늘이 처음이다. 그러나 따라서 같이 해보니 어려울 겄도 없이 같이 할 수가 있었다. 나는 모-든 겄이 즐거웠다. 勿論 無條件하고 즐겁다는 겄보다도 나의 집 안에 이와 같은 慶事스러운 일에 와서 같이 일해 본 적이 今般이 처음이다. 그래서 기쁘다는 겄이다. 午後에 長城과 谷城의 從姊兄이 드러오셨다. 10年 만에 相逢하였다. 10年 前에 光州에서 보고는 이 자리에서 처음 보았다. 모-든 겄이 다- 滋味있으나 한갓 마음속의 구름을 걷지 못한 겄이 事後의 큰집 處理 問題이다.

1956年 3月 30日 (陰 2月 19日) 金曜日 晴

어제까지도 흐리던 날씨는 오늘따라 明朗하게 개였다. 氣分이 愉快하다. 나의 從妹 康周의 結婚을 祝賀하여 하느님으로부터 特別히 보내주신 햇빛이 않이고 그 무엇이랴. 當事의 마음이 좋은 겄은 再言을 不要하는 바이나 家族 中 누구나 다 기뻐하였다. 行禮式 時가 申時가 되여서 午前에도 어제 고이다 남은 果實을 고이였다. 午前부터 部落 老人들과 이웃 마을 老人들이 參會하였다. 午後 二時 頃에야 新郎된 者가 들어왔다. 一部에서는 槧樹로 歡迎 次 나갔는데 書道驛에서 나려서 걸어 들어왔다.

먼저 上客과 新郎에게 酒果床을 내보내고 그것이 끝난 後 禮式을 嚴숙히 擧行하였다. 式이 끝난 後 結婚寫眞과 家族寫眞을 撮影하였다. 人間 最大의 行事는 完全히 끝마치고 나니 바로 夕陽이 되였다. 저녁에 新郎으로부터 "동상예"를 받어서 上客의 捺印을 받어놓았다.

1956年 3月 31日(陰 2月 20日) 土曜日 晴

오늘은 上客이 出發을 하게 되여 午前에 上客을 餞送하고 들어와서 伯父任과 相議해서 어제밤에 承認받어 놓은 동상예를 如何히 處理할 것이냐고 相儀[議]했드니 伯父任도 快諾을 하서서 龍宰를 식혀서 事役之事를 付託하였다. 나도 事實은 氣分이 좋았다. 他 家庭에서 아직 結婚해야 그러한 일이 없었는데 우리 집안에서 이와 같은 일이 있었다는데 對해서는 大端히 기쁘게 생각하였다. 2萬圓을 承諾받었으나 萬圓을 限度해서 하였다. 午後에 部落 老人과 靑年을 招待해서 술을 마시였다. 뜻박에 道宰 母와 張서방이 와서 집안이 한번 뒤집피였다. 그네들이 오늘 以外도 찾어온 것은 必有曲節[折]이다. 어떠한 動向을 살피려는데 其의 目的이 있다. 惡質的인 人物이라고 않이 볼 수 없다. 夜間에 家庭의 事後 問題를 가지고서 論難이 이러나니 그들은 박에 와서 그것을 苦笑하며 듯고 있다. 一便 생각하면 가엽기도 한 人物들이다.

1956年 4月 2日 (陰 2月 22日) 月曜日 雨 後 曇

오늘은 新行길이 뜨는 날이다. 어제밤에 家事 問題로 여러 가지 打合

之事가 있어 늦게야 잠을 잦드니 아침에 잠이 相當히 오는데 빨리 일어나서 出發 準備를 하라고 해서 별수 없이 일어나 보니 비가 부슬부슬 나리고 있다. 참으로 마음에 심난하다. 이겄 저겄을 準備해 가지고 朝飯을 일직히 먹은 後에 出發했다. 急行을 타야하기 때문에 이와 같이 일직 出發하게 되는 겄이다. 女子이란 先天的으로 成人이 되면 他人의 家庭으로 出嫁하게 規定이 되여 있어 별수 없는 일이지만 참으로 悲哀스러운 일이다. 長城누님도 오늘 떠나셨다. 나는 槃樹驛까지 가서 急行列車에 몸을 싫고 떠나가는 그의 모습은 넋을 잃고 限없이 바라보고 있었다. 나의 두 눈에는 아지 못하는 사이에 이슬이 매치고 말었다. 너무나도 쓸쓸하고 섭섭한 일이다. 다시 큰집으로 가서 中食을 먹은 後 어머니와 같이 歸家하였다.

1956年 4月 3日 (陰 2月 23日) 火曜日 晴

數日間을 冊床을 떠났다가 오늘 事務箱을 내여놓고 보니 일이 손에 잡히지 않은다. 지난 28日(음 17日)부터 어제까지의 經過之事는 喜悲의 雙曲線이 短時日이나마 많이 겨겄다. 人間大事 中에 가장 愉快하고 活潑하게 놀 수 있는 때가 바로 婚姻할 때이다. 그래서 나로서는 特히 大小家의 結婚式에 參席해서 마음 놓고 놀아 본 적이 없는지라 누구보다도 意義 깊게 놀고 싶었다. 그러나 이 즐거워야 할 其 場所는 마침내 悲劇이 演出되고 말었다. 그겄은 말할 겄도 없이 큰집의 事後 處理 問題이다. 大關節 앞으로 일이 어덯게 될 겄인지 알 수 없는 일이요 外部에 對해서 부끄럽기 限이 없는 노릇이다. 그런 겻 저런 겻을 생각하면서 徵兵檢查 準備 書類를 만들고 있는데 일도 제대로 하지 못햇다. 오늘

姊兄 宅 黃牛를 7萬4千5百圓에 賣却해서 借用해 주웟든 돈을 全部 다 받었다.

1956年 4月 4日 (陰 2月 24日) 水曜日 晴

今般 自由黨에서 李承晩 大統領을 次期 大統領 候補로 黨에서 公천해 놓고 李 博士의 三選을 推進하였으나 李 大統領께서는 次期에는 出馬치 않겠다고 굳이 辭양하시다가 國民의 불과 같은 三選 要請으로 因하여 老大統領께서는 自己의 意思를 굽피시고 다시 出馬하시기를 決定하셨다. 그래서 電光石火로 選擧日이 5月 15日로 公布됨으로서 黨에서는 李 博士의 再當選 運動을 積極 推進하고 있다. 그래서 오늘 三溪面에서도 面 黨會議를 面 宿直室에서 開催하였다. 勿論 次期의 大統領選擧에 있어서도 現 難局을 打開할여면은 누구보다도 먼저 李 博士를 再當選식혀야 한다고 본다. 國民의 一人 一人의 意思를 들어 볼 적에는 現行 政府를 非難하고 있는 사람이 많이 있지만 이 혼難 속에서는 누가 行政府의 首班으로서 政治를 하든지 다 같으리라고 본다.

1956年 4月 5日 (陰 2月 25日) 木曜日 晴 (淸明 寒食 植木日)

日氣는 차츰차츰 봄기운을 봇도두고 있다. 數日間 좋지 않앳든 날씨도 이제는 完全히 개이고 오늘 봄날의 깨끗함을 如實히 나타내고 있다. 文字 그대로 오늘은 淸明이다. 맑게 개인 봄 하늘 아래 三千里 坊坊谷谷에서는 植木日이 記念하기 爲해서 紀念植樹 하고 있다. 우리도 面事務室 앞에다 松木을 6本 심어 놓았다.

그러나 나는 이 植木日에 山에 있는 나무를 캐여다가 집 안에다 記念이라고 해서 심은 그 理由를 알 수 없다. 나무를 사랑하고 기르는데 目的 있다면 山에 있는 나무를 캐다가 집안에다 심을 必要가 那邊*에 있는지? 나도 오늘 심기는 심었으나 거기에 대해서는 그다지 贊成하고 집지 않다. 차라리 苗木을 갔다 山에다 심어 붉은 山을 푸른 山으로 만든다면 그야 얼마든지 좋은 일이다.

1956年 4月 6日 (陰 2月 26日) 金曜日 晴 後 曇

어제부터 出張을 計劃 세웠으나 職員이 없어서 못하고 오늘은 早朝에 職員會議를 열고 出張을 나갔다. 今般 實施케 될 正副統領選擧權者 調査와 壯丁名簿 召集 通報人의 捺印을 받으러 갔다. 部落에 가보니 多幸히도 里長이 집에 있어서 바로 着手해 가지 일은 쉽게 끝마첬다. 歸廳해가지고 와서 보니 他 職員은 하나도 와 있지 않았다. 그래 혼자서 來日 出發할 徵集에 對한 一切의 書類를 作成해 놓았다.

오늘도 面長이 돌아오지 않했으니 來日의 壯行會에 參席케 될나는지? 面長도 當選되자마자 너무도 心的 苦痛이 많다. 그 副面長의 자리 하나를 가지고 熾烈한 爭脫[奪]戰이 버러지고 있으니 너무도 過度한 處事라고 아니할 수 없다. 一方에서 取하고 있는 그 態度는 너머나도 非悅[卑劣]한 일이라고 않을 수 없다. 그 자리 하나로 말미암아 面 行政에 얼마 支障이 있는지 그 者들은 알고 있는지?

* 어디. 일본어 'なへん'의 한자 표기.

1956年 4月 7日 (陰 2月 27日) 土曜日 雨 (一次 七回 徵集)

오늘은 4288年度 第一次 七回의 徵集 實施日인데 不幸하게도 아침부터 비가 나리기 始作한다. 日氣가 좋아도 여간해서 時間을 지켜주지 않은데 더구나 비가 오고 보니 豫定 時間에는 한 사람도 모이지 않앳다. 輸送車는 10時도 못 되여 와서 기다리고 壯丁은 集合치 않고 어느 職員 하나 協力해 주는 사람도 없고 나 혼자만이 東으로 갔다 西로 갔다 하고 있다. 겨우 12時가 가까워 와서야 集結이 되여서 壯行會를 開催하는데 面長은 任實 가서 오지도 않고 學校長도 없고 해서 支署 主任만이 單獨으로 參席해가지고 雨天 關係로 事務室에서 하였다. 오늘은 成績은 大端히 좋았다. 19名이 全員 集合한데다가 志願者까지 二名이 있었다. 獒樹서부터는 뻐-쓰로 갔다. 비는 밤에도 개일 줄을 모르고 如前히 나리고 있다.

1956年 4月 8日 (陰 2月 28日) 日曜日 雨

昨日 郡으로 集結한 壯丁이 今日 南原으로 出發해야 하는데 비는 繼續的으로 나리고 있다. 그러나 비가 나린다고 해서 指定한 時間을 어기고 아니 갈 수도 없는 일이요 如何한 일이 있드라도 所定된 時間을 대가야 할 터인데 壯丁만이 困難을 當하고 만다. 그래서 별수 없이 郡廳內에 集合시킨 後에 8時 頃에야 出發했다. 추럭- 三臺에 分乘해가지고 細雨를 마저 가며 달려갔다. 나도 壯丁과 같이 와가지고 獒樹에서 下車했다. 南原까지 가보았자 별 所用도 없게 생겨서 獒樹서 下車해 가지고 面長과 같이 걸어서 왔다. 徵兵檢查 準備 關係 書類를 作成할여고 하였으나 어제밤에 잠을 자지 않은 關係로 午後에 낫잠을 자 버리고

말었다.

1956年 4月 10日 (陰 2月 30日) 火曜日 晴 (任實 出張)

어제밤에 夜間까지 해서 徵兵檢査에 對備할 各種 書類는 完全히 끝마쳤다. 그래서 오늘은 이 書類를 郡에 提出해야 하기에 任實을 갔다. 今年度 徵兵檢査 關係 書類 作成에 있어서는 係 職員의 協助가 너무나도 적었다. 氣分이 맞당치 않은 배 않이였지만 참고야 말었다. 閑暇할 때에는 몰라도 그래도 좀 바뿔 적에는 같이 일을 해야 한단 말이지 너무나도 他山之石으로 여기고 있으니 너무 過하다고 본다. 郡에 가서 보니 大錫이 혼자 있어서 書類를 提出해주고 나와 보니 뻐-쓰가 方今 出發해 버려서 午後 늣게까지 기다렸다가 最終 뻐쓰로 나려 왔다. 오늘 光州 高上錫이 온다고 해서 新基里로 들어갔드니 벌서 와서 있었다. 伯父任의 食事 關係로 해서 高室이 왔으나 앞으로 큰집의 일을 어덯게 解決을 하여 나갈 겄인지? 저녁에 康永 氏 舍廊에 가서 麻雀을 하고 늣게야 就寢했다.

1956年 4月 11日 (陰 3月 1日) 水曜日 晴

오늘은 常宰가 아직 先山을 다녀보지 못했다고 해서 先山 求景 兼해서 성묘를 갔다. 實은 나도 아직 않 가본 데가 있어 마침 잘 되였다. 常宰 新郎 高上錫 및 高室이와 너이 出發했다. 新基마을 앞의 냇물을 것느는데 相當히 기펐다. 鐵路를 따라 插谷을 가는데 들에 나물 캐는 아가씨나 논과 밭에서 풀을 매는 農夫 아낙네들이 우리들의 行動을 바라보고 서 있다. 따뜻한 봄날에 훈훈한 봄바람을 가슴속에 받어가며 山길 논길 道路 等을 헤치고 돌아다녔다. 삽실은 나도 처음 가보았다. 아지도 못한 길을 헤치고 길가에 가는 사람에게 길을 물어가며 빠짐없이 찾어 다녔다. 中食은 角洞 木士洞 아저씨 宅에서 身勢를 끼쳤다. 茂山政碑亭 新基 案山 等을 다니고 나니 해는 西山을 넘어 오늘 하루의 自己의 用務를 無事히 마치고 저의 갈 <길>로 사라지고 말었다. 오늘의 하루는 意義 깊게 놀았으며 즐거운 날이였으나 발病이 않난 사람이 없다.

1956年 4月 12日 (陰 3月 2日) 木曜日 晴

어제 하루의 고달픔도 하루밤을 새고 나니 念慮 없이 낫고 말었다. 午前에 일직히 歸家해가지고 出勤을 할여고 하였는데 伯父任께서 甘저를 놓아달라고 하셔서 온다는 말도 못하고 常宰 高書房과 같이 뒷밭을 고처서 심어드렸다. 그리고 크나큰 밤나무를 베여서 原木은 賣渡하고 枝葉은 燃料로 한다고 해서 이겄도 같이 하여 相當한 나무를 作만해 주웠다. 이겄이 막 끝나고 나니 난데없는 거믄 구름이 하늘을 뒤덮드니 만은 雷聲을 울리며 비가 나리기 始作한다. 暫間 사이에 相當히 나렸다. 午後에 올여고 하니 寶城누님이 안게셔서 亨宰 氏 宅으로 作別人事 次 갔었드니 누님이 어뎋게 못 가게 말리드니 별수 없이 앉었다가 夕陽에야 큰 집에서 伯父任에게 人事만 드리고 바쁜 거름으로 달려왔다. 언제나 되풀이하는 일이지만 故鄕을 등에 두고 돌아서니 한 거름 두 거름씩 걸어오는 그 心情 알어주 리가 그 누구리요?

1956年 4月 13日 (陰 3月 3日) 金曜日 晴

歲月이란 정말 無情하게도 빠른 거야 어제와도 같이 白雪이 紛紛하드니 벌서 오늘이 삼질이야!! 三月이라 三日날이 돌아오면은 江南 갓든 제비도 다시 옛집을 차저 오고 겨울 동안 땅속 깊이 잠드렀든 여러 버레들이 입을 열고 나오기 始作한다. 벌서 數日 前에부터 앞山에는 진달래가 피여있으며 뒷동山에는 아지랑이가 아믈거리고 있다. 봄!! 봄!! 말만 들어도 즐거운 봄. 봄은 靑春의 겄이요 靑春만이 즐길 수 있는 時節이다. 이 즐거운 봄은 明年 이때가 되면 다시 오겠만 人生의 봄은 한번 가면 다시 못 오고야 마니 돌아오는 봄을 기다릴 겄이 않이라 오는 봄을 놓지지 말고 싫건 즐겨야 할 겄이다. 그러나 어찌하랴 마음만은 얼마든지 있으나 實質面에 있어 이겄을 許容치 못하고 있으니 卒烈[拙劣]한 人生이 限없이 슲으다. 저녁에는 釜山 靜養院에서 가저온 映畫求景을 하였다.

1956年 4月 14日 (陰 3月 4日) 土曜日 晴

그러케도 좋지 않앴든 日氣가 웬일인지 요새 數日間은 大端히 좋았다. 그야말로 따뜻한 봄날이였다. 赤十字社會費 徵收 次 出張을 가라고 해서 內務는 보지 못했다. 마을에 나가기 前에 먼저 面長의 問病을 갔다. 지난 8日에 襖樹서 같이 들어온 後부터 只今까지 일어나지 못하고 알코만 있다. 事實이 病셀 만큼 되여 가지고 있다. 面長 當選 以後로 心算이 平할 날이 없었다. 副面長 件으로 數次 上郡하였으나 如意케 되지 못하고 이번에도 그 일로 갔다가 成功치도 못하고 돌아왔으니 마음이 편할 리가 없다. 山水里는 暫間 다녀서 中食만 먹고 돌아왔다. 午後에 고치를 좀 갈어보겠다고 거름을 한 짐 지고 밭에 가서 일을 하고 있는데 姊兄이 와서 같이 해서 일직히 끝냈다. 집에 와서 울장개비를 다듬고 있는데 芳宰가 明日의 會議 公文을 가지고 왔다. 神經疾이 않이 날 수 없다. 무슨 놈의 會議를 그다지도 했샀는지?

1956年 4月 15日 (陰 3月 5日) 日曜日 晴

오늘도 郡 會議를 參席키 爲하여 아침 일직히 出發해서 步行으로 楘樹까지 갔다. 해뜨는 時間이 빨러저서 從前과 같이 일직히 갔드니 一時間의 餘有가 있다. 郡의 會議는 簡單했다. 徵兵檢査 書類에 對한 再檢討로서 끝마칫다. 오늘은 5.15 正副統領選擧에 對한 啓蒙座談會를 郡守, 署長 參席 下에 開催키로 하였다. 그래서 楘樹를 끝마치고 午後에 三溪에 와서 하였다. 楘樹市場에 갔다 오는 사람은 全部 學校로 모셔드리고 보니 그래도 講堂이 거이 滿員이 되었다. 選擧啓蒙座談會는 먼저 署長으로부터 始作되여 李 博士의 選擧運動으로 化해 버렸다. 中途에 東溪面 丹月里 義直의 從兄이 와서 義直이의 除隊申請 問題를 가지고 論議가 되였는데 나는 여기서 相當히 憤慨했다. 어데서 술을 마시고 와서는 쓸데없는 잔소리를 하는데 大端히 不快하며 氣分이 나뻤다.

1956年 4月 16日 (陰 3月 6日) 月曜日 晴

벌써 어제부터 피기 始作한 사구라꽃이 오늘은 활작 피여 道路邊에 나서 보면 봄 氣分이 濃厚하다. 오늘도 봄을 재촉하는 봄바람은 거세이게 불었다. 이 즐거운 봄이겠만 나의 가슴에는 아직 봄이 오지 못했다.

이 봄을 즐길 줄을 모른다. 郡 職員 二名이 3日 前부터 赤十字會費 徵收 次 出張을 와 가지고 오늘은 上郡해야 하겠다고 야단법석을 하고 있으니 보기에도 매우 딱한 事情이였다. 大韓民國의 行政方式이 이러한데 그릇된 點이 있다는 것이다. 이러한 會費도 기왕 徵收할려면 秋收節에나 그러치 않으며 2, 3個月 前에 計劃을 세워서 할 일이지 이 春窮期에 絶糧農家가 續出하고 있는 이때에 10餘日間의 餘有를 주면서 期限 內 完納치 않는다고 이 야단을 치고 있으니 주머니 속에 돈을 쟁여놓고 쓰지 않는 以上 어찌할 수 없는 일이다.

오늘도 面長室에서는 正副統 選擧對策委員會를 組織하여 會議를 開催하고 있다.

1956年 4月 17日 (陰 3月 7日) 火曜日 晴

徵兵檢査日이 來日로 迫頭하여 왔다. 그래서 當初의 計劃대로 오늘 受檢壯丁을 全員 集合시켰다. 人員 點呼와 周知事項을 傳達하고 特히 今般에는 團體的인 行動을 取하지 않고 個人的으로 目的地인 任實國民學校까지 集合토록 하여서 時間을 지켜줄 겄인지가 大端히 困難했다. 그래서 如何한 隘路가 있다 할지라도 時間 內에 반드시 集結해 달라는 겄을 强調하였다. 그래 오는 대로 周知를 시키고 中食을 먹은 後 바로 獒樹로 갔다. 前日에 가야만 檢査日에 支障이 없게 됨으로 하루 앞댕겨 오늘 갈려고 했든 겄이다. 獒樹에 가서 뻐-쓰를 노처버리고 추럭을 기다렸으나 容易치 않었다. 해가 넘어간 後에야 겨우 車가 있어서 任實까지 가서 보니 鳳凰旅館에는 從前과 같이 徵兵官 一行이 와서 있었다. 그래서 저녁에 映畫를 求景하고 第一旅館에 가서 잤다.

1956年 4月 18日 (陰 3月 6日) 水曜日 晴

아침에 일어나서 보니 비가 한 방울식 나리고 있다. 걱정이 아니 되는 배 않이다. 萬若에 비가 오면은 壯丁들이 걸어오지를 못할 겄이며 그와 反面에 受檢壯丁의 數가 적어저서 成績이 나뻐질 겄이다. 壯丁의 集結 狀況도 알기 兼해서 거리로 나왔다가 中央理髮所에 가서 理髮을 하였다. 時間이 느즐가 봐서 바로 끝난 後 朝飯을 먹고 學校로 가서 보았드니 生覺 以外로 많은 人員이 集結되여 있었다.

今年의 徵兵檢查는 紳士的이였다. 特히 陸軍本部에서 監查班 一行이 나온단 바람에 壯丁을 對하는 態度가 아주 溫順하였다. 監查班은 다른 사람이 않이라 後川里 盧 中領이 왔다. 나는 아는 사람이 되여서 그래도 좋았다. 오늘 現在 18名의 未受檢者가 생겼다. 夕陽에 任實茶房에 가서 盧 中領한테 茶를 한 잔 얻어 마셨다. 오늘 成績 比較的 좋은 便이다.

1956年 4月 19日 (陰 3月 9日) 木曜日 雨

아침부터 부슬비가 나리기 始作하드니 朝飯 後에는 더욱 度數를 加하였다. 어제 三溪面이 하기에 大幸이였다. 오늘은 할 일도 없고 비도 오고 해서 午前에 徵兵檢查場에 갔다 와가지고 午後에도 할 일은 없고 해서 徵兵檢查場에 가서 놀았다. 오늘의 하루는 비 속에서 無意味하게 흘려보냈다.

1956年 4月 20日 (陰 3月 10日) 金曜日 晴 (穀雨)

오늘 漏落者에 對한 綜合檢查가 있어서 나려가지도 못하고 只今까지 남어 있었든 겄이다. 오늘 하루만 無事히 보내면 今年度 徵集業務의 初步는 順調롭게 進行되리라고 본다. 特히 本面에서는 代理受檢者가 있어가지고 여기에 對해서 大端히 憂慮되였었다. 그러나 無事히 끝마치였다. 나도 오늘 受檢을 해본 結果 언제나 다름없이 甲種에 合格했다. 나의 體格이 이 程度 좋다는데 對해서 나 스스로가 滿足하다. 大幸히도 未受檢者는 7名박에 나지 않했다. 總人員 95%가 受檢을 하였다. 저녁에 늦게까지 夜勤을 하여서 殘務를 整理하였다. 總 人員 159名 中 148名이 受檢을 하였는데 合格者가 79名에 不合格者가 69名이나 다거이 半數 程度가 不合格이 되였다.

1956年 4月 21日 (陰 3月 11日) 土曜日 晴

어제까지 繼續되였든 檢查가 끝나고 오늘 各種 統計와 名簿를 整理해서 郡에 提出해 주웠다. 나로서는 年中 第一 큰일을 치루었다. 마음이 탁~ 풀리였다. 10時 半 나려오는 大韓 뻐-쓰에 몸을 실코 任實을 떠나오니 몇 달 간 있다가 떠난 겄 같은 氣分이 난다. 實이 5日만에 돌아오니 그도 過言이 않이였다. 獒樹서 暫間만 기다렸드라면은 추럭으로 無事히 돌아올 겄인데 一分이라도 빨리 오겠다고 걸어오기를 始作한 겄이 途中에서 車를 맛나서 타지 못하고 熾範이는 漁隱里로 들어가 버리고 혼자서 걸어오는데 氣運이 어덯게도 없든지 집에까지 오는데 相當한 時間이 걸였다. 午後에 被[疲]勞해서 事務도 못 보겠고 할 일도 없고 해서 學校 運動場에서 놀다가 面 宿直室에 가서 어둡드락 자 버렸다.

斗月里 相鶴이가 와서 찾은 바람에 깨였다. 兵籍 關係 相議 次 와서 늦게까지 이야기하고 갈였다.

1956年 4月 22日 (陰 3月 12日) 日曜日 晴 後 雲

오늘은 三溪面 內 各 機關에서 뫃여 가지고 親睦 野遊會를 赤城面 管內 漁隱亭에서 開催키로 하였다. 그래서 面에서는 藥酒 5斗와 學校에서는 豚 一頭와 支署에서는 自動車를 責任지였으며 自由黨에서만 그대로 따라 갔다. 그러나 이 滋味있는 자리를 나는 不幸히도 오늘이 日直當番이 되어서 參加치 못하고 面事務所에 홀로 남어있게 되였다. 노는 데라면 그다지 싫어하는 便은 안인 나로서 매우 섭섭하였다. 그래 午前에는 學校로 갔다 酒場에 建築한 데로 갔다 하며 無意味하게 보냈다. 너무나도 조용하고 심심하여서 前般에 山水里長이 付託한 土地臺帳의 移記 오늘 完全히 끝마쳤다. 午後에는 宿直室에서 낫잠만을 실컨 잤다. 夕陽에 돌아오는 職員의 말에 依하면 오늘의 野遊會는 別無神通한 겄같이 말하고 잇다. 안 간 겄이 多幸이다.

1956年 4月 25日 (陰 3月 15日) 水曜日 雨 後 晴

丹月里 義直이의 現役 免除願을 進達키 爲하여 비가 오는 겄을 무릅쓰고 任實을 갔다. 率直히 말이지 他人의 겄이라면 이 雨中에 그겄하나 해주겠다고 任實까지는 가지 못하겠다. 나스기가 정말 싫었으나 별수 없이 나섰다. 葵樹까지는 추럭으로 갔는데 바로 뻐쓰가 있어 올라가서 보니 新基里 이동 兄이 타고 있다. 用務를 물었드니 連宰가 앞어

서 病院에 入院하러 간다고 한다. 가면은 勿論 쉽사리 治療될 줄 아나 걱정이 않이 되는 바 안이다. 郡에 들어가서 보니 大錫이와 錫聳이가 全州 갈 準備를 하고 있다. 마침 蘇 班長이 거기 와 있어서 現役免除願을 付託하였드니 署로 가저간 後 쉽게 보내주지를 않았다. 그래서 내가 直接 가서 사정해가지고 겨우 끝내서 大錫이 全州 가는 便에 送付하였다. 오늘의 일은 매우 順調롭게 進行되였는데 上部에 가서는 如何히 될 겄인지?

1956年 4月 26日 (陰 3月 16日) 木曜日 晴

數年間을 두고 生覺하고 計劃하여 왔든 마당에 흙을 오늘에야 비로소 드리게 되였다. 姊兄과 赫圭 容基 嬉植의 너이 하였다. 나는 人夫만 대놓고 面에 暫間 다녀 올여고 하였드니 뜻밖에 正副統領選擧法에 對한 講義가 있어 2時間 以上을 消費했다. 兼해서 今日부터 明日까지 二日間 家庭補充調査 및 各種 稅金 徵收 次 出張 命令이 났다. 그래서 바로 집에 돌아와서 일꾼들과 같이 일을 하였다. 집에 와서 보니 求禮 사는 姨從兄任이 와서 겨셨다. 처음 보는 겄 갔다. 그러나 人夫들이 일을 하고 있는 中이라 혼자 앉어 게시도록 하고 나가서 같이 일을 하였다.

마당에 흙은 滿足할 程度는 못 되여도 어느 程度 하고서 울타리를 하였다. 午後에는 正良이가 와서 싸리門을 짜 주워서 일이 제대로 進行되였다. 돼지막 부서진 데까지 完全히 고치고 나니 마음이 상쾌하였다.

1956年 4月 27日 (陰 3月 17日) 金曜日 曇

어제부터 計劃 세워 논 일이라 별수 없이 오늘은 山水里에 出張을 갔다. 山水里를 가서 보니 거기도 어제밤에 盜難事件이 發生하였다고들 야단법석이다. 三溪里에서도 어제밤에 容基 집의 염소를 盜難 當했다고 아침부터 相當히 시끄러웠는데 山水里에 가서 봐도 거러한 不美事件이 있으니 이겄도 春窮期가 비저난 한 悲劇이라고 볼 겄인가. 山水里에서는 마을의 婦人들이 動員되여 가지 家宅搜索을 하고 있는데 到底히 그와 같은 方法을 써보았자 發見은 할 수 없으리라고 본다. 勿論 盜賊을 해야만 할 그의 處地도 오죽해서 盜賊을 했으가마는 좀 더 한번 더- 생각해볼 必要가 있지 않을가. 남의 겄을 盜用하는 힘이 있다면 남보다도 좀 더 努力을 하면 그것이 났지 않을가. 容基의 件을 봐도 염소 같은 것은 그리 손쉽게 處理될 物件도 아닌데.

1956年 4月 28日 (陰 3月 18日) 土曜日 請

數日間 內務整理를 하지 못해서 未決이 若干 있어서 오늘은 未決 整理에 바뻤다. 午前에는 相當히 바뻤다. 그 바쁜 時間이나마 割[活]用을 해서 新聞을 보았는데 요새에는 何 新聞을 莫論하고 政治面 社會面 할 겄 없이 正副統選擧에 對해서 記事가 않난 날이 없다. 與黨紙는 與黨紙대로 野黨의 選擧政策을 非難하고 野黨紙는 野黨紙대로 與黨의 選擧政策을 非難하고 있다. 어느 겄이 옳은 말을 쓰고 어느 겄이 그른 말을 썼는지 分別조차 하기 어렵다. 各己[其] 自己들의 政見이 옳다하며 남의 黨의 政綱政策은 無條件 나쁘다고 하며 慾[辱]說을 하며 壁報를 찟고 하니 이러한 짓은 野卑한 行動이라고 아니 볼 수 없다. 다- 各己 政見

이나 發表하고 主權者인 國民의 審判이나 기다를 일이지 무었을 그 모양들인지 알 수 없다. 如何間 今般에도 大統領은 李承晩 博士께서 確固不動하다고 본다.

1956年 4月 29日 (陰 3月 19日) 日曜日 請

오래만에 마지한 日曜日이겄만 별로 滋味롭게 보내지 못했다. 面에 나가서 할 일 없이 庭園에서 놀고 있는데 나려가는 車를 바라보니 支署職員의 婦人과 마을의 婦人들이 많이 탓다. 鴻谷 二區로 選擧啓蒙 次간다는 겄이다. 그 趣志만은 贊同하는 바이나 그의 行裝에는 이마쌀이 찌푸러진다. 꽃노리를 가는 겄이 아니매 좀 더 素朴한 옷차림으로 갈 수 없을난지? 그러케 화려하게 차리고 가면 요새 絶糧農家가 續出하고 있는 이때 헐벗고 굶주린 農村婦人들의 마음에 맞지 않을 겄이다. 다만 나는 그겄을 바랄 다름이다. 午前에 職員들도 端順[單純]하고 해서 點岩 氏 宅에 가서 돼지고기 남비를 해놓고 술을 한 잔식 마시였다. 이겄으로서 오늘 日曜日의 滋味는 보아버렸다. 午後에는 學校 가서 暫時 놀다가 집에 와서 망태를 메고 나가서 돼지막에 넣어줄 풀을 한 망태 베여 가지고 왔다.

1956年 4月 30日 (陰 3月 20日) 月曜日 晴

四月도 오늘로서 마즈막인가 보다. 歲月 無情함을 다시 한번 느끼게 된다. 어제와도 같이 나리든 흰 눈발이 없어지고 온 들판에서는 논을 가는 農夫들의 이라- 자라 하는 소리가 大端히 바쁘게 들여온다. 벌서 보리가 목아지를 내놓고 있으며 저녁이면은 앞들 논에서는 개고리의 울음소리도 홍성지게 들여온다. 農節期는 目前에 닥처 왔구나. 어쩐지 봄이 돌아와서 들에서 農夫들이 바쁘게 일하는 것을 보면 마음이 심난하다. 旣往 빠른 歲月일 바에야 가을이나 速히 돌아오기를 기다를 다름이다. 白米 一叺에 14,000餘圓을 오르내리고 있는 이 春窮期를 어서 버서나야 할 것이다. 오늘도 月曜日이라고 敎養을 實施했다. 正副統領 選擧法에 對한 解說을 하였다. 選擧戰은 本 軌道에 올라 熾烈한 白熱戰을 展開하고 있다. 앞으로 15日間 남은 이 期間의 戰術이 어떻게 變할 것인가.

오늘 돼지 새기를 正良이 집에서 사 왔다.

1956年 5月 1日 (陰 3月 21日) 火曜日 雨 (日記發足二週年)

每月 1日에 開催하는 國民班例會에 參席키 爲하여 아침 일직히 山水里에 갔었다. 언제나 每月 1日은 正常的으로 開催하여야 하나 이것이 제대로 運用되지를 못하고 말었는데 오늘은 特히 國民으로 가장 重大한 正副統領選擧를 實施하는 달의 例會가 되여서 特別히 開催하여 보았으나 班長 外에 數名박에 參席치 않었다. 그래서 別 다른 指示하기가 싫어서 略式으로 簡單히 말하고 끝마쳤다. 이것도 道에서는 莫大한 經費를 드려가며 效果的인 運用을 計劃하고 있는데 下部末端에 와서 形式的 例會로 化하고 마렀다. 面에 歸廳해가지 보니 아직도 여러 職員이 돌아오지 않었다. 午前에는 里長과 같이 山水里 土地臺帳의 耕作者調査를 하여 놓고 午後에는 去年 7月부터 4月末日까지의 旅費 請求書를 썻다. 今般에 相當額의 補助金이 나와서 面 豫算의 困難이 多少 解

決될 겄 갔다.

1956年 5月 3日 (陰 3月 23日) 木曜日 晴

어제 急作히 兵事主務者會議가 있다고 해서 아침 일직히 나갔다. 요새에는 普通 朝飯 後에 나가도 뻐-쓰 時間에 대 갈 수가 있다. 나가보니 뻐-쓰 時間은 相當의 餘有가 있었다. 마침 三溪面 職員의 公糧을 任實로 가질러 가는 車를 會計가 대절해서 글로 無事히 갔다. 會議라고 해야 用務는 4月末 統計表 再作成에 對해서 있다. 10餘分만에 끝내놓고 나니 大錫이가 全州서 와야 간다고 해서 별수 없이 午後까지 기다리여야 하게 되엿다. 其 時間을 利用해서 理髮을 하엿다. 白髮이 相當히 있어 보기에 滋味가 없어 染色을 하엿는데 理髮料까지 合해서 無慮 450圓이나 된다. 처음으로 高等 理髮을 해보았다. 理髮을 끝마치고 가니 大錫이가 와서 있어서 簡單히 用件을 듯고 內務課長의 訓示를 듯고 나스니 7時 頃이 되엿다. 그때부터 걸어서 한밤중에 집에를 왔다.

1956年 5月 4日 (陰 3月 24日) 金曜日 靑

어제 會議에 依한 各種 書類를 作成하느라고 오늘은 大端히 바뻣다. 高校 以上 學生의 徵集 延期願을 明日까지 提出하라고 해서 이것 接受하느라고 바뻣든 것이다. 그러나 아무리 바쁘고 또 바뻐도 오늘과 같은 날이 一個月에 一次씩만 있다면은 그 程度 바쁜 것이 問題가 않이다. 웨냐? 卽 오늘은 이제까지 모흐고 싸두었든 去年 8月부터 12月까지 와 3月分의 公務員糧穀을 白米와 精麥해서 5叺를 차젔다. 거기에다

7月부터 4月까지의 旅費를 請[淸]算해서 18,000圜 가량 찾고 보니 甲富 부럽지 않다. 사람이란 確實히 經濟에 左右되는 겄이다. 月餘 前만 하드라도 食糧, 燃料 經濟 모-든 面에 있어 打擊을 받고 있으니 脈마저 풀어지드니 오늘 이겄을 다- 찾고 나니 氣分이 갔든 해진 겄 같다. 이겄을 볼 적에 무엇무엇 해도 없는 서름이 제일 큰 서름이다.

1956年 5月 5日 (陰 3月 24日*) 土曜日 雨 (어린이날 立夏)

槊樹市場日 치고 비 않 온 날이 別로 없다. 어제까지도 괜찬든 날이 오늘 뜻박에 비가 나린다. 이 비도 悲哀의 비가 않인가 모르겠다. 出勤後 支署 李 刑事가 와서 말한 바에 依하면 今般 民主黨 公천 大統領 立候補한 申翼熙 氏가 오늘 아침 裡里에서 뇌일혈로 急死하셨다고 한다. 애석한 노릇이다. 民主黨에서 政權을 한 번 잡어보겠다고 破亂曲節[波瀾曲折]을 겪겨가며 鬪爭해 나오다가 地方遊說 次 裡里까지 나왔다 自己의 目的을 達成치도 못하고 이 世上에 다시 돌아오지 못할 故人이 되고 말았다. 이겄이 人生의 運命의 作亂인가 보다. 그분의 政治路線을 追從해서 그런다는 겄보다 그분의 現在의 環境에서 볼 적에 누구나 다- 故人의 애석하게 죽은 겄을 슲어할 겄이다. 오늘 職員會議 席上에서도 이 問題가 나왔다. 즉 明日부터 실시할 選擧啓蒙座談會에서 어떠한 答辯을 해주워야 할 겄인가.

* 음력 3월 25일의 오기임.

1956年 5月 6日 (陰 3月 26日) 日曜日 晴

닥처오는 5月 15日을 數日 앞두고 오늘부터 三日間 選擧啓蒙座談會를 全道的으로 實施케 되여 나도 鄭明仲과 같이 竹溪 一, 二區로 가게 되였다. 가서 보니 이 산골재기에 살고 있는 農民은 아주 淳朴하다. 今般의 選擧啓蒙座會를 마치 選擧運動 次 나온 줄 알고 있다. 먼저 一區로 가서 里長 宅에서 中食을 먹고 里長 宅 마당에서 開催하였는데 約 40餘名 程度 集合했다. 먼저 鄭明仲이가 改良苗代[垈] 設置 等에 對해서 說明했고 이어서 나개[내가] 今般 選擧에 對한 細部的인 說明을 加해 주었다. 할 줄 모른 말을 하지니가 그겄도 大端히 어려운 일이였다. 一區가 끝난 後 二區로 갔다. 먼저 妻家에부터 다녀 나와가지고 마을 앞에서 놀다가 鍾錄의 집에 가서 河成基를 보았다. 어제 서울서 나려 왔다고 한다. 이 사람은 時局의 惠澤을 받어 서울生活을 하고 있다. 이 마을의 座談會는 夜間에 하였다.

1956年 5月 7日 (陰 3月 27日) 月曜日 雲 後 晴

아침에 일어나서 보니 부슬비가 소리 없이 나리고 있다. 그러나 이겄은 바로 끝었다. 朝飯을 興燮이 집에서 먹었다. 비는 끝었어도 날이 활작 개이지 않은다. 오늘도 梧枝 一, 二區 豫定이 되여서 별수 없이 나섰다. 明仲이는 新基里로 行하고 나는 面으로 왔다. 梧枝里는 金成植과 一行이 되였다. 그래서 成植이도 後川里에서 올라오고 해서 貸與糧穀 運搬한 車를 타고 수랑들까지 가서 거기서 나려가지고 一區로 갔다. 計劃이 午後로 되여 里長 宅에서 中食을 먹은 後에 集合하는 態度를 보니 아주 形便이 없었다. 그래서 態度를 좀 더 强경하게 나아갔드니만은 약 100餘名의 人員이 뫃여 주었다. 마을 앞 정자나무 밑에서 하고 바로 二區로 겄너 갔다. 里長이 없어서 尙朝 집에서 있다가 저녁에 하는데 集合 成績이 아주 나뻣다.

1956年 5月 8日 (陰 3月 28日) 火曜日 晴 (어머니날)

아침을 鄭文朝 집에 가서 폐를 끼쳤다. 그리고 食後에는 里長도 만나지 못하고 바로 돌아왔다. 오늘도 斗月里에 計劃이 서 있어서 面으로 다녀갈여고 面에까지 나갔었다. 조금 있으니가 支署主任이 와서 職員들을 暫間 모여 달라고 해서 面長室로 들어갔드니 今般 實施하는 座談會에 對해서 말을 한다. 要는 積極的인 選擧運動을 해주지 않고 흐미하게 한다고 興분하고 있다. 그러나 우리는 立場이 立場인 만큼 그도 또한 困難한 일이다. 누가 自由黨 候補者를 反對하고 다른 黨의 後報者를 支持해서 그러한 것은 아니지만 選擧運動을 直接 하지 않은다고 하니 딱할 노릇이다. 오늘 午後에 姊兄 혼자 苗代를 設置하고 棉花를 播種했는데 가보지도 못했다. 面長이 어데 갔다 夕陽에야 와서 午前에 主任이 와서 했다는 말을 듯고 大端히 氣分 나쁘게 생각하고 있었다.

1956年 5月 9日 (陰 3月 29日) 水曜日 晴

本 郡 出身 朴世經 民議員께서 오늘 三溪國民學校에서 選擧啓蒙座談會가 있었다. 自由黨 出身이요 또한 一國의 民議院 法制司法分科長이니 그만하면 어데 가거나 大歡迎일 겄이다. 人生의 出世란 알 수 없는 겄이다. 그분도 어렸을 때에는 貧寒한 家庭에 태여나서 할 수 없이 任

實郡에 給使로 있다가 거기서 나와서부터 獨學으로서 普文에 合格했으며 辯護士 試驗에 合格하여 全州에서 開業하다가 지난 5.30選擧에 當選되여 오늘 이와 같이 民議院 法制司法分科委員長의 要職에 앉게 된 것이다. 努力하는 곳에 成功이란 것이 반듯이 있는 法인데 나는 그것 하나를 實踐 못한 弱한 人生이 되고 말었다. 實은 座談會가 않이라 選擧運動이라고 해도 좋을 것이다. 李 大統領의 絶對 支持를 主張하고 있다. 그것은 當然한 일이며 應當 그리해야 할 것이다.

1956年 5月 10日 (陰 4月 1日) 木曜日 雨 後 曇

日氣가 좋으면 나도 오늘은 獒樹市場 求景을 한번 해 볼가 했드니 새벽부터 비가 나리기 始作하여 斷念해 버리고 말었다. 今年에는 大關節 무슨 비가 그다지도 많은지 알 수가 없다. 去年 이때에는 비가 오지 않애서 農民들은 하늘만 처다보고 있었것만 去年에 不足했든 降雨量을 今年에 補充함인지 구름만 찌면 비가 온다. 오늘 數名의 職員이 正副統領選擧權者의 番號票를 記載했다. 選擧日도 앞으로 5日박에 않 남었다. 그러나 國民의 展望은 아직도 갈피를 잡지 못하고 있는 듯 野黨聯合이란 問題가 새삼스럽게 또 나오고 있다. 左右間 이番의 選擧가 有終의 美를 거두워야지 萬若 그릇된 選擧가 된다면 앞으로 4年間 아니 4年이란 것보다 永遠히 失敗하고 말 것이다. 國民의 한 사람으로서 憂慮되지 않은 배 않이다.

1956年 5月 11日 (陰 4月 2日) 金曜日 晴

이제까지 面 小使에 한 자리가 비여 있어 數次例에 一名 採用할 것을 上司에게 말하였드니 오늘 다려 오라고 해서 百植를 오늘 다려 왔다. 小使 一名 面에 採用해 주는데도 責任이 크다. 萬若에 着實이 勤務하면 좋지만 萬若에 怠慢하다거나 度에 넘치는 일을 하는 아이라면 仲謨[媒]者의 處地도 매우 困難한 것이다. 그러나 如何튼 今日부터 出勤토록 했다. 오늘 하루는 어쩐지 몸에 異狀이 생겼다. 熱이 오르고 寒氣가 들어서 하루 동안 아무 일도 하고 싶지 않다. 그래서 三溪里 肥料 나눠주는 것도 보고 또 二班의 個人 別 割當과 配付하는 데를 助力해 주웠다. 午後에는 任實과 獒樹에서 李 大統領 選擧運動을 하는 婦女者[子]들이 4, 5名 왔다. 相當히 熱性[誠]分者들이다. 이 山間까지 그와 같이 다니고 있으니.

1956年 5月 12日 (陰 4月 3日) 土曜日 晴

닥쳐오는 5.15正副統領選擧를 앞두고 政界는 妙하게 움지기고 있다. 大統領에 있어서는 李 博士의 最大 强敵이였든 申翼熙 氏의 作故로 말미암아 大勢는 決定的이라고 보고 있는데 要는 副統領에 그 觀心이 集中되고 있다. 進步黨의 朴己出 氏가 지난 9日 附로 副統領 立候補를 辭退함으로서 野黨인 張勉 氏의 立場이 더욱더 有利해졌다. 萬에 一이라도 自由黨에서 副統領의 자리를 野黨인 民主黨에 빼앗기게 된다면 그도 또한 크나큰 問題이다. 오늘도 選擧 關係로 地政課長과 任實郡 開票區 選擧委員長 및 委員 몇 名이 出張 나왔다 갔다. 行政機關은 機關대로 黨은 黨대로 다- 各己 바쁘다. 夕陽에 海谷에 猪肉이 있다고 해서

學仁이와 同行했다가 虛行을 하고 校監先生任으로부터 菓子만 얻어먹었다.

1956年 5月 13日 (陰 4月 4日) 日曜日 晴

오늘부터 投票所 設備 等 諸般 準備 次 各 投票區 別로 出張을 하였다. 그래서 各 委員과 里長을 投票區 別로 召集했다. 二投票區에서도 委員과 里長들이 全部 몽인 後에 面長室에서 會合이 있었다. 支署主任이 여기에 參席해서 하는 말을 들어보니 委員이나 從事員들로서는 憂慮 않이 되는 바 않이다. 너무나도 엄청난 말이다. 投票用紙 交付 時에 一一이 指示를 하라고 하며 記票所, 監視員도 投票用紙에 記票한 것을 檢認하라고 한다. 나도 李 博士를 支持한 사람의 一人이지만 萬若 이와 같이 했다가 잘못하면 큰<일>이다. 事後 問題가 如何히 될 것인지? 午後에 職員이 가서 講堂을 치워가지고 投票所를 設備했다. 여기 二 投票區는 學校를 使用하기 때문에 場所 設備에 大端히 便利하다.

1956年 5月 14日 (陰 4月 5日) 月曜日 晴

正副統領選擧를 하루 앞둔 오늘의 空氣는 大端히 複雜하였다. 오늘만 지나면 來日이면은 左右를 決定할 수 있을 겄이다. 午前에는 百來境界線을 늘어놓았다. 이겄이 가장 重大한 線이련만 이겄이 무슨 所用이 있으랴? 午後에 自由黨 主催로 選擧 對策會議를 하는데 各 機關 職員들도 參席하라고 해서 나도 가 보았다. 그랬드니 거기에는 學校 敎員과 各 里長 除隊軍人 自由黨員들이 있었다. 會議의 內容은 午前부터 各 機關

黨에서 合同해가지고 出張해가지고 夜間을 利用해서 選擧運動을 하고 來日 아침 全員을 引率하고 오라는 것이다. 主任의 말은 部落民을 위협해 가지<고서>라도 絶對的으로 李 博士와 李 議長을 投票하도록 하라고 한다. 會議가 끝난 後 投票所 設備를 完全히 끝마쳣다.

1956年 5月 15日 (陰 4月 6日) 火曜日 晴 (選擧日)

40餘日間을 두고 기르고 기르든 正副統領의 選擧는 오늘로서 幕을 닫게 되었다. 아침 일직히 일어나서 面事務所를 나가보니 第三 投票區에서는 이미 出發하였다.

投票函과 一切 書類를 投票所에 갖다 놓고 기다리였다. 時間 前에 많은 人員이 參加하여 待機하고 있었다. 午前 七時에 投票를 始作하여 約 一時間 半 程度까지는 제대로 選擧가 進行되였는데 其後부터는 選擧가 않이였다. 警察과 自由黨의 權限을 利用하는 場所라고밖에 解釋할 수가 없다. 그리도 農民을 多少나마 人間으로써 取扱했다고 보면 國民의 最高 權利인 參政權을 行使하는데 그와 같은 行動은 絶對的으로 없었으리라고 본다. 이겄이 오늘날 大韓民國의 實情이라면 獨裁主義 國家에서 오히려 우슬 일이다. 오늘의 하루는 選擧 않인 選擧를 三溪面民은 했었다.

1956年 5月 16日 (陰 4月 7日) 水曜日 晴

기다리고 기다렸든 正副統領選擧도 오늘로써 結果를 알 수가 있다. 아침 일직히 出勤하여 炳八이가 와서 中間發表의 結果를 들으니 大統領

李 博士가 決定的이요 副統領에는 張勉 氏가 李起鵬 氏를 앞스고 있다고 한다. 午前 中에는 韓 校長이 라듸오를 가지고 왔다고 해서 거기에 面 職員과 支署 職員이 밀이였다. 들어 본 結果 李承晩 博士도 當選은 確定的이나 總有權者의 5割 自身이 없다. 張勉 氏의 票는 村보다 都市에서 많이 나왔다. 二代 選擧 時에는 五百萬 以上의 票로서 李 博士가 當選되였는데 今般에는 그와 같이 했었도 五割 以下의 票로서 當選케 되니 寒心스러울 일이다. 내 自身이 李 博士와 李起鵬 氏를 支持한 사람의 하나이지만 民心이 이와 같이 나갈 적에는 自由黨에서도 政策을 달리해야 할 겄이다.

1956年 5月 17日 (陰 4月 8日) 木曜日 晴

4月이라 初8日 즐거운 날이다. 南原의 자랑거리요 大韓의 名物인 春香傳이 오늘로서 이루어진 겄이다. 烈女 春香이 않이였드라면 오늘날 南原의 名價가 없었을 겄이요 오늘의 하루가 意味없는 날이 되고 말었을 겄이다. 每年 오늘이면은 南原에서는 春香의 生日을 記念한다는 뜻으로 多彩로운 行事를 擧行하고 있다.

午前에 面에서 오래간만에 事務를 볼여고 하는데 뜻밖에도 光州 高上錫과 高室이 와서 찾어 事務를 집어치우고 집으로 왔다. 千萬 뜻밖의 일이다. 中食이 끝난 後 高서방 內外와 같이 절 求景을 갔다. 오늘은 釋迦如來의 誕辰日이 되여서 各 절에서는 등불을 키고 祝壽를 드린다. 米山寺에도 가서 보니 많은 婦人들이 와서 있다. 나도 百圜을 喜捨하고 왔다. 高서방 內外는 午後에 歸家하고 말었다. 너무나 섭섭하였다.

1956年 5月 18日 (陰 4月 9日) 金曜日 晴

正副統領選擧도 끝나고 數日間 苦勞했다고 오늘은 面과 支署 職員을 合同해서 하루 놀기로 決定했다. 그래서 場所를 魚目개 沈昞玉 氏 집으로 決定했다. 今年 봄에 벌써 二次나 노는데 나는 먼저번에는 日直으로 因해서 놀지 못하고 오늘 처음이다. 가고 싶은 생각도 別로 없으나 主催 側인 面 職員이 적게 가면 他人들이 볼 적에 서운하게 생각할가 봐서 없는 勇氣를 내가지고 따라갔다. 언제나 해 본 일이지만 主보다 客이 많은 것이 이 노는 자리의 特例이다. 오늘도 自由黨 幹部와 其他 外人들이 많이 와서 相當히 많은 人員이 集結하였다. 中食이 끝난 後 내가에로 가서 고기를 잡었는데 오늘의 노는데 滋味라면 이것뿐이다. 하루를 놀았으나 별로 滋味도 없이 해만 보내고 말았다.

1956年 5月 19日 (陰 4月 10日) 土曜日 晴

選擧로 因해서 面 行政의 모-든 面에 있어 遲掃[滯]된 事務가 많다. 그래 오늘은 改良苗代 設置 指導 次라고 해서 全 職員이 上, 下三溪로 二班을 編成하여 出發키로 하였다. 職員會議 席上에서도 말했지만 이 形式的인 事務는 癈[廢]止했으면 좋을 것 갔다. 苗板을 設置한 지가 이미 오래며 苗가 相當히 많이 자라있는데 이제야 무슨 改良苗代를 하라고 한다는 것은 뒤떨어진 일이라고 않이 볼 수 없다. 特히 道路邊에 置重하라고 하니 이것이 增産을 위한 改良인지 美化를 爲한 改良인지 分間[揀]할 수 없다. 如何間 나가라니가 나가지만 必要없는 出張이다. 그래서 出張을 斷念하고 各自 所在에서 헤여지고 말었다. 午後에는 學仁이와 같이 술을 한 잔 마시고 집에 와서 보니 南原 큰누님이 전주 갔다 오시는 길이라고 들어 오셨다.

1956年 5月 20日 (陰 4月 11日) 日曜日 晴

오랜만에 日曜日을 찾았다. 實은 日曜日이란 것보다 어제부터 出張이 繼續되여 오늘 하루 집에서 便히 쉬였다. 그래서 午前에는 보리밭 求景도 하기 兼해서 풀망태를 메고 들과 山으로 헤매이였다. 날씨는 完全한 여름 날씨로 變하였다. 綠陰芳草는 욱어지고 山과 들은 여름의 形態를 完全히 가추고 있다. 보리도 이제는 파랑 青麥으로부터 누른 빛으로 化할여고 때를 기다리고 있으니 不遠한 將來에 使命을 完遂하고 無慘하게도 쓰러저 넘어갈 것이다. 自然의 理致는 언제나 變함 없이 할 일을 다- 하고 있다. 午後에도 늣게까지 놀다가 풀망태를 메고 나가서 한 망태를 베여다가 돼지굴에 넣어주었다. 오늘은 두 망태를 넣어주었다. 一週日에 한 번씩 돌아오는 日曜日이나마 언제나 오늘과 같이만 利用할 수가 있다 하드래도 괜찬캤다.

1956年 5月 21日 (陰 4月 12日) 日曜日 曇 (小滿)

約 3年間을 繼續해 나왔든 面 事務擔當을 오늘로서 大大的으로 變動했다. 庶務係 海炯이와 兵事係의 나만 除外하고 定職員에 限해서는 全部 變動했다. 한 번式 變動하는 것도 새 맛으로 할 만한 일인데 나는 언제나 이 兵事事務를 面치 못하게 생겼으니 나의 매여 놓은 자리가 되고 말었다. 오늘 教育委員選擧 關係로 面 議會를 召集하여 놓았는데 成員未達로 流會되고 말었다. 이것도 黨的으로 나가고 있다. 自由黨에서 내볼여고 한 모양이나 下三溪 一派에게 當하지를 못하게 생겼으니가 三溪까지 와서 中食까지만 얻어 먹고 會議에 參席치도 않고 流會를 시기고 말었다. 이대로 나간다면 무슨 일이고 派黨的으로 흐르고 말 겄이다. 夕陽에 돌아와서 닭알을 안겨 주웠다. 今年 들어 처음으로 주웠는데 적으나마 제대로 깨워야 할 테인데 어떨난지?

1956年 5月 22日 (陰 4月 13日) 火曜日 雨 後 晴

오래도록 참었든 비가 어제밤부터 나리기 始作하여 오늘 아침에는 相當히 나리였다. 그러나 命令에 움직이는 公務員이라 할 수 없이 이 雨中에도 任實를 가겠다고 터덕거리고 걸어갔다. 나가보니 마침 뻐-쓰가 到着되여 多幸히 되였으나 要는 비를 마저가며 돌아다녀야 할 末職 公務員 生活이 한탄스럽다. 會議는 豫測 했 바와 같이 一次 八回 徵集 實施이다. 今般에는 特이한 人物만이 나와서 매우 困難하다. 充員이 아무래도 達하지 못할 겄 같다.

오늘 國會에서는 正式으로 大統領에 李承晩 博士와 副統領에 張勉를 公表할 겄이다. 開票 以來 大邱 開票 事件으로 遲延되였든 겄이 이제야 겨우 發表하게 되였다. 與黨에서 大統領이 當選되고 野黨에서 副統領이 當選되였으니 잘만 條理하면 民主發展에 曙光이 빛일 겄이며 올바른 民主政治가 具現될 겄이다. (內務部長官 李益興 任命)

1956年 5月 23日 (陰 4月 14日) 水曜日 曇

어제 가져왔든 現役兵證書를 오늘 交付 完了하고 其 狀況을 特使 便에

報告했다. 實은 이 報告書보다도 急한 겄은 學眞이의 徵集延期願 關係이다. 家庭事情이 困難해서 同情心에서 울어나온 始發初가 이제는 뗄수도 없고 잡을 수도 없는 處地에 놓이고 말었다. 當初의 겄도 이제까지 請算 짓지 못하고 있는 形便이나 그라타고 이겄을 中斷해서 방觀할수도 없고 매우 딱한 處地이다. 어제밤에 처음으로 學眞이 母親에게 實情 말을 했지만은 나의 實속을 알어주지 못할 겄이다. 그러나 나는 한번 始作한 일이지 最後까지 努力해볼 생각으로 27日 頃에 上道까지 할 計劃이다. 오늘은 아침부터 日氣가 매우 좋지 않다. 그야 勿論 그러할 일이지 지난 5日에 作故하신 申翼熙 先生의 國民葬을 오늘 擧行하는 날이다. 午前 11時에 故人에 對한 默念을 올리고 명복을 비렀다.

1956年 5月 24日 (陰 4月 15日) 木曜日 曇

里長會議를 오늘 開催하였다. 班長과 農業要員을 合同해서 하였는데 重要 案件은 產業 增强에 對해서 農產係에서 指示했다. 나도 1次 8回 徵集 實施에 對해서 暫間 口頭로서 몇 마디 指示하고 말었다. 오늘도 別로 한 일 없이 午後에 退廳하여 집에 와보니 母親께서 오셨다. 지난 7日에 南原 求景 가셨다 누님 宅과 姨從兄 宅을 다녀서 오늘에야 오셨다. 할 일은 없고 없다는 겄보다도 일은 하기 싫고 册을 보고 있는데 河炫德이가 찾어 왔다. 來房[訪]의 要旨는 不問可知다. 그 사람의 하는 말이 내가 힘만 쓰면 되지 않을난가 하고 생각을 하고 있으니 참으로 딱할 노릇이다. 내가 그와 같은 權限이라도 가졌다면 좋으려지와 그도 않인 나를 이와 같이 誤解하고 있으니 참 정말 사람 애타 죽을 지경이다. 내가 무슨 일로 面 書記가 되어서, 面 書記 中에도 特히 兵事擔當者

가 되여서 이다지도 苦痛을 받고 있는지?

1956年 5月 25日 (陰 4月 16日) 金曜日 曇 雨

오늘 아침부터 日氣가 좋지 않드니 비가 나리기 始作한다. 今年에는 어쩐 일인지 비가 한번 오기 始作하면 限이 없이 나린다. 그래도 그 비를 맞어가며 獒樹市場으로 다름질 치는 것을 보면 무슨 일이 그다지도 많은지 알 수 없다. 오늘도 別로 한 일 없이 時間을 보내고 退廳할려고 하는데 許炳旭이가 諸 證明을 해고 술을 한 잔 먹자고 해서 支署 姜 巡警과 같이 가서 막걸리를 마시였다. 술이란 것은 좋고도 나쁜 飮食物이다. 사람을 興奮시키는 데는 以上 없다. 그때 한잔 마신 것이 지금까지 醉한다. 社交외 外交上 不可不 必要도 하거니와 過飮하면 絶對的으로 위엄한 物件이다. 夕陽 歸家하다가 學校에 가서 아이들 율동 가리키는 것을 보았다. 學校 落成式 때에 하기 爲한 準備라고 한다.

1956年 5月 26日 (陰 4月 17日) 土曜日 晴

4289年度 整理 徵兵署를 開設케 되여 오늘 其 事務 從事 次 全州에 出張하였다. 去年에도 가서 해준 例가 있어 今年에는 않 갈여고 한 것인데 學眞이의 徵集延期願 關係로 않이 가볼 수가 없어서 不得已 가서 본 것이다. 가면은 損害가 있을 줄을 알지만은 別數 없이 가게 되었다. 獒樹 가서 理髮을 하고 나와 보니 午前에 가는 뻐-쓰는 이미 다- 出發해 버리고 없어서 汽車를 移用할려고 驛으로 나갔었드니 거기에 爀圭와 星坤이가 全州 갈여고 기다리고 있다. 그래서 같이 同行하였는데 汽車

는 一時間 程〈度〉 延着을 하여 全州에 늦게 到着했다. 道 會議室로 가서 보니 거기서 일을 하고 있는 中이다. 오늘은 늦게 가서 일도 하지 못하고 바로 나와서 卓球 한번 치고 國都旅館으로 들어갔다. 저녁에는 道立劇場에 가서 映畫를 求景했다.

1956年 6月 1日 (陰 4月 23日) 金曜日 晴

全州에 올라온 지도 於焉 1周日 되고 말었다. 몇日 않 된 겄 같으나 벌써 이와 같은 時日이 흐르고 보니 每事에 바뻐 놓으면 時間의 흐름도 잊게 된다. 어제까지 일을 해가지고 道와 司令部에 提出해야 할 書類는 提出해주고 오늘 午前에는 旅館에서 受檢畢證을 記載하다가 나려와서 쓰기로 하고 旅館에서 나왔다. 다른 職員들은 마지막 뻐-쓰로 나려오고 나는 群山 行 뻐-쓰에 몸을 싫었다. 月餘 前에 全州 從兄 宅이 芙容으로 移舍를 하셔서 거기를 가기 위하여 白鳩에서 下車해 가지고 步行으로 約 4k 程度를 갔다. 날은 한여름 以上 가게 더워서 땀을 흘려가며 걸었다. 들판의 보리는 벌서 黃金의 波濤로 變해가고 있다. 一週日間의 變化도 相當이 많었다.

1956年 6月 2日 (陰 5月 24日) 土曜日 晴

아침 일직히 通學生 車를 利用해서 올여고 朝飯을 일직히 먹고 驛으로 나왔다. 여기도 金堤의 一部 地域인지라 平野地帶이라고 볼 수 있다. 온 들에는 이미 논을 갈어서 農事의 準備를 完全히 가추고 있다. 山間部에서 볼 수 없는 觀[光]景이였다. 裡理驛에서 全羅線으로 待機하고 있는 列車에 들어서 보니 多幸히도 滿員이 않되였다. 그래서 자리를 잡을 수가 있었다. 이 자리를 잡게 된 데서부터 오늘 以上[異常]한 場面이 버러졌든 原因이 되고 말었다. 汽車는 豫定보다 30分 늦게 出發했다. 全州驛에서 姓名不知의 夫人이 二名 乘車하였는데 座席難으로 나의 앞에 와서 않게 되였는데 이 우연한 일이 않이 되고 내 이제까지 旅行 途中에 처음 보는 일을 當해 보았다. 어느 여자나 다- 같이 그러하다고 取扱할 수는 없지만 그래도 믿을 수 없는 것은 女子의 마음이다.

1956年 6月 3日 (陰 5月 25日) 日曜日 曇

一週日의 出張을 마치고 돌아와 보니 自然 中에 興味가 떨어진다. 日曜日을 利用해서 집에서 家庭事를 多少나마 處理해야 할 터인데 그것 마저 하고 싶지 않다. 그래서 學校 新築工事場도 求景하고 놀기도 兼해서 學校에 가서 午前 中을 消費했다. 斗月里長이 와서 같이 놀다가 學校 先生任과 같이 中食을 사주워서 먹었다. 作難[亂]의 말이 始作되여 結局 中食을 내게 된 것이다. 午後에 집에 와서 苗代에 肥料를 주고 大麻가 잘되지 않애 거기에 肥料를 주는 데 竹溪里 鍾祿이가 炫德이와 같이 와서 늦게까지 놀고 저녁 판에야 돼지막에 풀을 베여다 주웠다. 저녁에는 孝植이가 와서 學眞 君의 舍廊에 가서 축음기를 들었다. 炫德이와 鍾祿이도 거기 와서 같이 놀았다.

1956年 6月 4日 (陰 5月 26日) 月曜日 雨

10餘日만에 職員들을 다시 맛났다. 지난 26일에 全州에 갔다가 온 後

로 오늘 처음으로 面에 出勤해서 보니 廳內에 크나큰 變動이 있었다. 卽 이제까지 副面長이란 자리 하나를 가지고 熾烈한 爭탈戰이 展開되던 끝에 不得已 臨時措置로 沈炳奎 氏를 署理 發令을 하였었는데 今般 改正 地方自治法에 依據하여 有資格者가 되지 못하여 承認을 받지 못하고 吳章煥 氏가 承認을 받어 오늘 任命과 同時에 人事가 있었다. 이분을 淸廉한 公務員이였었다. 大韓民國의 全體 公務員이 이분마치만 公明正大하게 일을 한다면은 貪官汚吏란 말은 있지 않을 겄이라고 본다. 다만 不足된 點이 있다면 그겄은 敎人이 되였기 때문에 너무나도 良心만을 가지고 일할 뿐 外交가 不足하여 現 時局에 맞지 않을난지가 疑問될 따름이다.

1956年 6月 5日 (陰 5月 27日) 火曜日 雨 後 曇

어제부터 出張 計劃이 서서 오늘은 出張을 갈여고 하였드니 아침 일직히 丹月里 義直이가 와서 오늘은 斷念했다. 日前에 依家事除隊 申請을 했든 바 否決되여 버려서 오늘 또다시 申請해보려고 왔다. 그래서 書類를 作成해가지고 支署에 보내여 支署 主任의 復命書를 付託했드니 主任이 學校 上樑式에 參席했다고 午後로 延期해서 내가 가추워 주기로 하고 義直이는 나려 보냈다. 그래서 午後에 完備했다. 오래도록 나와 같이 事務를 協議해 왔든 金光賢 巡警과 金鍾基 巡警이 轉勤 發令이 났다고 한다. 警察의 몸일망정 金光賢이는 人間的으로 퍽 親近하게 지냈는데 섭섭하게 되였다. 오늘도 署 搜查係에서 刑事 二名이 面 軍警援護會 事務를 監査 次 나왔다. 이겄도 裏面은 面長件과 付[附]帶條件으로 하지 않은가 하는 생각이 든다. 하여간 못슬 사람들이다.

1956年 6月 6日 (陰 4月 28日) 水曜日 雲 (芒種 顯忠記念日)

지난번에 發付했든 一次 八回 入營壯丁이 오늘 出發하는 날이다. 언제나 되풀이하는 일이지만 壯丁들이 時間 嚴守를 하여 주지 않은다. 오늘은 壯丁 六名인데 德溪里에서 二名 磊川里에서 一名 하고는 三溪里에서 三名이다. 그래 集合하기도 쉬운 일인데 集合이 늦게 되여 午後에야 出發하였다. 特히 今般 入營하는 壯丁은 過去 國民學校 同窓生들이다. 나이도 25歲 以上의 高令 壯丁들이다. 그래서 今般에는 光朝가 引率한데도 不拘하고 松亭까지 따라갔다가 돌아왔다. 今般의 入營한 壯丁들의 家庭은 全部 困難한 家庭들뿐이다. 作別하고 돌아 슬 적에는 大端히 섭섭하였다. 오늘은 陸. 海.空軍 合同慰靈祭를 擧行하는 날이다. 그래서 오늘을 顯忠記念日로 定하고 全 國民은 다 같이 靈혼을 爲하여 오늘 默念을 올렸으며 歌舞飮酒을 않이 하기로 한 날이다.

1956年 6月 7日 (陰 4月 29日) 木曜日 雨 後 晴

今年에는 비가 大端히 많은가 보다. 必要도 없는 비가 때도 없이 나리고 있다. 어제밤부터 나리든 비는 오늘도 繼續해서 나리드니 午後 늦게 개였다. 午前에 職員會議를 해가지고 各種 稅金과 國債 等을 받으러 出張을 가라고 計劃을 세웠다. 勿論 行政事務를 執行하는데 무슨 農繁期가 必要있을가많은 그래도 요새에 出張 나가야 매우 困難할 겄같다. 그래서 午後에는 面에도 出勤치 않고 낮잠만 자고 말었다. 夕陽에야 풀망태를 메고 들로 돌아다니다가 풀을 한 망태 베여가지고 돌아왔다. 어쩐지 요새에는 집에 와야 일을 하기가 싫다. 萬若 이대로 가다가는 將來가 큰일이다. 그래도 집에 와서는 多少 活動을 하여야 할 터인데 영영 일하기가 싫어지고 말었다. 姊兄한테 가서 面刀를 하고 머리를 깜으니 오늘의 日課도 끝난 겄 같다.

1956年 6月 8日 (陰 4月 30日) 金曜日 晴

오늘 어머님과 사장어른의 두 분을 求景하시도록 하였다. 日前에 내가 芙蓉 갔을 때에 從兄任과 작은 어머님께서 한번 다녀가시라고 하셔서 오늘 두 분이 다녀오시도록 한 겄인데 無事히 돌아오시<기>를 바란다. 出發 準備를 하여 드리고 面에 나가서 暫間 일을 보고 出張을 나갔다. 山水里에 가서 里長을 맛나 亭子나무 밑에서 놀다가 中食을 먹은 後 아래山水里로 갔었다. 뜻뜻한 날에 金錢 徵收하겠다고 돌아다니기도 쑥스러웠다. 그래 夕陽에 오면서 里長한테서 立替해 가지고 國債만 完納해 가지고 왔다. 오늘 山水里에 가서 空氣를 살펴보니 鴻谷里 金丙基가 面長 運動을 하고 갔다는 말이 들린다. 如何間 今般 面長選擧가 大興味꺼리가 되게 생겼다. 다 各己 猛烈히 活動을 展開하고 있는 겄 같은 空氣가 떠돌고 있다.

1956年 6月 9日 (陰 5月 1日) 土曜日 晴 後 雨

어제 鴻谷里 學吉이가 와서 兵籍屆를 異動하여 달라고 해서 그겄을 하여 주로 일직히 出勤하여 가지고 나의 一平生 一平生이라는 겄보다 現在까지 자라 나온 中에 못 당할 꼴을 當해 봤다. 午前에 李 刑事가 와서 徵集者連名簿를 좀 보자고 하드니 나중에 主任이 와서 金應坤 巡警보고 名簿를 支署로 가저가라고 한다. 그러나 內容을 몰랐는데 午後에

李 刑事가 와서 보자고 하드니 德溪里 許泰旭이가 代理 受檢하는 것을 아느냐고 물는다. 너무나도 以外의 물음에 말이 나오지 않했다. 그러더니 조금 後에 主任이 오란다고 해서 갔드니 내가 代理를 하게코롬 하였다고 한다. 또한 代理를 한 者 亦是 내가 現場에서 보았다고 한다. 事實 너무나도 억울한 말이다. 勿論 내가 現場에서 그 사람을 보았는지 알 수 없으나 나는 事實이 몰았든 일이라 앞으로 이것이 어떻게 締結될 것인지 두고 봐야 할 일이다.

1956年 6月 10日 (陰 5月 2日) 日曜日 晴

오래만에 돌아온 日曜日이것만 나에게는 그다지 반가운 日曜日이 되지 못했다. 어제의 일이 完結이 되지 못한 以上 마음에 꺼리낌해가지고 氣分이 나지 않했다. 그것뿐이 아니였다. 本署 搜查係 刑事들은 벌써 數日間을 두고 面 各係의 事務를 다 뒤적거리고 있다. 뒤저 보았자 色다른 일이라고는 發見되지 않은다. 그러므로서 더욱더 파고든다. 나는 그네들을 나쁘다고 보지 않는다. 面內 몇몇 分子들이 現 面長을 모라 내겠다고 가진 手段과 方法을 가리지 않고 猛獸와 같이 날뛰는 裏面이와 같은 일이 發生하게 되는 것이다. 勿論 現 面長이 只今이라도 辭職만 한다면 그때는 面內는 조용하여 질 것은 事實이다. 그러나 正義가 있는 以上 그러케 되지도 않을 것이다. 午後에도 집에가 앉어서 나가지 않으려고 하였으나 또 나오라고 해서 별수 없이 다녀왔다.

1956年 6月 11日 (陰 5月 3日) 月曜日 曇

오늘도 兵事主務者會議가 있게 되여 早朝에 行動을 開始하였다. 會議參席 時 4288, 89年度의 要徵集者連名簿를 持參하라고 하였는데 89年度 要徵集者連名簿는 支署에서 가저간 後 돌여보내 주지를 않애서 가저가지도 않앴다. 주드락까지 뜻만 보고 있을 따름이다. 會議의 案件은 現役兵證書 交付다. 1次 9回의 徵集이 今月 21日에 있게 된다. 今般에는 特히 師範出身 正敎師로서 88年度 徵集者뿐이다. 今般에 本面에서는 孫斗植 先生 一名뿐이다. 午食을 新平兵事係長 金炯植 氏로부터 얻어먹고 뻐-쓰로 나려왔다. 三溪 오는 車를 탈여고 기다리다가 보니 搜査係 刑事 二名이 歸署할여고 나오고 있다. 보기도 싫어서 人事도 하지 않앴다. 三溪 와서 말을 들으니 來日 또 온다고 한다. 또 와봤자 언제나 그젔뿐이지 별로 신통한 일은 없을 젔이다.

1956年 6月 12日 (陰 5月 4日) 火曜日 曇

數日間 搜査係 職員들이 와서 파먹고 있다가 떠나버리니 當分間이나마 마음이 便하다. 오늘 國債 代金 徵收 次 全 職員 出張이다. 나는 前般에 完納을 했기에 今般만은 나가지 않기로 하고 徵兵檢查畢證 交付者 名簿를 만드렀다. 그러고 午後에 가서는 3時가 지난 後 退廳하여 돼지막에 풀을 한 망태 베여다 넣고 있으니가 學吉이가 와서 來日의 會議公文을 가지고 왔다. 그래서 面에를 나가 보았드니 때마츰 全州서 왔다고 하며 面長을 맛나자고 하는 青年 二名이 있어 面長을 오라고 해가지고 對面시켜 노코 보니 國都新聞社 全州支社에서 왔다는 日 記者들이다. 面長은 이야기만 하고 後川 간다고 나려가 버리고 나더러 責任

을 지라고 해서 夕飯을 갖이 가서 먹고 面 宿直室에다 데려다 놓고 敏植 氏가 와서 나는 와버렸다.

1956年 6月 13日 (陰 5月 5日) 水曜日 晴 (端午節)

오늘 端午날이다. 五色으로 그네를 매고 靑春男女가 雙雙히 그네 뛰는 年中佳節이다. 以北에서는 오늘이 年中 大名節의 하나로 取扱한다고 한다. 그러나 南韓에서는 그와 같은 않으나마 그래도 곳곳마다 즐거운 노리를 하고 있다. 이와 같은 즐거운 날을 남과 같이 즐기지는 못할지언정 苦生은 말어야 할 일인데 會議에 參席하겠다고 早動을 하여 가서 보니 내가 첫 참이였다. 會議는 午後에야 始作하여 늦게 끝났다. 想想 外로 89年度 受檢者에 對한 令狀이 下達되였다. 아득하다. 農繁期 한창 바쁜데 本人의 손에 令狀 갔다 주워놓으면 일할 氣運 떨어질 겄이다.

오늘은 재수가 없어서 任實서부터 겄기 始作하여 집에까지 걸어서 왔다. 一日間의 出張에도 길 걸은 福이 特히 많은 날이 있다.

1956年 6月 14日 (陰 5月 6日) 木曜日 晴

어제 나온 令狀 交付에 對해서 計劃과 準備 關係로 早朝에 出勤했다. 그래서 諸般 準備를 다 하고 名簿를 作成해가지고 支署에 갔다 주고 日前에 가저간 兵籍簿를 찾어 왔다. 職員들을 各己 出張시키고 나는 혼자 남어 있었다.

오늘도 異狀한 말을 들었다. 卽 孝植의 代理로 屯南面 酒泉里 郭 氏

가 85年度에 入隊를 하였는데 이겄이 내가 한 일이라고 한다. 어째서 요새 나를 찟바수는 사람이 그러케 많은지 알 수 없다. 요새같이 人德도 없고 謀略重[中]傷을 當할테면은 차라리 現職을 물러스는 겄이 가장 옳을 겄 갔다. 말 많은 世上이기로소니 그와 같이 남을 害칠 겄이 무었이 있느냐 말이다. 氣分도 좋지 않고 해서 午後에는 宿直室에서 낫잠만 자고 夕陽에 苗板에 가서 除稗를 하고 집에 돌아와서 보니 어머님께서 돌아오셨다. 形便에 依하여 大田은 못 가시고 오셨다고 하신다.

1956年 6月 15日 (陰 5月 7日) 金曜日 晴 (勸農日)

오늘도 郡의 報告書 作成이 바빠서 他 職員은 全部 出張을 나갔는데 나만 혼자 남어 있었다. 그래서 廳內는 日曜日과 같이 조용하였다. 來日은 또다시 搜査主任 以下 刑事들이 다시 나와서 搜査를 또 開始한다고 全 職員 待機하라고 한다. 이겄 정말 너무 過히 한 일이다. 아무리 背後에서 操從[縱]한 分子가 悪質的인 分子라고 할지라도 저도 人間인 以上 좀 더 생각해 볼 必要가 있지 않은가. 明日之事가 如何히 進行될 겄인지 닥처올 運命을 그 누가 아랴. 오늘 듯건대 大統領閣下께서 求禮 華嚴寺 求景을 왔다 가시는데 各 驛마다 積載되여 있는 原木을 全部 보이지 않는 곳으로 除去하여 버리고 거기다 天幕을 처버렸다고 한다. 이와 같이 一國의 元首의 눈을 속여 政治나 行政을 하고 있으니 어찌 痛탄之事라 아니 할 수 있으랴. 寒心한 일이로다.

1956年 6月 16日 (陰 5月 8日) 土曜日 曇 後 雨

비가 온 바람에 오늘의 計劃이 다 무너지고 말었다. 當初의 計劃은 오늘 午後부터 보리를 베여 버릴여고 하였드니 12時 頃부터 비가 나리기 始作한 바람에 이겄도 저겄도 다 틀어지고 말었다. 비만 오는 겄이 않이라 바람까지 세게 불어 作物에 被害가 없지 않을 겄이다. 午後에 낮잠을 자다가 일어나서 面에 나가보니 할 일도 없고 앉어 있기도 싫어 돌아오다가 學校에를 들였드니 宿直室에서 教長 以下 職員 몇 名이 도람프를 하고 있다. 그래서 나도 가치 한 목 끼여 술과 菓子를 사다 먹고 늦게까지 놀았다. 요새에 面事務所 일로 마음이 便치 않어 우슴하고도 이미 거리가 멀어진지 오래이겄만 오늘 午後에 실컨 웃고 놀아 보았다. 꽃이 없는 洞山은 제아무리 좋다 해도 華麗하지 않을 겄이며 人間은 제 아모리 좋은 生活을 한다 해도 우슴이 없는 데에 幸福이 없을 겄이다.

1956年 6月 17日 (陰 5月 9日) 日曜日 曇

어제 나린 비로 말미아마 諸般 計劃이 다- 어긋나 버렸다. 비가 올 겄 갔고 또 추지고 해서 보리를 베지 못하여서 午前에는 할 일도 없고 해서 學校에서 가서 잠간 놀았다. 孫 先生이 今般 入營 關係 打合 次 나왔다. 그 便에 張 先生의 愛人으로부터 片紙가 왔다. 今般에 入營케 된다고 한다. 如何間 滋味있는 "로맨스"다. 젊었을 때 한때는 사랑도 해보아야 할 겄이다. 그러나 나는 아직 그러한 滋味있는 때를 맛보지 못했다. 그때가 다 - 좋을 때다.

面에를 나가보니 郡에서 李錫聳이가 마침 出張 나와 있다. 그란해도

孫 先生이 來日 하루만 같이 가자고 하여서 大端히 立場이 困難하드니 多幸히 잘되였다. 그래서 그 便에 付託하고 來日은 않 드러 가기로 했다. 午後에 보리를 베였다. 논보리도 全部 베지 못하였다. 모처럼 한나절 일을 해 보았드니 허리가 매우 아프다.

1956年 6月 18日 (陰 5月 10日) 月曜日 晴

面 事務所는 요새 休務 狀態에 突入했다고 해도 過言이 않일 程度로 職員의 座席이 비여 있다. 물론 農繁期라고 해서 그러할 테이지만 外部 官廳에서나 一般民이 와서 볼 적에는 좋게 말하지 않을 겄이다. 그래서 나도 어제 베다 남은 보리를 베여 버릴여고 午後에는 나가지 않고 보리를 베고 있는데 許 巡警이 찾는다고 學吉이가 왔기에 가 보았드니 今般 提出한 入營 不能者에 支署 主任의 確認을 하지 않고 提出했다고 本署로부터 問責을 받었다고 한다. 88年度 徵集에 있어서는 支署 主任의 確認을 必要로 하지 않은다고 했었는데 무슨 영문인지 알 수가 없는 일이다. 그로 因해서 1時間 以上을 虛費해 버렸드니 오늘 밭보리까지 다 벨었을 〈것을〉 못 베고 말었다. 밭보리 베다가도 丹月里 누님이 오서서 한참 이야〈기〉하고 한 겄이 웃밭의 約 半 가량이 남어 있다.

1956年 6月 19日 (陰 5月 11日) 火曜日 曇 後 雨

아침부터 日氣가 매우 좋지 않다. 요새에는 구름만 오락가락해도 비가 올 겄 같으니 마음이 않 노인다. 어제 베어논 보리를 그나마도 비나 않 마쳐야 할 테인데 大端히 걱정되였다. 그래서 午前에도 별로 할 일도 없고 午後에도 亦是 別로 할 일도 없어서 來日 壯丁 引率에 對한 出張 計劃을 세워서 職員에게 付託하고 바로 들어와서 보리를 저드리기 始作하였다. 세 번채 저오는데 비가 한 방울씩 나리기를 始作하드니 네 번 다섰 번채는 제법 비가 나린다. 비만 오지 않햇드라면 어제 베여논 밭보리까지 無難이 運搬해 드릴 수가 있었는데 그 사이를 참지 못하고 비가 나리고 있으니 都大體 今年에는 降雨量이 얼마나 많을 겄인지 오늘 저녁에나 오고 來日은 제발 德分에 고만 왔으면 좋겠다. 萬若 來日도 비가 오게 되면 徵集 業務에 支障이 많다.

1956年 6月 20日 (陰 5月 12日) 水曜日 曇 (1次 9回 徵集)

어제 夕陽에 너무나도 억센 비가 나려서 오늘의 行事에 매우 憂慮되는 바 없지 않드니 가랑비는 나리지만은 그래도 多幸히 큰비가 오지 않했다. 集合時間을 九時로 豫定하였으나 그와 같이는 못되였으나 그래도 다른 때보다는 나흔 便이였다. 그래서 簡單히 壯行會를 面長室에서 行하였다. 今般에도 新亭里에서 一名이 忌避를 하였다. 오늘은 多幸히도 槃樹市場日이 되여서 車便이 있어서 槃樹까지는 "쓰리코터"로 가서 거기서 中食을 먹이고 任實까지는 뻐-쓰로 갔다. 今般에도 宿所는 鳳凰旅館으로 定하였다. 그래서 壯丁을 旅館으로 案內해 주고 郡에 가서 集結 狀況과 名簿를 提出해 주웠다. 그리고 나와서 理髮을 하고 들어가서 보니 屯南面 壯丁들이 相當히 떠들고 있다. 壯丁의 心理를 理解 못하는 바는 않이지만 그래도 어떤 壯丁은 過히 헛 勇氣를 내는 者가 間或 있다.

1956年 6月 21日 (陰 5月 13日) 木曜日 晴 (夏至)

아침 일직히 出發한다고 했든 것이 七時가 지난 後에야 出發하였다. 全州까지 추력 二臺를 貸切해서 왔다. 가서 보니 이미 壯行會 準備를 하고 있다. 各 高等學校와 中學校의 男女學生이 많이 몽여 있었다. 오늘의 引繼 順序가 二番채 되여서 午前에 引繼를 完了하였다. 그러나 孫斗植 先生이 오지를 않애서 完結치 못하였다가 午後 늦게사 와서 어덯게 해서 不合格 하나 한 것이 郡이나 署 職員으로부터 疑心만 잔득 받고 창피만 받었다. 都大體 나의 心理이지만 나도 알 수 없는 일이다. 무었 때문에 나의 金錢을 消費하여 가면서 남한테 듯기 싫은 말까지 들어가면서 일을 하고 있는지 오늘 전주를 오지 않했드면 旅費 않 들고 疑心 않 받고 좋을 일인데 生覺할수록 滋味없는 일만 했다. 그래서 화김에 國都旅館에다 宿所를 定하고 저녁에 春香傳 求景을 갔었다. 잘하는 唱劇이였다.

1956年 6月 22日 (陰 5月 14日) 金曜日 晴 後 曇

어제밤에 劇場에 가느라고 郡에서 作成해야할 諸 名簿와 統計를 作成치 못하여 아침에 이겄을 하느라고 늦게까지 일을 하였다. 그래서 겨우 일을 끝내 놓고 보니 11時가 다 되였다. 그래서 各自 헤여저 가지 뻐-쓰 停留所로 가보았드니 午後 一時에 가는 겄 뿐이였다. 그래서 별수 없이 기다릴여고 하는데 山西面 兵事係 職員이 汽車로 가자고 해서 바로 驛으로 가보았드니 마침 出發 直前이라 多幸히 乘車할 수가 있었다. 獒樹까지는 서서 왔을지언정 汽車의 힘을 빌여서 왔겄만 獒樹서부터 三溪는 나의 다리를 利用해야 할 수밖에 없었다. 혼자 걸어오면서

興겨웁지도 않은 콧노래를 불러가면서 걸어왔다. 夏至도 어제로서 넘어갔고 오늘부터는 차차 晝間이 짧어질 것이고 夜間이 길어질 것이다. 夏至가 지난 오늘날까지 얼마 되지 않은 논이 그대로 있으니 딱할 노릇이다.

1956年 6月 23日 (陰 5月 15日) 土曜日 曇

數日間式 出張을 갔다가 돌아오면 事務에 精神이 쓰이지 않은다. 特히 全州에 갔다가 오면은 오기도 싫다. 그러한 마음이 차차 갈수록 더 한다. 農村의 生活이 좋기도 하지만 그래도 都市의 生活만은 못하다. 人間이란 어느 程度 成長하면 都市로 進出해서 거기서 자라야만 할 것이다. 오늘도 午前에 그럭저럭하고 土曜日임으로 午後에는 집에서 일을 하였다. 비만 않 오면 來日이라도 모를 심을여고 苗板에 가서 苗를 쪘다. 거마리를 물려가며 혼자서 苗를 쪘다. 이것도 農村生活의 한 滋味라고 볼 수 있을 것이다. 이것을 심어서 온 들판이 파랗게 물드러 이것이 다시 黃金의 波濤로 變할 적의 그의 心理야말로 農村生活이 않이고서는 맛볼 수 없는 眞味일 것이다. 그러나 이것도 相當한 土地를 가지고 있는 사람이라야 말이지 나같이 農土도 적은 사람은 形便 없는 生活뿐이다.

1956年 6月 24日 (陰 5月 16日) 日曜日 晴

今般의 日曜日만은 제대로 日曜日답게 利用하였다. 아침 일직히는 못 일어났으나 그래도 平時에 比해서 일직히 일어나 苗를 찌러 나갔다.

하루아침에 겨우 10餘 다발을 찌고 말었다. 거마리는 오래간만에 먹을 것이 생겼다고 좋아하고 달려들어 피를 빨어 먹고 있다. 사람의 피를 빨어 먹고사는 이 버레는 惡質 中에도 高等惡質이다. 午後에 姊兄과 같이 모를 심었다. 얼마 되지는 않으나마 正條植을 하였다. 今年에는 農民들도 正條植에 많은 힘을 쓰고 있다. 한 번 두 번 하여보면 차차로 農事에도 理智를 써서 增產에 努力을 하기 때문에 正條植 같은 것은 앞으로 더욱더 推進할 것이다. 午前에 아래 논을 완전히 끝마쳤다. 그래도 첫 모다. 去年보다는 10餘日 앞에 심은 便이다. 午後는 오래도록 낮잠을 자고 나가서 웃 논의 밀을 베였다. 늦게사 肥料를 썼드니 아직도 完全히 익지 않었으나 그대로 베여 버렸다.

1956年 6月 25日 (陰 5月 17日) 月曜日 晴 後 雨 (六.二五날)

"아- 아 잊으랴 어찌 우리 이날을" 오늘 學校 運動場에서 흘러나온 6.25의 노래이다. 해마다 격은 오늘의 行事. 今年의 6.25도 잊어버리지 않고 行事를 擧行하는 것까지는 좋았으나 명색이 大會場에는 面 職員과 學校 職員 그리고 里長 數名만이 뫃이고 當校 兒童들로서 式場이 이루어졌다. 勿論 農繁期가 되여서 農事에 분망해서 그럴줄 알지마는 그래도 所爲[謂] 面內 有志라고 하는 者는 하나도 오지 않었다. 主任과 敎長도 參席치 않었다. 우리가 오늘의 行事를 盛大하게 擧行한다고 해서 滅共統一이 된 것은 않이로되 마음부터가 틀려가지고 있지 않은가.

6年 前 오늘 새벽 不法으로 南侵한 共產徒輩들은 一時에 南韓을 집어삼키려다가 勇敢한 우리 國軍과 友邦 UN軍의 決死的인 援助로서 잃었든 疆土는 다시 찾었으나 戰禍를 입은 모든 施設은 아직도 完全 復舊

가 되지 못하고 있는데 北韓에서는 아직도 꿈을 깨지 않고 再侵의 機會를 노리고 있지 않은가. 우리는 精神을 차려야 한다.

1956年 6月 26日 (陰 5月 18日) 火曜日 曇 雨

今年에는 무슨 비가 그러케도 많은지 날마다 비가 온다. 오늘도 날씨는 如前히 흐리고 있다. 午前에 許 巡警이 忌避者 名簿를 作成해달래고 해서 始作하여 午後까지 해서 끝내놓고 집에 들어와서 옷을 갈어입고 논에 나가 앞두럭을 하였다. 남들은 많은 農作을 하면서도 이미 다- 끝난는데 나는 얼마 되지도 않은 겄을 가지고 날마다 이 짓을 하고 있다.

논에서 일 하다가도 學仁이를 만나서 말한 바가 있지만 今般 面長選擧를 앞두고 面內의 控[空]氣가 아주 險惡하게 흐르고 있다. 面長 하나를 選擧하는데도 黨的으로 움지기고 있으니 이대로 간다면 앞으로 무슨 일이 있든지 그대로 흘러갈 겄이 않인가? 요새 같은 心情이라면 차라리 職場을 그만두고 목탁이나 뚜들고 있는 겄이 오히려 幸福스러운 生活이라고 할 겄이다. 짧은 人生의 一生이 이와 같이 마음에 거믐구름을 끼고 살어야 할 겄인지.

1956年 6月 27日 (陰 5月 19日) 水曜日 晴

數日間을 두고 마음 조렸던 移秧이 오늘로서 完結을 지웠다. 午後에 面에 돌아와서 보니 姊兄과 正良이가 모를 심고 있었다. 家事에 對해서 언제나 이 두 분에게 너무 過한 癈[弊]를 끼친다. 오늘도 午前 中에

姊兄집 移秧을 完結짓고 正良이 집 소까지 갔다 논을 골라서 심고 있었다.

今年의 移秧은 例年에 比較해서 相當히 빨리 끝낫다. 아마 앞으로 2, 3日 內에 完全히 끝날 겄 갔다. 앞으로 날씨만 잘하면 豊年은 決定的인 것 같다. 時局은 이러한 때일망정 時和年豊해서 五穀이나 가득히 쌓아놓아야 그래도 農民들의 살맛이 날 겄 안인가. 저녁에 班長을 改選한다고 해서 孝植이 집 舍廊房에를 갔었는데 約 一年間 嫐圭가 보드니 家庭事가 許諾치 않어 그만 두어야 하겠다고 한다. 그래서 範植이에게 勸하였다. 그리고 迎送을 兼해서 술 한 잔식을 노느고 늦게까지 놀았다.

1956年 6月 28日(陰 5月 20日) 木曜日 晴

요새에 財務係에서는 收得稅 調定 事務로 因해서 大端히 바쁘다. 그래서 오늘부터 各係 職員을 總動員해서 助力하였다. 나도 新亭里 部落을 算出해 보았는데 말할 수 없는 엉터리다. 어떻게 해서든지 賦課가 되지 않게만 할 作定인 模樣이다. 勿論 어느 部落이나 다 같은 處事인 겄이나 그래도 어느 程度 問題이지 너무도 過度한 일이다. 하루 速히 收得稅法이 癈止되지 않은 限 公務員은 懲役 가기 좋을 만하고 對象者는 妙案을 써서 脫稅하기 좋게만 되여 있다. 末端에서는 이와 같은 일을 하고 있는 反面에 國會에서는 愼道晟 議員이 主動이 되여가지고 地方自治法 改正法律案을 提出하고 있다. 卽 市邑面長과 各級 議員의 旣得權을 認定하자고 한 겄이다. 말만 들어도 좋다. 當初에 그렇게 할인데 이제 새삼스러운 感이 있다. 이만 通過되드래도 全國的으로 얼마나 安定

될 겄인지 大贊成이다.

1956年 6月 29日 (陰 5月 21日) 金曜日 曇 後 雨

複雜微妙한 環境 속에서도 쉬지 않고 歲月 흘러 來日이면 今年도 半 고비에 다달은다. 무던히도 빠르다. 어제와도 같은 江原道의 雪禍 報告이였건만 때는 이미 밖여 서울의 水害報導가 나오고 있지 않은가. 一分一分 흘러가는 時間이였건만 이겄이 한 달도 되고 봄도 되고 여름도 되고 一年도 되는 겄이다. 쉬지 않고 꾸준이 돌아가는 地球의 힘이 우리들 젊은이를 늙게 하는 겄인가? 해가 가고 달이 감으로서 검었던 머리가 희여지고 두 발로 걸가든 사람이 세 발로 걸어가게 되는 겄이다. 이와 같이 時間의 흐름이란 빨라가는 歲月을 부뜨러야 할 지경인데 요새 나의 心境은 그겄이 않이다. 하루라도 더 빨리 歲月이 가기를 기다린다. 웨 늙기를 願한단 말이냐? 그렇지도 않다. 그렇다면? 그만큼 요새 나의 心境이 좋지 않다는 겄이다. 到底히 世上의 맛이란 겄을 모르고 산다.

1956年 6月 30日 (陰 5月 22日) 土曜日 雨

去年에는 降雨量이 적어서 農民의 이마쌀을 찌프리게 하드니 今年에는 너무나도 비가 자주 와서 困難하다. 구름만 오락가락하면 틀림없이 비는 오고 만다. 오늘도 아침부터 始作하여 꾸준이 나리고 있다. 政府의 會計度를 12月末로 變更함으로 因한 各各 거기에 따라 豫算이 更正되여 三溪面에서도 오늘 議會를 召集해 가지고 4288年度 追加更正豫

算을 附議하였는데 雨中이라 그러한지 어떠한 理由가 있어 그러한지는 몰라도 不過 4名박에 모이지 않했다. 그래서 다시 公文을 發送했으나 오지 않애 두 번채 다시 發送해 가지고 夕陽에 겨우 六名이 參席해서 그대로 開會하였다. 豫算은 그대로 通過되였다. 그러나 末端의 面議會에제가지 時間을 지키지 않고 流會를 免치 못하게 하고 있으니 이래서야 어디 쓰겠는가.

1956年 7月 1日 (陰 5月 23日) 日曜日 曇

日曜日이겠만 別로 할 일도 없다. 할 일이 없다는 것보다 하고 싶은 興味가 나지 않은다. 할라면은 무었을 하든지 없을 리 없지만은 요새 나의 心情이 집에서 일이라도 조금 돌보아야 하겠다는 생각이 조금도 없다. 그래서 日直임에도 不拘하고 學校 宿直室에 가서 午前의 時間을 虛費했다. 내가 學校에 가서 노는 것이 어떠한 目的이 있어서 가는 것도 않이요 다만 面事務所의 책상머리에 앉어 있기가 싫어서 그러한 데로 놀러 다니는 것이다. 요새는 정말 面事務所의 책상머리가 어쩐지 앉어 있고 싶지를 않다. 까닭없이 괴롭기만 하다. 그러나 午後에는 그래도 日直이라 別수 없이 나가서 財務係에서 하고 있는 일을 助力하였다. 收得稅 調定하느라고 財務係에서 요새 相當히 애를 쓰고 있다. 오늘도 온 終日 하고 夕陽에야 헤여졌다.

1956年 7月 2日 (陰 5月 24日) 月曜日 曇 後 雨

七月의 첫 月曜日이다. 應當 月曜日인 만큼 朝會도 있어야 할 것이며 또 敎養도 해야할 겄이다. 그러나 요새의 面의 實情이 그러한 겄을 할 만할 處地에 놓여 있지 않다. 面長은 面長대로 職員은 職員대로 各己 마음이 虛空에 떠가지고 있다. 勿論 職員들이라고 해서 다 같이 그러할 바는 않이지만 그래도 一部는 아마 그러한 處地에 놓여 있으리라고 본다. 이러한 雰圍氣를 좋아라고 생각하는 職員들도 있을난지? 사람의 心理란 알 수 없는 겄이라 오늘 數日만에 副面長이 出勤했다. 出勤이란 겄보다 그저 面에 나왔었다. 그러나 面長 宅에 가서 午前에 있다가 午後에 나와서 別로 한 일도 없었다. 無情한 人間들 더러운 人間들 괘씸한 親舊들이다. 天下에 純眞한 사람을 어떻게 하였가지 辭表까지 提出하게 하였는지 如何間에 世上 人心은 참으로 야비하고 더럽다.

1956年 7月 3日 (陰 5月 25日) 火曜日 曇

오늘 面에서 三溪面 選擧委員會議를 開催하였다. 七名의 委員이 四名 박에 集合되지 않었다. 그래서 過半數가 모여서 會議는 그대로 開催하여 委員長과 副委員長을 口頭 互[呼]천으로 選擧했다. 그래 委員長에 吳騏煥 氏와 副委員長에 金準植 氏를 當選시켰다. 그러나 今般 面選擧委員을 面에서 順位를 定해준 대로 되지 않고 異狀스럽게 되였다. 여기에 무슨 黑幕이 있으랴마는 如何間 알숭달숭한 일이다. 午後에 葜樹 金東錫 氏가 왔다가 갔다. 消息通에 依하면 今般 道議員에 自由黨 公認을 받고 出馬할 模樣이다. 그래서 事前 工作인지는 몰라도 面에 와서 職員에게 對하는 態度가 急作스럽게 多情하여졌다. 언제 人間이 選擧 期間과 같이 貴賤의 差異없이 親切히 對해주면 農村에 우리 같은 卒[拙]者도 살맛이 있을 겄이련만.

1956年 7月 4日 (陰 5月 26日) 水曜日 曇 (美國獨立記念日)

오래동안 끌었든 里長會議를 開催하였다. 今年度의 夏穀 收納에 對한 具體的인 指示와 打合이였다. 今年에도 여러 가지의 收納해야할 糧穀이 많은데 이겄이 過然 좋은 成績으로서 完納을 지울 겄인지? 每年 하는 겄이지만 꼭 自身이 있다고 壯談은 할 수 없는 일이다. 앞으로 두고 봐야 할이다. 午後에 繼續해서 學校 增築費 關係로 理事會를 面長室에서 開催하였다. 午前의 里長會議에는 支署主任이 參席치 않었드니 午後에 學校問題를 갖이고 會議를 하니가 와서 앉어 있었다. 요새에 面에 對한 感情이 좋지 않은 겄만은 이미 아는 事實이지만 公的인 面에서까지 그러할 겄은 없을 일인데 이겄도 따저놓고 보면 그 사람의 本心이 나쁜 겄이 않이라 그 背後에서 運轉臺를 잡고 操從하는 몇몇 分者가 나쁜 겄이다. 이겄이 화근이 되여 現在 三溪面이 이와 같은 狀態에 놓여 있는 겄이다.

1956年 7月 5日 (陰 5月 27日) 木曜日 曇 雨

오늘의 하루해도 雨中에 別일 없이 지나갔다. 다만 하루의 滋味는 中食 後에 職員 6名이 추첨을 해가지고 술 먹기를 하였다. 그러한 겄이 何必이면 내가 最高額인 130圓짜리를 뽑았다. 이러한 일을 한 지도 相當히 오래만이다. 職員 間의 親睦이라고 볼 수 있다.

1956年 7月 6日 (陰 5月 28日) 金曜日 雨 後 晴

數日間 太陽의 求景을 하지 못하였다가 午後에 늦게야 햇빛을 보았다.

오늘도 午前 中까지는 비가 나리였으나 午後에 개였다. 午後 職員會議에서 今日부터 三日間 出張 計劃이 섰다. 그래서 職員들은 會議를 마치고 各者[自] 擔當部落으로 出發했으나 나는 來日로 미루고 오늘은 斷念했다. 그래서 宿直室에서 낫잠을 자고 있는데 學仁이가 와서 柳村서 돼지 잡은 데나 가보자고 해서 가치 가보았다. 以外도 많은 사람이 몽였다. 오래도록 기달리였다가 學明이 집에 가서 三溪里 어른들과 六名이 株式을 해서 燒酒를 받어 놓고 한 잔 마시고 넘어 왔다. 相當히 얼근히 醉했는데 許相 氏 店房에 와서 한 잔 더 마셨드니 제법 얼근하다. 氣分이 180度로 轉還[換]하여진다. 그래서 술이라는 겄은 人間을 마취시키는 요물이라 밖에 볼 수 없다.

1956年 7月 7日 (陰 5月 29日) 土曜日 晴 (小暑)

벌서 小暑가 닥처 왔다. 小暑란 말을 들으니 自然 中 더워진 感을 갖인다. 그러나 實狀 小暑는 고사하고 요새의 날씨는 初署도 되지 못한다. 오늘 그래도 小暑의 體面을 세우기 위해서 그러한지 오래동안 繼續했든 비가 끝이고 보니 날씨는 그래도 다른 날에 比較해서 더운 便이다. 그러나 例年에 比較해 볼 적에 그다지 더운 날씨는 되지 못한다. 어제부터의 出張을 오늘 하루에 따질여고 山水里 行을 하였다. 그래 첫째 今年度 夏穀 收納 個人 別 臺帳을 만들고 다음에 出張의 本務이라고 볼 수 있는 收金 問題를 이야기했다. 그러나 目的을 達成치 못했다. 四, 五班長도 相對하여 보았지만 別수 없이 내가 賊[敗]하고 말었다. 없는 돈을 아무리 내라고 해봤자 別 道理 없게 생겨서 그대로 물러스고 말었다. 오는 길에 내물에서 모욕만 한 겄이 오늘의 所得이다.

1956年 7月 8日 (陰 6月 1日) 日曜日 晴 後 曇

今年의 麥作도 收穫하여 본 結果 아주 形便 없이 되여 버렸다. 그나마도 連日의 降雨로 말미암아 打作 한 번도 하지 못하고 방망이로 打作을 해가지고 오늘 처음으로 돌방아를 한 확 찌였다. 寬植이의 소를 얻어다가 큰마을 방아간에 가서 찌였다. 소의 힘이란 참으로 우리 農村生活에 있어 重且大한 겄이다. 논을 갈고 써리는 겄도 모두 소의 힘이요 이와 같이 크나큰 돌을 돌려서 보리를 精麥으로 만드는데도 또한 소의 힘이 않이고서는 到底히 할 수 없는 일이다. 午後에 面에 나가보니 文朝 혼자서 面을 직히고 있다. 그러하지 學仁이가 와서 같이 點岩 氏 집에 가서 돼지남비를 해 놓고 술을 한 잔식 마시였다. 오늘의 술값은 文朝 單獨的인 負擔이 되여서 大端히 未安했다. 面으로 나려가다 보니 學根이가 休假[暇]해 가지고 돌아왔다.

1956年 7月 9日 (陰 6月 2日) 月曜日 曇 後 雨

數年間을 册床을 맏대고 同苦同樂을 해 왔든 鄭光朝가 지난 30日 附로 農業技術員의 자리로 轉任을 하게 되여 오늘 그의 發令을 하였다. 彼此가 서로 意思를 相通하고 같이 일을 해오다가 이제 막상 다른 자리로 옮긴다고 하고 보니 섭섭하기 짝이 없다. 勿論 그 사람이 永永 떠난 겄이 않이고 다만 係만 바꾸지만 그래도 어쩐지 섭섭하였다. 그 사람이 現在의 그 자리보다 좀 더 나흔 자리로 가게 할려고 나 亦是 努力한 사람이다. 午後 職員會議가 있었는데 來日부터 또 出張이다. 各種 稅金徵收와 夏穀 收納 督勵 및 오는 8月 8日에 施行해야 할 面議員選擧權者調査 等의 用務이다. 多幸이도 本面에는 面長選擧는 않게 되여 한갓 일은 덜었다. 이겄만 해도 面的으로 큰 所得이다.

1956年 7月 10日 (陰 6月 3日) 火曜日 晴 後 曇

어제부터 出張 計劃이 되여서 오늘은 가볼가 하고 面으로 나갔드니 마침 山水里長이 棸樹간다고 나와서 面에서 보아 버리고 나가지는 않었다. 實인즉 요새에 部落에 나가서 金錢 徵收 하기에는 大端한 隘路가 많다. 그래서 里長도 없는 데 가보았자 別 道理 없게 생겨서 가지 않고 말었다. 그래서 有權者 名簿를 作成하고 있는데 山水里 寬植이가 왔다. 이 사람은 나하고 國民學校 同窓生이련만 일직히 軍門에 入隊했기 때문에 벌써 陸軍大尉이다. 出世했다고 본다. 아무리 將校가 흔하지만은 大尉라면 그래도 쉽지 않은 자리다. 빨리 出世할려면 軍部系統이 第一 빠른 便이다. 斗月里 金夏泳이도 教育 받으러 가는 中에 暫間 들였다고 오늘 찾어 왔다. 午食을 먹고 나오는데 보니가 學淵이도 오늘 休暇왔다고 나한테로 달려온다. 차차로 休暇將兵 나오고 있다. 오늘 盧相國이를 寄留屆 囑託으로 任命했다.

1956年 7月 11日 (陰 6月 4日) 水曜日 雨 後 晴

요새에는 兵事係의 事務가 너무나도 閑暇롭다. 午前에 出勤해 가지고 午後에 退廳해야 起案 한 件도 한 겄이 없이 그대로 넘어간 때가 많다. 사람이 너무 바뻐도 困難하지만 너머나 할 일이 없어도 또한 심심하다.

요새 新聞에 公務員 減員을 해야 한다고 떠돌고 있다. 事實인즉 生活

保障만 된다면 좀 더 주려도 넉넉히 일할 수 있다고 본다. 特히 上級官廳은 더 한다. 要는 量的인 確保보다 質的 向上을 期해서 一但[旦] 公務員이란 職責을 갖게 되면 自己의 맡은 바 義務를 忠實이 履行하여야 할 겄이다. 그러므로서만이 올바른 行政을 할 수 있다고 본다. 요새 몇일 사이에 廳內 各係 囑託職員의 大異動이 있었다. 그래서 兵事係에도 鄭光朝의 後任으로 崔熾範이를 다려왔다. 鄭明中이가 말을 한 겄을 해주지 않었드니 大端히 섭섭하게 생각한다.

1956年 7月 12日 (陰 6月 5日) 水曜日 晴 (初伏)

벌써 오늘이 初伏날이다. 20餘日 前에 심었든 모가 오늘로서 한 살을 먹은 셈이다. 더위도 오늘부터 本格的인 段階에 들어가고 있다. 그래서 그러함인지 相當히 무더운 날씨였다. 그러나 오늘 三溪里에서는 더위에 구애되지 않고 里長選擧를 하였다. 滿 四年間을 大過없이 里政을 보살펴 오든 學仁이가 今般 任期도 滿了되고 또한 일부러 辭讓했었는데 今般의 面議員 候補에 뜻을 두고 辭任하여 그 後任을 選出하느라고 選擧를 한 겄이다. 部落民의 意思에 따라 三名의 候補者를 推薦해서 選擧하여 본 結果 金學海 50票 金學顏 21票 金賢植 17票로서 學海 氏가 絶對的으로 當選되었다. 그러나 當選된 그분은 强力히 拒否하고 있다. 里民의 信望이 두터운 사람은 마다고 하고 할려고 한 사람은 信望이 없다.

1956年 7月 13日 (陰 6月 6日) 金曜日 晴

요새에 같으면 過히 바쁘지도 않고 일할 만하다. 눈코 뜰새 없이 바쁘던 그때의 일과 요새 같이 閑暇한 때를 고를 수만 있다면 일도 해먹을 만 할 터인데 어제 孫 先生한테서 어떠한 말을 들었는데 오늘 孫 先生이 또 찾어와서 하는 말이 獒樹에서 本署 職員이 찾어서 나가보았드니 兵事係 黃 巡警인데 前般之事를 갖이고 말을 하더라고 한다. 더러운 자식들이다. 그때야 어떻게 했든지 間에 身檢 不合格으로서 一段 歸鄕措置한 것을 이제 새삼스럽게 뇌작거려 볼려고 지랄들을 하고 있다. 좀 더 인간다웁게 行動을 하지 못하고 비열한 行動만을 되풀이하고 있다. 孫 先生의 말을 들을 적에 事實 氣分이 나뻐섰다. 夕陽에 李 巡警과 같이 술 한 잔식 마시였다. 人間的인 面에서 對할 적에는 나도 얼마든지 좋게 對할 수 있다.

1956年 7月 14日 (陰 6月 7日) 土曜日 晴 曇

지나間 四年間을 잘했든 못했든 間에 三溪面의 議決機關으로 面 行政과 面民의 代辯者로서 일해 나왔든 面議員들이 來 8月 15日로서 任期가 끝나게 된다. 그래서 面에서는 그대로 있을 수가 없어서 오늘 送別宴會를 山水里 魚目에서 行하여 주웠다. 實은 따저놓고 보면 별것도 없는 議會이였지만 그래도 그대로 헤어지게 하기는 좀 섭섭해서 한 것이다. 그 바람에 나만 혼자 面에 남아서 日直을 하였다. 午後에 道路邊에서 노는데 뜻박에도 農樂소리가 울리여 나와서 웬일인고 하였드니 學校 先生任들이 술을 자시고 또 다른 先生任 宅으로 行하는 판이였다. 教職員으로서는 좀 度에 넘친 일이라고 않이 볼 수 없다. 어린아이들을 가르칠라매 率先垂範해서 模範된 일을 해야 할 터인데 白晝에 洞內 앞에서 그와 같은 일을 한다는 것은 보기에 困難했다.

1956年 7月 17日 (陰 6月 10日) 火曜日 晴 (制憲節)

年中 四大節 中의 하나인 制憲節이 오늘이다. 우리가 오늘날 國民으로서 權利와 義務를 享有하게 된 것도 이 憲法을 基礎로 해서 우러나온 것이다. 그러나 오늘날 이 憲法의 좋은 明文이 제대로 運用되고 있는지? 제대로 國民의 自由權이 保障되어 있는지? 오늘의 意義는 깊었마는 惠澤을 받은 國民은 別로 적다고 않이 볼 수 없다. 오늘의 意義를 깊게 간직하여 올바른 民主行政의 具現에 努力하여야 할 것이다. 午前에 在修가 와서 面에서 일직히 들어 왔다. 午食 後에 打麥을 하였다. 今年의 麥作況도 아주 형편없이 되였다. 今年의 날씨로서는 오늘의 日氣가 第一 좋은 것 갔다. 더웁기도 하다. 그래서 夕陽에 海谷 가서 모욕을 하고 늦게 돌아왔다.

1956年 7月 18日 (陰 6月 11日) 水曜日 曇

요새는 兵事係에 너무나도 할 일이 없어서 낮잠이 올 지경이다. 그래서 面議員選擧人名簿 作成하는 데에 助力하고 있다. 오늘도 거기에 助力을 하고 있는데 午後에 뜻밖 郡 兵事係 李錫聳이가 왔다. 磊川里 朱吉淳이가 光州에서 今年度에 大學을 卒業하였는데 거기에서 令狀이 下令되여 가지고 왔다. 그래서 熾範이더러 다녀와 달라고 付託을 하고 許相 氏 집에 가서 술 한 잔을 마셨다. 늦게야 肥料를 실코 오는 車가 와서 그 車를 타고 錫聳이는 나갔다.

1956年 7月 19日 (陰 6月 12日) 木曜日 大雨 (里長會議)

오늘 里長會議를 開催하였다. 面選擧委員과 合同會議를 開催할여고 하였으나 里長會議가 늦게까지 繼續되어 選擧委員會議는 開催하지 못하였다. 午前에 큰비가 왔다. 數10年來에 처음 보는 큰비다.

約 一時間 程度 繼續되였으나 水害가 多少 있었다. 萬若 한참만 더 그대로 繼續되였드라면 相當히 많은 被害가 있었을 겄이다. 물의 힘이란 겄이 불의 힘보다도 더 무서운 겄이다. 面議員選擧에 立候補할 사람들이 오늘에야 밀여 들어온다. 어떠한 理由인지 最後의 磨勘日이야만 大亂雜을 이루고 있다. 今般의 選擧에 있어서는 熾烈한 選擧戰이 豫測된다. 아무튼 滋味있는 판 속이다.

1956年 7月 20日 (陰 6月 13日) 金曜日 雨 後 晴

오늘의 晝間의 日氣는 매우 좋았다. 그러나 아침에 나린 비는 去今 例에 없는 大暴雨 이였다. 面 宿直室에 자고 미처 잠이 깨지도 않어 요란스런 비소리에 잠을 깨여 가지고 밖을 내여다 보니 面廳 앞의 다리 위로 물이 넘어 道路로 흘러가며 마을 앞의 방천은 5個所 가량이나 流失이 되여 온 들판이 물바다가 되였다. 8時 頃에 비는 完全히 개였으나 그의 被害란 말할 수 없다. 三溪里 앞마을만 해도 完全 埋沒이 相當히 많으며 沈水는 말할 수 없을 程度이다. 그래서 午前에 水害 狀況 같은 겄도 보기 兼해서 獒樹를 가는데 獒樹橋를 건느지 못해서 汽車鐵橋를 건너갔다. 올 적에는 多幸히 물이 빠저서 바로 다리를 겄너서 올 수가 있었다. 槊樹에 가서 消息을 들어보니 어데나 다 같이 被害는 있는 겄 같다.

1956年 7月 21日 (陰 6月 14日) 土曜日 曇 後 雨

어제의 水害 狀況을 알기 爲해서 職員會議를 開催하였다. 그래가지고 거기에 對한 對策을 세워볼여고 하였으나 어느 部落을 莫論하고 共通적인 問題이기에 各 部落에서 解決하도록 하고 終結을 지웠다. 그러나 아 어찌된 일이냐 午後 3時 頃에 비는 또다시 나리기를 始作하드니 순식간에 앞들을 물바다로 만들고 말었다. 今年에 初夏에 順調로운 비로 말미아마 豊年을 豫想했든 겄이 뜻하지 않은 水害로 말미아마 形便 없이 되여 버리고 말었다. 오늘의 비에는 人命의 被害까지 있었다. 이겄이 神의 作亂이라고 보기에는 너무도 過度한 일이다. 얼마 되지 않은 나의 논에도 被害가 있다. 이겄만 해도 큰 被害인데 萬若에 또 비가 더 온다면 今年의 農事는 生覺도 말어야 한다. 저녁에는 낮에의 소낙비를 비웃은 든 밝은 달이 둥그렇게 떴다.

1956年 7月 22日 (陰 6月 15日) 日曜日 曇 (中伏)

今般의 暴雨로 因하여 若干의 被害가 있어 午前에는 논에 나가서 作業을 하였다. 모래가 相當히 밀려들어 왔으며 防築이 무너질 程度에 이르렀다. 그래서 방천은 별수 없어 그대로 두고 모래만을 除去했다. 그리고 논두럭을 베여왔다. 今年에 물이 마르지를 않애서 제법 잘되는 판인데 그나마도 一部 被害를 보고나니 좋지 않다. 午後에도 繼續할 여다가 面에 나가서 낮잠을 실컨 자고 夕陽에 들어와서 잠간하고 말었다. 요새에 紙上報導를 볼 겄 같으면 慶南地方에서는 地方議員選擧 關係로 相當히 말썽이 되여 있다. 卽 野黨側 立候補의 登錄 妨害가 말할 수 없이 盛行하고 있다. 經犯法處罰法을 最大限으로 活用하여 모조리 治安裁判에 廻[回]附하여 拘留處分을 하고 있다. 이쯤 되면 民主政治란 말도 한갓 口號에 지나지 않으렸다.

1956年 7月 23日 (陰 6月 16日) 月曜日 曇 後 雨 (大暑)

連日 繼續는 비는 끄칠을 줄을 모르고 오늘도 繼續하고 있다. 大暑라는 季節은 간 곳 없고 아침부터 구름이 끼여 산들바람이 불드니 午後에 急作히 나리기 始作한 비는 그리 많은 비는 않이였으나 그래도 억세인 비였다. 웬 비가 이다지도 많은지. 各級 地方選擧도 이제는 本格的인 段階에 突入하고 있다. 來日이면 磨勘될 道議員 立候補 申請을 하기 爲하여 韓相駿이의 證明을 하러 왔다. 그로 因해서 面長과 韓 氏 側 사이에 좋지 않은 暗鬪가 버러졌다. 前부터 韓 氏 一派에서 現 面長을 좋게 보지 않앴는데 今般 道議員選擧를 앞두고 더욱더 妙하게 展開되고 있다. 勿論 當事者인 韓相駿 氏야 별로 나쁘다고 評할 수는 없으나 要는 그의 使族[四足]들의 움지김이 좋지 않다는 겄이 定評인 겄 같다. 當落은 두고 봐야할 일이고 兩人 間의 感情이 더욱 妙하게 흘러가고 있다.

1956年 7月 24日 (陰 6月 17日) 火曜日 晴

오늘 아침에는 平時보다 約間 일직 들어왔다. 그겄은 다름이 아니라 오늘 어머님의 生辰日이다. 그래서 일직히 집으로 들어온 겄이다. 一平生을 困難을 克服하여 가면서 貧寒한 나의 家庭을 이만큼이라도 이끄러 나왔으며 나를 이만큼이라도 길러 주신데 對하여 나는 恒常 머리를 숙일 따름이다. 그러나 나는 이 恩惠를 갚지 못하는 不孝子息이 되고 말었다. 그러나 다만 바랄 것은 萬壽無강 하옵기를 빌며 明年의 오늘이 無事히 돌아오기를 빌 따름이다. 오늘 支署 黃 巡警과 같이 山水里 出張을 가는데 途中에서 道議員 立候補 金東錫 氏를 맞나가지고 같이 갔다. 議員 立候補한 겄이 當選되지 못하면 第一 창피하고 더러운 事業이다. 山水里民들은 別로 歡迎치 않은 겄 같다. 나의 用務는 里長과 班長에게 付託하고 午後에 돌아와서 술만 싫것 마셨다.

1956年 7月 25日 (陰 6月 18日) 水曜日 晴

어제저녁에 너무도 술을 過飮을 했드니 아침에 일어나기가 大端히 困難했다. 手足이 아프고 머리통이 흔들이고 매우 좋지 못하다. 그래서 오늘은 山水里도 갈 겄 없이 일이나 좀 해볼가 하였드니 머리가 휑하고 힘이 없어 面에 나가서 놀아볼가 하고 나갔드니 李 刑事가 놀러왔다가 닭 한 마리 잡어 먹자고 졸라 대여서 酒幕에 가서 한 마리 잡어주면서 식혔다. 호박도 따다가 李 刑事 집에서 밀가루를 갔다가 적을 부쳐 놓고 副面長 李海炯 李光烈 黃 巡警과 같이 어제의 쓰라린 술 속을 풀었다. 그러고 나니 多少 풀린 겄 같다. 來日은 또 任實을 가야할 겄 같다. 忌避者에 對한 一件 書類를 作成해서 立件 送致해야 한다고 오라고 한 겼이다.

1956年 7月 26日 (陰 6月 19日) 木曜日 晴

오늘도 아침 일직부터 任實참을 대느라고 투덕거리고 걸어서 獒樹까지 가 가지고 빼-쓰로 任實까지 갔다. 要는 88年度 徵集에 있어 忌避한 者에 對한 立件 書類 作成 關係로 搜査係에서 오라고 한 겼이다. 徵集者에 對해서는 召集과 달러 道知事가 告發 措置를 했기 때문에 檢察廳에서도 不得已 立件 措置해야 할 責任이 있어 그러할 테이지만 나는 兵事 事務를 取扱하는 사람의 一人이라고 해서 該當 없는 일에 旅費만 消費한다. 五個 面에서 나와 같은 일로 해서 왔으며 家族과 本人까지도 온 데가 있다. 그래서 只沙面 다음에 三溪面도 끝을 마치고 署와 郡의 兵事係에 들여서 用務를 마치고 돌아왔다. 多幸히 오늘 一月分 小麥紛과 七月分 白米를 會計員이 실코와서 그 車로 三溪까지 왔다.

1956年 7月 27日 (陰 6月 20日) 金曜日 晴 (休戰調印日)

오늘 午後 4時 頃부터 國會 野黨議員 70餘名은 푸랑카-드를 들고 口號를 웨치면서 國民主權 옹護에 對하여 議事堂 앞에서 始作하여 市廳 앞과 半島호텔 앞을 지나 다시 議事堂으로 들어갔다고 한다. 要는 今般 實施하는 道 市 邑 面議員과 市 邑 面長選擧에 있어 野黨 立候補者들을 터무니없는 罪를 뒤집어 씨워 가지고 經犯法에 依據해서 處罰해가지고 立候補 登錄을 防[妨]害해서 하고 싶은 登錄도 못했으니 登錄 期間을 延長하자고 野黨 側에서 法案을 提出했든 바 與黨에서 多數의 힘으로 이를 上程치 못하게 한데서 이와 같은 그래도 一國의 國會議員들이 示위까지 했다는 겄이다.

1956年 7月 28日 (陰 6月 21日) 土曜日 晴 後 曇

公務員 糧穀 1月分 雜穀으로 小麥粉 一袋와 七月分 白米 2斗 5升을 受領하였음.

1956年 7月 29日 (陰 6月 22日) 日曜日 晴 後 雨

어제 午後에 始作할려고 했든 것이 비가 와서 中斷했다가 오늘 아침부터 大麻를 베기 始作했다. 그래서 午前에 혼자 해볼여고 했었는데 姊兄이 와서 같이 했다. 그래 午前 中에 完全히 베여서 갔다 놓았다가 午後에 始作했다. 불은 내가 먼저 살려 넣었다. 그래가지고 暫間 때다가 쉬여 가지고 또 한 번 더 땠다. 거의 다 되여 삼을 낼여고 할 무렵에 비가 와서 불도 꺼내지 않고 全部 집으로 들여갔다가 비가 개인 後에 나와서 삼을 내보니 우리 겄은 六束 다 잘 익었다. 그러나 맨 밑에 있는 멧 집 겄은 물이 없어서 삼이 타버렸다. 여러 날을 두고 心慮해오든 삼을 오늘 익훠버리고 나니 氣分이 상쾌하다.

1956年 7月 30日 (陰 6月 23日) 月曜日 晴 後 雨 後 晴

요새 몇日間의 날씨는 매우 더웁다. 여름 날씨로서는 한창인 겄 같다. 때때로 소낙비도 나리고 무더운 날씨도 繼續된다. 오늘도 相當히 더운 날씨였다.

오늘 山水里에 出張을 가서 夏穀 收納에 대하여 督勵를 해볼여고 하였든 것이 날도 더읍고 里長도 禊樹에 가버리고 없어서 斷念해 버리고 말었다.

1956年 7月 31日 (陰 6月 24日) 火曜日 晴

夏穀 收納日이 되여서 매우 바뻤다. 아침에 일직히 나와서 二班의 夏穀 收納 對하여 協助하였다. 朝飯 後에까지 해서 끝내놓고 나가보니 山水里에서도 내왔다. 그래서 傳票를 떼 가지고 檢査를 마친 後 入庫시켰다. 夏穀 收納도 오늘이 最高로 많이 出荷된 것 같다. 今年度 夏穀은 比較的 順調롭게 徵收된 것 같으나 年賦 償還量이 大端히 不振한 狀態에 놓여 가지고 있다. 오늘이 收納으로서 山水里는 거이 完納의 段階에 突入하고 있다.

1956年 8月 1日 (陰 6月 25日) 水曜日 晴

우리나라의 政治가 어떻게 되여 나갈 것인지? 알 수 없다. 國會에서 每日과 같이 量이 많은 與黨과 質이 높은 野黨이 處理해야 할 審議 案件은 山과 같이 積載해 놓고 理論鬪爭만 展開하고 있으니 어느 때에나 國利民福을 爲하고 滅共統一을 爲해서 일을 할 것인지? 今般 實施하는 地方議員選擧에 있어 野黨 立候補에 對해서 登錄치 못하게 했다고 野黨議員들이 지난 27日 示威行進을 했다고 警察을 動員했으며 野黨議員을 拘禁 或은 召換[喚] 等 별짓을 다 하고 있으며 野黨議員들은 가장

緊急을 要하는 豫算案의 審議를 遲延시키고 있으니 이 나라의 國會議員任들은 어떠실 作定으로 그러하신지. 지나친 黨 싸움을 좀 더 삼가하고 그의 勇氣 아겨 두었다 中共軍에게 使用했으면 얼마나 좋을가.

1956年 8月 2日 (陰 6月 26日) 木曜日 曇

어제부터 出張 計劃이 서 있어 오늘 山水里를 가야 하게 되여서 午前中에 갈여다 마침 보리방아를 찟느라고 가지 못했다. 그래서 午後에 갔드니 里長은 들에 보 막으러 나가고 없어 맛나지 못하고 用務만 말하고 돌아오는 길에 學仁이와 같이 川邊에서 모욕을 하였다. 今般의 暴雨로 말미암아 내가에 여튼 곡이 굉장이 깊어졌다. 모욕하는 도중에 面長 李刑事 容植 魯植이 等이 와서 歸家할 적에는 同行하였다.

1956年 8月 3日 (陰 6月 27日) 金曜日 晴

人間이 이 世上에 生을 타고 나온다는 것은 造物主의 힘이 않이라면 사람의 힘으로는 到底히 想想도 할 수 없는 일이다. 萬若에 이겼을 사람의 힘으로 할 수만 있다면 그도 또한 좋을 일일 겄이다. 母體 內에서 10個月이란 期間을 두고 자라났다가 이 世上에 바람을 쏘이게 된 겄이다. 오늘 아침에 뜻밖에도 女兒를 出生하였다. 勿論 뜻밖이라고 볼 수는 없는 일이지만 그래도 別로 그리 苦痛이 없이 出生하였으니가 뜻밖이라고 볼 수밖에 없다. 비록 女兒를 낳였을지언정 順產해서 기쁜 일이다. 女子들은 이 어린아이를 낳는 데에 第一 큰 苦痛을 當하게 된다.

오늘도 道議員 立候補한 金東錫 氏가 찾어 왔다. 그러나 韓相駿이는 아직 한 번도 보지 못했다. 이와 같이 해서 當選이나 되면 多幸인데 落選이나 되면 꼴이 말 않이다.

1956年 8月 4日 (陰 6月 28日) 土曜日 晴

1個月이면 數次例 會合을 갖게 된 겄이 우리 兵事事務에 從事하는 者들이다. 그런데 7月에는 1次의 會合도 없드니 八月에 접어들면서부터 會議가 있게 되여 오늘은 會議에 參席을 하였다. 交通이 아주 不便한 여기에서 任實 한 번식 가게 되면 언제나 步行으로 다니게 되니 不便할 때가 한두 번이 않이다. 오늘도 獒樹까지 가는데 뛰여가다싶이 해가지고 겨우 時間을 대여 갔다. 會議라고 해야 兵籍整理뿐이였다. 이겄도 從前과 같이 簡單한 겄이 않이였다. 그래서 熾範이를 帶同하고 갔었지만 그래도 쉽사리 끝나지 못하고 늦게까지 했다. 熾範이만 夕陽에 나려 보내고 나는 鳳凰旅館에서 자 가면서 늦게까지 해가지고 겨우 끝을 마쳤다.

1956年 8月 5日 (陰 6月 29日) 日曜日 晴

어제밤까지 해가지고 끝낸 書類를 오늘 午前에 郡에다 引繼해 주었다. 應當 自己들이 해야 할 일이겄만 末端 우리에게 一一이 責任을 轉嫁식혀 일들을 하고 있는 그 態度가 그러케 좋게 보이지 않은다. 오면서 學仁이가 付託한 겄을 印刷所에 가서 찾어가지고 뻐-쓰로 나려와서 보니 學仁이는 獒樹서 기다리고 있다. 오늘의 獒樹의 風景은 選擧運動 一色이였다. 自由黨에서는 自當의 公認 立候補者인 金東錫 氏에 代해서 積

極的인 運動을 展開하고 있다. 各 候補者의 事務所 等地에서는 酒宴이 配設되여 야단법석이다. 아직까지도 우리 國民들은 공겄을 좋아해서 먹여야만 有利하다. 中食도 주고 술도 주어야만 좋다고들 한다. 神聖한 選擧權을 술 한 잔에 팔고 있다.

1956年 8月 6日 (陰 7月 1日) 月曜日 晴

1956年 8月 7日 (陰 7月 2日) 火曜日 晴

例나 다름없이 投票 前日에는 投票所를 完備해야 한다. 그래서 오늘도 學校에 가서 投票所를 設備해야 하겠는데 夏穀 收納 關係로 職員들이 歸廳치 않애서 困難했다. 이겄이 나에게만 責任이 있는 겄 같이 一切을 나한테만 一任하고 있으니 나로서도 氣分이 좋지 않었다. 從前에는 里長들이 와서 協助를 했는데 오늘은 里長마저 나오지 않고 말렀다. 來日은 各自 食事 問題도 解決키로 決定하였다.

1956年 8月 8日 (陰 7月 3日) 水曜日 晴 (面議員選擧)

드디여 기다렸든 날은 닥치고야 말었다. 第二回 面議會議員選擧日이 오늘로서 幕을 닷게 되였다. 언제나 같이 午前 七時에 投票를 始作하여 午後 五時에 끝마쳤다. 그러나 午前 中에 磊川里民들의 하는 態度에는 마땅치 않었다. 沈炳奎가 委員長에 있다는 겄을 機會로 너무도 많은 代理投票를 하였다. 내가 發見한 겄은 全部 돌여 보냈으나 結局

午後에 다 끝냈다. 午後 六時 17分부터 面事務所에서 開票를 始作하였다. 많은 人員이 參席한 가운대 嚴正한 開票를 하였다. 이로서 面民들의 機待했든 바 面議會 議員의 選擧가 完全히 끝났다. 今般 實施한 面議員選擧 狀況은 아래와 갔다. 저녁에 開票가 끝난 卽時 竹溪里를 갔다. 姊兄이 來日 간다고 해서 어두움도 不拘하고 넘어갔다.

<8月 8日 面議員選擧 結果>

第一投票區 (後川 蓬峴 洗心 鶴亭 山水里)

總有權者 男 593 女 821 計 1414人 中 1337人 投票 棄權者 77人

開票結果 1337票 中 有效者 1306票 無效者 31票

第二投票區 (鴻谷 竹溪 三溪 德溪 磊川)

總有權者 南 582 女 775 計 1357人 中 1255人 投票 棄權者 102人

開票結果 1255 中 有效票 1210票 無效票 44票 不足 1票

第三投票區 (新亭 望田 梧枝 斗月 三隱 漁隱)

男 610 女 822 計 1432

1區 鄭在壽 345 高在鈺 277 金正誰 252 金學善 236

2區 金學仁 302 金丙基 241 許旼 214 沈永載 214

3區 韓東洙 鄭榮均 吳錦泳 韓浩淵 無投票 當選

以上 當選者

1區 盧世昌 196 2區 金容植 115 許相 124 以上 落選

1956年 8月 9日 (陰 7月 4日) 木曜日 晴

어제 밤길을 헤매이고 넘어갔기 때문에 아침에 늦잠을 자지 않을 수 없었다. 朝飯을 姉兄 宅에서 먹고 午前에 部落靑年들과 같이 앞 내물로 모욕을 하러 갔다. 山間의 내물은 맑고 고요히 흘러내리고 있다. 시원한 물에 풍덩실 뛰여들여 고달픈 몸을 느긋이 풀었다. 學仁이가 當選人事 次 거기까지 찾어 왔다. 사람이 살어나가는 데 있어 體面을 維持하기도 至極히 어려운 일이다. 이 山間地帶를 일부러 찾어온 겄도 그러한 體面을 세우기 爲해서이다. 午前에 거기서 할 일 없이 놀다가 妻家에 가서 午食을 하고 夕陽에 넘어왔다.

1956年 8月 13日 (陰 7月 8日) 月曜日 晴 雨 晴 (道議選擧)

오늘로서 많았든 今年의 選擧도 終幕을 짓지 않은가 한다. 午前 6時 頃에 일어나서 어제 準備하여 놓은 場所를 다시 設備해 놓고 七時 頃이 되여도 選擧委員이 參會를 안해서 始作을 못하고 別수 없이 30分 가량이 늦게 投票所를 열었다. 各 候補者는 오늘을 最後로 白熱戰을 展開하고 있다. 오늘로서 斷[單]判을 짓게 된 이 選擧 過然 그 누가 當選의 榮譽를 獲得하게 될 겄인지? 韓 氏의 運動員들이 投票所 밖에서 一分을 떠나지 않고 지키고 있다. 或時[是]나 무슨 不情[正]한 일이 있을가 두려워함인 겄 같다. 警察官署에서 오늘과 같이만 自由 雰圍氣를 保障해 준다면 원만한 投票를 할 수 있다. 始終一貫으로 깨끚이 끝마쳤다. 投票函을 送致하고 난 後의 表情은 모두 다 異狀하였다. 저녁에 나와 보니 아직 開票를 始作도 않하였다.

1956年 8月 14日 (陰 7月 9日) 火曜日 晴 後 曇

俗談에 "열 길 물속은 알어도 한 길 사람 속은 모른다"는 말이 있는데 亦是 그 말이 옳다. 投票가 끝난 後까지도 評이 좋았든 金東錫 氏가 韓相駿이한테 形便 없이 떠러저 버리고 말었다. 틀림없이 될 겄 같이 말들을 하고 있드니 이 模樣을 하고 말었다. 豫想외로 參選擧區에서는 孫龍大가 金允祚를 敗北시켰다. 午前에 光朝 라듸오를 갔다가 들어보는데 서울에서는 民主黨 40名에 自由黨 一名이란 앞도적 勝利를 거두었고 地方에서도 都市는 民主 山間地는 自由黨이다. 이겄이 무었을 意味하는 겄인지? 웨 都市의 文化人들은 民主黨 出身을 無條件 歡迎하고 있는지. 午後에 學仁이와 李炳愼 刑事와 같이 山水里에 가서 모욕하고 海谷에 와서 닭을 잡어서 山水里長 德으로 한 잔 맛있게 먹고 왔다. 主任이 와서 같이 오는 겄이 相當히 늦게 돌아왔다.

1956年 8月 15日 (陰 7月 10日) 水曜日 晴 (光復節)

只今으로부터 11年 前 오늘 全世界를 征服할여는 野慾을 품고 二次大戰을 이르켰든 日本은 運命이 진하여 聯合國에 對하여 無條件 白旗를 높이 들고 말었다. 惡한 者는 언제나 敗하고 마는 것이다. 그로 因해서 우리 韓國은 解放이란 기쁨을 맛보았으며 드디여 4281年 8月 15日 卽 오늘로서 우리나라의 政府가 樹立되였든 겄이다. 그래서 우리 國民이라면 누구 한 사람이 이날을 이즐 수 있으랴. 그래서 光復節로 定해가지고 每年 記念行事를 擧行하게 되였다. 特히 오늘은 三代 大統領 李承晩 博士와 四代 副統領 張勉 博士가 就任하며 全國 各 市邑面長의 當選者가 就任하는 날로서 例外로 多彩로워야 할 날이다. 그러나 學校에서 擧行한 式場에는 小數의 人員이 모였을 뿐이다. 式을 마치고 敎室에 들어가서 미리 計劃했든 三溪國民學校 全期 同窓會 準備會를 開催하였다. 成功만 되면 그 以上의 榮光이었을 일인데 앞으로 어찌 될 것인가.

1956年 8月 16日 (陰 7月 11日) 木曜日 曇 後 雨

今年에는 水害와 旱害가 兼한 겄 같다. 지난번 水害로 因해서 全國에 百億圓 以上의 損害와 莫大한 人命의 被害를 입었든 겄은 우리 國民으로 너무나 慘狀이였다. 그러나 그 後로 繼續되는 旱害로 因해서 田作物에 적지 않은 被害가 있었다. 비가 나리기 始作하면 暴雨로 나리고 끝이기로 말하면 無限定하고 中止하고 있다. 그래 農民들은 數日 前의 水害도 잊은 듯 비오기를 苦待하고 있다. 그러든 次 오늘 午後부터 비가 나리기 始作한다. 얼마만큼의 비가 나릴지는 몰라도 틀림없는 甘雨이다. 기다렸든 비가 나림과 同時에 기다렸든 俸給도 나왔다. 六月分 俸給과 六月分 公糧 白米가 나왔다. 그래서 白米는 賣渡할 計劃으로 面에다 保管하여 두었다. 俸給生活을 하고 있는 者들은 오늘과 같은 날이 滋味있는 날이다.

1956年 8月 17日 (陰 7月 12日) 金曜日 晴

農村生活을 할여면은 最小限度 肥料에 對한 常識을 알어야만이 農事일을 할 수 있을 겄이다. 그겄을 모르고서야 요새 많은 種類의 肥料를 제대로 使用할 수 없을 겄이다. 그래서 오늘 産業界에서 主管을 해가지고 里長과 農業要員을 合同해 가지〈고〉 農業增產에 對한 講習會를 開催하였다. 요새에 兵事係에 일이 他系에 比해서 閑暇하드니 그 代價를 하느라고 오늘 바쁜 일을 하였다. 다름이 않이라 지난번 水害를 많이 當한 地區의 居住한 現役滿期除隊 對象者에 對해서 除隊 措置를 한다고 急作히 午後에 公文이 와서 里長에게 受[手]配하였든바 對象者의 家族이 몽여 들기 始作하여 저녁에까지 일을 繼續하였다. 그래가지고 밤 4時 半까지 해서 겨우 일을 끝마쳤다. 이와 같이 밤잠 못 자고 해 준 것이 過然 몇 명이나 除隊될 것인지.

1956年 8月 18日 (陰 7月 13日) 土曜日 晴

어제밤을 새우다 싶이 일을 하고 事務室에서 자고 났드니 아침에 잠을 깨고 보니 겨을 아침과 같었다. 날씨가 어떻게 차든지 오-바의 생각이 날 程度이였다. 아침에도 除隊 手續을 하러 온 사람이 있어서 해가지고 熾範이 便에 槧樹로 내여 보냈다. 30名分이였다. 午前에는 어제밤에 자지 못한 잠을 補充하기 爲해서 宿直室에서 잔 것이 午後 三時 頃까지 자 버렸다. 자고 나서 產業係에서 세레산 石灰를 1kG 어더가지고 논에다가 산포하였다. 적은 農事가 稻熱病까지 걸여서 아주 形便 없이 되여 버렸다.

1956年 8月 19日 (陰 7月 14日) 日曜日 晴 後 雲 (大根 播種)

벌써부터 朝夕으로는 쌀쌀한 바람이 감돌기 始作한다. 오늘도 아침에 일을 좀 해보겠다고 일직히 일어났드니 相當히 차겁다. 그러나 한 번 마음 먹었든 일이라 별수 없<이> 들어와서 堆肥를 運搬하였다. 그리고 食後에 풀을 매여 버리고 堆肥를 깔어놓은 後 姊兄에게 付託해 가지고 갈었다. 그래서 午前에 고처 놓았다가 午後에 씨를 뿌리였다.

例年보다 일직히 播種한 셈이다. 오늘은 나의 勞動으로는 重勞動을 한 셈이다. 아침부터 저녁때까지 해서 完全히 끝을 마치였다. 그래서 몸도 被勞하세 막걸리를 받어다가 姊兄과 같이 한 잔식 마셨다. 孝植이가 마침 와서 같이 마셨다. 무와 배추를 심어 버리고 나니 마음이 가뿐하여진다. 앞으로 얼마 가지 않애서 이것이 자라나 收穫하게 될 겄이다.

1956年 8月 20日 (陰 7月 15日) 月曜日 曇 (百種[中])

오늘이 벌써 百種이다. 때는 바야흐로 가을날이 닥처 왔다. 午後에 오래간만에 學校에 가서 卓球를 한 번 처 보았다. 室內運動으로서는 할만한 運動인데 이겄도 한참 하다가는 中止해 버리고 보니 제대로 되지도 않은다.

저녁에는 後川里에서 學生 主催로 演劇을 한다고 해서 許仁秀와 같이 나려가 보았었다. 그리 잘했다고는 볼 수 없으나 그래도 鄕民을 慰安할 만한 하루밤은 되였다. 12時가 지난 後 中途에서 올라와 버렸다. 그리도 所在地라고 하는 三溪里에서는 아직 이와 같은 일을 한 번도 못하고 있으니 可히 寒心스럽다. 앞으로 어떠한 일이 있드라도 한 번 해 보고 싶다.

1956年 8月 22日 (陰 7月 17日) 水曜日 曇 後 雨

그 間 數次에 걸쳐 準備해 나왔든 三溪國民學校 全期 同窓會를 오늘 結成하였다. 이것이야말로 前無後無할 歷史的인 擧事이라고 아니 볼 수 없다. 앞으로 이 事業計劃이 잘 運用된다면 이 學校의 傳統的인 자랑거리가 될 겄이다. 첫 會合이 되고 보니가 많은 人員이 參席치 못하고 약 70餘名밖에 않 모였다. 不幸히도 오늘 첫 議會의 召集日이 되여서 人員이 더 적었다. 오늘의 會議에 司會를 不肖 내가 맡었다. 途中 任員選擧에 있어서는 그겄도 相當히 熾烈했다. 그래서 會長에 金殷植 副會長에 盧源龍 許世旭이 當選되였으며 나는 經理 關係 一切을 責任해야 할 書記의 職을 責任했다. 任員은 우리의 뜻대로 되였다. 面議會에서는 議長에 金學善 副議長에 許旼이 當選되여 모두 오늘의 일은 잘 되였다. 午後에 高上錫이가 왔다가 夕陽에 가 버렸다.

1956年 8月 23日 (陰 7月 18日) 木曜日 雨 (處暑)

相當히 오래동안 비가 오지 않애서 기다리고 기다리든 農民의 마음을 풀기 爲해서 어제밤에부터 비가 나리가 始作하였다. 그래서 오늘은 하루 終日 繼續 나리였다. 이만하면 田作物에도 萬[滿]足할 겄 같다. 벌써 處暑가 닥치고 또한 비가 나리고 해서 날씨는 急作히 變動되여 例年보다 低氣溫을 持續하고 있다. 저녁에는 敏植 學仁과 같이 炫俊이 집에서 닭을 세 마리나 사가지고 삶어서 하나 앞에 한 마리식 먹었다. 오래만에 한 일이다.

1956年 8月 24日 (陰 7月 19日) 金曜日 晴

今年의 大暴雨로 因하여 어느 部分을 莫論하고 被害를 안이 본 데가 없다. 그래서 그 被害가 道路에까지 미처 때앟인 道路 整備를 오늘 하였다. 實은 어제 一齊히 하기로 한 겄인데 雨天 關係로 하지 못하고 오늘 하게 되여 擔當區域인 山水里 區域을 나가 보았다. 人員이 거이 다 모혔다. 道路邊의 除草와 側溝整理를 끝내고 共同的으로 破損된 데를 修理했다. 이겄을 하지 않을여고 異論이 區區했다. 그러나 끝까지 다리고 같이 끝내고 보냈다. 午後에 後川里 學生들이 前般 自己 部落에서 했든 演劇을 오늘밤 三溪里에서 해보겠다고 面長한테 왔다. 그래 저녁 食事 問題를 解決해달라고 졸으고 있다. 別수 없이 承諾을 해서 저녁에 豫定대로 와서 實施했다. 三溪里에 居住하고 있는 靑年으로서는 부끄러울 일이다.

1956年 8月 25日 (陰 7月 20日) 土曜日 晴

午前에는 4290年度의 徵兵適令者의 適令屆를 받기 爲하여 戶籍에 依하여 該當者를 索出하였다. 去年에 比較해서 相當한 人員이 줄어들었다. 午後에는 理髮을 하고 일직히 들어와서 돼지막에 풀을 베였다. 하루에 한 망태식만 베여오면 할 겄을 그겄도 제대로 하지 못하고 몇日만에 한 망태식 하게 된다. 요새에 選擧가 끝나자 支署 職員의 大大的인 異動이 있었다. 李炳煥 刑事와 李光烈 許貴植 巡警 等이 各各 本署로 發令이 났다.

1956年 8月 26日 (陰 7月 21日) 日曜日 曇

모-든 事業이 初[草]創期에는 難關과 哀[隘]路가 많은 것은 事實이다. 어느 모임을 莫論하고 一個의 合議體가 構成될진댄 完全히 이끄러 나가기가 매우 힘드는 것이다. 오늘도 同窓會 任員과 里 役員會議를 맨 처음으로 召集하였든바 不過 半數밖에 모이지 않았다. 처음부터 이래서야 어데 제대로 發足할 수가 있을 것인지? 자못 疑心스럽다. 一段 한번 計劃했던 것을 그대로 中斷할 수도 없고 役員들은 誠意를 내여주지 않고 있으니 過然 이것이 成事될너는지? 參席人員만으로서 會議는 끝마쳤다. 如何한 困難이 있다 할지라도 完全히 成事를 해야할 터인데. 午後에 支署 宋 主任이 本署 搜査係 刑事班長으로 轉勤 發令이 났다고 人事 次 왔다. 新任 羅 刑事와 姜 巡警도 왔다가 갔다.

1956年 8月 27日 (陰 7月 22日) 月曜日 雨

어제밤부터 비는 덧없이 나리고 있다. 오늘 오는 비는 우리 日常生活에 얼마만큼의 惠澤을 주기 爲해서 나리고 있는지? 구름이 뭉여들면 비는 나리기 쉽다. 비는 올라매 반드시 구름이 뭉여야만 비로소 비가 나리게 된다. 그러나 반드시 구름만이 있다고 해서 비가 또한 나린 것도 않이다. 우리 人間社會도 亦是 그와 같다. 사람이 서로 모여야만 社會生活을 할 수가 있다. 그러나 社會生活을 하는데 사람이 많이 뭉였다고 해서 모-든 일이 잘 成事되느냐 하면 그것도 않이다. 요새 우리 人間社會가 왜 이다지도 到處에서 平和를 維持 못하고 있는지? 서로가 험뜯고 남을 害칠여고 하는지. 이것이 人間의 本能이라고 볼 것인지. 우리는 彼此가 서로 도읍고 서로 의지하며 남을 害치고 남의 잘된 것을 못 좋아하는 人間이 않이 되여야 할 것이다.

1956年 8月 28日 (陰 7月 23日) 火曜日 曇

지난 22日에 高上錫이가 왔다가 나의 그날의 用務가 너무나도 複雜해서 같이 놀지도 못하고 그대로 新基里로 돌아갔었는데 오늘 다시 왔다. 廷煥이와 같이 왔다. 要는 兵籍 關係로 相議 次 지난번에 왔었는데 屯南面에다 付託한 겄이 如意케 되지는 않고 하니가 또다시 나온 모양이다. 그러나 여기서 내가 어찌할 수 없는 일이고 별수가 없었다. 그래서 中食만 먹고 午後에 떠났다. 午前에 新任 支署主任 李建錫 氏가 就任人事 次 왔다. 人相이나 人事말을 하는 겄은 좋을 겄 같은데 此後에 어떠할난지. 夕陽에 집에 와서 보니 江洞 자근 어머니가 와서 게신다.

1956年 8月 29日 (陰 7月 24日) 水曜日 晴 (國恥日)

人間이 社會의 構成分子로서의 資格을 갖이고 生活을 營爲하면서 第一 크게 願하고 있는 것이 自由權이다. 이 自由權을 제대로 享有할야매 남의 奴예가 되지 말어야 한다. 國家 亦是 그러하다. 獨立國家가 않이고 남의 나라의 屬國이 되면은 亦是 그 나라는 自由가 없는 노예가 되고 만다. 只今으로부터 47年 前에 우리나라는 主權을 빼았기고 남의 나라의 예속國이 되고 말였다. 卽 日本놈들과 소위 韓日合倂調約이란 겄을 調印한 날이 오늘이다. 其의 餘波가 우리에게 던저 준 傷處는 大端히 크다. 오늘날 우리가 이와 같이 南北이 갈리게 된 根本原因도 거기에 있다. 우리는 오늘을 다시 한번 더 생각해서 虎視探探[眈眈] 國侵

의 機會를 노리고 있는 日本과 中共의 野慾을 여지없이 분쇄해야 할 것이다.

1956年 8月 30日 (陰 7月 25日) 木曜日 晴

今般 警察官의 人事異動에 依하여 支署 次席으로 張 警査가 오늘 赴任人事 次 왔다. 이 분은 過去 署에서 兵事事務를 보왔기 때문에 나하고는 親面이 있다. 性質도 좋은 분이다. 午後에 公務員 糧穀으로 8月分 白米와 2, 3月分 雜穀을 受領하였다. 게다가 7, 8月分 俸給까지 받었다. 오늘만 같으면 일하는데 氣分이 날 것 같으다. 人間이란 財物에 左右되기가 쉽다. 그 사람의 人格에 依하여 그 사람을 評하느냐 그러치 않으면 財物이 그 사람의 人格을 左右하느냐. 요새와 같이 資本主義가 極盛한 時代에는 財物이 그 사람을 左右한다고 해도 過言이 아닐 것이다. 그래서 經濟에 시달릴 적에는 人間으로서 살어보겠다는 意慾[欲]마저 사라저 버리고 만다. 그걸로 보아서 반드시 돈을 버러야만 살 수 있다.

1956年 8月 31日 (陰 7月 26日) 金曜日 晴

오늘은 別다른 할 일도 없고 해서 宿直室 門을 발었다. 먼저번에 修理했을 때에도 一切을 내가 했는데 이번에도 누구한테 맡기기도 그러코 해서 내가 손수 한 것이다. 夕陽에 職員會議가 있었다. 來日의 月例會에 參席키 爲하여 오늘부터 各自 擔當部落으로 出張케 되였다. 兼해서 山水里는 里長選擧까지 하게 되였다. 그러나 오늘은 못 가고 來日 가기로 하고 미루었다. 歲月이란 무척 빠른 겄이다. 벌써 今年도 3分의 1이 지났다. 해놓은 일도 없고 날짜만 흘러가고 있다.

요새에는 同窓會 關係로 空然히 머리를 알코 있다. 當初에 始作할 적에는 모-두 協力을 하고 있드니 요새에는 協力하는 기색도 보이지 않고 나 혼자만이 무슨 수가 있다고 애를 쓰고 있다. 그래도 後日에 成功하면 自己들이 잘해서 이루어진 줄 알고 있을 것이다.

1956年 9月 1日 (陰 7月 27日) 土曜日 雨 曇

今般 任期滿了로 因한 里長選擧를 오늘 一齊히 施行한다. 그래서 어제의 職員會議에 依據 비가 오는 겄도 不拘하고 山水里에 出張을 갔다. 當初의 計劃은 無投票 當選으로 해볼여고 하였드니 가서 보니가 形勢가 틀려 있어서 投票에까지 이르렀다. 먼제 오늘의 班例會에 對해서 說明하고 곧이어 里長選擧에 들어갔다. 下山水에서 里長을 選出해 볼여고 猛烈한 理論히 나왔다. 그러나 實에 있어 投票를 해본 結果 韓秉台가 44票 金同植이 39票로서 東山村에서 當選되였다. 選擧가 끝난 後에 바로 歸廳하였다. 오는 途中에 川邊에서 모욕을 하였다. 시내물 맑게 흐른 바위에 걸터안저 시원한 물에 몸을 담거 깨끚이 싯고 나니 마음마저 깨끚하여 진다. 歸廳하여 보니 어데나 前 里長이 그대로 當選되였다. 特히 鴻谷 二區에 再當選된 겄은 나 亦是 기쁘게 생각한다.

1956年 9月 2日 (陰 7月 28日) 日曜日 雨

싸늘한 겨을의 防寒을 지금부터 準備해야 한다. 오늘은 큰방과 작은방의 문을 새로 발렀다. 午前에는 집에 이와 같은 일로서 끝을 맺을여고 하였드니 面에서 찾은 사람이 있어서 또다시 나가 보았다. 그래서 午前 일은 이로서 끝나고 午後에는 除稗를 하였다. 數日 前부터 마음 먹었든 것을 오늘에야 始作했다. 이 稗라는 雜草는 풀 中에서 第一 强한 풀이다. 아마 이 社會와 이 植物과도 關係가 있지 않은가 생각한다. 社會에서도 惡한 者는 索出해서 處斷을 하여도 꼬리 물고 繼續的으로 發生하며 强한 힘을 가지고 있는 것과 같이 이 草類 中에서도 稗만은 除去를 해도 强한 힘으로 發生하고 있다. 그래서 惡한 힘이 强하여 지고 있다. 이겄을 除去 하는 데는 오직 强한 힘의 結束만이 이루어질 겄이다.

1956年 9月 3日 (陰 7月 29日) 月曜日 晴

每週 月曜日에는 月曜敎養講座를 實施하라고 上部로부터 數次의 通牒이 있었고 또한 面長 計劃이 敎養을 徹底히 하여 보겠다고 하여 놓고 이겄을 제대로 履行치 못하고 있다. 勿論 거기에는 여러 가지 事情이 많었었다. 그러나 내가 생각기에는 事情이 있엇다는 겄부터가 理由에 不過한 일이라고 본다. 그래든 것이 오늘 뜻밖에 月曜朝會와 敎養을 하여 보겟다고 한다. 그래서 너무나도 初步的인 處務規程을 朗讀하고 거기에 對해서 說明을 加했다. 面 書記 數年間式의 經驗者로서 이제 새삼스럽게 處務規程을 외우고 있다는 것은 너무나도 初步的이다. 좀 더 計劃性 있고 實質性 있는 敎養을 하였으면 좋을 것 같다.

1956年 9月 4日 (陰 7月 30日) 火曜日 晴

요새에 나의 本務가 閑暇한 關係로 남의 일을 갖이고 애를 타고 있다. 母校 同窓會 關係로 相當히 頭痛을 앓고 있다. 한 번 始作해 놓은 일을 그대로 中斷하자니 크나큰 수치요 그러타고 쉽사리 되지도 않으니 進退兩難이다. 그래서 오늘도 役員이라고 하는 사람들의 會合을 하여 打合한 結果 別道理 없고 그대로 더욱 힘쓰자는 겄이며 面 役員이 各 部落을 責任지고 하자는 겄으로서 落着지였다. 이러한 것이 後日에 成功하면 只今의 功勞를 讚揚치 않으나 失敗하면 役員들만 잘못했다고 할 것이다. 中食時間을 利用해서 무밭에 BHC를 뿌렸다. 今年에는 어느 채소밭을 莫論하고 蟲害를 않 입은 밭이 없다. 이겄도 時代 變함을 따라 變하여 가는 모양이다.

1956年 9月 5日 (陰 8月 1日) 水曜日 曇 雨

滿 一個月만에 처음으로 오늘 槳樹市場에를 나가 보았다. 갈 때에는 許世旭과 同行해서 걸어 갔엇다. 날씨가 좋지 않드니 梧枝 一區 수랑들 앞에 갈 때에 비가 나리기 始作하였다. 가랑비를 맞어가며 걸어가는 맛도 위험성을 느끼면서 車를 타는 것보다는 오히려 安全하고 마음 든든하였다. 그러나 特히 할 일이 있기 前에는 槳樹에 갈 必要가 없다. 勿論 랑비를 한다는 것은 않이지만 그래도 한번식 가게 되면 많은 돈이 들어간다. 오늘도 2500餘圓이 消費되여 버렷다. 歸家 時에는 物件이 있어서 별수 없이 車를 타고 오게 되였는데 中途에서 비를 맛나가지고 그대로 비를 다 맞고 돌아왔다. 모처럼 한번 갓다가 옷을 비에 젖이고 말었다.

1956年 9月 6日 (陰 8月 2日) 木曜日 雨 晴

面事務所의 水道施設을 오늘 하였다. 水道 一個 놓아주는데 無慮 2萬圜이라고 한다. 좋기는 하지만 經濟에 쪼들리는 面 事情으로서는 그다지 반가운 일이 되지 못한다.

1956年 9月 7日 (陰 8月 3日) 金曜日 晴 (講演會)

戰爭을 하는 데는 前方의 軍人의 活動이 크다는 것은 누구나 다 알고 있는 事實이다. 그러나 그 크나큰 活動에 對해서 그다지 理解를 깊게 갖인 國民이 적다는 것은 너무나도 잘 알고 있는 일로서 서글프게 생각않이 할 수 없다. 그래서 오늘 二軍司의 專任講師 二名이 나와서 "前後方을 團結하라"는 題目 아래 約 二時間에 걸처 講演을 하였다. 참으로 우리네의 心장을 찌르는 한 마디 한 마디 엿엇다. 主務係에선 없어서 내가 오늘의 모-든 설비를 進行하였다. 많은 教育을 받엇으며 文[聞]見이 相當한 講師였다. 午後에는 同窓會 里 役員의 會議를 하기로 하였는데 里에서도 별로 參席치 않고 會長 副會長 自身이 參席치 않애 個別的으로 付託하고 말었다. 夕陽에 學校에서 排球를 하고 教務室에서 술을 마시고 놀았다.

1956年 9月 8日 (陰 8月 4日) 土曜日 曇 雨 (白露)

俗談에 "白露 前 未發首"는 나락으로서 行勢를 할 수 없다는 것인데 오늘이 벌서 白露인데 未發首가 相當이 있다고 본다. 그 原因은 어데 있냐 하면 每日과 같이 흐린 날씨가 繼續되고 있는 關係일 것이다. 그런데 오늘도 亦是 날씨는 흐리고 있다. 처음으로 오늘 麻雀을 한번 해 보았다. 數個月間을 中斷했다가 해보니 相當히 서투러 졌다. 이것이 그래도 高等 노리側에 간다고 해서 배워 놓았드니 이제는 아주 딱정이다. 한번 알어 노아서 그대로 않이 할 수도 없고 하자니 經濟的 精神的 苦痛이 많다. 오늘도 祖母任 忌日이 되여서 그대로 歸家햇지 그러치 않드라면 밤에도 할 번 봤다. 비는 지금도 如前히 繼續해서 나리고 있다.

1956年 9月 9日 (陰 8月 5日) 日曜日 雨

오늘은 온 終日 비가 나려서 아무 일도 하지 못하고 말었다. 비가 오지 않으면 집에서 일이라도 해볼여고 했든 것이 모두 다 計劃이 틀어졌다.

1956年 9月 10日 (陰 8月 6日) 月曜日 曇

요새에는 하루하루를 아무 意味 없이 虛送하고 있다. 그저 닥치는 일이 있으면 하고 없으면 말을 그 程度로 한가로운 歲月을 날마다 보내고 있다. 그러나 肉體는 비록 한가하다 할지라도 마음은 安定하지 못하다. 거기에 對한 理由는 구태여 列記하는 것보다 마음으로서 혼자 색여두는 것이 나흘 것이다.

오늘 月曜日이라고 해서 敎養을 實施했다. 이 敎養 問題에 對해서는 누구보다도 내 自身이 歡迎하는 바이나 이것이 正常的인 軌道에 오르지를 못하고 있다. 오늘도 한다는 것이 그렇치 別로 없었다. 夕陽에 麻雀을 한번 始作한 것이 어느듯 날을 새우고 말었다. 이것은 한번 始作만 하면 그 모양이니 애당초 손을 대지 않은 것이 나흘 것이다.

1956年 9月 11日 (陰 8月 7日) 火曜日 晴 (任實 出張)

어제밤에도 온전히 날을 새여가며 痲雀을 하고 낫드니 아침의 空氣가 그다지 좋지 않었다. 그래서 食後에 잠을 좀 자볼가 하고 宿直室에 가서 막- 잠이 든 찰라 깨워서 일어나 보니 任實會議에 參席해야 한다고 한다. 생각할수록 머리 골치가 앞으다. 그란해도 이제야 通知 받고 갈여면 좋을 리가 없는데 몸마저 便치 못한 데 정말 싫었다. 그래서 斷念할여고 했다가 그래도 別수 없이 支署에 가서 車를 기다렸다가 타고 獒樹까지 갔다. 張俊德 先生이 江津 學校로 發令이 나서 오늘 移舍짐까지 싫고 같이 갔다. 任實 가서 보니 用務는 豫測했든 바나 다름없는 일이다. 第一 孫 先生 件이 困難하다. 用務를 끝마치고 나와 보니 뻐-쓰가 왔는데 滿員이 되여서 타지 못하고 걸어서 三溪까지 왔다. 밤 9時半 頃에 到着하였다.

1956年 9月 12日 (陰 8月 8日) 水曜日 晴

數日 前까지도 할 일이 없든 것이 요새에 갑작스럽게 일이 느러나서 이제는 눈코 뜰 새 없게 생겼다. 몇 名 않되지만 徵集이 있지 不履行者 自進入營 권고 期間에다 17歲부터 19歲까지의 登錄事務에다 二重 三重으로 싸이게 되였다. 이와 같은 일도 좀 더 일직히 始作했드라면 이와 같이 複雜性을 느낄 必要가 없는데 그란해도 바뻐서 情[精]神 못 차리고 있는데 署 兵事係 黃 刑事가 魯植이 件으로 찾어왔다. 그래서 午後에는 일도 하지 못하고 말었다. 秋夕節은 돌아오고 벌서부터 名節을 契期[機]해서 이 사람들은 上司에게 바칠 現物稅? 徵收에 熱中하고 있다. 이것이 오늘날 우리들이 當面하고 있는 國家의 實情이다. 싸우고

있는 國民의 行爲이다고 하기에는 너무도 寒心하다.

1956年 9月 13日 (陰 8月 9日) 木曜日 晴

오늘부터는 目下 實施段階에 있는 徵兵適令屆 申告事務에 對해서 本格的으로 事務를 執行해야 한다. 그래서 戶籍 발취를 一部 함과 各 里에 手配할 公文을 起案하고 諸 用紙를 印刷하였다. 이 中에서 實이 今般에 申告를 해야 할 人員이 몇 名이나 될 겄인지는 알 수 없으나 總 人員은 相當數이였다. 個人 別 申告通知書는 아직 發付할 수가 없다. 退廳 時間이 지난 後에 또 麻雀을 하였다. 나의 主堅[觀]이란 것은 아주 弱해 빠저서 큰일이다. 하지 않을여고 하다가도 또 다시 繼續하게 된다. 오늘밤에도 結果에 있어서는 날을 새우고 말엇다. 身體에 그만한 支障이 있어서 언제부터 斷念하려고 했든 겄인데 이겄 하나를 決心한다로 履行치 못하고 있다.

1956年 9月 14日 (陰 8月 10日) 金曜日 晴 (里長會議)

그러치 않애도 今般 나의 所管事務에 對해서 里長會議를 開催해야 하겠는데 마침 産業係에서 會議 召集을 해놓아서 兼해서 指示를 하였다. 午前에 郡 兵事係 李錫聳이가 와서 겨우 국수로서 中食을 마처서 보냇다. 거기에다 日前 上郡 時 韓大錫이가 付託한 金錢 件에 對해서도 같이 보내주웠다. 郡에서 하는 것으로 보아서는 一切의 便宜란 것을 보아주기도 싫으나 그래도 할 수 없이 그네들의 要請에 應해주고 말었다.

1956年 9月 15日 (陰 8月 11日) 土曜日 雨

오늘도 繼續해서 요새에 해 나온 第二國民兵 身上申告에 對한 準備事務를 處理하고 있다. 秋夕名節을 앞둔 市場日이것만 場에 갈 生覺은 念頭두지 않았다. 그러나 午後에는 집에서 무슨 일이라도 하여 볼가 했으나 비가 와서 하지도 못하고 말었다.

1956年 9月 16日 (陰 8月 12日) 日曜日 曇

어제도 밤을 세워가며 痲雀을 했다. 그러고 午前에도 한 판 하였다. 朝飯을 學顔의 店房에서 해다 먹었다. 午前에도 繼續할 판인데 一部 不平이 있어 그대로 헤여지고 말었다. 내가 왜 이다지도 心柱가 없는 人間이란 말인가? 이분들하고 하지 않을여고 數次 決心했든 바인데 또다시 하여 가지고 그와 같은 觀景을 보고 있단 말인가. 年令은 우리보다 相當히 윗층에 있으나 心理들을 볼 것 같으면 아주 좋지 않다. 이대로 헤여진 것이 多幸이다. 午後에는 돼지막을 처내고 풀을 베여다 넣어주었다. 餘有있는 時間에 집에 와서 이와 같은 일이나 하는 것이 얼마나 滋味있는 일이란 말이냐?

1956年 9月 17日 (陰 8月 13日) 月曜日 晴

오늘도 月曜日이라고 해서 前과 다름없이 朝會와 教養을 實施했다. 그러나 이것이 合理的으로 運用되여야 할 일인데 그러하지 못하고 形式에 不過할 程度이다. 내 언제나 主張하는 바이지만 教養도 해볼여면 計劃을 세워가지고 教養이 될 程度도 해야할 터인데 그러지도 못하고 있으니 이겠이 公然한 時間만을 虛費하는 結果만이 되고 만다. 오늘도 地方公務令을 教養科目으로 擇해서 庶務係에서 朗讀했으나 이겠이 過然 어느 程度의 效果를 거두었단 말인가. 그나마도 全 職員이 熱誠을 다해서 같이 研究해야 할 일인데 그러치도 않고 있다.

1956年 9月 18日 (陰 8月 14日) 火曜日 晴

來日이 秋夕이라고 해서 그런지 오늘 職員들은 거이 全部 早退를 하여 버렸다. 그러고 나 혼자만이 남어 있었다. 그래서 學校에 놀러가서 先生任들의 麻雀하는 데를 求景하고 늦게야 中食을 먹으로 왔다. 午後에는 돼지굴에 풀을 베여다 넣어주고 말었다. 요새에는 날마다 宿直을 맡어 놓고 하고 있으니가 오히려 그겄도 한갓 취미로 되여서 저녁이면 의레히 面으로 나가는 習慣이 생기고 말었다. 요새에 날마다 紙上에 報導되고 있는 "스에스" 運河 問題가 過然 어떠케 處理될 겄인지 에찌프트의 낫셀 大統領이 제아무리 뱃장을 내밀고 있지만 이겄이 사실상 英佛 兩國이 깨끗이 斷念하고 말겄인지. 世界의 耳目은 아마 여기에 總集中되고 있을 겄이다.

1956年 9月 19日 (陰 8月 15日) 火曜日 雨 (秋夕節)

때는 바야흐로 天高馬肥한 가을철 찌는 듯이 무더웁든 여름철은 불어오는 가을바람에 못 이겨 우리의 周邊에서 살어진 지도 이미 오래. 五穀이 무르익어 온 들판은 차차 黃金의 波濤가 넘실거리기 始作하고 있다. 들판의 여기저기서는 "우-여 웃여" 하는 새 보는 어린아이들의 소리도 滋味있게 들여오며 저녁이면 窓 밖에서 우는 벌레의 소리도 구수하게 들여오고 있다. 여름철에 피와 땀으로 맺은 結實이 오늘날에 와서 農民의 마음을 즐겁게 하고 있다. 萬若 節候가 다른 해와 같이 빨럿드라면 오늘의 秋夕이 좀 더 滋味있었을 겄이나 新穀이 아직 없어서 차사를 드리지 못한 關係로 오늘의 秋夕은 아주 形便 없는 날이 되여 버리고 말었다. 더구나 終日 비만 나리고 있어서 어데 가서 놀 데 하나도 없고 午後에는 집에서 낫잠만 실컨 자고 말었다.

1956年 9月 20日 (陰 8月 16日) 水曜日 曇 後 雨 (1次 1回 徵集)

4289年度에 들어서 첫 徵集을 오늘 實施하였다. 本面에는 二名의 入營命令書에 一名만 入營하고 一名은 忌避했다. 그러나 志願者가 一名이 있었다. 그러기에 人間의 心理란 것은 알 수 없는 일이다. 어떤 사람은 忌避를 한가 하면 어떤 사람은 志願을 해서까지 自己의 義務를 完遂하고 있단 말인가. 本面에서뿐만 않이라 他面에서도 志願者가 있었다. 오늘은 人員이 적은 關係로 너무나 쓸쓸하게 보냇다. 壯行會도 베풀어주지 못하고 步行으로 獒樹까지 가서 汽車로 任實까지 갔다. 郡에다 引繼하고 全州까지는 않 가기로 決定했다. 그래서 任實서 추럭을 一臺求해 가지고 公務員 糧穀과 水害對策用 및 救護糧穀을 싫고 밤중에 들어왔다. 任實工場에 가서 보니 盜賊놈들만이 集團하고 있다. 國産精麥을 出庫해 주워야 할 일인데 搗精을 않했다고 輸入大麥精麥으로 代用해서 주고 있다.

1956年 9月 21日 (陰 8月 17日) 金曜日 雨

요새에는 日氣가 좋아야 하루 速히 나락이 익어 갈 터인데 비만 나리고 있으니 언제 나락이 익은단 말인가. 몇日間만 좋은 날씨가 되여도 急速度 익어갈 판인데 너무 過히 비가 나린다. 夕陽에도 如前히 비는 나리고 있어 退廳치 못하고 있는데 支署主任과 次席이 와서 宿直室에서 요새에 流行되는 소위 나이롱뽕이란 것을 하고 있다. 그래서 나도 같이 가서 했다. 面長任 宅에서 닭을 한 마리 잡고 술까지 가저와서 늦게까지 먹고 놀았다. 今般의 支署主任은 먼저 主任에 비해서 그래도 좋은 便이다. 次席은 勿論 여기에 赴任하기 前부터 알고 있는 터이라 말할 것도 없지마는 前 職員에 比較해서 現在있는 職員이 더 親切하다고 보겠다. 비는 如前이 밤새도록 나리고 있다.

1956年 9月 22日 (陰 8月 18日) 土曜日 晴

姊兄의 生日이 오늘이라고 해서 朝飯을 거기에 가서 먹었다. 蘇 巡警과 李 巡警이 朝飯을 먹으러 왔다. 이 두 사람들도 比較的 溫順한 便이다. 어제 終日토록 나리든 비가 오늘 깨끚이 개여 그야말로 높은 가을 하늘이엿다. 特히 비가 개인 後의 天地는 確實이 깨끚해 보인다. 午後에 일직 들어와서 돼지굴에 풀을 베여다 넣어 주었다. 그러고 나가서 논에 稗를 뽑았다. 논에 들어서 보니 나락이 形便 없이 많이 죽었다. 그나마도 昨年보다 收穫이 적을 겄 같다. 나락에는 堆肥를 많이 써야하지 肥料는 많이 쓰지 말어야 하겠다. 이겄을 보고 切實이 느꼈다.

1956年 9月 23日 (陰 8月 19日) 日曜日 晴 (秋分)

近來에 와서 日曜日 치고 맑은 날이 없었는데 오늘은 유달리 맑은 가을날이다. 벌서 秋分이다. 이제부터는 밤이 기러지고 낮이 짧어질 판이다. 요새의 날씨는 完全히 가을날이다. 시원한 가을바람이라던가 높은 하늘이라던가. 이 모든 것이 가을이 돌아옴을 完全히 證明하고 있다. 日曜日이고 날도 좋고 하니 오늘 하루쯤 집에서 일도 좀 해봄직 할 일이지만 번들하게 하루의 해를 보내고 말었다. 나의 하는 行動이 내 自身이 生覺해도 以上스럽다. 일이라고는 하지 않고 놀고만 먹을여고 하니 어데 그러케 되는가. 이와 같이 게울어저 가지고 앞으로 어떻게 될 겄인지 자못 疑心스럽다. 夕陽에 學仁과 같이 海谷 川에 가서 모욕을 하고 돌아오니 그래도 氣分은 상쾌하였다.

1956年 9月 24日 (陰 8月 20日) 月曜日 晴

月曜日이라고 해서 前과 같이 教養時間을 갖었다. 오늘은 戶籍實務에 對해서 하기로 했다. 約 一時間 程度했으나 所得이라고는 없다. 教養도 할여면 좀 더 計劃性이 있고 發展性이 있어야 할 일인데 이대로 한다면은 무슨 發展性 있는 教養이 되겠는가? 公然히 貴重한 時間만 虛費하고 있지 않은가. 이렇게 한다면은 別로 취미도 갖고 싶지 않다. 그럭저럭 時間을 보내고 나와보니 後川 一區에서 賦役을 나왔다. 都大體이 賦役이란 겄은 무슨 性質을 띠고 있기에 나오기만 해지 일은 않고 놀여고만 하는지 알 수 없는 일이다. 俗談에 부역 나가라면 三日 前부터 氣運 떠러진다고 하드니 그래서 그런지 나오면 노는 것이 일이다. 이로고서야 어데 일을 해 볼 수 있는가. 이 面事務所 周圍를 修理하는 겄도 去年부터 해온 일인데 只今까지 半工事도 못하고 있다.

1956年 9月 25日 (陰 8月 21日) 火曜日 雨

가을날 치고는 너무 過히 비가 자주 온다. 여름날과 다름없이 나리고 있다. 날씨만 繼續 좋았드라도 나락은 거이 익어 갔으련만 아직도 나락은 새파래가지고 있다. 오늘 終日토록 비만 나리고 있드니 夕陽에는 개였다.

職員들은 出張 中이네 무어네 하고 자리는 많이 비여 가지고 있다. 언제부터 생각 中에 있던 일인 廳內 係 配置를 變更할여고 했든 것을 오늘 斷行했다. 이와 같이 해놓고 보니 자리가 먼저보다는 낳게 보인다.

요새에 紙上報導된 바에 依하면 지난 8.13 道議員選擧 時 井邑에서 檢票事件이 있었다고 폭로한 朴在杓 巡警이 요새(21日)에 全州에서 체포되였는데 自己가 말한 것은 事實無根한 虛僞였었다고 진술하고 있다. 背後操從에 속았다고 한다. 어리석은 親舊다. 當初에 虛僞같으면 무슨 좋은 수가 있다고 거줏말을 하고 있단 말인가.

1956年 9月 26日 (陰 8月 22日) 水曜日 晴

무릇 어느 國家나 어느 社會를 莫論하고 人類가 生活하는 데는 目的이 있을 것이다. 그 目的이라는 겄이 國家에 있어서 各各 相異한 形態를 갖이고서 人民을 支配하고 있다. 勿論 그 支配라고 하는 것은 그 나라의 國民의 意思에서 울어나온 意思일 겄이며 國民은 이에 順應해야 한다는 겄은 歷史가 證明하는 事實일 겄이다. 그러나 어느 國家를 莫論

하고 全 國民의 總意에 맞는 行政이란 할 수 없는 일이다. 그래서 여기에서 政府의 하는 行動을 比[批]判 監視하는 겄이 野黨이며 健全한 野黨이 있으므로서 많이 올바른 民意에 依한 行政을 할 수 있을 겄이다. 現在 우리나라의 實情을 보건대 野黨인 民主黨은 國民의 多大數의 支持를 받어 5.15나 8.13에 勝利를 하였겄만 不過 얼마 되지 않은 只今에 와서 新舊派의 對立만이 政策으로 變하고 말었다.

1956年 9月 27日 (陰 8月 23日) 木曜日 晴

어느 組織을 勿論하고 그 始發 初에는 말할 수 없는 苦痛과 難關이 있다는 겄은 이미 다 아는 事實이것만 特히 많이 人員이 뫃여 經濟的인 調達이 없이 發展하기란 여간 힘든 게 않이다. 三溪國民學校 同窓會가 組織된 지 月餘가 되여 그의 最大 目的인 것이 6.25動亂 中 消失된 學籍簿 復舊와 母校의 奬學生制度 實施인 겄이다. 그러나 其 中에는 이겄을 惡宣傳하고 組織을 防害하는 分子들이 있다. 그 間 數次에 걸처서 모임도 갖어 보았지만 各 里 責任者 亦是 誠意가 不足하다. 그래서 오늘도 役員會議를 開催하여 보았으나 滿足할 만한 成果는 거두지 못하고 말었다. 도라온 10月 3日에 全體 役員會議로 미루고 校長 및 敎職員들과 濁酒 一배를 노느고 헤여졌다. 앞으로 이겄이 有終의 美를 거둘 수 있을넌지 매우 걱정스럽다.

1956年 9月 28日 (陰 8月 24日) 金曜日 請 (9.28 修復日)

지금으로부터 6年 前의 오늘이야말로 實로 感懷 깊은 날이다. 우리 南

韓의 大部分의 國民이 蘇聯의 앞재비 金日成 徒黨에 依하여 無慘하게도 짓발펴 生死의 技路에서 헤매이고 있을 때에 UN軍의 積極的인 協助로서 오늘 仁川港을 上陸하고 곳이여서 서울을 復舊하며 傀儡軍을 여지없이 몰아내고 만 그야말로 國民의 生命을 救出한 날이다. 우리는 이날을 想起하여 다시 한번 우리의 나아갈 길을 똑바로 알어야 할 것이다.

이날을 期해서 民主黨에서는 오늘 서울에서 全黨大會를 開催하고 있다. 國民의 視線은 實로 날카롭게 集中되고 있다. 代表 最高委員과 最古委員 選出에 있어서 舊 民國係와 興士團 사이에 過然 어떠한 일이 있을넌지? 없을넌지? 이로서 民主黨의 앞날이 더욱 發展하느냐 亡하느냐의 技路에 섰다고 해도 過言이 않이다.

1956年 9月 29日 (陰 8月 25日) 土曜日 晴 (里長會議)

今年 秋期 道路 整備와 其他 諸般 問題를 指示 및 討議하기 爲하여 오늘 里長會議를 開催하였다. 그리고 午後에는 學校에서 支署 主催로서 公聽會를 開催하였다. 여기에는 本署 保安主任이 參席하였다. 말인즉 좋다 즉 이 公聽會에서 우러나오는 民意를 어데까지나 尊重해서 警察行政을 한다고 하지만 누가 여기에 가서 올바르게 말할 사람이 過然 몇 사람이나 있느냐 하는 것이 問題이다. 참으로만 된다면 그 以上 좋은 機會가 없지만 實에 있어서는 그러케 되지도 않을뿐더러 後患이 두려워 누가 거기에 와서 제대로 말 한마디 못한다. 이것이 끝난 後 늦게사 UN總會加入國民大會를 開催하였다. 이것이야말로 우리 韓國 國民으로서는 가장 重大한 行事이다. 어떠한 길이 있드라도 今年 內에는 加入을 해야 할 것이다.

1956年 9月 30日 (陰 8月 26日) 日曜日 晴

實로 오래만에 日曜日을 利用하였다. 別로 그리 큰일은 못했지만은 그래도 終日 집에서 일을 하였다. 午前에는 흙을 파다고 고래를 뚫고 부엌과 굴뚝을 고첫다. 큰방은 原則이 改修를 해야 할 일이지만 그러케 할 수도 없고 해서 내 自手로서 優先 고래를 뚫어 본 겄이다. 午後에는 돼지막에 넣을 풀을 두 망태나 베여다 넣어 주었다. 數日 前에부터 보아서 알었지만 오늘 논에를 가서 보니 말할 수 없이 화가 났다. 나락이 거이 다 죽어버렸다. 其 中에 살어 있다는 겄이 몇 포기 않되게 생겼다. 참으로 속상했다. 농사나 많다면 몰라도 그겄 얼마 되지도 않은 겄을 그 모양을 하고 보니 悲慘하기 짝이 없다.

1956年 10月 1日 (陰 8月 27日) 月曜日 晴 (空軍記念日)

오늘도 每週 實施하는 月曜敎養을 實施하였다. 副面長이 地方自治法에 對해서 敎養하였다. 그것이 끝난 後 道路 整備 督勵 次 各自 擔當部落으로 出張을 나갔다. 나도 午後에 山水里까지 가서 明日 全員 出役토록 付託하고 歸家하였다. 지난 28日 午後 2時 35分 서울市立劇場에 民主黨 全黨大會에 參席했다가 나오는 張 副統領 暗殺未遂事件에 對하여 關係機關에서는 相當한 與論이 拂[沸]騰하고 있다. 記者와의 問答에 依하면 犯人은 除隊軍人으로 現在 28歲의 靑年인바 自己 혼자만이 가장 民主黨에 熱誠을 다하고 있는 것 같이 말하고 있으나 其實 裏面이 어떠한지 앞으로 調査 結果에 依하여 罪惡이 百日下에 暴露될 겄이지만 如何間 張 副統領 左手에 관통상을 경미하게 입었다는데 不幸 中 多幸한 일이다.

1956年 10月 2日 (陰 8月 28日) 火曜日 晴 後 曇 (陸軍記念日)

어제부터 出張 中인 道路 整備 督勵 次 오늘 일직부터 山水里 道路 擔當部落에 가서 있었다. 이 道路 整備는 每年 春秋로 實施하고 있것만 어느 때를 莫論 애로가 많은 것이다. 오늘도 出役 狀況을 보면은 어떤 사람은 나오지도 않고 또 나온 사람 중에서도 誠意껏 自己의 責任을 完遂하는 사람이 적다. 一週日 計劃으로서 하는 것인데 하루 날자도 채우지 않고 午前 中에만 하고 그대로 갈여고 하는 사람이 있다. 午後에까지 繼續해서 하라고 하여 놓고 와서 午後에는 나가보지도 않고 말었다.

1956年 10月 3日 (陰 8月 29日) 水曜日 晴 (開天節)

只今으로부터 4289년 前 아득한 옛날에 檀君聖祖께서 이 나라를 다스리기 始作하여 온 百姓이 살 수 있는 穀食과 刑罰 等을 制定하여 그날이 바로 오늘로서 開天節이라 일커른다. 그때에는 다 같은 檀國聖祖를 바뜨럿 것만 이제 와서 우리는 國土가 兩斷되고 民族이 分裂되여 다 같은 同胞끼리 銃뿌리를 서로 맛대고 있지 않은가? 意義 깊은 開天節을 맞이함에 있어 매우 寒心스러운 일이다.

오늘도 同窓會役員會議가 있어 午前에 學校에 가서 會議를 開催하였다. 무슨 일이나 創設期에 있어서는 哀隘[隘路]가 많은 것이나 이 同窓會의 事業도 如一하게 되지 않은다. 會議를 한다고 해야 잘 모여주기를 하는가 일단 모였으면 그대로 實踐을 하여 주는가 애가 달아서 못하겠다.

1956年 10月 4日 (陰 9月 1日) 木曜日 晴

1956年 10月 5日 (陰 9月 2日) 金曜日 晴

오늘 新基里 龍宰가 大麻를 갖이고 왔다.

中食을 먹으로 오는 途中에 校長先生을 맞나서 學顔이 店房에 가서 술을 한 잔 마시고 집에 와서 보니가 龍宰가 와서 있었다. 今年에는 多幸히 나락에 害는 없다고 한다. 中食만 먹고 바로 올라가는 車가 있어서 그 車로 갔다.

1956年 10月 6日 (陰 9月 3日) 土曜日 晴

자고 일어나자 머리가 앞으기 始作하여 집에 와서 있어도 앞은 기가 개이지 않은다. 그래서 暫間 누워 있는데 큰말 外叔母께서 올라와서 丹月里 義直이를 않 다려 온다고 야단을 하신다. 큰말에서 그리 싸시니까 모-두 나한테 핑게를 대니가 이제는 나한테로 올라오서서 야단을 하신다. 그랫든 것이 不過 數時間 後에 알고 보니 義直이는 이미 除隊해서 집에 돌아왔다. 中食을 먹으로 집으로 올여고 하니까 敏植이가 義直이가 왔다고 해서 집에 와서 보니 과연 와서 있었다. 千萬多幸이다. 몇日만 더 있다 왔드래도 外叔母가 더 애를 탈 터인데 多幸한 일이다. 午後에 學根이를 오라고 해가지고 집에서 놀다가 저녁 食事를 내 집에서 했다.

1956年 10月 7日 (陰 9月 4日) 日曜日 晴 後 曇

오늘도 日曜日 하루를 집에서 消日했다. 午前에 일직 돼지굴에 넣어줄 풀 한 망태를 베여다 놓고 돼지굴을 처냈다. 午後에도 풀 한 망태를 베여다 넣었다. 日曜日이나마 하루식 집에서 일 하는 것이 自然을 벗 삼어 그 얼마나 즐겁고 滋味스러운 일인가.

1956年 10月 8日 (陰 9月 5日) 月曜日 晴 後 曇 (寒露)

벌서 數週日間을 繼續해서 月曜敎養을 實施햇다. 이러케라도 實施해 본 것이 아마 今般이 처음일 것이다. 오늘은 計劃은 庶務實務인데 主務者가 늦게 參席한 關係로 計劃을 變更하여 珠算으로 除算을 面長이 가르첫다. 實은 오늘 배운 것이 많엇다. 이제까지 珠算으로 除算을 할 줄 몰랏다는 데에 對해서는 일편 부끄러운 感이 없지 않다.

今年도 學校運動會 關係를 우리 同窓會에서 後援하게 되여 오늘 寬植이와 같이 接待 關係 豫算을 編成해 보았드니 無慮 5萬餘圓이란 돈이 必要하게 된다. 이것이 計劃대로 될 것인지 자못 疑心스럽다. 공연히 일을 좋아한 탓으로 남의 일까지 맡어서 쓸데없는 애를 타고 다니게 된다.

1956年 10月 9日 (陰 9月 6日) 火曜日 晴 (한글날)

지금 내가 쓰고 있는 이 글자가 우리 강토 내에 펴트리게 된 지도 우금 500년 전 일. 이조 세종대왕께서 현명한 신하들로 하여금 우리 국민이 다- 같이 일상 쓸 수 있는 글을 만드시게 하여 훈민정음이라고 하여 당시 온 국가 안에 이 글을 반포하서 국민으로 하여금 다 같이 숙독을 하게 한 날이 바로 오늘이며 이날을 기념하기 위하여 한글날이라 일커럿다. 그 당시에는 음력으로 10월 9일을 기념했든 것이 대한민국 수립 후에 양력으로 변경하여 현재 이른 것이다. 그 당시에는 문명이 발달되지도 않었을 시대이지만 우리나라에서는 세계에 제일가는 우리 한글을 제정하였것만 오늘날 20세기 문명이 극도로 발달한 오늘날의 우리나라의 실정을 살펴보건대 너무나도 거리가 멀다. 이래서야 선조에 대한 면목이 슬 수 있는가?

1956年 10月 10日 (陰 9月 7日) 水曜日 曇 雨 (雙十節)

아마 槳樹장 치고 비 않 오는 날이 별로 많지 않으리라. 어제밤에까지도 좋앗든 날이 오늘 아침에 일어나서 보니 구름이 끼여 있고 비가 나리기 始作한다. 오늘은 오는 陰 九日의 市日을 보기 爲해서 많은 사람이 몰일 것인데 날씨가 이 모양이 되여서 매우 氣分이 좋지 않게 생겼다. 나도 오래간만에 한번 나가 보아야 할 터인데 매우 꺼리낌하더니 多幸히도 비가 개여서 步行으로 갓다. 바쁘거나 많은 物件이 있지 않을 時에는 步行하는 것이 무엇보다도 安全에 第一이다. 市場에서 新基伯父任을 맛나 뵈았다. 일을 다 보고 나올여고 할 적에 芙蓉 從兄을 맛낫다. 오는 九日에 大田 兄任도 오신다고 한다. 나는 별수 없이 九日 아침에 가기로 했다. 오늘도 市場에 가서 별로 한 일도 없이 많은 돈만 消費하고 올 적에는 비를 맞어가며 車로 들어왔다.

1956年 10月 11日 (陰 9月 8日) 木曜日 晴

어제까지 日氣가 좋지 않드니 多幸히도 날이 새인 後에 보니 비는 개였다. 來日의 내 일이 잘되였다. 오늘은 어쩐지 할 일도 없으려니와 일도 손에 잡히지 않은다. 별로 한 일도 없이 설을 맞이하는 어린아히와 같이 왓다 갓다 하고 말엇다. 午後에 運動會 關係로 殷植 氏와 寬植이가 校長을 물<어> 찾어갔다. 校長이 酒幕집에 가 있어 그리로 갔다. 얼마 後에 나도 가서 보니 未知의 女人과 같이 모두 술을 마시고 있다. 그래서 나도 같이 들어가서 한 잔 마신 것이 於焉間 해가 지도록 놀아버렸다. 술과 女子란 것은 사람을 마취시키는 한갓 危險物이라고 않이 볼 수가 없다. 늦게야 들어와서 돼지막에 풀을 베여다 넣어 주엇다.

1956年 10月 12日 (陰 9月 9日) 金曜日 晴 (重陽節)

早朝에 新基里 伯父任 宅에를 가기 爲하여 어제밤에부터 마음의 準備를 한 關係로 새벽닭이 울 적에 잠이 깨였다. 그래서 남의 집에서는 일어날여고 할 지음에 차사를 잡숫고 바로 新基里로 갔다. 어제밤에 많은 서리가 와서 산비탈 길은 아주 좋지 못하다. 다름질을 하다싶이 해서 가서 보니 아직 차사는 않 지냈다. 오늘 내가 아침이슬을 헤치고 오게 된 것도 要는 큰집에서 사당참사를 앞으로 또 할 때가 있을 것인지? 이번이 마즈막인지? 그래서 갓든 것이다. 나의 집안일이 장차에 어덯게 될 것인지. 그래도 故鄕이라 오늘의 하루는 滋味있엇다. 午前에 金東元이 집에 가서 술과 飮食을 먹고 성묘를 갔다 왔다. 午後에는 康模兄 집에 가서 술을 먹고 놀앗다.

1956年 10月 13日 (陰 9月 10日) 土曜日 晴 (運動會)

實은 오늘의 運動會 關係로 어제 歸家할여다가 故鄕에 한번 가면 바로 오고 싶은 생각이 없어 오지 못하고 오늘 오게 된 것이다. 從妹와 無愁洞 大父 집의 濟男이와 같이 왔다. 오래만에 나의 집 求景도 하기 兼 오늘의 運動會도 볼 兼해서 같이 왔다. 오는 途中에서 보는 바와 같이 많은 婦人들이 옷을 곱게 입고 華麗한 몸차림으로 學校를 行하여 달여오고 있다. 오늘의 運動會는 特히 그의 後援을 同窓會에서 하기 때문에 나는 大端히 바뻤다. 喜捨申込이라든가 來賓接待 等 여러 가지로 바뻤다. 同窓會가 처음으로 組織되여 가지고 첫 번채의 運動會인 關係로 우리는 있는 熱과 誠을 다해서 努力했다. 오늘 밤에 學校에서 映畫를 上映하기로 했는데 오지 않애서 中斷하고 말었다. 오늘 同窓會에서 奬學金 傳達式까지 하여 더욱 異彩로웠다.

1956年 10月 14日 (陰 9月 11日) 日曜日 晴

어제의 運動會가 끝나고 늦도록 面 宿直室에서 놀았드니 몸이 노곤해 진다. 아침 食事를 酒幕에 가서 어제밤에 가지 못한 先生任들과 같이 하였다. 그리고 酒場에 가서 어제 이루지 못한 喜捨申込을 받고 어제의 하루 동안에 對한 收支決算을 맞춰보니 520圓이 赤字이다. 實로 적은 數字이다. 그래서 몇몇이 校長을 찾어갔다. 그래가지고 例年과 같이 多少間에 學校에서 내여 놓을 줄 알엇드니 豫算이 없다는 것으로 떨어버리고 만다. 나는 大端히 不快하여 말하기도 싫었다. 해마다 接待費로서 支出이 있엇는데 今年에 한 푼도 없다는데 氣分이 나뻤다. 그래서 바로 歸家해 버렷다. 午後에 從妹가 歸家한다고 해서 "늘고개"까지 바라다주고 돌아왔다. 어쩐지 마음이 허전하고 섭섭하엿다.

1956年 10月 15日 (陰 9月 12日) 月曜日 晴

每週 月曜敎養을 오늘은 會計實務에 對해서 會計 主務者가 講義햇다. 내 언제나 생각한 바이지만 이 月曜敎養도 할여면은 좀 더 實質的인 面에 있어서 해야할 것이다. 盲目的으로 한 時間만 虛費하게 된다면 貴重한 時間을 무었 때문에 消費한단 말인가. 좀 더 計劃的이고 效果 있는 講義時間이 되었으면 좋겟다.

오늘 하루는 어제밤에 妻와의 言爭 關係로 終日 氣分이 좋지 않엇다. 구태여 그러할 必要도 없지만 어쩐지 氣分이 나지를 않고 삶고 싶은 마음이 나지 않은다. 그래서 夕陽에도 일직히 들어와서 돼지막에 풀을 넣어줄여고 풀을 베고 있는데 學顔이가 델로 보냇다. 그래서 나가 보았드니 痲雀을 하자고 해서 始作한 것이 밤을 꼽박 새우고 말엇다.

1956年 10月 16日 (陰 9月 13日) 火曜日 晴

하루밤식만 자지 않애도 몸에 害가 많다. 그래서 되도록이면 밤잠을 잘 잘여고 하는데 이 痲雀한테는 잠도 머러지고 만다. 그래서 어제밤도 온전히 날을 새우고 아침에 일어나니 다리가 허든그리며 눈이 절로 감어진다. 그래서 食後에 面에 나가서 宿直室에 가서 午前 中에 낫잠을 자고 말엇다. 그러고 나와 보니 副面長이 홰를 내가지고 있다. 要는 우리들의 痲雀을 가지고 그러한 것이나 않인가 싶은 생각도 낫다. 午後부터 出張을 가라고 한다. 그러나 나는 出張 命令만 내놓고 出張을 나가지 않고 말엇다. 午後에도 繼續해서 낫잠만 자고 말엇다.

1956年 10月 17日 (陰 9月 14日) 火曜日 晴

各種 稅金 徵收와 道路 砂利 敷設 督勵 次 山水里로 出張을 나갓다. 가서 보니 里長은 요새에 面 農地委員會에서 實施하고 있는 災害地 調査次 後川里에 갓다고 한다. 그래서 山水里 앞의 水車를 놓기 爲하여 보를 막고 있는데 거기서 部落民들이 일을 하고 있어 거기서 午前에 놀다가 各 里長 一行이 到着해서 같이 里長 집으로 갓다. 오늘 낮에 中食을 山水里長 집에서 하기로 하여 全部 里長 집에서 쉬였다. 午後에 나도 같이 鴻谷과 三溪里를 따러 다녀 보았다. 그리고 三溪里長 집에서 술을 한 잔식 마시고 面에 와서 打合을 하엿다. 稅務署 職員이 와서 參席하고 있다. 農民들은 나락 한 톨이라도 덜 내볼가 하고 갖인 手段과 方法을 쓰고 있으며 稅務當局에서 收得稅 조금이라도 더 내게코름 努力하고 있다.

1956年 10月 18日 (陰 9月 15日) 木曜日 晴

1956年 10月 27日 (陰 9月 24日) 土曜日 晴

農事는 農民이라야만 지을 수 있는 겄이란 것을 이제야 새삼스럽게 깨달앗다. 어제저녁부터 일꾼을 하나 사볼여고 無限히 애써 보았으나 結果에 있어서 사지 못하고 오늘의 計劃을 깨뜨려 버렷다. 일꾼만 있으면 오늘 논과 밭을 갈어가지고 來日 麥 播種을 해볼가 했든 것이 모두 水抱[泡]로 돌아가고 말엇다. 그래서 아침에 나가서 年暇願을 내놓고 왔다가 다시 出勤햇다. 土曜日이기에 午後에 일직 들어와서 나락을 들일여고 하엿드니 뜻박에 郡에서 出張職員이 나와가지고 午後부터 出張을 가야 한다고 한다. 氣分이 나뻣다. 나뿐만이 않이라 全 職員이 다 그러했다. 職員會議 中 뜻밖에 今般 實施하는 公務員 減員에 本 面에서도 一名이 該當되였다고 한다. 좋은 消息은 없고 갈수록 悲報만이 들이여 온다.

1956年 10月 28日 (陰 9月 25日) 日曜日 晴

今年의 가을 날씨는 매우 좋다. 앞으로 數日間만 더 繼續 좋은 날씨가 있다면 가을일은 순조롭게 끝맟일 것 같다. 어제 出張 計劃에 道路 砂利 敷設과 各種 稅金 徵收에 對해서 出張을 가라고 하였는데 아무리 생각해도 가보았자 别로 좋은 成果가 있을 것 같지 않다. 그래서 집에 일을 始作했다. 오래만에 지게를 지여 보았다. 처음에 몇 번 다닐 때에는 어쩐 줄 모르고 하였으나 次次 數가 느러감에 따라 허리와 어깨가 아프기 始作하드니 나중에는 발까지 아프다. 모처럼 일 한 번 하는데 이러할 적에 萬若 날마다 지게질이나 하면 어떠할 것인지 午後까지 해서 거름은 거이 다 내갔다. 내가 생각해도 오늘의 하루는 相當히 많은 일을 햇다. 할 적에는 몸이 고달퍼도 일을 끝마친 後 손과 발을 싯고 나면 그 氣分이란 맛보지 않고는 모를 것이다.

1956年 10月 29日 (陰 9月 26日) 月曜日 晴

오늘도 每週 實施하는 月曜敎養을 社會係 主管으로 實施햇다. 各系 主務者가 하는 行政實務라고 하는 겄이 해보았자 別로 그리 神通한 겄이 없다. 차라리 이와 같이 할테면 하지 않은 겄이 나흐리라고 본다. 午後에는 지난 土曜日에 말했든 減員 問題로 因하여 職員試驗을 보았다. 公務員 生活 數年만에 滋味없는 시험만을 보고 있다. 定職員만이 남어서 午後 四時 頃부터 始作하여 8時 30分 頃에까지 보았다. 實은 창피하기도 하였다. 事實 이 試驗이 昇進試驗이라면 그도 또한 氣分 좋게 勇氣도 났을 겄이지만 그겄이 않이고 職員 中에서 一名을 減員하는데 누가 나가야 하느냐 하는 問題이고 보니 興味가 날 택이 없다. 職員들은 가지도 못하고 宿直室에서 다- 같이 자게 되였다. 그래서 저녁에 事務室에서 麻雀을 始作해가지고 낮에까지 하였다.

1956年 10月 30日 (陰 9月 27日) 火曜日 曇

어제저녁부터 始作하여 아침까지 麻雀으로 날을 새웟기 때문에 午前에는 宿直室에서 낫잠을 잣다. 職員들은 많은 人員이 出勤을 않아서 廳內는 조용하였다. 減員 問題가 解決되지 않은 限 如前히 勤務 成績은 나뻐질 것이다. 副面長이 職員의 勤務態度에 對해서 大端히 분개하셧다. 事實이 그렇다. 내 自身이 생각해볼 적에 職場을 갖고 있는 職員의 勤務態度라고 하기에는 너무나도 寒心스러운 때가 많다. 그러나 오늘의 處地는 좀 다르리라고 본다. 누가 나가야 할지 그겄마저 未定인데 누가 安心하고 執務할 것인가.

1956年 10月 31日 (陰 9月 28日) 水曜日 晴 (事務監査)

面 事務를 取扱해 본지 6年만에 오늘 처음으로 事務監査를 當해 밧다. 어제 午後에 公文을 보아서 오늘 오리라는 것을 待機하고 있었드니 兵事係長과 李錫聳이가 왔다. 事務監査라고 해야 그다지 甚하게 하지는 않았다. 午前에 몇 가지 書類만을 뒤저보고 中食을 먹으러 갔다. 三溪里는 언제나 來賓이 있으면 困難을 이르킨다. 食事 하나를 제대로 해 준 집이 없다. 오늘 中食도 白米를 借用해다 주고 닭을 사다주고 해가지고 겨우 그 사람의 手苦만을 빌였다. 그러한 겄이 오늘에 말고 本署에서 支署 事務監査를 나와 그 사람들의 食事를 함게 하게 되여 複雜을 이루었다. 午後에 바로 只沙面으로 떠나갔다. 오늘부터 4日間 徵稅 關係로 全 職員 出張이다.

1956年 11月 1日 (陰 9月 29日) 木曜日 曇 雨

出張 計劃에 依해서 오늘부터 出張을 가야 하겠는데 面에 나가서 暫間 일을 보는 사이에 검은 구름이 몽이기 始作하드니 비방울이 나리기 始作한다. 가을날이 相當히 오래 좋았었는데 뜻밖의 비다. 오늘 하루 出張을 가고 午後에 돌아와서 來日은 麥類 播種을 해 볼가 하였는데 비가 나리고 보니 매우 심난하다. 午後에 多幸히 비가 개여서 山水里를 갔었다. 出張 用務 里長한테 付託하고 일직히 돌아왔다. 七年 大旱에도 하루만 참어달라고 한 것과 같이 나도 오늘 來日만 비가 않 왔으면 많지 않은 播種은 끝날 겄 같은데.

1956年 11月 2日 (陰 9月 30日) 金曜日 晴 (麥 播種)

어제 終日 구름이 오락가락하며 때때로 비가 나리드니 아침에 일어나서 보니 오늘은 아주 좋은 날씨였다. 그래서 내 마음이 한결 가벼워젓다. 禮植이와 煥植와 같이 오늘 일을 하였다. 午前에 밭보리를 갈고 午後에 논보리를 갈었다. 例年 보면 해마다 보리가 드물게 나서 올해에는 씨를 좀 더 많이 뿌려 보았다. 農事도 많애야 滋味도 있는 것인데 얼마 되지도 않은 것이 되여서 언제나 農繁期가 닥치만 마음이 심난하여진다. 今年에도 일직히 播種을 해볼여고 無限히 마음을 조려 보았으나 일군을 사지 못해서 이제까지 미루어 오다가 오늘에야 비로소 끝났다. 마음이 시원해진다. 하루만 하면 끝날 것을 갖이고 그와 같이 애를 타고 있었다.

1956年 11月 3日 (10月 1日) 土曜日 晴

오늘은 나의 三溪 生活 中 처음으로 三隱里(坌土洞) 墓祀에 參禮하여 보았다. 多幸히 오늘까지 出張期日이 되여서 午前 일직히 가 보았다. 各派에서 많은 老人이 몽여 게신다. 勿論 내가 아는 分은 別로 많지 않다. 그 中에는 全州나 木浦 等地의 遠距離에 오신 분도 게신다. 나중에 큰아버님도 오셧다. 처음 맛난 어른들에게 人事를 하였다. 그러나 누가 누구인지 잘 알 수도 없다. 墓祀를 지난 後에 中食을 먹고 午後에 떡과 과실 등을 나누어 가지고 헤여젓다. 오늘 그 자리에 參禮한 중에 宗孫 雄宰를 除해 놓고 내가 第一 年少 하엿다. 될 수 있으면 이러한 데는 반드시 다녀야만 한다는 것을 절실히 느겻다.

1956年 11月 11日 (陰 10月 9日) 日曜日 曇 雨

좋았든 가을날도 오늘만큼은 별수 없이 비가 오고 있다. 어제부터 비가 조금식 나리드니 오늘 옷 젓이기 좋을 程度로 비가 나리고 있다. 午前에 精米를 할여고 道路邊에를 나가 보았드니 어제 午後에 뻐-쓰가 나려와서 오늘부터 通行한다고 한다. 今月 1日부터 始作한다고 하든 것이 오늘부터라도 다니게 된 것이 多幸한 일이다. 앞으로 繼續 다니기를 바란다. 午前에 精米를 하고 돼지막에 풀을 한 망태 베여다 넣어 주었다. 午後에는 무와 배추를 뽑아 들였다. 가랑비를 맞어 가며 뽑아 드렷다. 收穫을 해놓고 보니 昨年보다 훨씬 적다. 쌀도 昨年의 切半이 못 낫다. 모-든 것을 收穫해 놓고 보니 昨年의 그것만 못하다. 勿論 그 것으로서 自給自足할 形便은 못되지만 그래도 어느 程度의 均衡은 맞어야 할 터인데 大 赤字이다.

1956年 11月 12日 (陰 10月 10日) 月曜日 晴 (里長會議)

其間 數週日間을 每週 月曜敎養을 實施해 나왔든 것이 오늘따라 中止되였다. 오늘은 兵事實務이기 때문에 내가 主管을 하게 되였는데 面長도 늦게 出勤하고 副面長도 出勤치 않고 해서 中止해 버리고 말었다. 今年度 秋穀 受納 關係로 오늘 里長會議를 召集햇다. 오늘부터 秋穀 收得稅 調整事務가 本格的으로 始作되였다. 어느 程度의 災害率이 決定되였는지는 알 수 없으나 四方 各處에서 今年은 五害가 있는 해라고 까지 하고 있으니가 어덯게 될 것인지. 如何間 今年度 秋穀 受納이 問題인 것이 肥料 代金을 糧穀으로 受納한다 하니 이것이 第一 큰 問題이다. 萬若에 이것을 제대로 다 내게 된다면은 農村의 食糧 絶糧 狀態에

들어갈 겄이다. 저녁에까지 收得稅 調整事務에 協助했다.

1956年 11月 13日 (陰 10月 11日) 火曜日 晴

오늘 처음으로 阿山市場 求景을 가 보았다. 午前 中까지 收得稅 調整事務에 協助하고 午後에 步行으로 혼자 갔었다. 처음 보는 市場 求景인데 이대로만 繼續된다면 市場은 復舊될 可能이 있다. 商人들도 各種 商人이 다 모혀 있고 제법 市場으로서의 面目을 갖우고 있다. 김장거리를 사서 맛겨놓고 敏植 氏가 藥酒를 사서 한 잔 마시엿다. 歸路에는 商人들이 실고 가는 추럭으로 三溪까지 왔다. 저녁에 學仁이와 같이 點植 氏 宅의 婚事에 놀어갓다. 學仁이는 舍廊房에 있고 나 혼자만이 內室로 들어갓다. 部落의 많은 婦人들 모여 있고 靑年들도 4, 5名 程度 있었다. 이 結婚이란 겄이 平生을 通해 놓고 가장 意義 깊고 印象에 남은 人間의 最大이다. 이 집의 사위 朴長根이도 어렸을 時節에 나와 같이 學校에 다니든 學生時節의 親舊이다. 그래서 오늘밤에도 가서 늣도록 興겨웁게 놀고 왔다.

1956年 11月 20日 (陰 10月 18日) 月曜日 晴

오늘 처음으로 西川 山所 時祭에 參席하였다. 數日 前부터 協助해 왔든 收得稅 調整事務도 오늘로서 거이 完決段階에 들어가게 되여 面長任에게 말씀드리고 二日間의 年暇를 얻어 檠樹까지 車를 타고 가서 거기서 걸어갓다. 倒着해보니 多幸히 아직 參祀를 하지 않앳다. 어쩐지 오늘은 祭군이 많이 모이지 않았다. 나로서는 生後 처음으로 參席

하였다. 時祭에 參席한 분들은 모두 나의 大小가 어른들이시다. 나는 매우 기뻣엇다. 公務에 있는 몸이요 특히 他管[官] 生活을 하고 있는 나로서는 이러한 時祭에 參席할 機會가 없었든 겄이다. 나 自身 생각해 볼 적에 오늘은 나도 子孫으로서의 道理를 다 했다는데 大端히 기뻣다. 夕陽에 큰집으로 들어가서 저녁을 먹고 저녁에는 康永이 兄 宅에서 잣다.

1956年 11月 21日 (陰 10月 19日) 火曜日 晴

어제 新基里에 갔다가 오늘 午前에 歸家하였다. 아침을 龍宰 家에서 먹고 亨宰 집과 起翼 아저씨 집에를 다녀서 왔다. 故鄕이라고 해야 쓸쓸하기 限이 없다. 나의 집 大小家는 어째서 東西南北으로 헤여저서 서로 같이 맞나보지도 못하고 남과 같은 生活을 하고 있는지 쓸쓸한 故鄕이것만 어덴지 모르게 情이 들고 오면은 가기 싫고 가면은 오고 싶은 故鄕이 되고 말었다. 午前에 나슬 때에도 나의 거름은 어덴지 모르게 무거웟다. 午後에는 面에 나가보지도 않고 나무를 하러 갔었다. 一年의 燃料代만 해도 莫大한 經費가 드러간다. 될 수 있으면 自家 燃料를 確保해야 한데 그겄이 如意치 못하고 高價를 들여 사서 때고 있다. 저녁에는 山洞宅의 사위 온 데 가서 놀앗다.

1956年 11月 22日 (陰 10月 20日) 水曜日 曇 (小雪) (첫눈)

數日間을 두고 調定해 나왔든 收得稅 告知書가 오늘 一齊히 發付케 되였다. 職員들이 各自 擔當部落으로 가지고 나갓다. 午前에 가랑비가 조금씩 나려서 그대로 맞고서 目的地 山水里를 갔다. 里長이 없어서 혼자 收納者 名簿를 빽놓고 나니 里長이 와서 午後 늦도록 일을 하고 歸家했다. 오늘밤에는 三溪學校에서 春香傳 映畫를 上映케 되였다. 그래서 山水里에서 늦은 데도 不拘하고 달여왔다. 언제부터 趣味를 가저왔든 春香傳이다. 밤에 나가면서 보니 눈발이 하나식 둘식 나리고 있다. 오늘이 小雪이라 그래도 제 할 일은 다하고 있다. 들어가서 보니 日氣가 좋지 못해서 그러한지 別로 많이 모히지 않었다. 農村에도 月 二, 三次式은 이러한 興行物이 들어왔으면 山間僻村일망정 그래도 살어간 맛이 있으련만은. (亨宰 氏 母親 死亡)

1956年 11月 27日 (陰 10月 25日) 火曜日 曇 後 雪

지난 22日 밤에 눈발이 나리기는 햇으나 오지 않은 것이나 같고 말었는데 오늘밤에 눈이 제법 많이 나리였다. 첫눈이라고도 할 수 있는데 相當히 나리였다.

1956年 11月 28日 (陰 10月 26日) 水曜日 雪

1956年 12月 1日 (陰 10月 29日) 土曜日 晴

지나간 11月에는 日記 쓰는데 너머나도 等閑視 해가지고 많은 날이 漏記되였다. 저녁에 暫間만 마음먹으면 할 수 있는 일을 그겄을 履行치 못하고 여러 날을 띠우게 된다는 것은 나의 게우름을 스스로 恨歎치 않을 수 없다. 이달이면 今年도 마즈막인 겄 같고 이달이나마 제대로 履行해야 할 터인데 어덯케 될 겄인지.

어제까지 接受 磨勘했든 在學生 入營延期願 關係書類를 學吉이 便에 任實에 보냇다. 내게 아무런 利害 關係도 없는 겄인데 特使 보내는데 車費만 드렷다. 오늘 土曜日인데도 不拘하고 午後 늦게사 職員會議를 開催하였다. 秋穀 收納과 稅金 徵收 問題를 갖이고 이러고 저러고 말이 많었으나 結果는 三日 共販日을 보고서 決定하기로 落着되고 會議 어두운 後에 끝이 낫다.

1956年 12月 2日 (陰 11月 1日) 日曜日 晴

어제 職員會議에서 收納 關係 그와 같이 甚한 말이 나왔으나 오늘의 出張은 斷念하고 말었다. 勿論 내가 나가서 效力이야 있고 없고 間에 道理上 나가보아야 할 일이지만 오늘같이 좋은 날씨에 집에서 나무를 하루 하면 燃料難에 허덕이는 나로서는 얼마나 큰 도움이 된가. 그래서 나가지도 않고 山으로 올라가서 낫과 갈키로서 하루를 보냇다. 그다지 重勞動도 않이고 나무하는 겄쯤을 할만하다. 餘暇만 있으면 日曜日에 하루식만 하여도 相當한 도움이 되는데 원체 때가 바뿐 때라 그 짓을 못하고 있다. 오늘 하루만 했어도 燃料難이 方今 解決된 것 같은 氣分이 난다. 如何間 오늘 하루의 收入은 컷다.

1956年 12月 3日 (陰 11月 2日) 月曜日 晴

이달로서는 처음이요 今年으로서는 벌써 數次例의 收納日이다. 오늘은 午前부터 午後 共販이 끝난 後에까지 現場에서 求景을 하였다. 그의 場面은 말할 수 없이 亂雜하였다. 檢査員이란 어데까지나 自己의 職責을 完遂하고 本分을 지키기 爲하여 正當한 檢査를 하여야 할 일이며 出荷者는 應當 檢査 合格品을 出荷하여야 옳을 일인데 現實을 볼 적에 그러치 않은 것이 탈이다. 檢査員은 건조 不充分이네 選[扇]風이 잘 안 되였네 等으로 不合格品을 많이 내고 있으며 出荷者는 不合格을 시킨다고 不平不滿이 甚하다. 누가 올코 그른 것을 是非할 수도 없다. 農民의 立場에서 볼 적에는 檢査員이 너무 過히 甚하게 等級 査定을 하고 있다. 피땀 흘려가면서 지은 農民의 事情은 到底히 모르는 사람들이다. 그러나 檢査 規定으로 볼 적에는 農民의 行爲가 나쁘다. 조금만 더 하면 能히 合格할 수 있을 일이 않인가.

1956年 12月 4日 (陰 11月 3日) 火曜日 雨 雪 (議會)

지난 1日에 定期的으로 召集되여야 할 面議會가 成員未達로 流會되고 오늘 겨우 成員이 되여 會議를 開催하였다. 案件으로 重大한 것이 4290年度 歲入歲出 豫算案과 面 行政區域 分合에 對한 件이다. 豫算案에 對해서 質疑가 있고 하드니 最後에 가서는 無修正 通過로 落着되였다. 하기야 面 豫算 같은 것은 削減해 보았자 아무 效力도 없는 일이다.

오늘의 日氣는 매우 좋지 못한 날씨다. 밖에서는 심한 눈보라가 치며 거센 바람이 불었다. 눈과 비가 兼해서 나려 부친다. 날은 갈수록 더욱 더 추워지고 經濟難은 甚하여 가고 月給쟁이 身勢가 말이 않이다. 어덯게 이 한겨울을 보낼 것인지 漠然하다. 이와 같이 춥것만 "호주"의 "멜본"에서는 世界의 耳目을 集中시킨 가운대 第16回 오림픽大會가 지난

22日부터 開催되여 各國 選手들은 씩씩히 싸우고 있다.

1956年 12月 5日 (陰 11月 4日) 水曜日 晴

어제밤에 많은 눈이 와서 온 들판은 銀世界가 되였것만 오늘의 날씨는 그래도 활짝 개였다. 風雲의 造化가 무서운 勢力을 갖이고 있는 것이다. 方今 푸르고 누럿든 山野도 순식간에 白世界로 化하고 말었다. 그와 같이 크나큰 힘이 있것만 웨 우리의 宿願으로 되여있는 南北의 統一은 이루어주지 못하고 있는지? 하루 速히 우리에게도 統一이 이루어젓으면 얼마나 國民은 기뻐 날 띌 것일이가. 統一이란 重大한 問題를 解決짓지도 못한 우리 國內는 너무나 뜻하지 않은 事故만이 連發하고 있다. 立法部의 副議長이 時計密輸事件에 關聯되여 물러스는가 하면 軍部에서는 將星級이 金昌龍 中將 殺害事件에 關係되여 있고 張 副統領 狙擊事件, 井邑換標事件 等 헤아릴 수 없는 重大事件 等이 連發하고 있으니 앞으로 國家의 將來가 어덯게 되여 갈 것인지 알 수 없다.

1956年 12月 6日 (陰 11月 5日) 木曜日 曇 (里長會議)

今年度 收穀 收納 關係로 因해서 里長 班長 合同會議를 오늘 開催하였다. 郡에서 內務課長이 參席하였다. 언제나 收納事務가 있을 때마다 되풀이하는 일이것만 이것을 完遂할라매 말할 수 없는 難關과 哀隘가 앞을 가로막는다. 今年의 收納도 始作한 지는 月餘 되지만 그 間에 벌써 여러 차레의 里長會議가 있엇다. 그러나 이겄이 會議로서만이 끝일 問題도 않이요 結局은 出荷者 側에서 出荷함으로서 收納이 完遂될

것이다. 年賦償還 糧穀과 肥料代 收納에 있어서는 莫大한 難關이 있을 겄이며 到底히 完納은 機待할 수 없는 일이다. 오늘 里長會議를 끝마치고 各自 擔當部落으로 出張을 나갓다. 그러나 나는 來日 가기로 하고 오늘의 出張은 斷念하여 버렷다.

1956年 12月 7日 (陰 11月 6日) 金曜日 曇 雪 (大雪)

날씨는 本格的인 추위에 到達하였다. 오늘은 大雪이라고 해서 그 값을 하느라고 相當히 추었으며 눈발이 날리엿다. 午前에 일직히 出發해 가지고 "어목애"로 바로 가 보았드니 目的햇든 人物이 없어서 "웨기재"로 가 보았엇다. 그러나 거기 亦是도 없어서 東山村으로 行하든 中 班長을 맞나서 다시 "어목애"로 가 보앗으나 目的은 못 이루고 里長과 같이 山水里로 行하엿다. 收納을 始作한 지 이미 오래이것만 아직도 乾燥가 되지 않어서 出荷를 못하겟다고 하는 사람이 있다. 오늘 中食도 잊어버리고 里長과 같이 下山水里에서 督勵를 加하고 夕陽에 東山里로 올라와서 里長 집에서 저녁에 잣다.

1956年 12月 8日 (陰 11月 7日) 土曜日 晴 (오림픽 閉幕)

어제 하루 督勵한 것이 過然 오늘 얼마마는 效果를 거둘 것인지? 아침에 里長은 下山水로 다시 나려 갓엇다. 나는 里長도 없는데 朝飯을 먹고 班長과 같이 몇 집 다녀 보다가 問題의 對象인 "웨기재"를 가서 張本人을 맞나 보앗다. 그러나 別로 神通한 말은 못듯고 後 收納日에 納付하겟다는 言約을 듯고 다시 "어목애"로 갓다. 거기 如前히 봐야 할 人

物이 없어서 보지 못하고 차디찬 물을 것너서 歸廳햇다. 와서 보니 共販은 한창이다. 그다지 많은 量이 出荷햇다고는 볼 수 없다. 오늘도 相當히 말썽거리가 되여있으나 糧穀 檢查에 언제나 말썽이다. 勿論 피땀 흘려 지어서 내온 農民의 事情 모른 바는 않이지만 그래도 自己가 잘못해서 不合格된 줄은 모르고 檢査員만 나쁘다고 욕설을 하고 있다.

1956年 12月 9日 (陰 11月 8日) 日曜日 晴

오늘도 날씨는 제법 쌀쌀한 날이다. 그러나 多幸히도 日氣가 좋아서 當初의 豫定과 같이 나무를 하러 갓다. 춥기는 하고 혼자서 가노니 쓸쓸하기 限이 없엇다. 그래서 손을 불어가며 나무를 하엿으나 한편 마음속에는 그래도 나의 信念하는 바가 있다. 便하게 놀고서 本意 아닌 일을 햇다가 罪를 犯하는 것보다는 나의 몸이 고되고라도 올바른 일을 하여서 後患이 없는 것이 오히려 몇 배나 나흐리라는 것이다. 午後에 副面長이 나왓다 가라고 해서 나가 보았드니 來日이 兵事主務者會議라고 한다. 公文을 보고 案件을 보니 4289年 第1次 2回 召集實施의 件이다. 이미 豫機[期]햇든 바이다. 마침내 터질 것은 터지고야 말엇다. 關係書類는 夜勤을 하기로 하고 바로 들어와서 또다시 나무를 하러 갔다. 저녁에는 面에 나가 來日 持參할 書類를 作成하엿다.

1956年 12月 10日 (陰 11月 9日) 月曜日 晴 (人權擁護日)

會議에 參席키 爲하여 아침 일직히 朝飯을 먹고 停留所로 나갓다. 뻐-쓰가 다닌 後로는 처음 타 보았다. 車內는 大滿員이엿다. 朱川面 甥姪

女가 오늘 간다고 해서 㯃樹까지 다리고 가서 거기서 下車시켜서 가도록 하엿는데 잘 到着하엿는지 大端히 疑心스럽다. 郡에 가서 보니 아직 出勤도 않고 있다. 任實面에서는 面長選擧를 하느라고 야단법석이다. 郡 宿直室에서 한잠을 자고 나서 보니 그제야 몇 개 면에서 參席하엿다. 會議는 郡守室에서 하엿다. 會議案件은 첫째가 徵集實施 問題이다. 郡的으로는 160名인데 本 面에는 14名이다. 생각햇든 것보다는 적은 便이다. 集結日時는 오는 23日이다. 갈수록 날은 춥고 如一하게 執行이 될 것인지 자못 疑心되는 바이다. 歸路에도 뻐-쓰로 오는데 大滿員이 되여서 창피가 많앗다.

1956年 12月 11日 (陰 11月 10日) 火曜日 晴

어제 받어 온 徵集令狀을 交付함과 同時 關係書類를 整備하기 爲하여 早朝에 出勤했다. 그래가지고 추운 事務室에서 일할 수가 없어서 宿直室에서 일을 하고 있는데 學校 韓明洙 先生이 찾어 왓다. 自己의 令狀이 나왔다는 消息을 듯고 찾어왓다는 것이다. 그래서 거기서 交付해 버리고 面長이 出勤을 해서 書類를 보이고 어제의 出張結果를 復命하였다. 崔熾範이를 梧枝 一, 二區 三隱 一區로 出張을 보내고 나는 山水里로 가기로 했다. 그래서 일찍 갈여고 한 것이 前般 水害로 因한 除隊申請을 했든 除隊軍人들이 와서 登錄을 해 달라고 해서 그 關係로 늦어저서 午後에 山水里에 갔다 왓다. 받은 本人이 기쁜 낯으로 對하고 보니 令狀을 갖이고 갓든 나로서는 氣分이 좋앗다. 交付하고 바로 歸廳해 가지고 交付 狀況 報告書를 作成했다.

1956年 12月 12日 (陰 11月 11日) 水曜日 晴

오늘 早朝에 出發地인 山水里로 行하였다. 里長 집에로 가지도 않고 바로 "魚目개"로 건너갔다. 얇은 어름을 밟어가며 찬 냇물을 것너 目的한 人物을 찾어보니 나무하러 가버리고 없다. 그래서 山에까지 가서 다려다가 집에 다리고 가서 言爭까지 하였다. 人間的인 面에서 相對할 人間이 못 된다. 明日의 共販에는 二叺밖에 내지 못한다고 해서 別수 없이 里長을 찾어가서 보니 下山水里에 나려갔다고 해서 그리로 나려가서 里長과 같이 督勵를 하고 東山里로 올라왔다. 마침 支署 金光賢 巡警이 出張을 나와서 같이 "웨기재"로 갓다. 마침 目的햇든 對象者가 있어서 前般의 約束을 물으니 形便 없이 對答하고 있다. 그래 하는 수 없이 現物을 가저오게 되는데 그 꼴도 말이 않이엿다. 늦게 나는 집으로 돌아왔다. 저녁에는 里長 宅의 弔問을 갓엇다. 밤늦게까지 놀고 새벽 4時 頃에 돌아왓다.

1956年 12月 13日 (陰 11月 12日) 木曜日 晴

오늘은 우리 班의 收納를 多少 도와주엇다. 班長이 갖이고 있는 文書를 보니 그야말로 억망진창이다. 그래도 班長의 文書라면 어느 程度의 面모를 가추어야 할 터인데 形便 없는 겄이다. 이와 같이 해가지고서 어덯게 해서 收納을 完了할 수 있다고 볼 것인지. 二班의 몇몇 집 것만 整理해 가지고 오늘 共販에 出荷햇다. 午後에 共販場에를 나가보니 〈阿〉修羅場이엿다. 人心이 極度로 惡化된 世上이다. 政府나 現物保管者를 못 돌아 먹어서 限이다. 檢査等級의 僞造 檢印 僞造 別짖을 대해서라도 自己의 目的을 채울여고 한다. 出荷한 糧穀의 不合格이 檢査

員의 잘못으로 알고 있다. 各自 良心것 해가지고 오면 絶對的으로 不合格品이 나오지 않으리라고 본다. 夕陽에 三溪里 出荷糧穀 關係로 賢植 氏와 사소한 言爭까지 하였다.

1956年 12月 14日 (陰 11月 13日) 金曜日 晴

오늘부터 또 繼續해서 出張을 하라고 한다. 그래서 다른 職員들은 午後에 全部 나갓다. 그러나 나는 宿直으로 因해서 나가지 못하엿다. 그리고서 今般 下令된 令狀 中의 所在不明者에 對한 關係書類를 具備해가지고 來日 社會係長 上郡한 便에 付送하엿다.

午後에 모욕탕에 물을 데여가지고 저녁에는 오래간만에 모욕을 하엿다. 그리고 나와서 任實 申鉉相 君이 付託한 戶籍謄本을 作成하여주엇다. 이 사람은 사귀여본 지 얼마 되지 않으나 親弟와 같이 多情스럽다. 또한 自己도 나를 對할 때에 兄과 같이 對해 주고 있다. 그런데 今般에 令狀을 받고 어떠한 手續이나 해볼가 하고 戶籍謄本을 하로 온 모양이다. 그런 뒤에 李鍾錄이가 온지 3, 4日이 되여도 가보지를 못해서 거기에 가서 늦게까지 놀다가 왓다.

1956年 12月 15日 (陰 11月 14日) 土曜日 晴 後 曇

1956年 12月 16日 (陰 11月 15日) 日曜日 雪 曇

1956年 12월 23 일 (陰 11월 22일) 日曜日 晴

내가 兵事事務를 擔當해 나온 지 이미 4年이 되였으나 오늘같이 놀라고 애탄 날은 처음이다. 時間이 다른 때보다도 빨러서 午前 9時 頃이 되여서 거의 다 集合이 되였다. 人員도 제대로 다 모여주워서 大端히 기뻐한 나머지 阿山市場의 商人들을 싥고 오는 車로 獒樹까지 나가기로 햇다. 그러나 이 웬 뜻하지 않은 事故이였드냐. 梧枝里 앞을 지나 거기에서 待機하고 있든 壯丁들을 싥고 出發하여 不過 300餘米의 拒離에서 壯丁 三名이 車로부터 떨어지고 말엇다. 너무나도 뜻하지 않은 이 突發的인 事故에 나는 精神을 잃고 말엇다. 달여가서 보니 竹溪里 吳炳濬이가 第一 많이 다첫다. 간신히 車에 싥고 獒樹까지 가서 病院에 入院시켜 治療를 마친 다음 나는 또 別 수없이 任實로 가 보았다. 任實驛에서 署長은 連絡을 速히 하지 않었다고 말을 하고 있다. 나의 生後에 처음으로 놀랫다.

1956年 12月 24日 (陰 11月 23日) 月曜日 晴 (壯丁 入隊)

壯丁을 引率하고 다녀도 어제 같은 날은 처음 當하여 보았다. 事故가 發生하여 그러치 않아도 좋지 않은 氣分인데 旅館에서 館村과 屯南의 壯丁들이 어떻게 난리를 내버렷든지 밤 3時가 지나도록 잠을 자지 못하고 말었다. 어제는 確實히 日數가 좋지 않은 날이다. 井邑과 高敞에서도 入營壯丁 歡送車가 전복되여 事故가 發生하엿다고 한다. 午前에 公設運動場에서 壯行會를 끝마치고 司令部로 갔엇다. 引繼는 거기서 하기로 되였다. 그래서 나는 壯丁들에게 離別의 人事를 하고 바로 나왓다. 雲岩 兵事係長과 같이 市場에 가서 中食을 먹고 쓰봉을 하나 사가지고 三溪 오는 뻐-쓰로 나려왓다. 獒樹에서 下車해가지고 病院에 들여서 吳炳濬이에게 어제의 經過를 듯고 바로 들어왓다. 아직도 나의 마음이 가라않지를 않고 있다.

1956年 12月 25日 (陰 11月 24日) 月曜日 晴 (크리쓰마쓰)

오늘은 크리쓰마쓰일이라고 해서 어느 官廳을 莫論하고 公休日로서 休務를 하고 있는데 좋지 않은 面만은 如前이 事務를 執行하고 있다. 職員들은 秋穀 收集 關契로 集中 督勵를 加하기 始作하였다. 그래서 나 혼자 많이 月末統計表를 作成한다고 혼자 事務室을 지키고 있엇다. 12時 頃에 郡에서 公文이 왔는데 來日 郡守 初度巡視라고 한다. 그래서 出張간 職員의 歸廳을 命하고 人夫를 사서 廳內外의 淸掃를 시켯다. 나는 午後에 炳濬이 件으로 獒樹를 나가 보았다. 病院에 가서 醫師에게 말을 하고 오늘 退院시켯다. 治療費를 내가 우선 負擔하고 退院은 시켰는데 앞으로 어덯게 될 것인지 알 수 없다. 市場에 가서 볼일은 보지도 못하고 추럭이 있어서 그대로 歸家하엿다.

1956年 12月 26日 (陰 11月 25日) 月曜日 晴

今般 新任 梁 郡守가 오늘 初度巡視 次 本 面을 나오기로 하엿다. 그래서 어제부터 始作한 淸掃를 오늘 早朝에도 하였다. 廳內外의 還境整理와 美化作業을 위해서는 月 一次식만 나왓으면 좋겟다. 平常時에 깨끚이 해야 하지 뜻박에 掃除하면 무슨 必要가 있느냐 말이다. 子定 時間보다 約間[若干] 늦게 到着하였다. 從前의 例와 같이 먼저 職員申告가

있었고 郡守의 訓示와 面長의 答辭가 있엇다. 前에는 郡守의 初度巡視라면은 依例이 닭 마리나 죽엇는데 今般에는 술 한 잔 없이 그대로 갔다. 麥茶 한 잔뿐이였다. 屯南面으로 出發한 後에 나는 바로 집에 와서 中食을 먹은 後 面에 나갔다가 新基里로 行하였다. 時間이 늦일가 보아 바쁜 거름으로 걸었드니 발이 앞으다. 바로 西川으로 가서 보니 破墓하기 始作했다. 나도 같이 일을 했다.

1956年 12月 27日 (陰 11月 26日) 木曜日 晴

어제밤에 新基里에 가서 起翼 아저씨 宅에 가서 늦도록 놀고 돌아와서 西川 祭閣房에서 자는데 數個月間 비어두었든 房에다 불을 땐다고 해야 추워서 잠도 제대로 자지 못하고 새벽 四時에 일어나서 밤참으로서 밥을 먹고 墓地로 갔다. 쌀쌀한 새벽 바람을 받어가며 移葬은 始作되였다. 오늘 아침 寅時라고 해서 어제 破墓해서 白骨은 祭閣房에 모셧다가 새벽부터 始作한 겄이다. 나로서는 처음 보는 일이요 또 直接 曾祖考의 移葬이기 때문에 關心이 컷었다. 北風이 세게 불어오는 데가 되여서 어제 準備해 놓았든 떼와 흙이 얼어서 일하는데 支障이 많었다. 아침에 일은 끝마칫다. 그리고 新基里로 것너갔다. 午前는 亨宰 氏 집에 問喪을 다녀와서 어제밤에 자지 못한 잠을 補充할여고 한숨을 잣다. 그리고 午後에 歸家할여다가 訓宰가 와서 그럭저럭 하든 겄이 못 오고 말었다.

1956年 12月 28日 (陰 11月 27日) 金曜日 晴

언제나 新基里에 가면 康逑 氏 宅에 가서 많이 자게 된다. 어제밤에도 거기서 자고 나니 龍宰가 와서 自己 집으로 가자고 해서 거기 가서 朝飯을 먹고 相當히 놀다가 큰집으로 와서 보니 큰아버지가 앓 게신다. 從妹 혼자서 있기에 같이 앉어 이야기하고 놀다가 집으로 돌아왔다. 故鄕이라고 찾어가 보았자 반겨하여 맞이하여 준 사람 하나 없건만 그래도 어쩐지 그리운 것은 故鄕뿐이다. 돌아오면은 어덴지 모르게 쓸쓸한 感이 돌고 있다. 歸家해서 보니 午後에 姊兄과 正良이가 집을 이로 온다고 한다. 그래서 나도 같이 날개를 역어서 일을 할여고 하는데 아이들이 와서 찾는데 洪基 先生이 와서 찾는다고 해서 나가 보았드니 成基의 登錄證 件으로 보자고 한다. 안해줄여고 해야 않해줄 수 없는 困難한 處地에 놓이고 말었다. 별수 없이 面長에게 말하고 發行해 주었다.

1956年 12月 29日 (陰 11月 28日) 土曜日 晴

數日間 쉬다 싶이 하였다가 오늘은 出勤을 하였다. 出張 計劃이 슬 줄 알었는데 以外에도 조용하였다. 그리고서 漁隱 出張만을 해야 한다고 副面長이 나더러 나가 보라고 한다. 그러나 나는 못 나가겠다고 拒絶을 하고 말었다. 勿論 上司의 命을 어기는 것은 部下職員으로서 마땅치 않은 일인 줄 알고 있으나 他 職員에게 나가라고 하여도 듯지 않으니가 結果에 가서 나보고 가라고 하는 것이다. 그래서 나도 拒絶을 했든 것이다. 오늘은 土曜日이라 그러한지 職員들은 일직이 退廳해 버리고 廳內는 조용하여졌다. 그래서 나도 午後에는 出勤치 않고 山으로 行

하고 말었다. 한 아름의 나무일망정 집에서 하는 겄이 나로서는 크나큰 도움이 된다.

1956年 12月 30日 (陰 11月 29日) 日曜日 曇後雨

요새에 數日間 日氣가 좋았는데 오늘은 구름이 끼여 있어 좋지 않은 날씨였다. 그러나 氣溫은 봄날과 같이 따뜻하였다. 오늘이 춥지 않은 겄이 나로서는 多幸한 일이였다. 눈이 왔거나 비가 오지 않은 限 집에서 놀 수는 없고 나무를 해야 할 터인데 날이 추웠드라면 困難했을 터인데 그래도 따뜻한 날씨가 되여 오늘 나무를 하는 데는 별로 支障이 없었다. 겨을날이 추운 날이 많을 겄이나 日曜日만은 언제나 오늘과 같었으면 燃料에 困難을 받고 있는 나로서는 더없는 반가운 일이 되겠다. 夕陽에 적으나마 한 짐을 해다 놓고 찬물로서 손과 발을 싯고 나니 오늘의 하루 일했든 氣分은 어데로 가고 明朗한 氣分이 나의 마음에 감돌고 있다.

1956年 12月 31日 (陰 11月 30日) 月曜日 晴

秋穀 收納 督勵 關係로 每日 出張이 繼續되여 其間 數周日 月曜敎養을 中止하였었는데 收納事務도 거이 完了의 段階에 들어가고 있어 오늘은 豫定대로 敎養을 實施하였다. 産業係 主催의 肥料에 對하여 講義가 있었다. 今年으로서는 마지막 敎養이다. 오늘로서 國內外나 또한 本人 自身이나 間에 多事多難 했든 丙申年을 보내고 希望 새롭고 기쁨에 넘치는 新年을 맞이하게 되였다. 오늘을 보냄에 있어서 아직도 陰曆

을 主張하고 있는 우리 겨레로서는 無意味하기 짝이 없다. 그저 우리들 公務員은 어데 까지나 年末인 것마는 틀림없는 일이것만 財政不足한 末端 面에서는 年末이라고 해서 아무런 惠澤 하나를 받지 못하고 말었다. 그러나 末日이라고 해서 職員들의 事務는 全廢하다 싶이하고 午前부터 休務했다. 오늘밤에는 三溪里 部落 內 靑年으로서 어떠한 團體를 하나 構成하자고 해서 學眞 君의 舍廊에서 豫備會議를 열었다. 오늘 밤에 이루어 볼여고 한 計劃은 來年이면 이루어질 것이다. 總會는 來日 밤에 하기로 하였다. 丙申年아 다시 보자. 丁酉年아 맞어다오.

일기

〈1957년(단기 4290년) 1월 1일 -9월 9일〉

1957年 1月 1日 (陰 12月 1日) 火曜日 晴

希望의 새해는 오고야 말었다. 光明한 아침 햇빛이 온 宇宙를 힘차게 나려 빛이고 있다. 新年을 맞이한 正月의 大名節이겄만 마을은 조용하고 아이들도 한가롭다. 왜? 그겄은 陽歷 설이기 때문에 그렇다. 아직도 우리의 골수에는 陰曆이 多分이 젖어 있기 때문에 陽歷의 오늘이 설날이란 겄조차 모르고 있다. 앞으로 몇 年이 더 가드라도 陰歷*過歲는 至極히 施行하기 어려울 겄이다. 午前에 學校에 가서 오래간만에 탁구를 한번 처 보았다. 그리고 同窓會 關係로 宿直室에서 會合을 갖었었다. 모이면 곧 될 겄 같고 헤여지면 안 될 겄 같고 아슬아슬한 지경에 노혀 있다. 어제 鄭順朝가 新行을 했다고 光朝가 招請을 와서 午後에 거기에 갔었다. 滋味있게 놀다가 저녁에 돌아와서 青年會 關係 會議에 參席하였다.

1957年 1月 2日 (陰 12月 2日) 水曜日 曇

年初 公休日라고 해서 廳內는 매우 閑暇로웠다. 職員들도 各自 집에서 무었을 하는지 出勤도 않은다. 그래서 午前 中에는 面事務所에서 한 일도 없이 消費해 버렸다. 할 일 없이 出勤하는 겄보다는 집에서 일을 하는 겄이 나을 겄이다. 그래서 午後에는 나무를 하러 갔다. 容基 禮植과 같이 가서 많이 못햇으나마 그래도 如何間 나로서는 큰 所得이라고 볼 수 있다. 저녁에 學眞이의 舍廊에를 갓었다.

消息通에 依하면 部落民 中에서 賭博을 하는 사람이 있다고 해서 어

* 陽曆의 오기임.

제밤에 組織했든 靑年들을 動員해 가지고 三溪 二區까지 가서 보았으나 發見치 못하고 허탕만 치고 말었다. 그러니라고 仁煥 兄이 왔어야 같이 놀지도 못하고 舍廊에서 자도록 하고 나는 나대로 行動을 取하였다.

1957年 1月 3日 (陰 12月 3日) 木曜日 晴 曇

오늘은 그래도 職員이 數 名 出勤하였다. 그러나 事務箱은 열어보지도 않은다. 그래서 나도 일을 할 겄은 勿論 있으나 그대로 하루 더 놀자 하고 놀아버렷다. 이번에 組織한 靑年會 關係로 支署에 가서 主任에게 大略만을 이야기 해주웠다. 그랫드니 主任도 大端히 기쁘게 歡迎한다. 午後에 다시 한번 와서 具體的인 打合을 하자고 해서 午前에는 그대로 나와 里長 집에 가서 暫間 앉었다가 집으로 왔다. 午後에 學眞이의 舍廊에서 靑年會 關係 規約을 大略 整理해 가지고 支署에를 가서 보니 亦是 主任이 바빠서 後日로 미루고 말었다. 오늘밤에도 賭博을 團束키 爲하여 非常하게 活動해 보았으나 오늘 밤만은 그 사람들도 中止하엿는 모양이다.

1957年 1月 4日 (陰 12月 4日) 金曜日 晴

今年 들어 처음으로 始務를 하였다. 어떤 機關에서는 新年에는 始務式을 擧行하고 執務하는 데가 있으나 우리 機關에서는 그러한 일이라고는 없다. 몇日間 않앳든 일을 오늘 햇다. 午前에 職員會議를 한다고 해서 들어가서 보니 昇級發令 通知書를 交付해 주고 있다. 이까지 昇級도 해줄려면 제때에 반드시 해주워야 하지 1年에 한 번式 해줄 테면 않

애준 것만 같이 못하다. 그리고 面長으로부터 規律嚴守에 對해서 主意가 있었으나 事實인즉 本 面의 職員의 官規가 너무 過히 문란해젓다. 이것이 비단 이제 새삼스러운 것이 않이라 언제부터 귀가 시끄럽도록 말을 한 것이나 그것 하나를 제대로 履行치 않고 있다.

1957年 1月 5日 (陰 12月 5日) 土曜日 晴 (小寒)

오늘은 나의 生日날이다. 26回채의 生日을 맞이하였다. 그러나 生日이라고 해서 別다른 氣分도 없다. 오늘을 즐길 수 있는 것도 나의 處地에 놓여 있다. 萬若 어떠한 地位에 있게 된다거나 또한 富豪의 집이라면 그것도 또한 모를 일이나 그렇지도 않은 나로서는 오늘을 즐길 수 없다는 것도 또한 當然한 일이다.

午前에는 그래도 執務했으나 午後에는 宿直室에 낮잠을 자고 말었다. 요새 數日間은 제때 자본 일이 없다. 오늘밤에도 會員 數名이 뫃여서 여러 가지 일에 對해서 打合하였다. 이것이 앞으로 어떠한 方向으로 이끄러 나갈난지 自身이 알 수 없는 일이나 青年들의 士氣가 아직도 團合되지 못하고 있다.

1957年 1月 6日 (陰 12月 6日) 日曜日 晴

나는 내 個人의 일도 제대로 못하면서도 公衆의 일이라면 발 벗고 나스니 내가 生覺해도 우스울 일이다. 오늘도 日曜日이고 하니 午前부터 나무나 햇으면 나로서는 크나큰 도움이 될 것인데 同窓會 里役員會議를 오늘 午前에 開催키로 하여 나가 보았다. 그러나 全員이 다—같이

誠意를 갖이고 여기에 當해 준다면 모르거니와 아마 그렇지도 않은 모양이다. 오늘도 役員 不過 6, 7名밖에 뫃이지 않어 流會하고 말었다. 世上事가 그렇게 順調롭지 못한 겄이 事實인 모양이다. 벌써 發足 以來 數次의 里役員會議가 있었으나 아직 한 번도 參席치 않은 者 있으니 實로 寒心할 노릇이다. 저녁에는 農樂 準備 關係로 里長 宅 舍廊에서 部落 有志 몇 名을 모시고 打合을 하였다. 거의 다 贊成한다. 來日 밤 部落 總會에서 決定하기로 하였다.

1957年 1月 7日 (陰 12月 7日) 月曜日 晴

今年 들어 처음의 敎養講座를 實施하였다. 副面長이 憲法에 對해서 講義하였다. 그리고 講義가 끝난 後 各自 擔當 部落으로 出張을 가기로 하였다. 來日의 收納에 對備키 爲하여 全 職員 出張키로 하였다. 그래서 다른 職員은 出張을 나갔으나 나는 斷念하고 午後에 나무를 했다. 自身에 어색한 점이 없지 않으나 나무는 다 되여가고 經濟的 餘有[裕]는 없고 하니 別數 없이 내가 해서 多少라도 補充을 해야 하는 수밖에 없다. 저녁에는 部落會議가 學眞의 舍廊房에서 開催되였다. 나도 거기 모처럼 參席하여 보았다. 不過 20餘名밖에 뫃이지 않았다. 그러나 오늘밤에 會議를 開催하게 된 案件은 主로 農樂 制作 關係였다. 그래서 나도 參席하여 今般 靑年會 組織에 對해서도 說明하여 주고 農樂은 製作키로 하였다.

1957年 1月 8日 (陰 12月 8日) 火曜日 晴

아침에 甥姪 次植이의 生日이라고 해서 거기 가서 早飯을 먹었다. 實上[狀] 나의 生日에는 떡도 없었지만 거기 가서는 먹어 보았다. 事實 따저 놓고 보면 自己의 生日은 年中 어느 날보다도 意義 깊은 날이라고 않이 볼 수 없다. 오늘부터 昨年度 簿册 編綴에 着手하였다. 그래서 오늘은 終日 하였으나 아직 完結할여면 몇日間 더 繼續해야 할 것 같다. 秋穀 收納도 이제는 거이 完了의 段階에 突入해서 그러한지 오늘의 收納은 아주 形便 없이 나왔다. 앞으로 어느 程度의 出荷가 있을난지는 몰라도 이대로 持續한다면 앞으로는 別로 나오지 않으리라고 본다. 저녁에는 모욕을 하였다. 그리고 學眞이의 舍廊에 가서 놀았다. 여기 가서 노는다는 것보다 우리들의 計劃 上 않이 가볼 수가 없는데 가서 보면 場所 關係로 自然 中 골머리를 알케 된다.

1957年 1月 9日 (陰 12月 9日) 水曜日 曇

지난 六日에 開催하였든 겄이 成員未達로 流會되여 오늘 또다시 召集했든 三溪學校 同窓會 里役員會議는 如前히 參席 成績이 大不良이다. 不良이라는 것보다는 않 모엿다. 오늘도 不過 4, 5名 程度가 모여서 명색이 會議라고 해가지고 始作해 보았으나 이걸로서 일이 解決될 겄이냐는 것이 問題이다. 今年度의 總會는 今月 27日로 定하자고 하엿다. 그러나 이 總會日까지에는 그래도 어느 程度의 會費가 收入되여야 할 터인데 앞으로 里 役員의 活動이 어느 程度로나 展開될 것인지? 面에서는 里長會議를 開催하였으나 여기에도 亦是 많은 人員이 不參하였다. 저녁에는 나리는 부슬비를 맞어가며 柳村에서 賭博을 한다고 해서 거기까지 가 보았다. 그랬드니 過[果]然 하고 있어서 좋은 말로 制止시켰드니 그때에는 中斷되였으나 亦是 繼續을 해서 主任과 姜 巡警이 가서 全員 檢擧해 가지고 왔다.

1957年 1月 10日 (陰 12月 10日) 木曜日 曇

여러 가지 볼 일이 있어서 棨樹 求景을 나가 보았다. 車도 많이 있엇겼만 步行으로서 갔다. 時間일 餘有만 있다면 車를 즐겨할 必要가 없다고 본다. 먼저 理髮을 하고 市場에 들어가서 龍宰를 맛나보고 가지고 나온 쌀에 對해서 말을 들었는데 今年의 總 收穫이 불과 白米 五叺밖에 되지 않은다고 한다. 그래서 去年度의 債務를 淸算하고 一叺밖에 收入을 못하였다. 모처럼의 나의 所有畓이라고 買入해 놓고서 해마다 別 收入도 없게 생겼으니 이제 와서 생각하면 그때의 일이 後悔가 많다. 新亭 康鐘이한테 가서 去般에 紛失한 쓰봉代를 찾어 가지고 올여다가 學仁이와 鎬俊이를 맛나 가지고 夜間에 써-커스를 求景하고 가자고 해서 本來 그 方面에 趣味가 있는 터이라 같이 보고 工場에서 자게 되였다.

1957年 1月 11日 (陰 12月 11日) 金曜日 曇

어제밤에 늦게까지 자지도 못한 데다가 오늘 아침은 일직이 일어났다. 步行으로라도 일직이 올여고 하였는데 學仁이와 鎬俊이가 車를 기다리자고 해서 기다린 겄이 8時 頃까지 기다리였으나 車가 없어서 걸어서 왔다. 오다가 松亭 酒幕에 들어가서 술 한 잔식 마시고 왔다. 그렇지 않어도 出勤時間이 지낫는데 술까지 마시고 나오니 時間이 늦다는 것은 말할 수도 없다. 그래서 朝飯도 않 먹고 바로 面에 出勤을 하여 버리고 말었으니 오늘 아침 않 먹은 겄만은 어제밤 써-커스 德澤인가 하노라!! 午後에 電話下達이 왓는데 來日 또 兵事主務者會議라고 한다. 저녁에 舍廊에를 나갔드니 9日 밤에 賭博 취체事件에 對해서 여러 가지 말이 많이 나오고 있다. 그래서 내가 가서 前後事를 말하고 그들의 覺성을 促구시켰다.

1957年 1月 12日 (陰 12月 12日) 土曜日 晴

會議에 參席키 爲하여 早朝에 朝飯을 먹고 뻐쓰를 타고 나갔다. 時間의 餘有가 있어서 面에 가서 기다리였다가 타고 갔다. 車內는 滿員이였으며 몸조차 움직일 수 없는 정도 이르렀다. 그래도 뻐-쓰가 다니므로서 會議 參席하기에는 大端히 便利하다. 郡에 가서 보니 職員들도 미처 出勤을 하고 있지 않는가. 오늘의 用務는 簡單하였다. 單純한 統計表 作成을 하기 爲하여 面 職員을 일부러 불러다가 일을 식히고 있으니 末端의 公務員이라면 이다지도 값이 없는 겄인지? 일이 일직이 끝나서 12時 뻐-쓰로 나려왔다.

오늘은 다른 날보다도 特히 車 머리가 앞었엇다. 그래서 多少 진정이라도 하기 爲하여 飮食店에 가서 中食을 먹고 步行으로 들어왔다. 오는 途中에 德溪里 許憲 氏를 맛나서 今般 賭博 取체事件에 對해서 未安하다는 謝過의 말을 하였드니 그 어른도 잘한 일이라고 한다.

1957年 1月 13日 (陰 12月 13日) 日曜日 晴

오늘의 日氣는 봄날 以上 가게 따뜻하였다. 秋穀 收納 共販日이요 또 日宿直이 오늘 나의 當番이 되여서 原則이 出勤해야 할 일이로되 하루라도 헛되이 時間을 보낼 수 없는 處地라 나무지게를 지고 나가고야 말었다. 野山에는 나무할 데도 없다. 그러나 먼 山에까지 갈 수도 없고 하니 하는 수 없이 近距離의 野山을 찾어 헤매일 수밖에 別道理가 없다. 그래도 오늘도 두 짐을 하고 나니 마음이 多少 安定 된다. 月給은 몇 달間을 支拂해 주지도 않고 있으며 債務는 많고 燃料 問題로도 大端히 苦痛이 많다. 그래도 今年에는 相當히 많이 해서 補充이 되였는데 經濟的의 시달림은 如前하다. 밤에는 宿直室에서 몇몇 會員와 같이 演據[劇]의 脚本을 修正하고 宿直室에서 잣다.

1957年 1月 14日 (陰 12月 14日) 月曜日 雪 後 雨

오늘도 月曜日이라고 해서 敎養은 實施하였다. 敎養 責任者인 庶務主務者가 上郡하고 없어서 面長任이 珠算除法을 前般의 뒤를 이어서 講義하였다. 珠算으로 乘除法을 배우고 있다는 것도 이제 생각하면 뒤떨어진 일 같지마는 그래도 모르는 겄이니가 배워야 할 것 같다. 아직까지도 完全이 숙달하지를 못하여 어리둥절하다. 敎養이 끝난 後에는 簿册 編綴에 着手하였다. 오늘도 終日 했으나 그래도 아직도 남어 있다. 午後에 職員會議가 있었는데 擔當部落이 變更되였다. 이제까지 一年以上 山水里를 擔當하여 왔었는데 今般에는 엄청나게도 梧枝 德溪里의 二大 部落을 맞게 되였다. 너무나도 힘에 벅찬 일이나 그래도 나보다 더 困難 部落을 擔當하는 職員도 있어서 아무 말 않고 그대로 甘受

하고 말었다. 오늘 部落의 農樂을 南原市場에 가서 사 왔다.

1957年 1月 15日 (陰 12月 15日) 火曜日 曇

어제부터 흐리든 날씨는 오늘 繼續해서 흐리고 있다. 겨을날에 눈은 않이 오고 웬 비가 이다지도 나려 길을 사나웁게 만들고 있는지. 連日 繼續했든 簿册 編綴도 오늘로서 完結을 지였다. 그러나 아직도 많은 일이 남어 있다. 面長은 4286年度의 兵務協會費를 完徵하라고 한다. 勿論 未納分을 完全히 徵收하여 버려야만 할 일인 줄 알고 있으나 이제 와서 이겄이 徵收될 겄인지 아무리 생각해도 어려울 것만 같다. 요새에는 어쩐지 마음부터가 바쁘다. 나의 本務가 않인 他 事務로 因해서 複雜해젔다. 同窓會名簿 作成도 해야지 夜間이면 部落青年會의 活動狀況도 살펴야 하지 어쩐지 마음부터 잔뜩 바쁘다.

저녁에는 丁友會 總會를 開催하였다. 參席人員이 20名밖에 되지 않어 一片 섭섭한 感도 있었으나 그대로 會議는 進行하고 演劇에 있어서는 來日 밤부터 本格的으로 着手키로 하였다.

1957年 1月 16日 (陰 12月 16日) 水曜日 晴

어쩐지 出張을 가라고 하면 마음부터 複雜해진다. 오늘 郡에 나와가지고 職員 總動員하여 集中督勵를 加한다고 해서 아침부터 심난하드니 多幸히 集中督勵는 免하였다. 郡에서도 責任者 一名만이 出張 나오고 그 外에는 아무도 나오지 않었다. 그래서 오늘 午前부터 同窓會名簿 作成에 總力을 傾注하였다. 나의 私事 일도 제대로 處理치 못하면서 이것저것 몽탕 責任만 지고 쉴 새이 없이 일하고 있으니 내가 생각해도 우스울 일이다. 午後에 職員會議가 있은 後 各自 擔當部落에 出張을 나가서 秋穀 未納者 調査를 해가지고 오기로 했다. 나로서는 個別 出張이 多幸한 일이다. 오늘밤부터 演劇 演習을 始作했다. 年下層에 있는 사람들하고 演習을 하니 내 自身 어색스러운 感이 있는데 그 애들마저 誠意가 없는 겄 같으니 좀 困難하다. 11時 頃에 學淵 範植 世旭과 같이 松亭에 가서 술 한 잔식 마시고 왔다.

1957年 1月 17日 (陰 12月 17日) 木曜日 晴

前日의 出張 計劃에 依하여 午前 中에 일지히 出發하였다. 그래가지고 斗月里에 먼저 갔었으나 稅務署에서 測量員이 나와서 里長은 같이 다니고 없어서 다시 德溪里로 갔었다. 德溪里에 가서는 多幸히도 里長과 里 書記가 있어서 秋穀 未納者名簿는 里 書記가 作成하여 주었다. 그래서 德溪 里長 宅에서 中食을 먹고 里長과 같이 몇 집을 다녀보고 나서 里長에게 付託하고 다시 斗月里로 行하였다. 가는 途中 松亭에서 相武를 맞나가지고 酒幕에서 놀다가 斗月里로 들어가 보았드니 아직도 里長이 돌아오지 않어 鐘錄 兄 집에 가서 人事하고 있으니가 夕陽이 되여서 里長도 볼 수 없고 그대로 올여고 하는데 마침 그때에야 里長이 돌아와서 未納者名簿 作成을 付託하고 돌아왔다.

1957年 1月 18日 (陰 12月 18日) 金曜日 曇

오늘 日氣가 좋지 못해서 秋穀 收納에 적지 않은 支障을 招來하였다.

그렇지 않어도 理由가 없어서 못하는 판인데 이와 같이 日氣가 不順하면 얼시구 좋다 하고 理由만 앞세울 겄이다. 어제 出張用務를 達成치 못해서 오늘 午前에 斗月里로 발을 옮기였다. 가서 보니 어제부터 實施했든 測量이 아직도 完了를 못하고 午前 中에도 繼續하고 있다. 그래서 里長 宅에서 기다렸다가 測量이 끝난 後 里長을 보고 바로 歸廳할여고 하였드니 午後에 같이 가자고 해서 거기서 中食을 먹고 里長과 같이 나왔다. 收納 成績은 亦是 不振狀態에 있다. 과거에 擔當했든 部落은 이미 完納段階에 있는데 現 擔當部落은 第一 나뿐 成績을 가지고 있으니 어느 때 이겄을 完納할 겄인지 莫[漠]然한 일이다.

1957年 1月 19日 (陰 12月 19日) 土曜日 晴 曇

지난번부터 兵務協會費 未納額을 徵收하러 나가라고 面長의 督促이 甚하드니 오늘도 또 나가라고 한다. 벌서 四年 前의 일이요 이미 里長이 數次 變動이 되여서 內容조차 알지도 못하고 있는 겄을 이제 새삼스럽게 徵收하라고 하니 걱정거리다. 아무리 生覺해도 받을 것 같이 않다. 그래서 熾範이만 먼저 가라고 하고 나는 支署에서 忌避者 關係書類 作成 上 못 간다고 하고 말었다. 事實 上 困難之事다. 午後에는 집에서 쓰봉을 대려놓고 同窓會名簿 作成을 하였다.

오늘 27日 總會에 待機키 爲하여 요새 몇日間은 이겄으로서 情[精]神 없다. 저녁에도 學眞이의 舍廊에서 演據 演習을 實施했다.

1957年 1月 20日 (陰 12月 20日) 日曜日 曇 雪 (大寒)

추운 날씨도 이제 한고비를 넘을 것 같다. 오늘 벌써 大寒이겠만 그다지 추운 날씨도 않이다. 今年의 추위가 30年來의 큰 추위였다고 하지만 그 反面에 今年 겨을같이 눈이 않 오는 해도 없는 것 같다. 제발 德分에 解凍했으면 좋겠다. 오늘은 日曜日이요 따라서 父親의 忌日이 되여서 出勤을 않하고 집에서 終日 드러박혀 있엇다. 낮에는 同窓會名簿를 完全히 作成하였다. 26回까지는 끝난 셈이다. 一年에 한 번식 있는 오늘이 나로서는 무척 슲음을 자아내는 날이다.

내가 어려서 아직 삶의 意味조차도 깨닫지 못한 아주 어렷을 때 아버님은 그만 世上을 하직하고 말으셧다. 생각하면 생각할수록 悲慘한 일이다. 아버지의 얼굴조차도 모르고 있는 나의 處地가 限없이 애처럽다. 그러나 夜間에는 그래도 計劃했든 일을 제대로 維持키 爲해 舍廊房에 나가서 12時 頃에야 歸家했다.

1957年 1月 21日 (陰 12月 21日) 月曜日 晴

近日 中은 秋穀 收納도 어느 程度 되고 하니 每週 月曜敎養을 제대로 實施하고 있다. 오늘도 地方自治法이라고 해서 副面長이 講義를 했으나 머리 속에는 한 가지 것도 드러오지 않았다. 오늘도 副面長의 態度를 보니 分明히 어제 술을 마시엿는 것 같다. 後에 들어서 알었지마는 무슨 술을 그렇게 마시고 추접을 떨고 다니는지 그래도 副面長쯤 되면 위신도 있고 體面 維持도 좀 해야 할 일인데 너무도 過히 하고 다닌다. 좀 더 술에 對해서 注意를 하지 않은 限 언제나 한 번쯤은 봉변을 當하고 말 겄이다. 오늘도 里長會議를 召集했으나 많은 里長이 不參하였

다. 언제나 매일반이다.

이제까지 演習햇든 演劇을 오늘 밤부터는 行動으로 들었다. 그리 쉬운 일이 않이였다.

1957年 1月 22日 (陰 12月 22日) 火曜日 曇

아무리 動物이라도 할지라도 自己가 갖이고 있다가 他人에게 賣渡하게 되면 어쩐지 섭섭하다. 오늘 아침에 出勤을 하려고 하는데 돼지 잡는 소리가 나서 가봤드니 商人들이 들어왔다. 그래서 내 겄도 팔여고 그 사람들을 다리고 와서 달어보니 겨우 69斤 밖에 않 나간다. 그러나 요새에 經濟的 苦悶은 甚하고 서날은 닥처오고 해서 별수 없이 150圓式 해서 賣渡하고 말었다. 돼지를 몰아 내여놓고 나니 어쩐지 마음이 허전한다. 이것이라도 팔어서 現金을 갖고 보니 어데다 먼저 利用해야 할지 莫然하다. 夕陽에 本署 兵事係 光武와 南斗가 찾어왔다. 왔다가 바로 三溪里로 行하였는데 내 돈만 330圓 없어젓다. 그 者들 왔다 가야 나는 損害 볼 수뿐이다.

1957年 1月 23日 (陰 12月 23日) 水曜日 曇

아마 今年(卽 陰曆)의 秋穀 收納은 오늘이 마지막이 되지 않을가 한다. 앞으로 한 共販日이 있지만 그건 믿을 수 없고 오늘이 終幕인 것 같은데 겨우 30叺 出荷되였다. 個別的으로 볼 겄 같으면 肥料 代金에 對해서 아직 始作도 않은 사람이 相當數에 達하고 있을 텐데 이대로 끝을 맺어서는 않 될 겄이다. 그렇다고 해서 더 收納한 겄을 希望하는 바도

實은 않이지만? 夕陽에 名色 俸給이라고 해서 4個月分을 받었으나 이래 깨이고 저리 제아리고 겨우 찾는다는 게 4,460圓뿐이다. 이래가지고 무슨 興味가 나서 誠意를 부려가며 맡은 바 職責을 完遂할 수 있느냐 말이다. 實로 寒心스러운 일이다. 萬若 面 財政이 이와 같이 간다면 앞으로 行政에 크나큰 問題이다.

1957年 1月 24日 (陰 12月 24日) 木曜日 晴

大寒을 지난 日氣는 차츰 풀리여 오늘은 봄날과 같은 印象을 주었다. 이대로 풀어젓으면 좋겟다. 午前에 職員會議가 있었다. 卽 어제 副面長과 產業主務者會議가 있었는데 거기에서 特히 强調한 몇 가지 件에 對해서 副面長으로부터 指示가 있었다. 무었보다도 吏道刷新에 對하여 力說하였으나 이겄은 어느 때를 莫論하고 이야기거리가 되여 公務員이라면 누구나가 다- 귀 아프게 들어온 소리다. 나는 여기에 對해서 全的으로 贊成하고저 한다.

勿論 어느 程度 內의 自由는 保障되여야 하지만 近間 行政公務員의 態度가 너무도 문란해졌다고 본다. 國民의 信任 받은 公務員이 될여면 좀 더 官規를 確立해고 좀더 强力한 行政을 執行해야 할 겄이다. 저녁도 演據 演習을 하는데 모든 일이 마음과 같이 되지 않은다. 말을 잘 듯지 않고 期日은 닥어 오고 애가 타서 죽겠다.

1957年 1月 25日 (陰 12月 25日) 金曜日 晴

기다르지도 않은 名節은 닥처와서 細窮民의 마음만 더욱 조리게 하고 있다. 그래도 名節이 닥치고 보니 獒樹市場 求景 한번쯤 않이 할 수도 없어서 오늘은 獒樹를 나가 보았다. 車가 數臺 들어왔으나 安全第一主義로 步行으로 갔엇다. 가면서도 生覺했든 바이지만 가서 市場에 들어서서 보니 정말 굉장하였다. 그야말로 人山人海를 이루었다. 어는 길을 莫論하고 사람이 걸여서 다닐 수가 없었다. 그래도 名節의 氣分이 역력히 나타낫다. 오늘의 用務는 以[意]外로 많었다. 나의 私事 形便도 바쁜데다가 演劇하는데 準備物을 사느라고 初場부터 바뻣다. 금번에 돼지 판 돈으로 오늘 일을 보았다. 特히 數年間을 두고 생각하고 걱정했든 竹席을 오늘 샀다. 마음이 상쾌하다.

1957年 1月 26日 (陰 12月 26日) 土曜日 雨 後 晴

아침부터 나리기 始作한 비가 正午 무렵에 끝이고 개였다. 날이 개임과 同時에 나의 마음은 흐렸다. 웨 나의 마음이 흐리였나? 不德하고 見識이 不足한 人間이란 當初부터 무슨 일이고 間에 말어야 하겠다는 것을 切實히 느겼다. 그래도 소위 社會의 바람을 多少나마 體得한 그러한 親友들과 같이 親睦을 圖謀하고 友誼를 도두자는 目的에서 組織했든 本 部落의 丁友會가 日益 發展을 해야 할 터인데 部落民의 輿論거리만 되여가고 있으니 寒心할 일이다. 오늘도 쓸데없이 술을 마시고 亂暴한 行動을 하여 惡宣傳이 떠돌아다니고 보니 듯기에 매우 좋지 않으며 눈물이 날 程度로 心氣가 않 좋았다. 그래서 저녁에 關係者를 다려다 놓고 말을 하고 演劇을 할여고 하니 이것도 쉽사리 되지 않은다. 그러나 한번 始作했든 일이라 別수 없이 事情해 가지고 始作했다.

1957年 1月 27日 (陰 12月 27日) 日曜日 晴 (同窓會總會)

이미 發足한지 半個 星霜을 걸어 나온 三溪國民學校 全期 同窓會가 그간 數次의 會合과 討議가 있어 그대로 維持해 나왔든 겄이 그나마도 오늘날과 같은 現狀을 갖어 왔었다. 그래서 오늘은 組織 後 第二次 定期總會를 열게 되였다. 그러나 會議는 以外로 쓸쓸하였다.

1200餘名의 會員 中에서 不過 30餘名의 會員밖에 參席치 않었다. 勿論 個性을 따저 볼 적에 별스러운 사람이 다- 많이 있는데 이겄을 어덯게 一致團合 할 수는 없는 일이지. 그래 이렇게 적은 人員이 모혔다는데 對해서는 퍽이나 遺憾스러운 일이다. 제대로 한다면은 成員未達로 流會되여야 하나 그대로 進行했다. 끝난 後 나는 同窓會 役員으로부터 辭退하겠다고 하니 左右에서 當分間 더 繼續할 겄을 要求하고 있으나 나도 이제 役員이란 名稱을 떠나서 어데까지 平會員의 立場에서 같이 努力하고 싶다.

1957年 1月 28日 (陰 12月 28日) 月曜日 晴

어제밤에는 丁友會 關係로 여러 가지로 많은 말이 있어 어덯게 氣分이 나쁘든지 정말 무어라고 말할 수 없었다. 每日과 같이 이 丁友會 關係로 苦悶을 하고 나니 이제는 나도 興味조차 떨어지고 만다. 그러나 그렇다고 해서 이제 내가 손을 떼면은 일이 제대로 成就될 겄인지도 알 수 없고 別道理 없이 끝까지 꾸준이 努力해서 成功的으로 完成하고 싶다.

그래서 午後에 學校 講堂을 整理하고 舞臺를 準備햇다. 장소야 어데다 내여 놓드라도 빠지지 않을 만한 場所다. 다만 演劇이 充分히 演習

되지 않어 憂慮된 바이나 이것은 앞으로 더욱 努力하면 할 줄로 안다. 저녁에도 演劇 演習 次 나갈여고 하는데 學海 氏가 찾어와서 日前의 學淵이와 學根 間의 言爭에 對해서 말이 나와가지고 時間이 많이 흘럿다. 그래서 늦게 나가서 一時까지 繼續해서 演習하여 보았다.

1957年 1月 29日 (陰 12月 29日) 火曜日 曇 後 雨 (職員送別宴)

送舊迎新을 한다고 해야 한 일도 없이 잔득 바뻐서 理髮 좀 하는 데의 時間的 餘有조차 없게 생겼다. 모욕은 못하나마 理髮조차 않을 수가 없어서 午前에 간신히 틈을 타 가지고 겨우 하였다. 그리고 나서 中食을 먹으로 올여고 하는데 會計員이 暫間 기다르라고 해서 或 送年會나 하지 않나 하고 기달였드니 뜻밖에도 이게 무슨 일이냐. 鄭光朝 金寬植 崔熾範 等의 送別宴會가 않인가. 뜻밖에 일이다. 今般에 兵事 囑託을 解任하라고 하는 指示는 보았지만 農業技術員의 解任은 千萬 뜻밖의 일이다. 鄭光朝와 崔熾範은 나와 같이 오래동안 일해 왔든 사인데 午後에 酒幕에 가서 午食을 같이 하면서 쓸쓸한 送別會를 하였다. 정말 서운하기 限이 없는 일이지 上部의 指示이니 別數가 없는 일이 않이냐.

1957年 1月 30日 (陰 12月 30日) 水曜日 晴 候 曇

複雜하고 多事多難했든 丙申도 드디여 오늘로서 終幕을 나리고야 만다. 그래도 人間이란 보다 더 나은 生活을 하여 볼여고 無限히 努力하며 活動을 展開하는 것인데 今年 一年間은 나로서는 完全히 失敗다.

여기에다 一一이 例示할 것도 없이 말할 수 없는 空間이였다. 事事件件에 失敗요 하는 일마다 말성만 이르키고 말었다. 앞으로 또다시 今年과 같은 해는 나에게 다시 돌아오지 않어야 할 것이다. 다만 바랄 것은 旣往 今年에는 이와 같이 되였지마는 明年부터는 좀 더 前進 낳어지기를 바랄 뿐이다. 아무리 上部의 指示는 陽曆 單一過歲를 積極 主張하고 있지만 그래도 우리 韓國民의 慣習으로 陰曆이라야만 過歲를 하는 것 같다. 洞內 집집마다 떡을 하며 飮食들을 만드느라고 바뿌게 일들을 하고 있다. 그런데 나만이 演劇 準備 關係로 終日 學校에 가서 消日했다.

1957年 1月 31日 (陰 1月 1日) 木曜日 晴

希望에 넘친 丁酉年의 새해는 드디여 밝어왔다. 이제 모든 萬物이 다같이 한 나히를 더하게 된다. 人生의 가장 슯음이란 늙은 것을 말할 겄이다. 그러나 나는 丁酉의 새해를 맞이하는 데는 기쁘게 對하였다. 웨? 丙申年이란 나에게 있어 가장 不幸했든 해이다. 그러나 今年에는 좀 더 希望을 갖이고 낳은 일을 해보고 싶기 때문이다. 그래서 아침에는 平時보다 일직 일어나서 行動을 하였다. “차사”를 잡순 後에 마을의 老人에게 新年 歲拜를 드리고 中食을 한 後 바로 新基里로 갔었다. 四方에서는 어린아히들이 고흔 옷을 입고 즐거웁게 놀고 있다. 천진난만한 어린아히들이 限없이 그리웁다. 新基里에 가서 大小家 宅 몇 집에 다니면서 歲拜를 들이고 즐거운 설날도 멋없이 보내고 말었다.

1957年 2月 1日 (陰 1月 2日) 金曜日 晴

午前에는 基洞 從兄과 같이 省墓를 다니였다. 原則으로 다닐여면 一日間에도 다 못 다니는데 時間 關係로 다 못 다니고 西川 宗山에 省墓만을 다녀왔다. 그리고 와서 亨宰 氏 宅에 가서 놀다가 康俊 氏 宅에를 다녀서 큰집에 와서 中食을 하였다. 다른 때 같으면 오늘 오지 않고 하루쯤 더 놀다가 올 일이지만 오늘밤에 演劇의 總演習이 있어서 不得已 歸家하고 말었다. 從妹와 같이 왔다. 故鄕이 그리웁고 故鄕을 사랑하든 나의 마음은 이제 차츰 變하여지는 것 같다. 웨 故鄕을 그다지도 그리워하든 내 마음이 突變하였단 말인가? 너무도 親族끼리 團合이 안된다는 것이다. 참아 남 부끄러워서 말도 못할 노릇이다.

저녁에는 演劇의 總演習을 하였다. 그다지 좋은 成績은 내지 못했으나 그래도 어느 程度 할 겄 같다.

1957年 2月 2日 (陰 1月 3日) 土曜日 晴 後 雨 (農民慰安會)

舊正을 맞이해가지고 오늘 처음으로 出勤하였다. 職員은 不過 10餘名밖에 뫃이지 않었으나 職員一同이 面長任한테 新年 歲拜를 하러갔다. 그래 갖이고 너무 過한 廢[弊]를 끼쳤다. 午前에 演劇 演習을 할여고 하다가 面長 宅에 가느라고 하지 못하고 말었다. 그래서 午後에는 다시 一切의 準備와 演習의 不足된 點을 是正하였다. 우리 三溪 青年들이 數年間을 두고 마음 먹어왔든 演劇이 오늘 밤에 비로소 이루어지고 말었다. 不幸이도 日氣가 좋지 못하여 遺感[憾]스러운 일이였으나 約 7百餘名으로 推算되는 人員이 參席하였으며 秩序整然한 雰圍氣 속에서 過히 遜色 없을 程度로 無事히 끝마치였다. 나도 배우 中의 한 사람으로 있었으며 全的인 指導를 하여 왔었지만 이 程度로만 한다면 그다지 수치스럽다고는 볼 수 없을 겄이다.

1957年 2月 3日 (陰 1月 4日) 日曜日 晴

어제밤에는 우리들의 뜻햇든 演劇을 無事히 끝마치였으나 演劇 途中에 비가 와서 끝난 後 他 部落民의 歸家하는데 적지 않은 支障이 있었다. 그랬으나 午前에 多幸히 비가 끝혀서 어제밤의 뒤처리를 하기 爲하여 會員을 召集하여 講堂을 整理하였다. 먼저 배우들의 記念촬영을 하고 整理를 하였는데 끝난 後에 再調査를 하였으나 유리 한 장 破損되지 않고 끝을 잘 맺었다. 掃除까지 다 해주었다. 그리고 난 後 山所[水]洞에 가서 會員一同의 紀念寫眞을 촬영한 後 部落에서 今般의 勞苦에 對해서 慰勞를 하여 준다고 술을 15升을 주어서 學眞 君의 舍廊에서 한 잔식 마시였다. 그리고 夜間에는 우리 青年會에 만드러 놓은 農樂을 처음으로 한 번 처 보았다. 壽植 氏 집에서 술을 내여 놓으면서 오라고 하기서 演習 兼해서 하루밤 놀아 보았다.

1957年 2月 4日 (陰 1月 5日) 月曜日 晴 (立春)

이제까지 演劇 問題로 始作치 못하였든 뜰밟이 農樂을 오늘부터 始作하기로 하였다. 그러나 나는 오늘부터는 正常的인 出勤을 하지 않을 수가 없어서 午前에부터 일직 나갔다. 그래서 面長任이 月曜敎養으로서 行政法을 講義하였다. 그러고 난 後 磊川里 喪家에 問喪을 가기로 해서 面長과 主任 等 合해서 8名이나 갔엇다. 磊川은 特히 喪家가 많어서 相當히 時間이 오래 걸이였다. 먼저 炳奎 貞茂 永載 燦茂 星萬 氏 家을 다니고 나니 夕陽이 되여 버렸다. 돌아와서 支署에를 가보니 本署 兵事班長 吳 警査와 李光茂가 와서 있다. 그러나 部落에서 이미 뜰밟이가 始作되여 農樂을 치고 있기에 暫間 用務가 있다고 하고 들어와서 農樂 치는 데 가서 같이 저녁 늦도록 치고 놀았다.

1957年 2月 5日 (陰 1月 6日) 火曜日 曇

數日間을 쉬였다가 事務箱을 열어놓고 보니 손에 펜이 제대로 잡히지도 않고 일이 제대로 進行되지도 않은다. 몸은 비록 册床머리에 앉아 펜대를 들고 있겄만 마음만은 딴 곳에 가서 있다. 한쪽에서는 農樂을 치느라고 징소리와 꽹과리 소리가 요란스럽게 들리여 오고 있다. 그러나 나로서는 나의 職責이 있는 以上 어찌할 수도 없고 그대로 執務하고 中食 後 出勤하면서 學仁이 집에서 칠 때에 暫間 놀다가 갔다. 저녁에는 그 사람들과 같이 나도 한 목 하였다.

1957年 2月 9日 (陰 1月 10日) 土曜日 晴 後 曇

農樂 始作한지 5日만에 어제밤에 끝났다. 그래서 어제밤에는 里長 宅에서 終幕을 나리고 끝까지 잘 놀았다. 農樂이 끝났으니 오늘부터는 마음 놓고 忠實히 執務해야 할 일인데 妻家에를 아직 다녀오지 않어서 午前에 副面長에게 早退 事由를 말하고 在修와 같이 갔었다. 먼저 妻家에 가서 中食을 먹고 난 後 姊兄 宅에를 가보았다. 누님이 돌아가신 後로는 어쩐지 가보고 싶은 마음이 적어지고 또한 姊兄도 않 게시고 해

서 自然 距離가 멀어지는 같었으나 今般에는 姊兄도 게시고 해서 午後에 거기서 놀다가 夕飯을 거기서 먹었다. 그것뿐이 않이라 姊兄으로부터 팔목 時計를 하나 받었다. 나는 無限히 기쁘게 생각하였으며 그의 誠意에 感謝하여 그대로 받어 주었다.

1957年 2月 10日 (陰 1月 11日) 日曜日 晴 後 雪

立春이 지난 날씨는 차츰 解凍될 줄 알었는데 갑작히 어제부터 추워지기 始作하드니 오늘도 말할 수 없는 추운 날씨다. 午前에 몇몇 어른들을 찾어뵈옵고 나 혼자 누님의 墓에 省墓를 갔었다. 나는 말할 수 없는 슳음에 잠기고 말었다. 누님의 슬하에 一點의 血肉이 있었든들 이와 같이 슳으지는 않었을 겄이다. 여기에 人生의 虛無함을 다시 한번 느끼게 하였다. 墓前을 둘어보아야 누구 하나 다녀간 흔적도 없으며 고요하고 閑散한 氣分만이 감돌고 있다. 나는 힘없이 다리를 움지기고 그 자리를 떠나고야 말었다. 閑暇한 몸이라면 오늘 하루쯤 쉬였다 올 겄이지만 그러할 수도 없고 해서 午後에 바로 歸家하는데 무던히 추운 날씨였다. 그 무서운 찬바람을 쏘이고 나니 頭痛이 일어나며 몸이 좋지 않은 것 같다.

1957年 2月 11日 (陰 1月 12日) 月曜日 晴 後 雲

오늘의 月曜敎養의 責任이 兵事實務로서 내가 해야 할 次例인데 뜻밖에 日割을 變更하여 面長任으로부터 測量에 對해서 講義를 하였다. 웨 測量에 對한 講義를 뜻밖에 했나 하면 今般 里 間 道路新設 計劃에 있어서 必要하기 때문에 했든 것이다. 그러다 講義 途中에 道義員 韓相駿 氏가 와서 中斷하고 있다가 12時에 다시 繼續하였다. 그래가지고 多少 測量에 對한 智識을 體得해가지고 出張 計劃을 세웠다. 나는 德溪 梧枝線을 擔當하여 李海炯과 같이 來日 出張하기로 하였다. 저녁에 山東宅에서 暫間 왔다 가라고 해서 가보았드니 설에 했든 술과 菓[果]實 等을 이제까지 두었다가 오늘밤 洞內 靑年들을 몽여놓고 내놓고 있다. 그래서 오래도록 유쾌히 놀고 늦게 돌아왔다.

1957年 2月 12日 (陰 1月 13日) 火曜日 晴

三寒四溫이라고 하든 우리나라의 氣候도 때에 따라서는 變更이 되는지 連日 춥든 날씨는 變함 없이 그대로 춥다. 오늘은 里 間 道路開設 問題로 德溪里에 出張을 가는 相當히 추웠다. 가서 보니 部落會議까지 召集해 놓았다. 그래서 部落民의 意思를 들어보건대 大多數의 人員이 贊成을 해서 結局 推進委員會까지 組織을 하고 後에 面의 指示대로 하기로 하고 돌아왔다. 오늘 梧枝 二區도 合同해서 會合하기로 하였는데 梧枝里에서는 오지도 않고 말어서 德溪里 件만 決定짓고 돌아왔든 것이다. 午後에는 面에 나가기도 싫고 해서 學海 氏 舍廊에 가서 낫잠만 잣다. 저녁에 今般 農樂을 치고서 收入한 白米에 對한 處分 問題로 靑年會 幹部會議를 開催하였다. 農樂의 製作 推進부터 始作하여 始終如一하게 努力하여 白米를 徵收하여 놓으니 이제 部落에서 이겄을 가저 갈여고 마음을 먹고 있다.

1957年 2月 13日 (陰 1月 14日) 水曜日 晴

오늘 時局講演 次 署長과 保安主任이 나왔다. 그래가지고 當面問題에 對해서 여러 가지 指示가 있었는데 言語마다 全部 좋은 말만 했다. 듯 <는> 사람으로 하여금 그대로 實踐하고 履行하여 준다면 農村은 複[復]興될 겄이며 社會의 秩序가 維持되여 明朗한 農村이 될 겄이지만 그겄은 어데까지나 空念佛에 不過하다. 그대로 實踐을 해주느냐 하면 그겄이 않이라 그와 反對方向으로 行하고 있으니 이겄이 크나큰 問題이다. 農民의 한 사람 한 사람이 다 같이 農村의 發展向上을 爲하여 努力하여 줌으로서만이 우리나라 農村이 發展해 나가지 그렇지 않고 各自가 自己의 私利私慾을 爲해서 일을 한다면은 韓國의 農村 癈敗[疲弊] 一路에 부닥치고 말 겄이다.

1957年 2月 14日 (陰 1月 15日) 木曜日 晴

前般에 里 間 道路開設 問題로 德溪里에 出張하여 德溪里 問題만을 解決하고 梧枝里 問題를 그대로 두고 왔드니 다시 出張을 가라고 해서 오늘 海炯이와 같이 梧枝 二區 出張을 갔다. 그래가지고 部落民을 集合시켜놓고 開設 問題에 對해서 打合을 해본 結果 理論이 區區하였다. 그래서 쉽사리 決定을 못 짓고 約 二時間 以上을 論難하다가 最後에 가서 推進委員會만이라도 組織해 놓고 보자는 決論 나려 委員會만을 組織했다. 그러고서 里長 宅에서 中食을 하고 三時가 지난 後까지 화토를 치고 놀다가 돌아와서 보니 三溪里에서 農樂을 치고 柳村으로 넘어 갔기에 거기까지 가보았다. 그래서 간 김에 나도 같이 한바탕 치고 어두어진 後에 全員이 歸家하였다. 其 中에도 벌서 滿醉한 사람이 있었다. 誤[娛]樂의 뒤에는 언제나 그 꼴이 되고 만다.

1957年 2月 15日 (陰 1月 16日) 金曜日 晴

陰曆의 正月도 於焉間 半 個月이 흐르고 말었다. 正月의 대보름도 선듯 지나고 오늘이 望月日이다. 그러나 벌써 數年 前부터 달맞이를 지여본 적이 없는 우리 마을에서는 올해에도 如前히 그대로 無心하게 넘기고 말었다. 우리들이 어릴 때만 하여도 至誠스럽게 했것만 이제는 그것조차 할 수 없을 程度가 되였다. 今年度 徵兵檢查에 對備키 爲해서 오늘부터 準備事務로 들어갔다. 그래서 午前부터 壯丁名簿를 作成하기 始作하였다. 今年度의 徵兵檢查를 어느 때부터 實施할 것인지 아직 알 수 없으나 至[只]今부터 事前에 準備하는 것이 上策일 것 같다. 저녁에 宿直하면서 沐浴을 하였다.

1957年 2月 16日 (陰 1月 17日) 土曜日 晴

連日 추웠든 날씨가 어제는 좀 풀릴 것 같으니 오늘 또다시 추워진다. 紙上報導[道]에 依하면 今般의 추위가 15年來의 强추위라고 한다. 어쩐 氣候가 眞짜 小寒 大寒에는 춥지 않고 立春이 지나 雨水가 닥처오니가 추워지는지? 이대로 몇日間 더 繼續되면 麥作에 被害가 없을지. 오늘은 面 事務는 別로 하지도 않으면서 하루의 해를 넘기고 말었다. 듯는 말에 依하면 館村 管內에서 빼-쓰 事故가 있어 莫大한 人命의 被害가 있다고 한다. 이것이 虛僞 아니고 眞實일진대 慘酷하기 짝이 없는 일이다. 요새 連日 빼쓰의 事故가 發生하고 있다. 運轉手의 注意가 좀 더

必要하며 短距離 旅行은 步行으로 하는 겄이 安全第一이다. 너무나도 車를 좋아하다가 畢更[竟]에는 그와 같은 慘狀을 이루고 만다.

1957年 2月 17日 (陰 1月 18日) 日曜日 晴

오래만에 맞이한 日曜日인 것 같은데 오늘 終日토록 아무 한 일도 없이 虛送하고 말었다. 집에서 일이라도 해야 할 일인데 正月의 氣分이 아직도 가시지 않어서 일도 손에 잡히지 않고 그저 놀고 만다. 午前에 里長 舍廊에서 놀다가 理髮만 하고 午後에도 里長 舍廊에서 놀다가 暫間 面에 다녀서 바로 들어와 버렷다. 오래만에 맞이한 것 같것만 너무도 無意味하게 보내고 말었다.

1957年 2月 18日 (陰 1月 19日) 月曜日 雪

月曜敎養을 近來에 와서는 제법 빠지지 않고 履行하고 있다. 오늘은 庶務係에서 雜種金 取扱規程에 대해서 實務講義를 하였다. 나는 언제부터 이 實務講義보다는 法學講義를 希望하고 있다. 卽 憲法이나 行政法 等 우리가 앞으로 社會的인 面에서라도 利用할 수 있고 個人의 知識을 좀 더 培養할 수 있는 敎養을 바라고 있다. 約 一時間 程度로서 敎養은 끝낫다. 午前부터 눈이 나리기 始作하드니 하루 終日 繼續 나리고 있다. 午前에는 前日 始作햇든 90年度 徵兵檢査 關係 壯丁名簿를 作成하였다. 그리고 夕陽에는 面長과 副面長이 不在中임으로 職員들이 일직 退廳을 하여 學仁이가 濁酒를 받고 秦述 氏가 枚[賣]渡用으로 나온 明太를 내여 놓아서 "란로"불에 몽여 앉어 한 잔식 마시고 헤여젓다.

1957年 2月 19日 (陰 1月 20日) 火曜日 晴 雪 (雨水)

날은 오늘도 좋은 날씨로 繼續치를 못하고 간간히 눈이 나린다. 어제부터 나린 눈으로 因해서 온 들과 山은 하얗게 變하여 銀世界를 이루고 있다.

오늘도 하루 執務를 마치고 돌아오는데 望田里長이 술을 한 잔 받어주어서 마시고 돌아왔다. 이러한 데서 以外의 술이 있게 된 데 對해서는 나로서는 그다지 반가웁게 생각지 않고 있다. 그것이 그다지 좋은 意味에서 받어주는 것이라고 보지 않기 때문에 그러한 것을 되도록이면 싫어하고 避하고 싶다.

1957年 2月 20日 (陰 1月 21日) 水曜日 晴 曇

벌써 數年間을 두고 나 혼자만이 苦悶해 왔든 4286年度 兵務協會費 關係를 오늘 書類나마 完結을 지였다. 其間 數次 面長任에게 말도 해보았지만 結局 未決로 남어서 이제까지 그대로 밀처 두었다가 日前에 面長에게 다시 相議를 해가지고 承諾을 얻어서 書類만이라도 完全히 結末을 지여버렸다. 한편 시원하기도 하다. 夕陽에 집에 돌아와 보니 光州 常宰가 와서 있다. 去年 봄에 처음으로 왔다가고 今般이 두 번째이다. 常宰가 온 것은 반가웠으나 나는 常宰로부터 들어서는 않 될 말을 들었다. 卽 新基里 "무수동" 대부의 딸 濟男이가 죽었다고 한다. 나는 설레이는 가슴을 무어라 形言할 수도 없으며 悲慘하기 限이 없다. 結婚을 할여고 한참 準備 中에 있는 處女의 몸으로 22歲를 一期로 이 世上을 作別한다는 것은 너무도 슯은 일이다. 너무도 悲報이다.

1957年 2月 21日 (陰 1月 22日) 水曜日 晴 (里長會議)

어제 왔든 常宰가 오늘 午前에 일찍 出發하였다. 오늘 하루나 쉬여서 가라고 해도 私事用務가 바쁘다고 自己의 外從妹한테도 다녀가지 않고 그대로 떠나버렸다. 家族끼리도 너무 過히 遠距離를 두고 生活을 하고 있으니가 한 번식 相面하기도 相當히 어려운 일이다. 오늘 壯丁名簿를 作成하느라고 "펜"대를 돌리면서도 어덯게 해서라도 今年 봄에는 光州를 한 번 다녀왔으면 하는 生覺뿐이였다. 이것이 비단 오늘 새삼스럽게 생각난 바도 않이다. 모-든 일만 如一하게 된다면 나의 計劃 세웟든 바도 實踐에 옮겨 보아야 하겠는데 그대로 될 것인지?

1957年 2月 22日 (陰 1月 23日) 金曜日 晴

오늘 祖母任의 忌日이다. 나는 生祖父任의 顏面을 보았을 뿐 養祖父母任의 生面은 하지 못하였다. 그러나 나는 生面치 못한 祖父母이라 할지라도 오늘날에 와서는 나의 할 일을 다 해야 한다. 祭祀 參祀키 爲하여 伯父任이 오셨다. 80歲가 가차운 老人이신데 일부러 여기까지 와주셨다. 그래서 今般의 祭祀에는 伯父任과 같이 參祀를 들엿다. 앞으로 또 있기 어려운 일이다.

오늘 新聞을 보니가 農林部廳舍가 어제 새벽 4時 半 頃에 불이 나가지고 全燒되였다고 한다. 一國의 産業行政의 最高 官廳이 約 一時間 동안에 灰로 變하여 버렸으니 이 重大한 責任을 過然 그 누가 질 것인지. 그 많은 農林의 基礎書類는 어덯게 整備할 것인지. 우리는 무엇보다도 불에 對해서 加一層 注意를 해야 할 겄이다.

1957年 2月 23日 (陰 1月 24日) 土曜日 晴

오늘도 午前 中에는 徵兵檢査 關係書類를 作成하였다. 아직도 書類 提出 時日까지는 一個月 以上의 期日 있지만 今年에는 나 혼자 해야 할 形便이 되여서 일직부터 始作해서 해야만이 期日 內에 完了할 것 같다. 그러나 午後에는 土曜日이라고 해서 그러한지 職員들도 일직히 退廳하고 廳 內가 비어서 나도 일직 들어와 버렷다. 그리고 집에 와서 長斫을 패 보았다. 저녁에는 前般 農樂을 칠 대에 手苦를 해준 몇 사람에게 그의 勞苦를 慰勞하는 意味에서 고무신 一足式을 주기로 해서 노나 주었다. 이것도 部落에서는 여러 가지 말이 많이 있으나 우리 靑年會層에서 그대로 해준 것이다.

1957年 2月 24日 (陰 1月 25日) 日曜日 晴

午前에 伯父任이 떠나셔서 餞送하고 나서 面에 나가 보았드니 地政係長만 出勤했고 其 外 職員은 아무도 나오지 않었다. 그래서 宿直室에 들어 舊 新聞만 뒤적거리고 말엇다. 去年 겨을에 購入했든 燃料도 이제 다 되여 가는데 오늘 나무라도 할 일인데 空然히 虛送하고 말었다. 午後에도 宿直室에 가서 낫잠만 자고 貴重한 하루를 쓸데없이 보내고 말었다. 저녁에 韓秉道가 찾어와서 오래도록 놀다가 돌아갓다. 結局 그 사람이 찾어온 것도 벌서 빤한 노릇이다. 그러나 나로서는 별수 없는 일이며 그다지 좋은 方法이 나오지 않은다. 나의 一身 問題도 完全히 解決을 못 짛고 있는데 남들까지 와서 이러하니 정말 困難한 일이다.

1957年 2月 25日 (陰 1月 26日) 月曜日 晴

오늘도 온종일 徵兵檢査 準備에 바뻣다. 먼저 月曜敎養을 하는데 제대로 하자면 財務係에서 오늘 擔當인데 出張 不在中이 되여 내가 兵役法에 對해서 講義하엿다. 나도 兵役行政을 擔當해온 지가 於焉間 4年 以上이 되엿으나 여기에 對해서 깊이 硏究해 본 바가 없어서 제대로 講義를 못하엿다. 前番에 多少 册子를 보고 參考해 놓은 것이 있어서 그것을 갖이고 오늘 負荷된 時間을 보냇다. 이러한 때를 생각해서라도 平素에 깊은 硏究와 많은 關心을 갖이고 努力해야 할 일인데 이것을 그대로 하지 못하고 언제나 뒤떨어진 人間노릇을 하고 있다.

1957年 2月 26日 (陰 1月 27日) 火曜日 晴

언제나 봄이 되면은 사람의 마음이 變하는 것인지? 卽 어덴지 모르게 걷잡을 수 없는 그러한 心境의 變化가 생기는 모양이다. 다른 季節과 달라 이때가 되면 많은 不祥事가 突發한다. 요새에도 紙上報導를 보면 좋은 記事라고는 別로 發見할 수 없고 끔직한 殺人事件 自殺事件 交通事故 等等 듯기에도 兇[凶]한 報導만이 發表되고 있다. 이것이 他山之石으로만 여겨 왓드니 어제밤에는 以外에도 鴻谷里 許昌學 氏가 絞首自殺을 하엿다고 한다. 其 動機는 알 수 없는 바이나 如何間 웨 끔찍하게도 絞首自殺을 햇단 말인가. 世上을 悲觀한 사람의 數字가 늘어가는 徵兆인지? 알 수 없다.

午前에 常宰가 왓다가 午後에 바로 出發햇다. 戶籍抄本 關係로 屯南까지 가는 中이라고 한다.

1957年 2月 27日 (陰 1月 28日) 水曜日 晴 (民議院 歸鄕演說)

今般 國會의 休會期를 利用하여 本郡 出身 朴世經 議員의 歸鄕講演會가 오늘 國民學校 講堂에서 開催되였다. 勿論 누구를 莫論하고 郡民의 代表者이며 또한 一國의 國會 法制司法分科委員長이 와서 講演會를 開催한다 하니가 關心이 컷을 것이다. 그래서 面民도 相當히 많이 모엿으며 나도 好機[奇]心에 나가 보았다. 그랫드니 먼저 國內에 發生한 諸 問題와 國會로서의 活動狀況 報告가 있었고 國際情勢에 對해서 簡單히 講演을 햇다. 그다음에 自己가 이제까지 郡民에게 햇다는 結果를 말하였다. 卽 自己가 郡民을 위해서 얼마나 일을 햇다는 것을 말하고 있는데 여기에 對해서는 듯는 사람으로 하여금 그다지 좋은 印象을 주지 못햇다. 그러나 오늘의 會合은 意義 깊이 끝마쳣다.

1957年 2月 28日 (陰 1月 29日) 木曜日 晴

1957年 3月 1日 (陰 1月 30日) 金曜日 晴 (3·1節)

民族의 自由와 祖國의 獨立을 爲하여 世界에 大韓의 이름을 넓히 宣傳하고 이 땅에 와서 國民의 피를 빨어먹는 倭놈들을 相對하여 맨주먹으로 鬪爭하였든 己未年 獨立運動을 展開하든 그 時節이 어느듯 36週年을 마지하게 되였다. 이 巨事야말로 얼마나 偉大한 行事엿드란 말이냐. 그때에는 그와 같이 三千萬 民族이 다- 같이 祖國 大韓을 爲하여 決死的인 一大 示威를 하였는데 오늘날 우리나라의 實情을 볼 것 같으면 그 當時의 愛國志士에게 너무나도 뒤떨어지고 있다. 兩斷된 國土에서나마 統一을 爲해서 힘을 合해야 할 터인데 政權에 눈이 어둡고 私利私慾에 허덕이는 者 그 얼마나 되는지 實로 寒心之事다.

1957年 3月 2日 (陰 2月 1日) 土曜日 晴

요새의 日氣는 數日 前에 比較해보면 相當히 解凍된 셈이다. 찬바람이 불어도 그와 같이 酷寒은 아니다. 面 豫算이 말할 수 없을 만큼 困難해서 요새에는 燃料難 하나를 解決치 못하고 오늘은 불도 피우지 않고 執務를 하였다. 午前에는 連日 繼續해서 해왔든 徵兵檢査 準備를 하였다. 쉴 사이 없이 勤務하였다. 土曜日이고 해서 午後에는 面에 나가보지 않을여고 하였는데 郡 職員이 出張 와서 찾는다고 하여서 나가보니 指導係 李錫聳이가 出張 나왔다. 用務는 社會 關係인데 社會係長이 退廳하고 없어서 나에게 付託하고 그대로 歸廳하였다. 來日 椠樹까지 到着하여 주기로 하고 헤였다.

1957年 3月 3日 (陰 2月 2日) 日曜日 晴 後 曇

어제 郡 指導係 職員이 와서 付託한 用件이 있어서 그것을 社會係長에게 이야기할여고 午前 中에 暫間 面에 出勤하였다. 그래가지고 社會係長에게 用務만을 傳達해주고 바로 들어와서 보리밭을 밟었다. 午前에 논보리를 밟고 午後에는 밭보리를 밟었다. 보리밭을 밟은다는 것은 우리가 常識的으로 生覺하드라도 알 수 있는 일이다. 卽 겨울 동안에 얼어서 솟아있는 땅을 밟어 보리뿌리가 充實하게 뿌리를 박을 수 있도록 하자는 것이다. 그러나 一部 農民層에서는 하는 말이 倭政時代에 했든 일을 그대로 模方[倣]햇다고 하고 있다. 그래가지고 理由를 삼고 官廳에 식히는 일이라면 無條件 農民을 괴롭히는 일로만 알고 있다. 이것이 오늘날 農民이 指導層에 있는 行政廳을 對하는 態度이다.

1957年 3月 4日 (陰 2月 3日) 月曜日 曇 雨

每週 實施하는 月曜敎養을 實務를 하는 것보다 一般法에 對해서 해보자고 數次 建議하드니 오늘의 敎養에는 敎養誌를 根據로 삼어 法學入門을 하였다. 누가 特別하게 아는 사람도 없고 冊子에 依해서 副面長이 講義하였다. 이것이 훨신 效果的인 것 같다. 오늘도 하루 終日 徵兵檢查 準備를 하였다. 오늘부터 學校 兒童들을 總動員에서 面內 一齊히 보리밭을 밟게 되여 거기 出張 나가라고 하는 것을 가지 않고 그대로 일하고 말었다. 아직도 日字가 相當히 남었지만 數日 後에 光州를 다녀와야 하게 되여서 特別히 바쁘게 推進하고 있다. 그저게부터 郡 傷痍勇士會에서 軍警援護會費 徵收 次 出張을 나와가지고 部落에 巡廻하고 있다. 其 中에 職員들이 多少 利用한 겄이 있는데 速히 返納은 못하고 彼此 困難한 지경에 놓여 있다.

1957年 3月 5日 (陰 2月 4日) 火曜日 晴

오래만에 槊樹市場 求景을 나가 보았다. 實은 市場 求景을 할여고 간 것이 않이라 斗月 德溪里에 보리밭 밟으라고 指導 次 出張 나갔다가 用務도 있고 해서 나가 보았든 것이다. 지난번에 新基里 伯父任이 나려오서서 餘暇가 있으면 光州 한번 다녀오라고 하셔서 應諾했었는데 日

字를 來 10日로 定하자고 連絡 次 나가 보았다. 多幸이 龍宰를 맛나서 뜻을 傳하고 上內衣 한 벌만 사가지고 歸家하였다. 걸어서 오는데 몹시 거센 바람이 불었다. 봄바람이 되여서 그렇지 萬若 겨을바람이 이와 같이 세게 불면 相當히 추운 날이다. 市場에를 갈 때에나 돌아올 때에 모두들 步行으로 다닌 것을 보니 大端히 기쁘다. 얼마나 文化人처럼 市場에를 가면서도 車 아니면 못 갈 줄 알드니 軍用車 없기에 이러하니 多幸한 일이다.

1957年 3月 6日 (陰 2月 5日) 水曜日 晴 (驚蟄)

때는 바야흐로 봄이다. 벌써 오늘이 驚蟄이다. 오늘이면 昨年 겨을에 땅을 파고 깊이 잠이 들었든 모-든 버레들이 잠을 깨이고 다시 일어나 따뜻한 봄을 마지하는 날이다. 이와 같이 버레들도 다시 삶을 回復하고저 잠을 깨는데 農村의 農民 實情은 이제부터 잠을 자야할 形便에 놓여있다.

春窮期에 있어 絶糧農家가 續出하는 것은 每年 常例로 되여있으나 特히 去年의 五災로 因하여 實 收穫에 있어 例年에 보지 못한 兇年으로 말미아마 到處에서 農民의 아우성소리가 들여오고 있다. 當局에서는 食糧을 放出하여 이의 對備策을 講究하고 있으나 말뿐이지 아직 農村에서는 그의 惠澤을 입지 못하고 있다. 이대로 간다면 農村의 食糧問題가 憂慮되는 바 크다. 오늘밤 後任 里長 選擧 關係로 部落會議가 있었다.

1957年 3月 7日 (陰 2月 6日) 木曜日 曇 後 雪

里 間 道路測量을 하기 爲하여 磊川 方面으로 出張을 나갔다. 途中에 沈興栽를 맞나가지고 同行해서 갔었다. 그래가지고 그 사람 집에 가서 술을 한 잔식 마시고 里長이 와서 道具를 準備해가지고 가서 재여 보았다. 沈興栽의 助力을 받어가지고 해보았는데 測量이라고 하기에는 너무 어서리*가 없다. 約測으로서 하여 보았는데 實이 내가 언제 이러한 데 經驗이나 있었으면 모르되 그러치도 않으면서 엉터리로 재여 보았다. 里民들의 非難의 소리가 들여온다. 卽 春窮期 무슨 道路開設을 한단 말이냐 하고 非[批]評을 한다. 午前에 磊川을 끝마치고 三隱을 가서 보니 里長이 없어서 斗月里로 가서 보니 亦是 거기도 里長이 없다. 그래서 그대로 오늘의 일을 끝마치고 歸家하였다.

1957年 3月 8日 (陰 2月 7日) 金曜日 曇 雪 (里長選擧)

어제밤부터 나리기 始作한 눈이 午前 中까지 繼續해서 나리고 있다. 相當히 많은 눈이 나렸다. 그러나 過然 봄눈이란 다르다. 이것이 봄눈이 되여서 그러했지 萬若 겨을 눈이라면 相當히 쌓였을 것이다. 午後에 보니 먼 산을 除外하고는 깨끗이 녹아 버리고 어느 때에 눈이 나렸드냐 하는 듯하다. 눈이 온 바람에 우리 마을 里長選擧 하는 데는 오히려 有利하였다. 卽 棄權者가 없이 投票했다는 겄이다. 里長職 하나를 잡어보겠다고 한마을 안에 居住하면서 別 추태를 다- 부리고 選擧運動 等을 하고 있다. 너무 추첩한 行動이였다. 金錢萬能의 世態라고 하

* 어림없다, 어처구니없다는 뜻의 전라도 방언.

지만 一部落 內에서 立候補者가 술을 내는 사람이 있으니 可觀이였다. 開票 結果를 보니 金容植 52票 金學明 38票 金性學 22票로서 結局 金容植 氏의 當選이였다. 今般 選擧는 잘되였다.

1957年 3月 9日 (陰 2月 8日) 土曜日 曇 雨 (里長會議)

今年度 春季道路整備 關係로서 오늘 里長會議를 開催하였다. 언제나 보는 現實이지만 會議 出席率이 좋지 못하다. 特히 今年에는 梁 郡守의 方針이 現實的이고 計劃的인 道路 整備를 하여 보겠다 하는 模樣이다. 그러나 나 自身이 생각하여 보아도 例年에도 보면은 始作은 그럴듯하게 하는데 끝이 보잘 겄 없이 되고 만다. 今年에는 좀 더 잘 될난지?

나도 今年度 徵兵檢査 關係에 對해서 指示를 하고 徵兵檢査 通知書를 發付하였다. 會議는 언제나 다름없이 늦게 끝났다. 其 後 職員會議를 하였다. 要件은 道路 整備 關係로 今日부터 出張 計劃이다. 그러나 나는 來日 光州를 가기로 約束해논 바가 있어 面長任한테 特別히 年暇를 얻어서 戶籍係長이 代로 해주기로 하였다.

1957年 3月 10日 (陰 2月 9日) 日曜日 晴 (光州 行)

오늘은 내가 언제나 한번 가보고 싶어 했든 光州 旅行을 떠났다. 그렇다고 해서 할 일도 없이 놀로 갔든 것도 안이다. 新基里 從妹가 오늘 媤家에를 가는데 혼자 보낼 수가 없어서 다려다 주느라고 갔든 것이다. 뻐-쓰를 타고 獒樹까지 가서 보니 伯父任과 從妹가 벌써 나와서 기다리고 있다. 그래서 理髮을 하고 11時 大韓뻐-쓰로 南原까지 가서 거기서 午食을 먹고 光州 뻐-쓰로 午後 1時에 南原을 出發하였다. 이 길로 光州를 가보는 것은 이번이 처음이다. 淳昌을 지나 潭陽을 到着하여 보니 氣候가 北道와 完然히 다르다. 麥類의 作況이 南道가 훨신 좋다는 것이 눈에 뜨인다. 光州에 到着하여 보니 午後 4時가 되였다. 거기서 바로 羅州 行 뻐-쓰를 타고 孝泉서 나려 가지고 大村面 이장리까지 步行으로 가서 보니 이미 해가 西山을 넘어갈 무렵이다.

1957年 3月 11日 (陰 2月 10日) 月曜日 曇 後 晴

처음으로 가보았으니가 오늘 하루쯤은 上錫이 집에서 놀다가 와야 할 일인데 巡回[廻] 豫定이 있어서 별수 없이 出發하기로 하였다. 그래서 午前에 올여고 하니가 사장님이나 上錫이 兄이 만류하여서 그대로 있다 午食을 먹은 後 出發하였다. 마을 앞 道路邊에까지 나가서 車를 기다리는데 여간 추운 날이 아니엿다. 춥다는 것보다 공장이 거센 바람이 불었다. 차도 一時間에 五, 六次 往來하고 있으나 오늘이 南平市日이 되여서 乘客이 以外로 많어 타지를 못하고 南平 行을 타고 나려갔었다. 그러나 寒心스럽게도 南平도 역시 많은 人員이 車를 기다리고 있다. 그러한 中 多幸히도 錦城 뻐-쓰가 試運轉 次 車를 갖이고 와서 千萬多幸으로 光州까지 왔었다. 그래 갖이고 瑞石洞 從누님집을 찾어서 오늘은 거기서 잣다.

1957年 3月 12日 (陰 2月 11日) 火曜日 晴

오늘은 四街里 사촌누님 집을 가기로 하였다. 그래서 朝飯을 먹은 後 優先 瑞石洞 姊兄과 같이 常宰 집을 찾어갔다. 먼저 回生藥局에 가서 從兄을 뵈옵고 다음에 常宰 집으로 갔다. 거기서 놀다가 午食을 먹은 後 午後에 四街里를 갈여고 나와 보니 三南빠-쓰가 一時 30分에 있어서 그것으로서 가게 되였다. 이 道路도 처음이다. 南道의 道路는 어데를 가든지 좋다. 車도 마음 놓고 달릴 수 있다. 約 2時間 程度를 달리고 보니 四街里에 當到하였다. 거기서 約 20分 가량 步行으로 걸어가니 누님 댁의 마을이다. 찾어가서 보니 過然 듯든 말과 같이 村에서는 甲富이다. 家屋만 보아도 可히 알 수가 있다. 姊兄과 누님은 2, 3次 보았으나 甥姪들은 이번에 처음으로 보았다. 저녁에는 新基里 伯父任 問題에 對하여 論議가 되였다. 親家에는 아주 形便도 없지만 그래도 媤家에는 이와 같이 富者다.

1957年 3月 13日 (陰 2月 12日) 水曜日 晴

요새에는 하루 쉬일 날이 없이 도라 다닌다. 午前에 姊兄 집을 離別하고 빠-쓰를 타로 四街里에 나와 보니 이미 車는 出發하여 버렸다. 그래서 할 수 없이 기다리고 있는데 臨時列車가 있어서 글로 長城까지 와가지고 거기서 빠-쓰를 타고 光州까지 왔다. 常宰한테로 들여서 거기서 午食을 먹은 後 常宰와 같이 賢男 누님 집과 咸平 兄 宅을 찾어보고 오면서 賢男이 누님과 같이 松都寫眞館에 가서 記念撮影을 하였다. 그리고 夕陽에 康喆이 집에를 가보았다. 내가 이번 光州에 와서 다니든 中 第一 기쁜 것이 康喆이 집에 가서였다. 어린 것들이 어덯게 벌어서 苦

學을 하고 生活하고 去年 겨을에 집까지 사서 살고 있으니 무어라 말할 수 없이 반가웟다. 時間 關係 上 康瑞는 보지도 못하고 瑞石洞 姊兄 宅에 와서 常宰와 같이 잣다.

1957年 3月 14日 (陰 2月 13日) 木曜日 晴

於焉間 집을 나온 지 5日째 된다. 오늘 아침 첫車로 올여고 일어나서 보니 날씨가 추워서 到底히 할 수가 없다. 그래서 姊兄 宅에서 朝飯을 먹고 뻐-쓰 停留所로 갔었다. 南原까지의 車票를 常宰가 사 주었다. 9時 뻐-쓰로 돌아왔다. 11年만에 갔든 光州 이겄만 單 하루를 마음대로 쉬여보지도 못하고 連日 車만 타고 돌아다니다가 오늘 그대로 歸家하고 말었다. 南原에서 獒樹까지는 汽車로 왔었다. 南原에서 申興雨를 맞나 가지고 車內에서 심심한 줄을 모르고 獒樹까지 왔다. 獒樹서부터 걸어오는데 亦是 날씨는 추운 날이다. 今般의 旅行은 連日 車만 타고 다니엿지 하루도 滋味있게 놀아보지 못하였다. 特히 今般 光州에 가서 느낀 것은 11年 前 季父任이 經營하였든 店房앞을 지났을 때에는 實로 感慨가 無量하며 옛 追憶이 새로워 젓었다.

1957年 3月 15日 (陰 2月 14日) 金曜日 晴

其間 5日間의 旅行을 마치고 오래만에 登廳을 하였다. 그래서 일도 손에 잡히지 않고 午前 中에 별로 한 일도 없이 넘어가 버렸다. 來日부터 다시 道路 整備 督勵 次 出張을 가게 되여 職員會議가 있었다. 午後에 斗月里까지 가서보니 里長이 獒樹에 가고 없다고 해서 班長에게 付託

만 하고 歸家하여 日前에 準備하여 놓았든 빨래줄을 드리였다. 할 줄 모르는 겄이라 이것도 제대로 드리지 못하였다. 炳八이가 宿直을 付託하여 面에 나가서 新聞을 보았다. 요새 報導된 記事를 볼 것 같으면 너무나도 寒心스러운 일이 많다. 金宗克 前 治安局長이 副統領 저격 事件 證人審問에서 法을 모욕하였다고 지난 13日에 法院 尹 部長判事로부터 正式으로 告發 措置하였다고 한다.

1957年 3月 16日 (陰 2月 15日) 土曜日 曇 (三溪國民學校 33回 卒業式)

이제까지 私事旅行으로 因하여 하루도 나가보지 못하였든 道路 整備 督勵 次 斗月里에 出張을 나가 보았다. 가서 보니 벌써 山과 들로 헤여저 버리고 한 사람도 나가지를 않은다. 그래서 午前에는 里長과 같이 놀아버리고 午後에 나가도록 戶戶訪問을 하다 싶이 해가지고 말을 하여 놓았으나 結局 道路邊에 나가서 보니 不過 10餘名박에 出役되지 않았다. 해마다 實施하는 이 道路 整備 때면 언제나 이와 같이 出役을 식히느라고 애를 쓴다. 勿論 直接事業에 從事하고 있는 農民들의 隘路와 苦充[衷]도 모르는 바 아니지만 그래도 努力이 있는 家庭이에는 誠意껏만 한다면 2日間이면 足할 것이다. 그러한 것을 남의 집 일 보듯이 道路邊에 나와서 놀기가 일수요 中途에 집으로 가버리는 것이 普通이니 이래가지고서야 어찌 完全한 道路를 만들 수 있을 것인가.

1957年 3月 17日 (陰 2月 16日) 日曜日 晴

前日의 뒤를 이어 일직 出張을 나가 볼여고 하였든 것이 面에 나가서

暫間 앉어 있는 사이에 職員들이 와서 이야기하고 놀다가 늦어젔다. 그러하든 찰라 鴻谷里 金洪基 先生이 와서 洋服地가 있으니 一着式 막처 입으라고 한다. 그러치 않애도 요새에 마음이 들떠 있는데 이러한 것을 보니 經濟難으로 하든 못하고 더욱 괴로웁기만 하다. 날마다 出勤해서 俸給이라고 나와 봤자 衣服 한 벌 마음 놓고 해 입을 수 없으니 末端 公務員의 身世는 언제나 一般이다. 午後에 德溪里로 出張을 나가 보았다. 午前에 里民들이 나가서 일을 하고 온 사람도 있지만 里長과 같이 現場에 나가보니 아직도 끝낼나면 相當히 많이 남었다.

1957年 3月 18日 (陰 2月 17日) 月曜日 晴 曇 (外祖父 忌日)

날마다 早朝에 出張 나가기도 氣分에 그다지 合當치 않다. 그러나 不可不 나의 責任은 내가 履行해야지 別수 없어서 오늘도 朝飯 後 바로 斗月里로 가보았다. 그러나 가면서 보니 벌서 나무지게를 지고 山으로 나가고 있다. 나도 相當히 빨리 간다고 가서 보니 나보다도 더욱 빨은 사람들이다. 里長 집에 가서 里長과 같이 部落 內에서 純全히 始作도 않은 집부터 찾어다니면서 出役토록 하였다. 그리고 午後에 다시 다니면서 나가도록 督勵하였으나 道路에 나가서 보니 不過 3, 4名박에 出役하지 않았다. 웬일인지 賦役이라면 아니하기로만 할 作定이니 이러케 하고서야 어찌 行政을 執行해 나갈 수가 있으야지. 거기 있어 보았자 별것도 없고 바로 오는데 本署 兵事班長과 李光茂가 車를 타고 와서 같이 面에까지 갔는데 要는 面長한테 돈 좀 달라고 온 모양이다.

1957年 3月 19日 (陰 2月 18日) 火曜日 晴

오늘 新聞을 보니 너무나도 뜻밖의 일이 發生하였다. 비율빈의 大統領 막사이사이 氏가 飛行機의 事故로 因하여 死亡하였다고 한다. 大統領 뿐만이 아니라 隨行員으로서 教育相 空軍參謀長 等 25名의 乘客 中 單一名 新聞記者만이 生命을 救했을 뿐 남어지 24名 全員이 死亡하였다고 한다. 同 不祥事는 지난 17日 正午 頃에 비율빈의 '세부' 市에서 演說을 마치고 '마니라'로 가는 途中에 發生하였다. 이것은 外國의 일이라 우리에게는 何等 相關할 바 아니라고 할는지 모르나 同 大統領은 亞細亞의 反共鬪士이요 젊은 政治家이다. 全 民主國家에서는 한 사람의 反共鬪士를 잃고 다 같이 슲어하고 있다.

1957年 3月 20日 (陰 2月 19日) 水曜日 晴

道路 整備 督勵 次 今日도 繼續 出張을 가야해서 일직 德溪里를 가서 보니 里長이 肥料代 拂込[入] 次 契樹를 간다고 해서 혼자 아무런 計劃도 세우지 못하게 생겨서 松亭 나와 玄米工場에서 놀다가 그대로 歸廳하였다. 午前에는 할 일도 없이 面에 나가서 놀고 午後에는 學校에 가서 先生들과 같이 놀았다. 學校 宿直室에서 오래만에 윷을 놀았다. 그러고서 夕陽에 面事務所에 나가보니 집에 손님이 오셧다고 찾으러 왔다갔다고 해서 집에 와 보니 淳昌面 佳南里 內 再從 兄任이 오셧다. 나에 집에는 처음으로 오셨다. 今般에 新基里에 다녀서 오신다 한다. 그래서 저녁에는 舍廊에 놀로도 가지 못하였다.

1957年 3月 21日 (陰 2月 20日) 木曜日 晴 (春分)

連日 道路 整備 督勵 次 出張을 하였으나 其 結果를 볼 적에 成績이 아주 좋지 못하다. 그래서 오늘은 職員會議에서 여기에 對하여 具體的인 打合을 하였든 바 좋지 못한 根性을 갖이고 있는 者를 根本的으로 精神을 고처야 한다고 해서 二個 班을 編成해서 集中督勵를 하기로 하였다. 이 集中督勵는 可及的이면 하지 않은 것이 좋은데 不可不得 또 하게 되였다. 그래서 오늘은 梧枝 一區로 먼저 갔다. 거기서 午食을 먹고 出役토록 하였으나 제대로 하지 않는다. 現場에 나가보니 不過 5, 6名 밖에 出役치 않었다. 夕陽에 漁隱里로 가서 오늘밤을 거기서 새웠다.

1957年 3月 22日 (陰 2月 21日) 金曜日 晴

아침부터 出役 督勵를 實施하였다. 그래서 里長과 海烔 炳八 같이 "사우래"로 가서 朝飯 後에 全員토록 하라고 하고 다니는데 韓某 氏 宅에서 今日 新行을 한다고 드러 오라고 해서 드러가 아침 술을 마시고 다른 飮食도 많이 먹고 왔다. 里長 宅에서 朝飯을 먹고 道路邊에 나가보니 相當히 많이 出役되였다. 그런데 마츰 郡守가 三溪까지 갔다가 나와서 마주첬다. 꽤 일직 나왔다. 郡守도 말만은 慰勞의 말을 하고 간다. 午前에 漁隱里를 마치고 梧枝里를 와서 보니 벌써 끝내고 들어가 버렸다. 梧枝里 福範 氏 집에서 中食을 먹고 德溪里로 가서 보니 里長이 없다고 한다. 번연히 있는 줄을 알면서도 書記에게 付託만 하여 놓고 斗月里 가서 里長을 찾으니 여기도 亦是 없다고 한다. 그러나 舍廊房으로 들어 앉어 있느라니가 나중에 里長이 왔다.

1957年 3月 23日 (陰 2月 22日) 土曜日 曇 後 雪

斗月里에서도 今日의 個人의 計劃은 깨트리고 全員 出役토록 하였다. 그래놓고 나와 보니 別로 그리 많은 人員이 나오지 못하였다. 어제 德溪里에서 里 書記와 約束했든 말은 虛事가 되고 德溪里에서는 더 적게 나왔다. 午前에는 道路邊에서 斗月 德溪 兩 部落을 指導하고 海炯이 집에 가서 中食을 먹었다. 그러고서 德溪里 書記를 찾었드니 그 分은 太平歲月이였다. 어제의 約束했든 일은 깜박 잊은 듯이 午後에라도 더욱 出役시키려고 하는 氣色마저 보이지 않은다. 여러 가지 말다툼까지 나왔으나 結局 來日로 미루고 竹溪 一區로 넘어갔다. 가는 途中에서부터 눈이 나리기 始作하드니 밤에도 繼續 나리여 제법 많이 나리였다.

1957年 3月 24日 (陰 2月 23日) 日曜日 晴 後 雪

아침에 일어나서 보니 눈이 제법 많이 나리였다. 아무리 생각하여도 오늘의 出役 計劃은 어긋난 것 같다. 그러나 里長에게 全員 出役토록 하라고 해놓고 朝飯 後에 나가서보니 過然 누구 하나 나가지 않고 말었다. 이와 같은 山中에서도 이제는 말을 듯지 않고 있으니 앞날이 憂慮되는 바 적지 않다. 竹溪 二區에 가서 보니 亦是 거기서도 一般이다. 여기까지 와서 妻家에 앓이 가볼 수도 없고 거기 가서 中食을 먹었다. 一行이 많이 있는데 나 혼자만이 가고 보니 內心 不安했으나 별수 없는 일이였다. 午後에 鶴亭 三區로 해서 一區까지 다녀왔다. 오는 途中 鶴亭 三區 里長任이 洗心里 와서 술을 받어 주어서 마시고 돌아왔다. 洗心里 方面에 出張 나가본 지가 於焉間 3年 程度나 되였다. 其 後에 많은 變動이 있었다.

1957年 3月 25日 (陰 2月 24日) 月曜日 晴 後 雪

其間 數日間의 出張으로 因해서 事務執行을 않은 지가 여러 날 되였다. 그런 關係로 內務가 많이 밀여 있다. 그래서 오늘은 몇까지 일을 해 보았다. 우리들 出張 다니는 사이에 난로는 벌써 떼여 버리고 事務室內는 찬바람이 돌았다. 오늘의 日氣는 겨울날 以上 가게 추웠다. 職員들 退廳한 後에 昨年 11, 12月分 公務員 糧穀 白米가 나와서 내가 가서 가저왔다. 이걸로서 남어 있든 糧穀 中 白米는 다 가저완 셈이다. 그러나 요새에 面 財政形便이 困難타고 해서 給料를 支拂치 않고 있어 나의 私經濟 面에 一大 困難을 받고 있다. 經濟에 打격을 받고 있으니가 모든 일이 마음에 맞지도 않고 心思만 나뻐진다.

1957年 3月 26日 (陰 2月 25日) 火曜日 雪 晴 (李大統領 82回 誕辰記念日)

近日 너무나도 비가 오지 않어서 麥類 作況에 크나큰 支障을 招來하여 異口同聲으로 비 오기를 기다리고 있는데 웬 눈만이 나리고 있다. 勿論 기왕 비가 안 올 바에는 눈이라도 오는 것이 안 오는 것보다는 낳다고 하지만은 그래도 農民의 願하는 것은 비를 願한다. 오늘도 아침에 잠을 깨여 밖을 내다보니 함박눈이 소리도 없이 나리고 있다. 온 山과 들은 새봄을 맞이하여 새싹을 트려고 하는데 以外의 大雪로 銀世界를 이루고 말었다. 그러나 봄눈이 되여서 쉽게 녹아 나리고 있다. 겨울날의 눈이라면 相當히 나린 눈이다.

오늘이 李 大統領 82回 誕辰記念日이라고 해서 公務員은 臨時 公休日이다. 昨年에는 敬老會 等 크나큰 行事가 있었는데 오늘은 아주 쓸쓸하게 넘기고 말었다.

1957年 3月 27日 (陰 2月 26日) 水曜日 晴

1957年 3月 28日 (陰 2月 27日) 木曜日 雪 後 曇

數日間을 道路 整備 督勵 關係로 個別出張과 甚至於는 集中督勵까지 하였으나 結局은 完結을 짓지 못하고 오늘 또다시 集中으로 出張을 가게 되였다. 그래서 우리 班이 竹溪里와 新亭里를 擔當하게 되여 出張을 나갈여고 하는 찰라 竹溪까지 가는 추럭이 있어서 타고 갔다. 出發하면서부터 나리기 始作한 눈은 結局 우리를 洗心里에서 나려야 할 程度에까지 이르게 하였다. 봄눈이 되여서 나림과 同時에 녹아 버린다. 눈이 개인 後 洗心 一區 里長을 찾었드니 任實 가고 안 계신다고 하여서 班長을 찾어서 付託하고 거기서 中食을 먹은 後 竹溪 一區로 行하였다. 竹溪 一區는 數日 前에 한번 다녀간 바가 있는데도 不拘하고 이제까지 조금도 其 餘波가 비치지 않어서 또다시 가게 된 겄이다. 거기서도 里長이 責任짓고 完了하여 준다고 해서 里長의 말만 信用하고 新亭里로 行하였다. 里長도 없는 데서 우리끼리 잣다.

1957年 3月 29日 (陰 2月 28日) 金曜日 晴

아침 안개를 그대로 맞어 가며 末端 公務員의 職責完遂에 忠誠을 다하려고 戶戶訪問을 하고 있다. 이것이 우리들 末端에 職을 두고 있는 者들의 責任이라고 하기에는 누무도 가엽다. 朝飯 後에도 亦是 同一하다. 한 번 말해서는 듣지 않은다. 한 번 가고 두 번 하고 자주 다니면서 說得을 식히고 理解를 시켜야 만이 多少라도 應하여주지 그렇지 않으면 到底히 우리들 微弱한 힘으로는 해나갈 수 없다. 道路邊에 나와서 보아도 亦是 어린아이들과 같이 一一이 指導를 해야지 그렇지 않으면 오고가는 다리품만 팔게 된다. 이것이 오늘날 民間이 行政廳에 對하는 態度이다. 中食마저 굶고 午後에 집에 와서 보니 어제 芙蓉 從兄任이 왔다가 오늘 아침에 떠나셨다고 한다.

1957年 3月 30日 (陰 2月 29日) 土曜日 晴 後 曇

요새 몇日間의 出張으로 말미아마 內務에 밀여있는 것이 많이 있는데도 不拘하고 일도 하고 싶지 않다. 이제는 누구에게 依託할 수도 없는 일이요 어데까지나 나 혼자만이 해야 할 일인데 몇日間씩 돌아다니다 오면 그다지 事務에 興味를 느끼지 않은다. 午前에도 별로 한 일도 없이 뒤적거리고 있는데 公務員 糧穀 中 未配되였든 去年 10, 11, 12, 9月分의 雜穀을 가저왔다. 눈이 번쩍 뜨이고 마음이 가뻔하다. 그러나 그것도 瞬間的이였다. 웨? 요새에 經濟難으로 어덯게 허덕이였든지 별수 없이 여기에서 一叺 賣渡치 않을 수가 없게 되였다. 그래서 他 職員 分과 같이 槊樹로 내여 보내고 남어지만 집으로 가저왔다. 이것만이라도 多幸이였다. 오늘밤에 지난번 農樂을 처서 部落에서 收入한 白米의 處分과 收入支出에 代하여 會員들이 알고 싶어 하여 報告하여 주웠다.

1957年 3月 31日 (陰 3月 1日) 日曜日 晴

오늘은 日曜日의 하루를 有效하게 利用하였다. 午前에는 거름을 내가지고 고추를 심었다. 날씨는 좋은데 바람이 세게 불어서 일하는 데 좋지 못하였다. 고추를 심기 前에 밭가에 있는 풀을 없이기 爲하여 불을 놓았다가 하마트면 큰일 날 뻔하였다. 一時 잠잠하였든 바람이 불기 始作하니 불은 破竹之勢로 타오르는데 情神 차릴 수가 없었다. 있는 힘을 다해가지고 多幸히 擴大되지 않고 끝였다. 午後에는 나무를 하였다. 나무도 삿삿치 다- 해가 버려서 할 데도 없다. 그래서 조곰 해가지고 일직히 돌아와 버렸다. 그러케라도 오늘은 相當히 일을 한 셈이다.

1957年 4月 1日 (陰 3月 2日) 月曜日 晴 (萬愚節)

月曜教養은 副面長의 擔當의로서 法學入門이라고 하는 것을 하였다. 어덯게 된 일인지 教養을 해야 머리 속에 한 가지 것도 드러온 것이 없다. 空然한 時間만 虛費하고 있다. 오늘은 初一日이라 國民班例會를 해야 한다고 해서 午後에 職員會를 開催하였다. 그래서 나도 職員 出張을 한번 식힐여고 하든 차이라 兼해서 壯丁名簿의 召集 通報人 捺印할 것을 付託하였다. 그러고 나서 職員이 헤여진 後 偶然이 7, 8人이 合席이 되여 가지고 酒席을 갖게 되였다. 그러한 것이 그럭저럭 밤이 되도록 마시였다. 1人當 300圜 程度의 株式을 하였다. 술이라는 것은 어느 모로 보나 좋지 않은 飮食物이것만 그래도 우리네 社會에서 없어지지 않고 있다. 없어진다는 것보다 오히려 술의 勢力이란 굉장히 强하고 무서운 힘을 갖이고 있다.

1957年 4月 2日 (陰 3月 3日) 火曜日 曇

어제 午後부터 나가라고 하였든 出張을 가지 않고 오늘에야 나가 보았다. 이제 나가서 班例會는 하지도 못하고 내의 直接 所管인 壯丁名簿의 召集 通報人의 捺印 받는 것만 하였다. 먼저 斗月里에 가서 하고 德溪里로 가서 보니 里長이 없어서 里 書記와 같이 하였다. 그리고 午前中으로 바로 歸廳하였다. 오늘은 듯기에도 반가운 3月 3日(陰)인데 例年에 比해 볼 때에 겨울과 같은 氣分을 주고 있다. 江南 갔든 제비가 올여면은 아직도 一個月은 더 있어야 할 것 같다. 今年 봄의 氣候는 異狀스럽게도 쌀쌀하다. 午後에 面에서 놀다 夕陽에 집에 올여고 하다가 龍宰가 崔康萬이와 같이 와서 맛났다. 그래서 나의 집에서 자고 갔는데 要는 康萬이 件 關係로 찾어 왔는데 참으로 딱할 일이다.

1957年 4月 3日 (陰 3月 4日) 水曜日 晴

郡에서 會議가 있어서 뻐-쓰를 타고 갔었다. 其間에 徵集이 없었기 때문에 郡에 가본 지도 相當히 오래 되였다. 全州行 뻐-쓰가 開通되면서부터 會議에 參席하기는 매우 便利하게 되였다. 任實 가서 보니 時間의 餘有가 相當히 많이 있었다. 그래서 理髮을 하고 가서 보니 거이 時間이 되였다. 오늘 財務主務者會議가 있어서 우리는 郡守室에서 開會하였다. 案件은 兵事 關係로서는 4290年度 徵兵檢查 實施에 關한 再指示와 社會係 所管에 對하여 몇 가지 指示가 있었다. 約 4時間 程度로 會議는 끝마치고 오래만에 中食을 주어서 鳳凰旅館에 가서 먹었다. 일을 마치고 獒樹에 나려와서 보니 炳八이가 가지 않고 있어서 같이 술을 먹은 것이 時間이 相當히 오래 되도록 놀았다. 집에 와서 보니 밤 11時 20分이 되였다.

1957年 4月 4日 (陰 3月 5日) 水曜日 晴

오늘부터는 徵兵檢査 準備에 對하여 本格的인 面으로 드러가게 되엿다. 어제의 會議에서 完全히 事務的 內容을 把握하여서 遺漏 없는 事務執行을 하여야 所定 期限 內에 完全히 끝마칠 것 같다. 今年度의 徵兵檢査는 例年에 比하여 더욱 複雜하여서 事務的인 面에 있어서도 더 哀[隘]路가 많다. 오늘 하루 한다고 해야 별로 하지도 못하였다.

1957年 4月 5日 (陰 3月 6日) 木曜日 晴 (淸明) (植木日)

오늘은 植木日이기 때문에 出勤을 않이 하여도 關係 없으나 計劃이 面事務所 周圍의 울타리 나무를 심게 되여 全 職員 出勤키로 하였다. 出勤 後에 望田里長이 點岩 氏 家에서 맞나자고 한다. 어제밤과 오늘 아침에도 맞나자고 한 것을 가지 않었는데 오늘 또다시 그러하니 아니 갈 수도 없어서 가보았드니 술상을 가저온다. 이것이 내에게 가장 利롭지 못한 魔物인 것이라는 것을 알고 나올여고 하는데 한사코 만류하여서 體面이 困難하여 술은 입에 대지도 않고 안주만 몇 점 먹고 돌아왔다. 이것이 卽 좋지 못한 徵候이다. 職員이 다 모여서 植木을 실시하였다. 場所 關係로 完全히 끝마치지도 못하고 濁酒만 一斗 가저다 먹었다. 낫술을 마시고 나니 오늘 終日토록 精神이 흐리고 좋지 못하였다. 술은 確實이 나에 限해서는 좋지 못한 惡物이다. 오늘은 그야말로 淸明이다. 구름 한 점 없는 날씨는 完全히 봄과 같었다.

1957年 4月 6日 (陰 3月 7日) 土曜日 晴 (寒食)

去番에부터 實施 計劃이였든 里 間 道路用紙[地] 測量을 아직 未完되여 오늘도 其 關係로 三隱里에 出張하였다. 海炯 炳八과 같이 나가서 보니 里長이 없다. 그래서 班長을 찾었드니 그도 亦是 뜻대로 되지 않어서 우리들끼리 그대로 始作하였다. 그랬드니 後에 里長이 와서 같이 하였다. 測量 途中에 보니 各己[其] 所有田畓에 被害 없는 데를 擇하느라고 야단들이다. 結局 後에 보니 아직도 完全히 路線의 決定도 나있지 않다. 그래서 里民들의 曰可曰否를 우리가 가릴 수도 없고 後에 決定된 대로 하기로 하고 3時가 지난 後에야 中食을 먹고 돌아왔다. 오는 途中 셋이서 寫眞을 撮影하고 돌아왔다. 저녁에는 內務 關係로 面에 나가서 夜勤을 하였다.

1957年 4月 7日 (陰 3月 8日) 日曜日 晴

여러 날을 두고 벼르든 울타리를 午前 中에 姊兄과 같이 하였다. 이 울타리는 언제 改良해도 改良해야 할 問題이다. 울타리를 하기 爲해서 山에 가서 나무를 베여다가 그로서 實施하여 왔는데 이것도 이제까지 말이지 앞으로는 어데 가서 할 수도 없는 問題다. 이것이 生活改善 問題 中 重要한 要素의 하나이라고 본다. 午後에는 面事務所에 나가서 徵集者連名簿를 作成하였다. 다른 職員은 平常時에도 할 일이 없어서 놀고 있는데 日曜日마저 나가서 事務를 執行해야만 할 處地이니 身勢 정말 따분하다.

요새에 너무나도 비가 오지 않어 麥類에 莫大한 被害가 생기며 民心이 極度로 惡化되여 가고 있다. 萬若 이대로 비가 오지 않고 繼續 좋은 날씨만이 있다면 麥類의 兇[凶]作은 不免하게 생겼다.

1957年 4月 8日 (陰 3月 9日) 月曜日 曇

여러 날에 걸처 實施하여 왔든 道路 砂利 採取하여 놓은 것을 來日 一齊히 敷設하라고 한다. 그래서 全 職員 出張이다. 그러나 나는 徵兵檢查書類 作成 關係로 나가지 못하고 하루 終日 쉴 사이 없이 일을 하였다.

1957年 4月 9日 (陰 3月 10日) 火曜日 曇 後 雨 (映畵 上映)

모든 世上事가 人類의 힘으로는 左右할 수 없는 겄이다. 天地의 힘이 않이고는 到底히 바랄 수도 없는 것이다. 今年 봄에 비가 오지 않아 麥作에 많은 被害가 있다고 農民들은 하늘만 처다보고 비 오기를 苦待所願하드니 오늘은 農民들의 至誠에 하느님도 感復[服]하셨는지 午前부터 부슬비가 나리기 始作하여 終日토록 나리였다. 이 程度만 되어도 人心은 確實히 풀릴 것 같다. 그러나 七年 大旱에도 하루만 참어 달라고 하드시 三溪面으로서는 오늘밤만 참아 주었으면 하고 願하고 있다. 오늘 모처럼 道 公報課에서 各 面 巡廻 無料로 映畵를 上映하여 주는데 비가 와서 計劃대로 되지 못하였다. 午後에 學校兒童들을 보여주고 夜間에 面民들을 보여주는데 비로 因해서 거이 所在地 사람만 모여서 求景하였다.

1957年 4月 10日 (陰 3月 11日) 水曜日 曇 雨 (任實 上郡)

數日間을 두고 作成해 왔든 4290年度 徵兵檢査 關係書類를 오늘 進達하게 되였다. 아침 뻐-쓰를 타고 가서 보니 아직 一個 面도 나오지 않았다. 갈 대의 마음은 引繼해주고 바로 歸廳할여고 했든 것이 가서 보니 마음과 같이 되지 않았다. 그래서 12時 20分 車로 나려왔다. 獒樹에 와서 中食을 먹고 三溪를 올여고 하는데 비가 오기 始作하였다. 東溪 行 뻐-쓰는 탈 수 없을 것 같고 不得已 추럭을 타고 오는데 獒樹에서부터 三溪까지 온전히 비를 다 맏고 왔드니 衣服이 말이 않이다. 온전히 다 버리였다. 如何間 오늘은 모-든 일이 順調롭지 못하고 氣分이 나뺏다.

1957年 4月 13日 (陰 3月 14日) 土曜日 晴 後 雨 (里長會議)

國民班 組織 强化에 對하여 里長會議를 開催하였다. 이 國民班이라면 行政事務를 執行하는데 있어 必要不可欠[缺]한 組織體의 하나인데 이것을 갖이고 國會에서까지 말썽을 이르키고 있다. 勿論 요새 政府나 自由黨에서 하는 일이 多少 모순성 있는 일이 없지도 않은 바 않이나 이 國民班을 組織하지 못하게 하는 野黨의 處事는 너무나도 神經過敏한 行動이요 下部末端의 實情을 모르는 일이라고 본다. 如何한 反對가 있다 할지라도 國民班은 完全無欠하게 組織하여 正常的인 運營으로서 迅速한 行政事務를 執行토록 하여야 할 것이다. 나도 오늘 會議에서 4290年度 徵兵檢査에 對하여 再次 强調하였다.

午前에 光州 常宰로부터 片紙를 받어 보았다. 前般 付託한 件 關係인데 모-든 것이 뜻과 같이 되지 않으니 가슴 아프다.

1957年 4月 14日 (陰 3月 15日) 日曜日 晴 (호박 播種)

日曜日이라고 해서 午前부터 집에서 일을 할여고 計劃하였다. 어제밤에 煜植이 祖考의 忌故를 모시고 아침에 吳尙泳 先生을 다려다가 같이 朝飯을 먹었다. 그리고 豫定했든 바와 같이 울 안에 호박을 심고 밭에 나가서 肥料를 보리에 주었다. 밭두렁가의 空地를 若干 開간하였다. 午後에도 마을 앞의 논보리에 肥料를 줄여고 計劃하였으나 여러 집의 염소로 因해서 氣分이 나뻐 中止해 버리고 말았다.

自己들도 農事를 짓고 있는 분들이 남의 집 穀食도 多少 重要視해야 할 일이지 自己 것만 重하고 남의 것은 그와 같이 한다면은 道德心이라고는 到底히 없는 人間들이다. 그래서 午後에는 집에서 울 안에 심어 논 野菜밭을 막기 爲하여 울타리를 역었다.

1957年 4月 15日 (陰 3月 16日) 月曜日 晴 (任實 出張)

벌서 이달에만 하여서 任實 出張이 세 번채이다. 오늘도 去年 12月 徵集 時 自動車 事故로 因하여 入營치 못한 二名을 忌避者라고 해서 그 사람들의 證人調査 作成키 爲하여 本署 搜査係에서 오라고 해서 가 보았다. 該當도 없는 일에 헛 車費만 드리고 무슨 일이냐. 午前에 署의 用務를 끝마치고 12時 20分 뻐-쓰로 나려 왔다. 途中 車內에서 新基 伯父任을 보았다. 全州 갔다 오시는 中이라고 한다. 獒樹에 나려서 中食만 사드리고 헤여졌다. 바로 屯南面에 가서 崔伏範이를 맛나보고 뒷내 아저씨 댁에 들어서 光州 常宰에게 片紙를 써서 郵遞局에 가서 書類로 送付했다. 月餘 前부터 付託한 것을 支署에다 付託하였드니 그것 하나를 들어주지 않고 每日每日 오늘이나 내일이나 한 것이 이제까지 結果를 못 맺고 그대로 내가 할 것만 해서 發送했다.

1957年 4月 16日 (陰 3月 17日) 火曜日 晴 曇

春窮期 絶糧農家에 對한 救護對策으로 國會에서까지 相當히 論難이 되고 있드니 今般에 外國 民間人 救護團體로부터 配當 나온 救護糧穀이 本面에만 하여서도 900餘袋가 나왔다. 實로 반가운 일이다. 그래서 오늘은 이것을 各 部落에 가서 直接 個人別 割當을 해서 配給하고 돌아오라고 해서 그 일로 出張을 가기로 하였다. 出張에 앞서 職員會議가 있었는데 同 會議 席上에서 割當方法에 對하여 여러 가지 論議가 되였었다. 職員들 內에서도 이와 같은 일을 갖이고 論難을 喚起시키고 있는 이가 있다. 나는 먼저 德溪里를 가서 보고 斗月里를 가서 보니 里長이 없어서 일을 못하고 그대로 歸廳하였다.

1957年 4月 17日 (陰 3月 18日) 水曜日 晴

어제 斗月里長이 出他하고 없어서 斗月里만은 未配給하고 歸廳하여서 오늘 또다시 斗月里에 出張을 하였다. 里長은 아침 빼쓰로 돌아왔다. 午前에 바로 個人別 配定을 하여 午後에 配給할여고 하였든 것인데 그러케 되지 못하고 午後에 個人別 配定과 함께 現物配給도 끝마처 버렸다. 누구나 사람의 마음은 다 같이 無償이라면 즐거한다. 이 困難한 春窮期에 多少라도 食糧을 保有하고 있는 사람들도 自己에게 配當이 없고 보면 不平不滿이다. 그러나 一袋式 가저간 사람들은 大端히 기쁘게 생각하고 반가히 받어 간다. 이 春窮期에 이번의 救護糧穀이야말로 크나큰 惠澤이였다. 午後 늦게까지 해서 配給을 完了하고 歸家하였다. 內務가 바빠서 그렇지 이러한 出張을 다닐 만하다.

1957年 4月 18日 (陰 3月 19日) 木曜日 曇 後 雨

몇日間 出張만 다니다가 오늘은 밀어 있는 內務를 處理하였다. 그리고 12時부터 約 一時 30分 頃까지 職員會議가 있었다. 會議의 內容은 지난번 面長會議의 重要 案件에 對한 指示와 今次 旣 配給完了한 바 있는 救護糧穀 中 百叺을 豫備用으로 保管하고 있을여고 面에서는 計劃하고 있었는데 上部의 方針이 如何間 全量 配給하라고 해서 其 百叺에 對한 割當 方法 等을 討議한 바 今般에는 戶數에 基準을 해서 하자고 決定을 하였다. 職員會議 席上에서도 理論이 많이 나왔으나 그래도 이 方法이 第一 適當하다고 생각한다. 午後에는 內務의 남은 것을 整理하여 버렸다.

1957年 4月 20日 (陰 3月 21日) 土曜日 晴 (穀雨)

오늘 하루 終日을 無意味하게 虛送하고 말었다. 이와 같이 하루하루를 값없이 보내고 있다. 오늘도 全 國民의 耳目이 集中되여 있는 事件 中의 하나인 姜文奉 中將의 事件에 귀를 기울리였다. 紙上의 報導를 보니 겨우 生命은 保存되였다. 昨年 1月 30日 午前 8時 頃 故 金昌龍 中將이 被殺 當한 後 許泰泳 大領이 主謀者로서 死刑을 言渡 받은 後 其의 妻에 依하여 提出된 歎願書에 依하면 姜 中將이 여기에 關聯되여 지난 17日 高等軍法會議에서 死刑이 言渡되였든 바 李 大統領의 特別談話

로서 一年 減刑이 되어 無期刑으로 되였다. 死刑을 當하게 되였든 姜中將이 無期刑으로 된데 對하여 國民의 그 누구 하나 反對하는 사람 없을 겄이다. 그것은 지난날에 있어 國家에 對하여 그만큼 功勞가 많기 때문에 그러한 겄이다. 人生이 生活을 營爲하는데 第一 重要한 겄이 其의 人格일 겄이다.

1957年 4月 21日 (陰 3月 22日) 日曜日 曇 後 雨

차차 봄이 닥처오고 보니 農夫들의 活動 狀況이 現저하게 눈에 뜨인다. 논도 갈고 밭도 갈어 여러 가지 穀食과 野菜 等을 播種하고 있다. 나도 오늘은 무슨 일이 되였든 하여 볼여고 하였는데 뜻밖에도 豚코레라 豫防注射를 面內 一濟[齊]히 實施해야 한다고 해서 鴻谷理에 出張을 하였다. 먼저 二區에 가서 里長과 같이 다녀서 몇 마리 實施하여 보았는데 아주 滋味없는 일이였다. 本來부터 注射에 所質도 없는 내가 더욱이 돼지의 注射란 그리 쉬운 일이 않이였다. 午前에 하다가 針 一本을 버렸다. 그래서 午後에는 하지도 않고 바로 歸廳하여 버렸다. 아주 形便 없는 出張이다.

1957年 4月 22日 (陰 3月 23日) 月曜日 曇 雨

오늘도 月曜敎養을 잊지 않고 實施하였다. 庶務係에서 行政實務에 對하여 講義하였다. 實에 있어서 講義를 하여 보았자 이것이 各自의 머릿속에 남어있지도 않은다. 그러나 每週 月曜日마다 빠짐없이 實施하고 있다. 하기야 이대로라도 하는 것이 않하는 것보다는 낳을 것이다.

요새에는 內務에 對하여는 別로 할 것이 없어서 月末統計를 作成하였다. 그래가지고 來日의 會議에 參席한 產業係長 便에 送付하였다.

오늘도 日記는 좋지 않었다. 麥類의 作況에 아무리 해도 害로울 것 같다. 먼저번에는 비가 오지를 않아서 支障이 있었고 또 近日 中에는 비가 너무 와서 支障이 있을 것 같다.

1957年 4月 23日 (陰 3月 24日) 火曜日 曇 雨

지난 20日에 왔든 慶北 內從兄이 오늘 떠나갔다. 아침 뻐-쓰로 出發하는 겄을 보고 돌아왔다. 軍人生活 五年만에 今般에 除隊되여 가지고 歸家할여면서 다녀가는 中이다. 午前에 面에 있으려니가 本署 兵事係 兵事班長이 나왔다. 用務는 過去에 丙·丁種者에 對하여 實地調査 次 도라다닌 것 같다. 요새에 할 일은 없고 그와 같은 일이라도 하여 볼가 하고 돌아다닌 模樣이다. 무었을 한다고 그러고 다닌지 그만둘 일이지.

지난번에 光州 常宰에게 片紙를 하였드니 오늘 그 答狀이 왔다. 그러나 完全한 일을 하여 주지 못하여 언제나 마음에 꺼리낌하다.

1957年 4月 24日 (陰 3月 25日) 水曜日 曇 後 雨

요새에는 別로 한 일도 없이 歲月을 虛送하고 있다. 面事務所에 出勤을 하여 보아도 그렇고 집에 돌아와도 亦是 그렇다. 連日 繼續되는 흐린 날씨와 같이 나의 마음도 그다지 快活하지 못하다.

그러나 한片 생각하여 볼 때에 이것이 나만이 當한 心事가 아닌 것 같다. 新聞을 볼 것 같으면 每日 二, 三 件式 좋지 않은 記事가 記載되고 있다. 이것이 단순한 봄바람에서 우러나온 人間의 心理作用이라고 보기에는 좀 지나칠 것 같다. 戰後 國民의 心理는 이와 같이 흐르는 것이 普遍的인 일인지? 實로 寒心하기 끝이 없는 일이 非一非再다.

1957年 4月 25日 (陰 3月 26日) 木曜日 曇

오늘도 아무 한 일 없이 無意味하게 흘러가고야 말었다. 날씨는 如前히 흐리고 있다. 數日 前부터 피기 始作하였든 "사구라" 꽃은 햇빛을 보지도 못하고 시드러 가고 있다. 그러나 그 누구 하나 시드러 가는 꽃을 보고 애석하게 여기 사람 없었다. 그만큼 農村에서는 農事 以外에 생각할 餘地가 없다는 것이 表示된다. 午後에는 宿直室에서 낫잠을 자고 退廳 時間 後에 들 求景을 나가 보았다. 요새 數日間의 비로 말미아마 보리밭에는 풀만이 茂盛하게 자라고 있다. 밭에까지 다녀서 왔는데 作況이 아주 形便 없이 되였다. 今年에도 이대로 가면 機待했든 바와는 아주 딴판이 되겠다.

1957年 4月 26日 (陰 3月 27日) 金曜日 晴 (里長會議)

數日間을 두고 흐리든 날씨가 오늘은 깨끗이 개였다. 누구나 다 같이 마음이 상쾌하여진다. 오늘 農業增產 關係로 里長 農業要員 班長 等 合同會議를 學校에서 實施하였다. 例年과 달리 今年에는 上部에서도 일직부터 指導에 當하고 있다. 主로 改良苗代[垈]와 種子 更新 肥料의 使用法 等에 對해서 約 3時間 30分 程度 繼續되였다. 그러나 오늘의 會議 結果가 過然 農民 한 사람 한 사람에게 제대로 侵[浸]透가 되여 實踐

에 옮겨 줄는지가 疑心스럽다. 至今 農民의 心理狀態가 政府에서 시키는 일이라면 無條件 反對하는 터이라 이것이 제대로 옮겨질여면 많은 努力이 必要할 것이다.

1957年 4月 27日 (陰 3月 28日) 土曜日 晴 後 曇 (任實 出張)

指導主務者 會議에 參席키 爲하여 첫 뻐-쓰를 타고 任實을 갔었다. 언제 會議에 參席할여면 이 뻐-쓰를 利用하는데 任實에 到着하면 時間的 餘有가 많다. 그래서 오늘도 到着 卽時 中央理髮舘에 들여서 理髮을 하고 郡廳에 가서 보니 아직도 參席하는 職員이 있다. 오늘은 會議가 않이였다. 주로 4290年度 徵兵檢査에 있어 名簿 整理와 社會 關係에 對하여 名簿 對照 程度이였다. 그러한 겄을 職員을 上郡까지 식혀서 자기들의 便利 圖謀하고 있으니 너무 過한 處事다. 用務는 일직 끝났다. 그러나 郡에서 기다렸다가 東溪 行 뻐-쓰로 나려왔다. 집에 와서 보니 오늘 보리논을 매여서 풀이 많이 있어 夕陽에 두 짐 저왔다.

1957年 4月 28日 (陰 3月 29日) 日曜日 晴 (大麻 播種)

여러 날을 두고 벼르던 大麻를 오늘 播種하였다. 그러기 爲해 아침에 堆肥를 運搬해 가지고 깔아 놓았다. 그래서 午前에 姉兄이 갈어서 播種까지 하여 주었다. 나도 日曜日이 되고 했으니가 오늘 하루쯤은 家事 整理를 해야 할 일인데 赤十字社會費가 緊急을 要하여 별수 없이 擔當部落에 나가 보았다. 그러나 德溪里長은 德溪里 마을 앞에서 맞나서 이야기하고 斗月里로 가 보았다. 里長은 없어서 기별을 해가지고 오도록 하여 말하였드니 來日 午前에 多少나마 納付하여 준다고 해서 그대로 歸家하고 말었다. 事實 今年 같은 春窮期에 이와 같이 많은 金額을 一時에 徵收한다는 것도 至極히 어려운 問題이다. 午後에는 집에서 일이나 좀 하여 볼여고 하다가 面事務所에 나갔든 것이 그대로 해를 넘기고 말었다.

1957年 4月 29日 (陰 3月 30日) 月曜日 晴

今週 月曜敎養은 戶籍係 擔當인데 準備가 되여있지 않아 前週 敎養講座 時 未知의 宿題로 남어있는 行政法에 對하여 내가 擔當하여 講義하였다. 그리고 어제 未完結 지은 赤十字會費 徵收 次 다시 出張을 하였다. 나는 福範 氏와 같이 斗月里로 다시 出張을 하였으나 効果는 거두지 못하고 말었다. 아직까지 割當도 하지 않고 있다. 5月 1日까지 完納키로 하고 歸家하였다. 事實 받으러 간 우리들 自身에도 어이없는 일이였다. 이 春窮期에 絶糧農家가 많은 이때에 多額을 一時에 納付하라는 것도 大端한 無利이다.

1957年 4月 30日 (陰 4月 1日) 火曜日 雨 後 晴 (日蝕)

日前에 任實 出張 가서 消息은 이미 들어 있으리라는 것은 豫測하였으나 莫上 當하고 보니 매우 難處하였다. 卽 地方公務員 減員 問題이다. 4月 末日을 期해 가지고 우리 面에서도 二名의 現職員을 減員해야 할 處地에 當到하고 말었다. 그래서 午後에 約 3時間 半 程度에 亘하여 會議를 하였으나 좋은 案이 나오지 않았다. 最後에 가서 面長任으로부터

參考에 資코저 하오니 職員人氣 投票를 하여달라고 要請이 있어서 最後의 面長任의 請마저 拒絶할 수가 없어 그대로 하여 주고 會議는 끝났다. 太平時代가 않인 오늘날 面 職員 10名이 執務하기란 至極히 어려운 일이라고 하지 않을 수 없다. 앞으로 有機的으로 活動해야 만이 幅[暴]주한 末端行政을 正常的으로 運營해 나갈 수 있을 것이다. 夕陽 늣게까지 來日의 國民班常會 開催 關係로 支署 職員과 合同會議가 있었다.

1957年 5月 1日 (陰 4月 2日) 水曜日 晴 後 曇 (日記 三週年 農民節)

歲月이란 無情하게도 빠른 것이다. 日記를 쓰기 始作한 지가 於焉間 3年이 되였다. 其間의 經過事를 볼진대 中斷한 때도 많았다. 滋味있든 記錄도 있고 氣分이 좋지 않았든 記錄도 많이 쓰여 있다. 그러나 아무리 바쁜 時間이라도 割愛해서 日記를 쓰는 것도 이제는 完全히 나의 生活의 一場面으로 되고 말었다. 앞으로 繼續해서 記錄할 것만을 마음 굳게 決心하는 바이다. 오늘도 一日이 되여서 每月 一日에 實施하는 國民班例會에 參席키 爲하여 午後에 全 職員 出張을 하였다. 나는 多幸이도 本 部落을 擔當해서 나가지 않고 夜間에 各 班長과 國民班 運營委員會를 開催하였다. 支署主任도 參席하였다. 이 國民班 問題를 가지고 國會에서 與野 間에 相當히 論爭이 되고 있으나 末端 實情으로 보아서 반드시 强化되여야 한다.

1957年 5月 2日 (陰 4月 3日) 木曜日 晴 (職員 送別宴)

지난 30日에 長時間에 걸쳐 討議하였든 減員 問題를 오늘 午前에 全職員會議를 開催하고 發表하였다. 盧源亨 氏와 崔福範 氏가 決定되였다. 마음에 좋지 않았다. 盧 主事는 나와 同日字로 任命되였으며 崔 主事가 같이 數年間을 苦樂을 같이 하여 오다가 自進 辭退하는 것도 아니고 國家의 方針에 依하여 不得已 자리를 떠나게 되니 매우 섭하였다. 맞날 때는 즐겁고 헤여질 때에는 슲은 것이 人之常事인가 보다. 그래서 中食을 職員 一同이 같이 하였다. 그러나 盧 主事가 나려가 버려서 同席치 못하였다. 그래서 다시 二次會를 阿山市場으로 定하였다. 要는 後日 다시 送別宴을 하겠다고 부를 수도 없고 그대로 말어버릴 수도 없고 해서 盧 主事를 合席시키기 爲하여 阿山市場까지 나려갔다. 밤 늦도록 노랐다. 그러나 마음에 不安感이 있어 오래 있을 수가 없어 中途에 올라와 버리고 말었다.

1957年 5月 3日 (陰 4月 4日) 金曜日 晴 後 曇

職員 二名만 없어도 廳內는 매우 쓸쓸한 것 같었다. 그러나 事務의 量은 如前히 그대로 山積하고 있으니 이것도 매우 困難한 일이였다. 午前부터 改良苗代 設置 指導 次 上, 下三溪로 二班을 編成하여 出發하였다. 中食을 먹고 仁秀와 春泳 氏와 같이 上三溪로 나갔다. 그러나 松亭에 가서 머믈르고 마랐다. 더 나가 보자고 하였으나 듯지 않은데 내가 무었한다고 固執할 수도 없고 해서 그대로 歸家하고 말었다. 今年만 하여도 例年에 比較해서 相當히 成績이 좋은 便이였다. 좀 더 誠意를 내여 준다면 구태여 不足한 面 職員이 出張을 다니면서 一一히 指導

를 하지 않아도 될 것이 않인가.

1957年 5月 4日 (陰 4月 5日) 土曜日 雨

어제부터 任實郡 內의 徵兵檢査가 實施되였는데 들은 말에 依하면 各種 證明이 完備치 못하여서 많은 未受檢者가 續出하고 있다고 한다. 그래서 오늘은 午前에 雨中인데도 不拘하고 各 里에 公文을 發送하여 全員 證明을 具備토록 再 指示를 하였다. 萬一의 境遇를 疑心하여 諸證明을 携帶토록 한 겄이지만 너무 過히 甚하게 하는 것 같다. 그래 公文은 發送하였으나 該當者는 한 사람도 오지 않드니 午後에부터 集合되기 始作하여 늦게까지 와서 全員 手續을 完了하여 주었다.

1957年 5月 5日 (陰 4月 6日) 日曜日 曇 後 晴 (어린이날) (썸머타임 실시)

其間에 2個月 前부터 徵兵檢査 關係로 準備에 準備를 거듭하여 왔든 바드디여 오늘로서 本 徵兵檢査에 드러간다. 例年과 같으면 本 面의 受檢日이 6日이니가 來日인데 今年에는 X-光線을 撮影함으로 因하여 오늘부터 미리 가게 되는 겄이다. 受檢 壯丁들이 많아서 아침 뻐-쓰에 超滿員일 줄 알었는데 마침 오늘부터 "썸머타임" 實施로 因하여 많은 壯丁이 時間을 어겨서 車內는 比較的 넓은 便이였다. 앉아서 들은 바에 依하면 今年度 徵兵檢査는 아주 까다로운 줄 알었드니 實인즉 그러하지도 않다. 午前에 X光線을 撮影하고 午後에도 繼續 撮影하였다. 午前에 寫眞을 撮影한 者 中에서 今日 42名이 受檢을 畢하였다. 저녁에는 成植 燦茂와 같이 任實劇場에서 上演하는 映畫 "交叉路"를 觀覽하였다.

1957年 5月 6日 (陰 4月 7日) 月曜日 晴

오늘은 本 面의 正常的인 徵兵檢査日이다. 아침에 일직 일어나서 中央理髮舘에 가서 理髮을 하였다. 그리고 와서 朝飯을 먹은 後 東中學校에 나가서 壯丁을 集結시키고 受檢 準備를 시켰다. 徵兵檢査는 午前中에 完全히 끝마쳤다. 午後 五時까지 해야 할 일인데 午前 中에 完全히 끝을 맺고 午後에는 檢査班 一行이 出發하였다. 徵兵檢査 進行 狀況을 보니 例年에 比해서 아주 形便 없이 執行하고 있다. 軍醫官은 軍醫官대로 徵兵官은 徵兵官대로 各己 固執을 세워가며 意思가 相通하지 않고 좋은 雰圍氣가 造成되지 않고 있다. 其間에 被害者는 壯丁들뿐이다. 今年의 徵兵檢査는 아주 좋지 못하였다. 午後에는 鳳凰旅館에 集合하여 統計 作成과 名簿 整理를 完了하였다. 副面長은 午前에 暫間 왔다가 午後에 燦茂와 같이 나려가고 成植이와 같이 하였다. 저녁에도 郡 職員을 爲하여 映畫 求景을 하였다.

1957年 5月 7日 (陰 4月 8日) 火曜日 晴

今年度 徵兵檢査도 어제로서 끝을 맺고 오늘은 일직히 歸家할여고 하였드니 그것도 뜻대로 되지 않은다. 오늘은 4月 8日이라고 해서 많은 靑春男女들과 老婦女子들이 南原으로 꼬리를 물고 連달아 가고 있다. 定期뻐쓰, 臨時뻐쓰, 貸切車, 짐車, 택시 等等 여러 가지 形態의 車들이 나려오고 있것만 어느 車를 莫論하고 超滿員을 이루고 있어 到底히 乘車를 할 수가 없어 步行으로 槃樹까지 와가지고 多幸히 三溪 오는 추럭이 있어서 들어왔다. 이 春窮期에 많은 絶糧農民들은 입에 풀칠을 못하고 있는 이 때에 어떠한 人間들은 때에 따라 즐거운 노리터를 찾고

있는지. 勿論 제 것 가지고 제 마음대로 하는 데는 是非의 對象이 되지 않지만 버젓한 官用車를 타고 遊興터를 찾어 다닌다는 것은 確實히 모순된 處事이다.

1957年 5月 8日 (陰 4月 9日) 水曜日 晴 (어머니날)

數日間 徵兵檢査 關係로 出張하였다가 어제 돌아오니 오늘부터 또다시 改良苗代 設置 指導 次 出張을 나가라고 한다. 그래서 午前에는 今般 受檢에 漏落된 者에 對하여 13日에 南原으로 가서 受檢하라고 公文을 發送하여 놓고 午後에 德溪 斗月里 方面으로 나가 보았다. 松亭 酒幕에서 놀다가 斗月里로 들어가 보았다. 仁秀도 稅金 徵收 次 出張 나와서 있다. 마을 앞 정자나무 밑에서 놀고 있는데 李相文이가 와서 술을 먹으러 가자고 졸은다. 勿論 그 사람하고 나하고는 多情한 親友로서 사괴여 왔었다. 그러나 本來 술에 對하여 그다지 좋아하지 않은 나로서는 끝까지 拒絶을 하였다. 그러다가 最後에 가는 좋지 않은 雰圍氣까지 이러나고야 헤여졌다. 술이라는 것은 確實이 精神을 마취시키는 惡物이다. 돌아오면서 생각하여도 氣分이 좋지 않았다.

1957年 5月 9日 (陰 4月 10日) 木曜日 晴

오늘은 出張도 가기 싫고 해서 面事務所에 있노라니가 昨年에 三溪國民學校 敎師로 있다가 入隊한 孫斗植이가 찾어왔다. 이번 休家[暇]를 期하여 依家事除隊 申請을 하여 놓고 갈여고 한다는 겄이다. 그래서 그 書類 作成하고 있는데 高上錫이가 찾어 왔다. 今般에 新基里 왔다가 찾어 왔다고 한다. 그래서 孫斗植이 件은 面長이 없어서 來日하여 주기로 하고 高 서방과 같이 들어왔다. 中食을 먹은 後에 낫잠을 잙건 자고 나가보니 마침 肥料 싫고 오는 車가 있어서 그로서 나간다고 하며 가버리고 말었다. 오래만에 왔다가 그대로 가버리고 보니 섭섭하였다. 夕陽에는 學校 運動場에 가서 排球를 하여 보았다. 참으로 오래만에 하는 運動이였다. 끝난 後 職員室에 가서 막걸리 한 잔식 하고 헤여젓다.

1957年 5月 10日 (陰 4月 11日) 金曜日 晴

오늘도 全 職員이 改良苗代 設置 指導 次라고 해서 出張이다. 그래서 나도 나갈여고 하였으나 支署에서 入隊者名簿 作成을 해 달라고 姜 巡警이 와서 面長한테 말을 해가지고 나는 나가지 않았다. 그러나 實인즉 出張 가는 것만도 못하였다. 終日토록 쓰고 나니 夕陽에는 팔이 아펏다. 이러한 일은 能히 自己들이 할 수도 있는 일이지만 하지 않고 面에다만 付託을 하고 있다. 그 者들 하는 것으로 봐서는 助力하여 주고 싶은 생각이 없으나 事情에 못 이겨 그대로 하여 주고 만다. 夕陽에는 學校에 가서 排球를 하여 보았다. 먼저 三溪里 靑年과 先生들과 對抗이 있었는데 三溪里 靑年이 敗하였다. 그래서 濁酒 五升을 갔다 마시고 里 靑年들만이 모여서 또다시 演習을 하였다. 그리고서 늣게야 헤여젓다.

1957年 5月 11日 (陰4月 12日) 土曜日 雨 後 曇 (苗板設置) (丁友會 會議)

요새는 날마다 改良苗代 設置 指導라고 하여가지고 出張이다. 오늘도 出勤 後에 郡 三溪面 擔當職員이 나오드니 職員會議를 開催하였다. 亦是 그 關係다. 그이의 말에 依하면 三溪面이 郡 審査對象區域이라고 한다. 내 오늘 職員會議 席上에서도 말을 하였지마는 改良苗代 設置하는데도 너무나 過히 形式에 흐른 일이 많이 있다. 標札이 主로 履行되여 있지 않은데 事實 이것은 純全한 形式이라고 본다. 指導 上 便利할 뿐이지 이겼이 何等에 耕作者에게는 무슨 必要가 있는냐 말이다. 오늘은 副面長까지 動員되였다. 그래가지고 上三溪로 一齊히 나갔다. 一部는 漁隱으로 가고 一部는 德溪 또 斗月로 헤여젓다. 나는 副面長과 郡職員과 같이 德溪里로 들어갔다. 例年에 比較하여 보면 아주 좋은 成績이다.

1957年 5月 12日 (陰 4月 13日) 日曜日 晴 (棉花 播種)

여러 날을 두고 벼르던 일을 오늘은 마침이 日曜日이 되어서 그 일을 하였다. 卽 棉花 播種을 하였다. 바쁜 때에 일꾼을 살 수도 없어서 괭이 파서 심었다. 午前에 늦도록 하여 完全히 끝을 맺고 말었다. 午後에는 面事務所에 나가서 한 일도 없이 놀아버렸다. 집에서 일을 할 겼이지만 自然 中 일을 돌바줄 사람이 있고 보니 마음이 느추어저서 할 일이 있어도 놀아버리고 만다. 저녁에 姊兄과 같이 가서 公務員 糧穀을 가저 왔다. 一, 二月分이 나왔다. 그것만 가저와도 마음이 든든한 바 있으나 이웃에 있는 분들이 絶糧이 되여서 가저와도 事實인즉 困難하였다.

1957年 5月 13日 (陰 4月 14日) 月曜日 晴 (南原 出張)

오늘은 지난번 任實 徵兵檢査에 漏落된 未受檢者를 다리고 南原을 갔었다. 가서보니 不過 三個 面밖에 모이지를 않아서 기다렸다가 午後에야 實施하였다. 中食은 南原郡에 提供하여 주었다. 徵兵檢査 場所가 廣寒樓가 되어서 가서 보니 많은 人員이 모여 있다. 南原은 이 廣寒樓로 因해서 많이 發展되여 가고 있다. 먼저 忠魂閣에 들여서 求景을 하고 잔디밭에 앉어 있노라니가 孝植이가 마침 찾어왔다. 그래서 같이 平和館 求景도 하였다. 平和館 內에 들어가서 보니 過然 이 社會에서 볼 수 없는 物件이 많이 눈에 뜨인다. 求景이 끝난 後 孝植이가 自己집으로 놀로 가자고 해서 갈여고 하다가 今般 移動 發令에 다시 廣寒樓 勤務를 하게 되였다고 해서 가지 않고 急行列車로 歸家하여 버렸다.

1957年 5月 14日 (陰 4月 15日) 火曜日 晴

1957年 5月 15日 (陰 4月 16日) 水曜日 晴 (種籾* 播種)

이미 督勵의 時期 늦은 改良苗代 設置 指導에 對한 出張을 오늘도 새삼스럽게 다시 나가 보았다. 事實인즉 面事務所 內에 終日토록 앉어 있어 보았자 別로 할 일도 없지마는 그러타고 해서 出張한 것은 않이고 오직 上司의 命에 依한 것이지만 出張치고는 멋없는 出張이였다. 먼저 鴻谷 一區를 다녀서 蓬峴 一區로 갔다. 거기서 中食을 먹고 二區로 가

* 種籾(たねもみ). 볍씨.

는데 냇물에다 藥을 풀어서 川魚가 죽어나려 와서 炳八이와 같이 주섰다. 마침 光朝가 들에 나와서 일을 하고 있어서 같이 阿山市場으로 나려 왔다. 우리가 잡은 川魚로 안주를 삼아 술을 마시고 늦게 돌아왔다. 우리가 光朝에게 술을 받어주어야 할 일인데 오히려 그 사람에게 弊를 까지 끼치고 왔어 未安하였다.

1957年 5月 16日 (陰 4月 17日) 木曜日 晴

요새에는 事務에 別로 바쁜 일이 없다. 그래서 出張을 않 갈 때에는 할 일이 없다. 오늘도 全 職員이 出張 나간 것과 같이 室內는 조용하였다. 職員의 數가 적고 보니 自然 中 몇 名만이 없어도 室內는 텅 비인 것 같은 感이 든다. 午後에 宿直室에서 한숨을 자고 나서 沐浴을 하였다. 벌서 綠陰이 芳暢[姿]한 初夏之節이 보니 中食 後이면 自然이 잠이 오기 始作한다. 食後에 暫間式 자는 것은 좋으나 職務 上 할 수 없는 일인데 無情한 잠은 때를 가리지 않은다. 모욕을 끝마치고 나서 學校에 가서 排球를 하였다. 할 줄은 모르는 運動이지만 趣味는 가지고 있다.

1957年 5月 17日 (陰 4月 18日) 金曜日 晴

어째서 봄이 되면 社會의 風規가 그다지도 어지러운지? 요새 新聞을 볼 것 같으면 倫理는 完全히 땅에 떠러저 있고 道德은 餘地 없이 무너저 있다. 自己의 父母를 죽일여고 하는 者가 없는가. 白晝에 强盜가 普通이 않인가. 貪官오吏이 茶飯事로 되여있으니 社會의 風規라기 보다도 國家의 將來가 寒心스럽다. 그러한 데가 雪上加霜으로 國會는 自己

의 機能을 상실하고 政爭에만 일을 삼고 있으니 國民은 過然 누구를 믿고 살어야 올탄 말인가? 지난 15日에 召集된 第25回 臨時는 開會부터 成員未達로 流會되고 말었다고 한다. 우리 같은 草露 人間이 여기에 對하여 걱정하여 보았자 必要 없는 일이지마는 그래도 國民의 한 사람으로서 國會의 活動 狀況을 들어볼 적에 寒心스러운 일이 한두 가지가 않이다.

1957年 5月 18日 (陰 4月 19日) 土曜日 曇 後 雨

모-든 世上事가 언제나 때가 있는 겄이지 人爲的으로는 하기가 어려운 일이라고 본다. 어제까지도 비가 오지 않아서 麥作에 支障이 있다고 農民들은 仰天하고 비 오기 만을 기다리드니 오늘 正午부터 비가 나리기 始作하여 適當히 나리고 끝이였다. 언제나 올여면 오늘과 같이 適當히 나려 주셨으면 하겠다. 午後에는 비도 오고 土曜日도 되고 해서 집에 册을 보다가 그만 잠이 들어서 낮잠을 자고 말었다. 이제 아주 習慣이 되여서 册만 데려다 보면 조름이 오기 始作한다. 그뿐이 않이라 이제 아주 두뇌가 나뻐저서 册을 읽어보기 싫을 때가 있다. 웨 이다지도 記憶力이 減退되여 버렸는지? 萬若 이대로 永遠히 繼續된다면 나도 이제는 完全한 人間廢物이 되기 쉬울 것 같다.

1957年 5月 19日 (陰 4月 20日) 日曜日 晴 (里長會議)

벌써 數年 前부터 輿論의 對象이 되여오든 農業協同組合이 이제 其 法案이 通過됨과 同時 實踐의 段階에 들어가고 있다. 오늘은 그 關係로서 日曜日임에도 不拘하고 里長 農業要員 合同會議가 學校 校[教]室에서 開催되였다. 언제 每一般이지만 오늘의 會議도 午後 4時 半이 되도록 中食마저 먹지 않고 繼續하였다. 이와 같이 해서 組織하여 앞으로 本格的인 軌道에 오른다면 얼마만한 成果를 擧揚할 겄인지? 이제 제대로 運用만 된다면 多少나마 農民의 農村生活에 도움이 될 것이다.

1957年 5月 20日 (陰 4月 21日) 月曜日 晴

오늘의 月曜教養은 擔當者인 副面長의 任實 出張으로 因하여 中止하고 方今 實施할여고 準備 中에 있는 協同組合에 對하여 初段階로서 우리 行政機關에 해야 할 組合員 資格者名簿 作成에 對하여 面長으로부터 作成要領을 說明하고 앞으로 運用에 對한 內容 等을 說明하였다. 그리고 난 後 職員은 全員 擔當部落으로 出發하였다. 나도 出張을 할여고 하다가 來日로 미루고 가지 않고 三溪里 分을 作成하여 주웠다. 그리고 夕陽에 鄭文朝와 里長과 같이 가서 술을 한 잔식 마시고 돌아왔다. 오늘 삼밭에 처음으로 肥料를 주었다. 近來 農村에서 棉花나 大麻를 栽培한다는 겄이 크나큰 損害이겄만 그겄을 그대로 繼續하고 있다.

1957年 5月 21日 (陰 4月 22日) 火曜日 晴 (小滿)

어제부터 組合員 資格者名簿 作成 次 職員들이 出張한 關係로 室內는 매우 조용하였다. 나는 오늘도 關係 里長들이 이 關係 講習會 參席 次 任實을 가버리고 없어서 出張을 斷念하여 버렸다. 할 일도 없이 놀다가 午後 退廳 後에 學校에 가서 排球를 하였다. 三溪青年 對 職場聯合

팀하고 해서 三溪青年팀이 哀惜하게도 敗하였다. 그래서 約束대로 酒場으로 가서 濁酒 五升을 내였다. 그러고서 늦게 헤여졌다. 오늘도 終日 할 일도 없고 新聞만을 보았드니 너무나도 寒心스러운 記事가 많았다. 國會의 與野 間의 政爭은 날이 갈수록 더욱 熾熱[烈]하여 가고 있으며 一國의 警察幹部인 總警이 國家保安法을 違反하여 拘束되여가고 있으니 實로 國家의 앞날이 憂慮된 바 크다.

1957年 5月 22日 (陰 4月 23日) 水曜日 晴

數日間 너머도 閑暇하니 오히려 멋없다. 他 職員은 바쁜데 나 혼자만이 놀고 있기도 어쩐지 어색한 氣分이 난다. 오늘도 事務라고는 한 가지 일도 보지 않았다. 前般에 나려온 教養問答의 答案에 對하여 參考하느라고 여러 가지 冊만을 뒤적거려 보았다. 이제는 確實이 뇌가 나빠저서 方今 하였든 일이 記憶이 나지 않으니 冊을 보아야 헛겄을 보고 있는 셈이 된다. 오늘도 午後에 學校에 가서 排球를 하였다. 어제와 같이 三溪青年팀 對 職場聯合팀으로 試合은 百烈[白熱]戰을 展開하였는데 多幸히도 우리 青年팀에서 勝利를 하였다. 그대로 헤여지고 싶으나 어제 우리 팀에서 술을 냈으니가 오늘은 職場팀에서 술을 낸다고 하여 亦是 酒場에 가서 濁酒를 마셨다. 來日부터는 술내기 試合은 않기로 하였다. 너무나 非經濟的인 處事이다. 그리고 날마다 술을 마시게 되니 몸에 매우 해롭다.

1957年 5月 23日 (陰 4月 24日) 木曜日 晴

內務課長 來面

5月末 統計表 作成

1957年 5月 24日 (陰 4月 25日) 金曜日 雨

어제밤부터 비가 나리기 始作하여 오늘 終日토록 나리고 夕陽 무렵에야 끝났다. 오늘 온 비도 매우 適期에 왔으며 降雨量도 알맞게 왔다. 모든 것이 自然의 惠澤이 않이고는 이루어질 수 없는 일이다. 前般에도 適期에 비가 왔으며 이번의 비도 아주 適當하게 나렸다. 이와 같이 自然의 惠澤으로 말미아마 우리는 日常生活을 營爲해나가고 있는데 그래도 무었이 不足하여 相互 協助해야 할 同族끼리도 서로 으르렁대고 있는지? 主義思想이 틀려있는 것은 不可抗力이려니와 다-같은 民主主義를 指向하고 있는 이 마당에 있어 與野 間에 벌어진 政爭은 너무도 度에 넘은 行動이다. 國民의 代辯者라고 稱하는 立法部에서 每日每日 한다는 것이 相對黨의 欠點만을 들추어 輿論化하여 國民과의 距離를 멀게 할여고 하고 있으니 國民은 누구를 믿으란 말이냐?

1957年 5月 25日 (陰 4月 26日) 土曜日 晴

어느 때와도 같이 午前에 일직 出勤을 하니 會計員이 와서 있다. 印章을 가지고 오라고 한다. 今般에 財政補助費와 分與稅가 令達되여 어제 찾어 왔다. 數個月을 두고 날마다 기다렸든 것이 이제야 令達되였든 것이다. 去年度의 旅費, 日宿直料, 2月分 給料 等으로서 前渡金을 請

[淸]算하고 나니 그래 3萬餘圓을 찾었다. 其間 借用해서 쓴 것을 請算하여 버리고 나니 마음이 가뜬하다. 무어니 무어니해도 經濟的인 打擊이 없어야만이 活撥[潑]하지 經濟에 쪼들여 놓으면 萬事가 다- 싫어지는 것이다. 오늘도 그 돈을 가지고 오니 마음이 든든하였다. 午後에 어제 副面長會議 關係 傳達 次 職員會議가 있었다. 별일도 않인 것을 가지고 長時間 虛費하였다. 어머님이 淳昌 姨從兄 宅에를 가셨다.

1957年 5月 26日 (陰 4月 27日) 日曜日 晴

日曜日인데도 不拘하고 出張을 나갔다. 今般 庶務係에서 實施하는 勞動力 調査 關係 次 出張인데 何必 郡內에서 洗心 二區와 鶴亭 一區에서 該當이 되여 우리 面에는 必要도 없는 일을 하기 爲하여 貴重한 日曜日을 여기에 消費하게 된다. 當初의 計劃은 洗心 二區는 내가 擔當하고 鶴亭 一區는 海炯이가 擔當하였는데 當初의 計劃을 變更하여 合同해서 하기로 하였다. 먼저 洗心 二區부터 着手하였다. 炳八이가 耕作者 調査 次 出張을 와서 같이 洗心 一區 里長 宅에 가서 하였다. 午前中에 耕作者 調査를 하고 勞動力 調査 關係는 二區 里長에게 付託하고 鶴亭里로 出發하였다. 어제 約束한 바가 있어 炳八이가 藥을 갖어와서 洗心 水利組合 밑에 가서 풀어 보았으나 效力은 하나도 없고 말었다. 내 福에 川魚가 잡힐 리가 없다. 一, 二, 三區 里長을 한 자리에서 보고 炳八는 거기 남고 海炯이와 나는 늦게 歸家하였다.

1957年 5月 27日 (陰 4月 28日) 月曜日 晴

오늘도 月曜教養은 擔當者가 없어서 實施치 못하고 요새에 주로 알어 두어야 할 農業協同組合法에 對하여 彼此 間에 研究하고 討論하였다. 그것이 끝난 後에는 別일도 없었다. 午後에 韓國日報를 보니 또 한 가지 事件이 發生하였다. 卽 지난 25日 서울 奬忠壇公園에서 國民主權鬪爭委員會 主催로 時局講演會가 있었는데 테로가 있었다는 것이다. 테로도 이만저만한 겄이 않이다. 主催 側의 마이크에 揮發油를 던지고 불을 대였다고 한다. 그로 因해서 趙 博士가 約 五分間 講演을 하다가 中止하였다고 하며 同 講演會는 그로서 中止하였다고 한다. 그 理由는 알 必要도 없으려니와 都大體 웨? 그와 같은 行動들을 하고 있는지? 좀 더 紳士的인 面에서 彼此 打合的으로 해서 國民 全體가 바라고 있는 그와 같은 일을 할 수 없는지?

1957年 5月 28日 (陰 4月 29日) 火曜日 晴 (里長會議)

여러 날을 두고 벼르든 理髮을 오늘은 除百事하고 하였다. 理髮만 하고 나도 氣分이 낳아졌다. 오늘은 어쩐지 아침부터 웨 그러한지 氣分이 좋지 않았다. 뜻밖에도 나의 身上 問題에 對한 苦悶[悶]이 생기 始作하드니 氣分이 나뻐진다. 卽 兵役 問題이다. 自身이 생각컨대 앞으로 언제고 한 번쯤은 當할 것 같은데 그때에 어떠한 措置를 해야만 하느냐 한 겄이 가장 두통거리이다. 他人이 볼 때에는 나는 아무 근심 걱정 없는 겄 같지만 언제나 이 問題가 重大問題로 삼고 있는데 오늘은 異狀하게도 더욱 심각하게 苦悶이 생긴다. 都大體 우리나라에는 어찌할 생각으로 無限定하고 青年들을 이끄러다 軍隊生活을 4, 5年間式 시키고 있는지 내 自身 過去 5年間이나 兵事擔當者로서 勤務를 하여 왔으나 別로 여기에 대하여 贊同하고 싶은 생각이 없다.

1957年 5月 29日 (陰 5月 1日) 水曜日 晴

1957年 5月 30日 (陰 5月 2日) 木曜日 晴

오래만에 오늘은 獒樹에 나가 보았다. 언제부터 마음먹었든 돼지 새기를 살여고 나간 겄이다. 當初에는 三溪里에서 一頭를 나려놓고 獒樹에 가서 價格 決定난 대로 하기로 하였는데 獒樹에 가서 보니 원체 좋은 놈이 많이 있어 그놈을 포기하고 다시 한 마리 삿다. 後川里 源斗 집에서 가저온 겄인데 3,600圜에 買入하였다. 그겄을 망태에다 넣어가지고 오느라고 별로 獒樹에서 놀지도 못하고 추럭으로 바로 돌아왔다. 獒樹에서 돼지 새기를 살 때에는 三溪에서 산 놈을 返還하기로 하였는데 姊兄이 키우겠다고 하여서 그 집으로 주었다. 지난 25日에 甲洞을 가셨든 어머니께서 오늘 歸家하셨다. 舟月里 外從누님과 같이 갔다 오셨는데 너무도 過한 繕[膳]物을 어더 가지고 오서서 未安하였다.

1957年 5月 31日 (陰 5月 3日) 金曜日 晴

新綠의 五月도 오늘로서 다-간다. 來月부터는 農村에는 本格的인 農繁期에 들어간다. 來月에 今年 一年의 農事의 成敗도 左右한다고 볼 수 있다. 雨順風調하여야만 順調롭게 麥 收穫도 할 수 있으며 移秧도 무사히 끝마칠 수가 있다. 來 一日의 國民班常會에 出張키 爲하여 面, 學校, 支署 職員의 合同會議를 오늘 午後에 面長室에서 會合을 하였다.

그러나 나는 끝날 때에 이 會議에서 氣分이 나쁜 말을 들었다. 支署張[長] 次席이 하는 말이 某 里長이 支署 職員을 非難하였는데 거기에 面 職員이 듯고도 連絡을 하여 주지 않았다고 섭섭하게 말하고 있다. 그러나 事實 나로서는 뜻밖의 말이였다. 勿論 그러한 말을 하였다고 해서 連絡하여 줄 수도 없는 일이지 그러타고 會議 席上에서 그 말을 公開한 데는 매우 섭섭하였다.

1957年 6月 1日 (陰 5月 4日) 土曜日 請

今年度 定期 面議會 召集日이 오늘이다. 그래서 午前부터 面長室에서 會議가 開會되였다. 案件으로서는 4288年度 歲入出決算 報告와 4290年度 豫算更正 및 面 稅徵收法 中 改正案 等이 議案으로서 上程되였다. 오늘 國會에서도 第25回 臨時國會가 自由黨 議員 出席으로 이루어지는 날이다. 面議會에서는 圓滿한 雰圍氣 아래에서 會議가 進行되였는데 國會에서는 어덯게 進行되였는지? 國民의 耳目은 여기에 集中되였으리라. 午後에 國民班常會 參席 次 洗心 二區에 出張을 하였다. 特히 勞動力 調查 關係가 있어서 洗心 二區까지 가게 되였다. 그래 가서 보니 部落에서 記入해야 할 겄을 그대로 방치하여 두어서 午後에 그것을 記入하고 夜間에 國民班常會는 開催하였다. 班長이 要領을 모른다고 하여서 내가 班長代理 役割을 하였다.

1957年 6月 2日 (陰 5月 5日) 日曜日 晴 (端午節)

어제밤에 國民班常會 次 出張을 갔다가 돌아오지를 못하여 里長 宅에서 자고 朝飯 後에 바로 歸家하였다. 오는 途中에 보니 그래도 端午日이라고 해서 놀러가는 사람들이 눈에 뜨인다. 좋은 날이다. 五月 端午날에는 아가씨들의 날이다. 그네 뛰는 아가씨의 치마자락이 나부기는 新綠의 佳節. 그러나 우리 고장에서 찾어 볼 수 없는 現狀이다. 오늘 三溪里에서는 農業協同組合 發起人 會議를 하기로 하였다. 그래서 面事務所 宿直室에서 20餘名이 參席한 가운데 發起人會議를 開催하였다. 나도 거기에 一人이다. 다음의 設立準備會는 來 九日 夜間에 하기로 하고 헤여졌다. 日曜日이라고 해서 職員이 一名도 出勤을 않았다. 나왔든 職員들도 午後에 일직 退廳하여 버려서 내가 日直을 하였다.

1957年 6月 3日 (陰 5月 6日) 月曜日 晴

잘하나 못하나 間에 그래도 每週 月曜敎養은 繼續해서 하고 있다. 오늘은 前週에 하다 말았던 協同組合定款에 對하여 硏究하였다. 그러고 여러 가지 事務形便 上 일직히 끝마치였다. 지난 1日에 開會되였든 面議會가 오늘 다시 續開되였다. 出納監查를 한 後에 決算報告를 받는다고 하면서 會計事務監査를 終日토록 하고 있다. 이것도 全 職員이 다 같이 贊成을 한 일이라면 몰라도 單 한 사람이 特히 甚하게 하고 있다. 自己네들이 一一히 監査하여 보았자 별 것도 없을 터인데 이 바쁜 때에 무었 한다고 그러한 일들을 하고 있는지 알 수 없다. 밤에 學眞이 집에 弔問을 가 보았다. 어제 낮에 自己 祖母喪을 當하였는데 낮에는 가서 볼 餘暇도 없고 해서 오늘 밤에 學仁이하고 같이 갔었다.

1957年 6月 4日 (陰 5月 7日) 火曜日 晴 後 曇

지난 6月 1日부터 始作한 面議會는 오늘도 繼續 開會하고 있다. 오늘은 事務監査를 하고 있다. 勿論 議會에 監査權이 賦與되여 있는 限 누가 여기에 對하여 理[異]論을 따진 바는 않이나 現在의 事情이 大端 複雜하여 가지고 있는데 벌써 3日間을 여기에 消費하고 있으니 自然 論理의 對象이 되고 만다. 多幸히도 午後에 閉會式은 하였다. 그러나 行政機關에서는 이것으로서 끝인 바 않이다. 3日間의 勞苦를 풀어준다고 해서 海谷으로 다리고 갔다. 勿論 盛大한 宴會席이야 갖이지 못할 터이지만 그래도 豫算이 不足한 面의 立場으로서 매우 困難한 問題이다. 그 關係로 해서 일직히 집에 돌아와서 있으니가 朱川 甥姪女가 왔다. 누님은 못 오시고 혼자서 왔다.

1957年 6月 5日 (陰 5月 8日) 水曜日 雨 (泰[颱]風)

아침에 일어나서 보니 細雨가 나리고 있다. 어제 午後에부터 日氣가 좋지 못하여 이미 豫期하였든 바이다. 午前에 出勤하여 어제 任實敎育區 主催로 開催한 排球大會에 三溪面 一般팀에 出戰을 하였는데 前般戰에 敗하고 말었다는 이야기를 들었다. 아무리 生覺하여도 自身이 없는 일을 쓸데없는 經費만 消費하고 말었다.

오늘은 日氣가 좋지 못한 關係인지 職員은 많이 不參하였다. 그래서 나도 午後에는 出勤을 않고 집에서 낮잠만 자고 말었다. 午前부터 불기 始作한 바람은 더욱더 强風으로 來습하고 있다. 오늘의 바람으로 보리와 大麻에 對하여서는 莫大한 被害를 입었다. 多幸히도 麥作이 今年에 그다지 나쁜 便은 않이였는데 오늘 하루로서 今年度의 麥類는 大

敗이다. 오늘의 바람은 近來에 없는 아주 무서운 바람이였다. 아마 田作物 뿐만 않이라 여러 가지 面에 있어서 莫大한 被害가 있을 것이 豫想된다.

1957年 6月 6日 (陰 5月 9日) 木曜日 曇 (顯忠日)

오늘 姊兄 宅의 移秧을 하였다. 첫 모는 이미 심었지만 그래도 오늘은 많은 人夫를 거느리고 移秧하기 때문에 事實上 첫 모 심은 것이나 다름이 없다. 午後에 나도 할 일도 없고 또 移秧하는데도 늦게 끝날 것 같어서 夕陽에 가서 暫間 助力하여 주었다. 나로서는 今年에 처음 심어본 모이다. 夕陽에 이슬비가 한 방울식 나리기 始作하였으나 비는 오지 않고 그다지 늦지 않게 끝낫다.

1957年 6月 8日 (陰 5月 11日) 土曜日 晴

其間에 한 번 있을 것을 豫期하였든 擔當事務의 異動이 오늘 實施되였다. 그러나 極히 細部的인 面에서 實施되였다. 郡의 係 編成과 同一한 內容으로 하기 爲하여 從前의 兵事와 社會를 合하여 指導係라는 名稱下에 나 혼자서 擔當키로 하였다. 그리고 社會事務를 擔當하였든 吳春泳 氏가 農産係로 갔다. 事務의 異動이라는 것은 이밖에 하지 않았다. 나는 事實上에 있어서 事務가 1人分이 加上되여 앞으로 執務하는데 支障없이 제대로 進行이 될 것인지 매우 근심되는 바 크다.

午後에 學仁이가 阿山市場에 놀러 가자고 해서 갔다가 鎬俊이 집에 가서 크나큰 癈[弊]만 끼치고 돌아왔다. 勿論 이와 같은 作亂도 이때뿐이지 無情한 歲月 흐르게 되면 이것도 어려운 일이다. 그러나 거기 사람들은 우리들의 노는 것을 異狀하게 생각하였을지도 모른다.

1957年 6月 9日 (陰 5月 12日) 日曜日 晴

지난 4日에 왔든 任燮이가 오늘 간다고 해서 뻐-쓰로 餞送을 하고 面으로 나갔다. 日曜日이니가 집에 일이라도 할 일이지만 나무하는 아이가 있고 보니 自然 中 마음이 늦어진다.

空然이 出勤하였다가 우스운 일만 이러났다. 卽 德溪里 許旼 氏가 와서 하는 말이 行旅者가 어제 德溪里 앞 道路에서 南兒를 生産하여 現在 德溪里에서 保護 中에 있다고 한다. 그래서 面長이 나더러 다녀오라고 한다. 그래 助産費를 마련하여 가지고 가서 보니 어제 그러한 일이 있었다고 風說만 떠돌았지 現實을 보았다고 하는 사람은 하나도 없다. 허망하기 짝이 없다. 돌아오면서 생각하니 우숨이 절로 난다. 이러기에 말이란 것은 自己 눈으로 보고 해야만 틀림이 없는 것이다.

1957年 6月 10日 (陰 5月 13日) 月曜日 晴

이제까지 그다지 複雜한 줄 모르고 지나왔든 나의 擔當事務가 오늘부터는 매우 複雜하여젔다. 日前에 實施한 事務分擔에 依하여 午後에 事務의 引受를 하였다. 그러나 實上인즉 內容을 보니 말이 않이다. 原則上으로 한다면은 그대로 引受할 수 없고 不足된 것은 補充을 해서 引受할 일이나 引繼職員의 氣分도 좋지 않은 것 같어서 아무 말 없이 깨끝이 引受하였다. 그래가지고 午後에는 册床과 書籍을 整理하였다. 앞으로 일할 것을 生覺하니 實로 莫然하였다. 그러나 나의 生覺으로는 어떠한 일이 있드라도 제때에 完結을 짓고 未決 없이 하여 볼여고 하는데 그와 같이 될 것인지 매우 걱정된다.

1957年 6月 11日 (陰 5月 14日) 火曜日 晴 (里長會議)

農事 關係로서 里長會議를 召集하였다. 그래서 나도 이 機會를 利用하여 今般 實施케 되는 住宅 問題에 對하여 指示를 하였다. 그리고 報告書도 받었다. 兵事事務만을 擔當하였을 때에는 그래도 單純한 便이엿는데 社會事務는 里長으로부터 報告를 받는데 아주 질색이다. 暫間만 앉아서 일을 하면은 能히 할 수 있는 報告書까지도 數次에 限하여 督促을 하므로서 提出하여 주니 앞으로 일하여 나가는데 매우 근심된다.

저녁에는 部落委員會議 하는데 나가서 보았다. 主로 今般 配當된 住宅建設에 對하여 對象選定을 하는데 範植이로 選定되였다.

1957年 6月 12日 (陰 5月 15日) 水曜日 曇

面事務所 앞의 花壇 新設

1957年 6月 13日 (陰 5月 16日) 木曜日 晴 (住宅組合 會議)

今般에 實施하게 되는 住宅建設事業에 對하여 組合을 組織코저 午後에 該當者會議를 召集하였다. 그러나 다른 때와 같이 閑暇할 때가 않이라 午前에 그대로 面事務所에 앉어 있을 수 없다. 要는 救護對象者

調査를 一齊히 實施하라고 하여서 가차운 鴻谷 二區를 다녀왔다. 里長과 같이 家庭訪問을 하면서 實地調査를 하여본 바 다 같이 困難한 家庭뿐이였다. 事實上 救護糧이라고 나온 것이 아주 形便 없이 나오고 있는데 그나마도 갖어가겠다고 아우성을 치고 있다. 午後에 住宅組合員會議를 開催하고 希望者에 對하여 誓約書를 받었다. 이것도 當初에는 너도 나도 하드니 計劃 그대로를 施行하기 매우 困難하다고 抱[拋]棄하고 돌아가 버린 사람도 있었다.

1957年 6月 14日 (陰 5月 17日) 金曜日 晴

數日 前까지만 하여도 할 일이 없드니 요새에는 무슨 일을 해야 할 줄을 모를 程度이다. 午前에는 住宅建設 關係로 出張도 못 나가고 事務室을 지키고 있었다. 그러나 面事務所에 앉어 있어도 마음만은 前과 같이 閑暇한 때가 없다. 그러한데 夏節期가 닥처오고 보니 나의 몸은 弱하여저 간다. 언제나 여름이면 困難을 當한데 今年에도 그러한 것 같다. 오늘도 中食 後에 宿直室에서 낮잠을 자고 났다. 그리고서 蓬峴一區와 鴻谷 二區를 다녀서 왔다. 鴻谷 一區에 가서는 里長도 없어서 班長과 같이 다니면서 調査를 하였다. 그리고 늦게 歸家하였다. 오늘 蓬峴 二區 4H구락부에 對하여 警察署長이 直接 나려와서 表彰을 하고 돌아갔다. 要는 今春에 盜賊을 한 명 檢擧하여 갖이고 押送을 하였는데 그 關係이다.

1957年 6月 15日 (陰 5月 18日) 土曜日 晴 後 曇

요새에는 너무도 바쁘다. 무슨 일을 해야만 할 것인지 精神을 찰일 수가 없다. 오늘도 午前에 救護對象者 調査 次 德溪里에 出張을 가보았으나 里長이 없어서 그대로 歸家하였다. 中食 後에 面事務所에 나가보니 李海炯 沈炳八 沈燦茂가 海谷으로 술 마시로 가자고 해서 四名이 同行하였다. 먼저 川邊에서 沐浴을 하고 들어갔다. 닭 살 데가 없어서 우리들이 魚目까지 가서 사가지고 돌아와서 보니 金鐘基 巡警이 와서 있다. 그래서 같이 기다리다가 술을 마시고 어두운 밤길을 헤매이고 늦게 집에 돌아왔다. 身體로 보아서 禁酒를 해야 할 일인데 그것을 實行을 못하고 언제나 苦痛을 하고 있다.

1957年 6月 16日 日曜日 曇 後 雨 (協同組合 組織)

그間 數日間을 두고 推進하여 나왔든 三溪里 農業協同組合 創立總會를 國民學校 敎室에서 開催하였다. 내가 무슨 여기에 對하여 크나큰 責任을 갖인 바는 않이지만 發起人의 한 사람으로서 여기에 積極 協力하여 왔었다. 多幸히도 오늘의 會議는 圓滿한 雰圍氣 아래 無事히 끝을 맺었다. 總 加入者 112名 中 82名이 集合한 가운대 會議는 進行되여 臨時議長에 金學進 氏가 書記에는 내가 選出 되였다. 會議는 順序的으로 進行되는데 組合長에는 金學仁이가 絶對多數로서 當選되고 理事를 選擧하는 데는 3次 投票까지 하였다. 그 結果 나 같은 사람에게도 理事라는 감투?가 나려왔다. 나로서는 事實 생각에도 없는 일이다. 그러나 다만 一但[旦] 組織이 完了된 以上 遜色 없이 運營되여야 할 것이다.

1957年 6月 17日 (陰5月 20日) 月曜日 曇 雨

每週 實施하는 月曜敎養을 그래도 빠지지 않고 繼續 實施하고 있다는 것이 퍽으나 반가운 일이다. 오늘도 形式的이나 地方自治法에 對하여 副面長으로부터 講義가 있었다. 講義라는 것보다도 읽은 程度로서 끝났다. 午前에 郡守가 왔다가 阿山 蠶繭共販所를 다녀갔다. 그 뒤를 이어서 바로 職員 出張 計劃이였다. 그래서 나는 出張만 내여 놓고 別途로 救護對象者 調査 次 午後에 磊川里를 거처 三溪 一區와 斗月里를 調査하였다. 斗月里에는 마침 協同組合 創立總會가 開催되고 있는 中이였다. 그래서 그것을 끝난 것을 보고 늦게 돌아왔다.

1957年 6月 18日 (陰 5月 21日) 火曜日 晴 曇 雨

他 職員은 어제부터 畦畔* 大豆 播種에 對한 指導 次 各自 擔當部落으로 出張을 나갔다. 그러나 나는 別途로 救護對象者 調査 次 上三溪 一帶로 나가 보았다. 漁隱里를 가보니 마침 里長이 있다. 今年 봄부터 建築 中에 있든 家屋이 完了되였다. 內部를 보니 大規模的 文化住宅이다. 中食을 거기서 먹고 書記와 같이 家庭訪問을 하여보고 梧枝 一區로 갔드니 거기도 多幸히 里長이 있엇다. 그래 거기서도 끝내고 梧枝 二區로 가서 보니 里長이 집에 없어서 보지도 못하고 그대로 돌아오다가 마을 앞 酒幕에서 鄭 面長任을 맛나가지고 濁酒를 마시고 돌아왔다. 人間的인 面에서 볼 때에 아주 훌륭한 분이다.

---

* 밭과 밭 사이의 경계를 이루고 있거나 밭가에 둘러 있는 둑.

1957年 6月 19日 (陰 5月 22日) 水曜日 曇

오늘은 下三溪 一帶로 出張을 가기 爲하여 8時 半 頃에 出發하였다. 먼저 洗心 一區에 가서 調査를 하고 다니는데 許仁秀 鶴亭 出張 간다고 와서 같이 갔다. 鶴亭 一區에 가서 調査한 동안에 三區를 仁秀가 간다고 하여서 거기다 付託하고 나는 二區로 갔다. 거기 가서 보니 稅金 徵收 次 盧植이와 基洙가 와서 있다. 거기서 中食을 먹고 里長과 같이 다니면서 調査를 하고 稅金徵收班과 같이 나려왔다. 洗心 三區와 二區를 다녀서 洗心 一區 村前 酒幕에서 술 한 잔식을 마시고 나하고 仁秀는 蓬峴 二區로 나려가고 基洙와 盧植이는 바로 歸家하였다. 蓬峴 二區를 다녀 阿山市場에 가서 蠶繭共販場所에 가서 暫間 보고 거기서 理髮을 하고 川邊에 가서 沐浴을 하고 仁秀와 같이 늦게 歸家하였다.

1957年 6月 20日 (陰 5月 23日) 木曜日 曇

요새에는 무슨 事務를 먼저 處理하여야 할지 先後를 가릴 수 없을 程度이다. 內務도 무었을 먼저 處理하여야 좋을지 精神을 차릴 수 없는데 連日 出張만을 나가라고 하니 딱할 일이다. 어제까지 出張을 마치고 오늘은 全 職員이 登廳을 하였는데 午後부터 다시 出張을 하라고 한다. 나는 여러 가지 複雜하여 斗月里만 나가고 德溪里는 副面長에게 一任하였다. 今年에 萬若 이 畦畔 大豆 播種에 對하여 計劃이 없었드라면 무었으로서 職員들을 괴롭혓을 것인지 道知事나 産業局長이 精神 나간 사람들이라고 않이 볼 수 없다. 農村에서는 벌써 언제부터 實施하여 오고 있는 畦畔 大豆 播種을 이제야 督勵를 하면서 큰소리만 하고 있으니 可笑롭다고 않이 할 수 없다. 그러나 末端 公務員으로서 누구의 命令이라고 拒否할 수 있으랴. 식힌 대로 해야지.

1957年 6月 21日 (陰 5月 24日) 金曜日 曇 雨

어제 出張을 못하여서 오늘은 일직 다녀올여고 斗月里로 가보았다. 그러나 里長은 德溪里 海炯의 兄任 出喪한 데 가버리고 없다. 그래서 出張用務만을 記錄하여 놓고 나오니가 松亭에서 기다리고 있다고 하여 그리 가서보니 吉雨와 같이 있엇다. 그래 거기서 暫間 놀다가 歸廳하였다. 午後에 24日 會議에 參席할 때 持參하여야 할 各種 統計表 等을 作成하였다.

오늘 如前히 날씨 좋지 못하다. 하루 終日 구름이 끼여 있고 때때로 비방울이 나리고 있다. 벌서 여러 날째 繼續 흐리고 있다. 麥類 收穫하는데 적지 않은 支障을 招來하고 있다. 來日이라도 개인 날씨가 되여 주어야 하겠다.

1957年 6月 22日 (陰 5月 25日) 土曜日 曇 (夏至)

歲月의 흐름도 相當히 빠르다. 벌써 오늘이 夏至이라니 정말 빠르다. 오늘로서 晝間이 第一 길다. 앞으로 차츰차츰 夜間도 時間이 느러가는 판이다. 連日 흐린 날씨는 오늘도 繼續 흐리고 있다. 어제의 出張을 끝마치기 위하여 斗月里에 나가 보았다. 온 들판에서 많은 農夫들이 가을의 收穫을 爲하여 바쁘게 일하고 있다. 一部에서는 麥類의 收穫을 하고 있다. 이와 같이 男女老少가 總 出役을 하고 있는데 出張 다닌다고 들판을 지나갈여면 어색한 感이 없지도 않다. 里長을 들에서 맛나

用務를 마치고 바로 歸廳하였다. 그래가지고 24日 會議에 가저갈 書類를 대강 準備하여 놓앗다. 午後에 退廳하다가 學仁이를 맞나 가지고 酒幕에 가서 술을 마시였다. 會計員이 가지 않고 있어 같이 늣도록 마시였다.

1957年 6月 23日 (陰 5月 26日) 日曜日 晴

數日間을 흐리였든 날씨가 오늘 비로소 개엿다. 그래서 日曜日도 되고 날씨도 좋고 하여 보리를 베였다. 堆肥나 肥料를 相當히 많이 하여서 잘되지는 못하엿으나 그래도 어느 程度는 되였는데 지난번 暴風으로 因하야 全部 쓰러저 버렸다. 그래서 收穫도 減 되였을 것이며 베는데도 支障이 많았다. 午前에 논보리를 베고 밭보리의 一部만을 베고 午後에는 淳永이에게 一任하고 나는 面에 나가서 놀고 말었다. 確實이 農業은 繼續해서 하여온 사람이라야 하지 그렇지 않으면 매우 困難하다. 한나절 일을 하였어도 허리가 앞으고 매우 困難하였다. 언제나 公務員 生活만 할 것인지? 이래가지고는 일은 못할 것 같다.

1957年 6月 24日 (陰 5月 27日) 月曜日 晴 (任實 出張)

指導事務擔當者會議라고 하여 뻐-쓰로 任實까지 갔엇다. 오늘은 會議가 않이였다. 내가 豫期했든 바나 틀림이 없다. 卽 6月末 現在 統計表 作業 次 召集했든 것이다. 가서보니 아직 他 面에서는 上郡치 않았다. 내가 맨 먼저 參席한 便이다. 郡守室에 들어가서 若干의 指示를 받고 統計表를 作成하여 주었다. 午前에 끝났다. 中食을 郡에서 提供하여 주어서 中食代는 切約한 便이다. 午後에 나려오는 뻐-쓰를 기다리는 時間에 敎養講義 하는 데를 드러가서 보았다. 任實 保健診療所長이 나와서 傳染病에 對하여 講義를 하고 있다. 그것을 듯고 東溪 行 뻐-쓰로 나려왔다. 面에 와서 暫間 用務를 마치고 바로 집에 들어와서 어제 베였든 보리를 運搬하였다. 그다지 많지도 않아서 運搬하는 데는 速히 끝났다.

1957年 6月 25日 (陰 5月 28日) 火曜日 曇 (6.25날)

感激도 새로운 6.25 7週年을 맞이하여 오늘 學校 運動場에서 記念式을 擧行하였다. 式이라고 해야 面 職員 學校 職員와 學校 兒童들뿐이였다. 勿論 農繁期가 되고 보니 바쁠 것은 事實이지만 그래도 오늘의 式典에는 必히 參席하여야 옳을 것이다. 機關長이라고 해야 面長뿐이다. 우리가 뼈저리게 격거본 6.25動亂 3個月 동안을 回想하여 볼 적에 오늘의 式典에 <한번>쯤은 參席하여 滅共精神을 새롭혀 본 것도 無意味한 일은 않일 것이다. 北韓에서는 再南侵을 할여고 虎視耽耽[眈眈] 機會만을 노리고 軍備擴張에 血眼이 되고 있지 않는가. 우리들은 오늘을 期하여 더욱 힘을 합하여 쓰라린 6.25가 다시 오지 않도록 一致團結하여야 할 것이다.

1957年 6月 26日 (陰 5月 29日) 水曜日 雨 後 曇

어제밤뿌터 나리기 始作한 비는 正午에까지 나리고 끝이였다. 흡족한 비는 되지 못하였을지언정 그래도 웃물이 나려오는 데는 물을 댈 수가 있었다. 나도 논만 갈어 놓았으면 물을 댈 수가 있는데 논을 갈지 못하여 물을 대지도 못하고 말었다. 그러나 後日에라도 速히 물을 댈 수 있게 하기 爲하여 홈대*만을 빌여다 놓았다. 여기저기에서 논을 가느라고 農夫들은 매우 바쁘다.

오늘 午前에 3, 4月分 公務員 糧穀을 노났다. 어제 運搬하여 와서 나는 어제 夕陽에 가저오고 殘量만을 받었다. 末端 公務員들은 여기에다 趣味를 붙이고 事務 執行을 한다고 하여도 그리 큰 過言을 않일 것이다. 事實인즉 俸給이라고 해서 數個月만에 얼마식 주는 것보다 糧穀으로 이렇게 주는 것이 훨신 좋다.

1957年 6月 27日 (陰 5月 30日) 木曜日 曇 後 晴

어제까지 왔든 비가 오늘은 아주 개여버렸다. 그러나 二, 三日 後에는 흡족한 비가 와야할 터인데 그러케 될 겄인지 疑心스럽다. 오늘부터 三溪里 農業協同組合의 事業을 開始하였다. 協同組合이라고 해야 實은 組合長인 學仁이의 個人 資本을 갖이고 하기 때문에 個人의 商業이나 性質性으로 봐서 同一하다. 그러나 앞으로 出資金만 據[醵]出되면은 正常的으로 運營할 수가 있으니 其間이나마 잘 運營되기를 바란다. 저녁에는 나의 宿直當番도 않인데 宿直 次 나갔다가 어린아이가 事務室 內에 숨어있는 것을 發見하였다. 多幸한 일이다. 萬若 내가 暫間만 늦었드라면 公務員 糧穀 分配하여 놓은 것 中에서 一袋쯤은 없어질 겄인데. 그러나 나는 이겄을 그 아이의 將來를 생각하고 祕密에 부치려고 한다.

---

* 논에 물을 대기 위해 나무에 길게 홈을 파서 만든 농기구로 홈통이라고도 한다.

1957年 6月 28日 (陰 6月 1日) 金曜日 晴

여름철이 完然하고 보니 첫째 낮잠이 와서 困難하다. 오늘도 午後에 "펜"을 놀리고 있는데 어뎧게 조름이 오든지 할 수 없어 끝내놓고 나서 宿直室에 가서 約 2時間 程度 자고 났다. 한낮에 暫間식 자는 것은 좋으나 너무 오래도록 자고나면 健康 上에도 좋지 못한데 앞으로 萬若 習慣이 되면 困難할 것 같다. 精神이 돌아온 後에 煜植이네 移秧한 데 가서 助力하여 주었다. 마침 오늘 소가 새기를 나서 논을 다- 갈지 못하고 못자리는 파서 심었다. 完結을 못 지을 줄 알었는데 그래도 完結을 짓고 말었다. 얼마 않된 겄이나마 來日은 우리 논도 갈아서 심어 볼가 하였는데 물이 없어서 아마 틀린 것 같다. 어설프게 얼마 않된 겄이 있고 보니 마음만 바쁘다. 하루 速히 끝내버려야 할 터인데.

1957年 6月 30日 (陰 6月 3日) 日曜日 晴

오늘은 日曜日이 되여서 家事를 돌볼여고 하였는데 그것도 뜻대로 되지 않은다. 今般 實施하게 될 住宅建設 關係로 來月 3日에 面議會를 召集하여야 하게 되며 事前에 나가서 議員에게 議會召集 通知를 發送하였다. 그리고 마침 肥料 運搬하는 車가 있어서 槧樹까지 다녀왔다. 別로 할 일도 없었는데 논에 물 댈 水路가 없어서 板子를 購入 次 나갔엇다. 萬若에 앞으로 비가 오드라도 반드시 있어야 하겠는데 누구에게 빌릴 수도 없고 해서 나가서 購入해 왔다. 午後에 보리 打作을 暫間 하였다. 무슨 일이나 하여 보지 않은 것은 苦痛스럽지만 特히 打麥에 있어서는 더욱더 힘이 必要하다. 暫間하고 面에 나가서 沐浴을 하였드니 氣分이 상쾌하다.

1957年 7月 1日 (陰 6月 4日) 月曜日 曇 (任實 出張)

會議가 있다고 해서 任實까지 가 보았드니 豫期하였든 바이나 틀림없다. 1次 6回 徵集에 對하여 指示가 있다. 三溪面에는 四名의 人員이 下令되였으나 實地 立隊할 壯丁은 2名밖에 되지 않을 것 같다. 下令者 中에 全州市에 居住한 壯丁의 令狀이 있어서 바로 全州까지 가서 보니 旣히 全州市에서 下令이 되여 있다. 그러니 本人으로서는 受領할 理가 없다. 그래서 全州市 兵事係에 가서 確認證만을 해가지고 바로 나려왔다. 市廳쯤만 되여도 職員들이 하는 態度가 農村의 面 職員들과는 틀여 가지고 있다. 親切과 迅速이라는 것은 그들에게서는 찾기 힘들었다. 半年만에 가서 본 全州이것만 求景은 고사하고 中食마저 먹을 時間이 없어서 獒樹에 와서 中食을 먹고 漁隱里長과 같이 步行으로 왔다. 夜間에는 國民班例會 開催 關係 上 參席치 않을 수가 없어 12時가 넘도록 會議를 하였다. 오늘의 하루는 매우 바뻤다.

1957年 7月 2日 (陰 6月 5日) 火曜日 雨 曇 (水稻 移秧)

무슨 일이나 마음을 조려가며 애타울 必要는 없는 것이다. 自然 中 時期가 온 것이니 그것을 가지고 마음을 괴롭히면 그만큼 自己身上에만 괴로운 것이 되고 만다. 今年에도 다른 집에서는 旣往에 移秧이 끝난 家庭이 많은데 나는 얼마 되지도 않은 것을 이제까지 끝내지를 못하였는데 오늘 새벽부터 비가 나리기 始作하여 午前에 물을 넣어가지고 午後에 姊兄과 容基와 같이 네 名이 심었다. 日氣는 고르지 못하여 때때로 비가 나려 옷을 다 버리고 비를 맞어 가며 일지히 끝마쳤다. 그리고 時間的인 餘有가 있어서 正良이 移秧하는데 全員이 가서 助力하여 주었다. 그로 因해서 相當히 늦게까지 일을 하고 어두운 뒤에 들어왔다. 몇日間을 두고 벼르다가 끝내버리고 보니 마음이 閑暇롭다.

1957年 7月 3日 (陰 6月 6日) 水曜日 曇 雨 (面議會)

4290年度 住宅建設事業計劃 關係로써 面議會를 召集하였다. 그랬든 것이 12時가 다 되도록 成員未達로 成會치를 못하고 있었다. 그래서 流會를 할여다가 職員들을 派遣시켜가지고 다시 手配를 해가지고 會議를 열었다. 이와 같이 會議에 參席하기도 싫은 사람들이 무었 대문에 當初 議會議員이 되였는지? 아무리 一身上이나 家庭事에 拘礙된 點이 있다 할지라도 一段[旦] 會合이 있을 때에는 參席해 주어야 하지 이와 같이 느리고서야 어찌 議員된 義務를 다 할 수 있는가? 議案의 處理 一사千里 格으로 하여 모두 原案대로 可決하였다. 會議는 늦게 開催한 關係로 끝나기는 일직 하였다.

1957年 7月 4日 (陰 6月 7日) 木曜日 曇 (美國獨立記念日)

正教師 入營延期願 및 短編願 關係와 住宅建築資金 起債 承認 및 借入 關係書類 作成 關係로 午後 12時가 지나도록 夜勤을 하였다. 어떤 職員은 晝間에도 놀고 있고 어떤 職員은 夜勤까지 해야 되니 고루지 못한 일이다. 그란해도 바쁜 中인데 郡 指導係 李義三이가 무슨 用務인지 出張까지 나와 가지 있다. 모처럼 나왔으나 일이 바뻐서 나의 할 일만을 하였다. 그러나 完結은 짓지 못하고 來日 午前에 일직이 끝내서 보내주어야 하겠다.

1957年 7月 5日 (陰 6月 8日) 金曜日 晴

面事務所 內의 美化作業이 三溪面事務所 같은 데는 郡內에는 없을 것이다. 小使를 三名이나 쓰고 있것만 庭園에는 풀밭이요 室內나 便所 宿直室 할 것 없이 참아볼 수가 없다. 公廳은 姑捨하고 一般家庭도 그와 같이 不潔해 가지고 있지는 않을 것이다. 그래서 오늘은 職員 總動員 下에 廳內 美化作業에 從事하였다. 앞.뒤뜰의 풀을 매고 뒤에 있는 흙을 파서 뒤 허물어진 방천을 하였다. 午前에 郡에 進達할 書類를 進達하고 나도 있는 힘을 다 내여서 끝까지 하였다. 오늘의 일은 職員들에게는 實로 重勞動이였다. 事實 外部의 體面도 困難하였다. 小使가 三名이나 있는 官廳에서 面長 副面長까지 動員되여 풀을 캐고 있는 데는 우리 職員들의 立場으로서도 매우 難處하였다.

1957年 7月 6日 (陰 6月 9日) 土曜日 曇 (里長會議)

今年度 夏穀 收納 關係로 里長會議를 召集하였다. 會議 始作하기 前에 郡守와 行政係長이 와서 다녀갔다. 今年度의 夏穀 收納量이 얼마나 되는지 잘 알 수는 없으나 短時日內에 完結짓기는 어려울 것이다.

언제나 하는 일이지만 例年의 例로 봐서 量의 多少를 莫論하고 面 職員이 擔當部落에 발이 달토록 쫓차 다녀야만 겨우 面目을 세울 것이다. 나는 今年에 擔當事務마저 輻輳한데다가 擔當部落도 어는 部落에 못지 않을 만큼 큰 데가 되여서 매우 念慮스럽다. 會議는 前例에 比較해서 速히 끝났다. 오늘 午 때에 妻母任이 오시고 夕陽에 靈巖 從兄이 오셨다.

1957年 7月 7日 (陰 6月 10日) 日曜日 雨 (一次 六回 徵集)

어제밤 2時 頃에부터 나리는 비는 그칠 줄을 모르고 繼續 나리고 있다. 平常時 같으면 日曜日이요 비도 나리고 하니 便이 쉬였을 것인데 나의 八字로는 거기까지 到達치 못하였다. 卽 一次 六回 徵集 壯丁을 引率해다 주어야 하기 때문에 어제의 約束대로 하기 爲하여 뻐-쓰를 기달였으나 물이 많아서 뻐-쓰마저 오지 않았다. 그래서 別數 없이 步行으로 槧樹까지 가서 보니 許晟旭과 金必植이가 먼저 나와서 기다리고 있다. 그래서 뻐쓰가 있어 바로 任實까지 갔다. 今般에는 人員이 적어서 郡에서도 매우 閑暇하였다. 午後에 郡 畜産協同組合 總會가 있어 들어가 보았드니 任員選擧를 하고 있다. 組合長에는 金東錫 氏 當選되고 三溪面에서는 鄭炳燮 氏가 理事에 當選되였다. 會議는 늦게 끝났다. 車를 貸切해 가지고 槧樹 와가지고 屯南面 事務所에 잣다.

1957年 7月 8日 (陰 6月 11日) 月曜日 雨 曇

아침에 일직히 學仁이가 찾어 와서 잠을 깨여 가지고 屯南面事務所 宿直室을 나왔다. 그대로 歸家할여고 하다가 朝飯을 먹고 가자고 하여 韓成旅館으로 갔었다. 어제밤 柳三奎 氏가 여기 와서 잣기 때문에 그리로 찾어갔든 것이다. 거기에 가서 朝飯을 먹고 12時가 되도록 앉어 놀았다. 女給 하나 있는 것을 보고 來客의 往來가 많다. 事實上에 있어 女給들이야말로 男性에게 있어서는 第一 禁物인데도 不拘하고 뭇 男性들은 여기에 精神을 팔리고 있다. 1時가 지난 後에 步行으로 三溪까지 왔다.

1957年 7月 9日 (6月 12日) 火曜日 雨 曇

나리는 비는 그칠 줄을 모르고 繼續 흐리고 있다. 그만 깨끗하게 개여도 移秧은 完全히 끝나는데 너무 過히 나리고 있다. 萬若 더 繼續하여 나리게 되면 적지 않은 水害가 있을 것 같다. 職員들도 別로 없이 室內에는 매우 조용하였다. 나도 오늘은 閑暇한 便이였다. 요새 몇日間은 新聞도 제대로 읽어볼 餘暇가 적었다. 그러나 요새의 特報로서는 國防部長官에 空軍 參謀總長이든 金貞烈 中將이 任命되였다. 이제 나이 41歲인 靑年 將軍인데 한層 더해서 長官이라니 참으로 놀라운 일이다. 國外 消息으로서는 共產獨裁國家 蘇聯에서 "스타린" 派의 大大的인 숙청이 展開되였다. 오래동안 外交界에서 그의 이름을 떨친 바 있는 "모로토프" 前 首相 "마렌코프" "카가노빗치" 等이 共產黨 中央委員會로부터 쫓겨나게 되였다. 鐵의 帳幕인 共產政權이 무너질 徵兆인가 보다.

1957年 7月 10日 (陰 6月 13日) 水曜日 晴 曇

몇日 동안 繼續的으로 나리든 비가 오늘은 개였다. 그러나 구름만은 如前히 그대로 남어서 完全히 개인 날씨라고 할 수가 없다. 오늘 今年渡 徵兵檢査에서 不合格된 壯丁들의 身體를 再確認하기 爲하여 本署 兵事係 金南斗 巡警이 나왔다. 勿論 오늘 나와서 再確認 하는 것은 얼마든지 좋은 일이나 이 바쁜 때에 오라고 하는 것은 多少 未安한 일이다. 代理受檢이나 金錢으로서 左右된 일이 없는가 해서 그러한 模樣인데 事實上 本面에는 該當되지 않은 일이다. 只今도 말 들으면 司令部에서는 얼마든지 하고 있는 것 같은데 이제 와서 微弱한 農村 壯丁만 다루어 보았자 別로 神通한 일 없을 것이다. 午後 3時 頃에 出發하였다.

1957年 7月 11日 (陰 6月 14日) 木曜日 曇 雨

어제 夕陽에 하는 것을 보니 날씨가 개일 것 같으니 오늘 또다시 비까지 내리게 하였다. 비가 나려도 적은 비가 않이였다. 暫間 동안 나린 비이지만 降雨量으로 보아서는 相當히 많이 나린 비다. 이와 같이 한 번에 많이 나린 비를 時期的으로 調節만 할 수 있다면은 一年間의 農事는 無難할 수 있는데 웬일로 나릴 때만 繼續 나리고 있는지 只今쯤은 누구나 다- 같이 그만 나리기를 苦待하고 있을 것이다.

1957年 7月 12日 (陰 6月 15日) 金曜日 曇 (流頭日)

이제부터 夏穀 收納 關係로 因해서 職員들의 出張이 始作된다. 來日 收納日이라고 해서 午後부터 出張을 나가라고 한다. 그러나 이것은 上司들도 實情에 맞지 않은 出張이다. 누구나가 다- 알 수 있는 요새의 暴雨로 因해서 打麥이나 乾繰[燥]가 아직 멀었을 것인데 無條件하고 出張만 가라고 하면 困難한 일이다. 困難이라는 것보다 內務에 支障이 있다.

다-아는 일로서 이와 같을 때에는 自家出張밖에 되지 않은데 內務에 閑暇한 職員은 그도 相關없지만 그렇지 않은 사람은 매우 困難하다. 나도 오늘의 出張은 斷念하였다. 來日의 共販日에 夏穀 出荷될 理는 萬無하고 安心하고 집에 와서 낮잠만 실컨 잣다.

1957年 7月 13日 (陰 6月 16日) 土曜日 曇

오늘도 날씨는 如前히 흐릴 氣勢를 보이고 있다. 아침에 暫間 비가 나리였으나 多幸히 繼續되지는 않았다. 그러나 구름만은 終日토록 北進

을 繼續하고 있다. 구름이 들어 간대로 비가 나린다면은 또다시 큰 비가 나리겠다. 오늘의 收納日에 夏穀은 않 나올망정 斗月里에 出張은 가야할 것 같어서 面으로 다녀서 가볼여고 하였는데 마침 斗月里長이 肥料를 가질러 왔다가 가지 않고 있어 付託만을 하고 나가지는 않았다. 亦是 오늘은 檢査員만이 다녀갔을 뿐 夏穀은 一叺도 나오지 않았다. 앞으로 日氣가 좋아야 다음 收納日에 多少라도 出荷될 것이다. 他職員은 出張을 기화로 各自 집만 出張을 하고 있는데 나는 終日토록 面事務所를 지키고 있었다. 午後에 朱川面 큰누님이 오셨다. 來日이 어머님이 生辰日이 되여서 오신 겄이다.

1957年 7月 14日 (陰 6月 17日) 日曜日 曇 雨 (母親 生辰日)

누구나 다- 自己의 出生日을 記念하기 爲하여 每年 生日을 잊지 않고 있다. 오늘은 나로서는 平生 잊어서는 않이 될 어머님의 生辰日이다. 다른 사람도 누구나 다- 같이 父母의 生日이라면 特히 生覺을 하고 있지만 나로서는 자나 깨나 잊지 못할 處地에 놓여 있다. 오-직 못난 이 子息 하나만을 爲하여 平生을 苦生하셨는데 나는 여기에 對하여 百分之一도 그 恩惠를 갚지 못하고 있다. 그러타고 해서 每年 1回式 있는 生辰日이나마 제대로 하느냐 하면 그것 하나도 남과 같이 子息의 道理를 履行치 못하고 있으니 무어라고 할 말이 없다.

그러나 오늘도 例年과 다름없는 簡素한 食事 程度이였다. 午後에 논에를 나가보니 방천이 허무러젓다. 相當한 일거리가 되여서 매우 심난하다.

1957年 7月 15日 (陰 6月 18日) 月曜日 曇

其間 繼續해 나오든 月曜教養에 出張 關係로 몇 次例 不參하였드니 오늘은 나의 擔當이 되였다. 實은 前週 月曜教養이 나의 擔當이였고 今日은 副面長 擔當인데 交對[代]해서 한 셈이 된다. 그래서 어제 暫間 教材를 硏究해 가지고 온 公務員法에 對하여 實施하여 보았다. 約 一時間 程度 實施하여 보았지만 事實에 있어 아무 所得이 없다고 본다. 講義를 하고 있는 나로서는 아는 것이 없음으로 남이 알어 듯고 理解하기 쉬운 講義를 못하고 그로 因하여 듣는 職員들도 여기에 別로 關心을 갖지 않고 있기 때문에 事實上에 있어 時間만 虛費하고 만다. 그러나 나로서는 責任을 完遂했다고 본다. 午後부터 다시 夏穀 收納 督勵 次 職員出張이다. 그래서 그 便에 今般 實施해야 할 軍警援護對象者家庭 實態調査書를 依賴하였다.

1957年 7月 16日 (陰 6月 19日) 火曜日 曇 雨

어제부터 夏穀 收納 督勵 次 全 職員이 出張인데 어제 나가보지 못하고 오늘 午後에 나가 보았다. 먼저 德溪里에 가서 里 書記에게 軍事援護對象者 調査書를 依賴하고 斗月里로 나려갓다. 當初의 計劃은 오늘 德溪里를 보고 來日 斗月里를 볼여고 한 것인데 德溪里 書記가 午後에 打麥을 한다고 해서 計劃을 바뀐 것이다.

斗月里에 가서 보니 店房에 梧枝里 鄭榮均 氏와 相元 氏가 술을 마시고 있다. 그래서 거기에 들어가서 같이 談笑하고 있다가 里長을 그 자리로 오라고 해가지고 用務만을 이야기하여 주고 말었다. 酒客들만이 모여 앉어 있는데는 不酒客으로서는 어울리지 않았다.

1957年 7月 17日 (陰 6月 20日) 水曜日 曇 雨 (制憲節 初伏)

오늘은 여러 가지 面에 있어 意義가 깊은 날이다. 지금으로부터 10年前 制憲國會에서는 國家의 母法인 憲法을 制定하여 公布한 聖스러운 記念日이것만 憲政 10年인 우리 歷史를 더듬어 볼진대 波瀾曲折도 많았다. 거기에다 오늘은 初伏이라고 해서 到處에서 伏다름을 하고 있다. 三溪里에서도 오늘을 期해서 老人들을 慰勞하는 한便 全 部落民이 한 잔식 마시고 즐거웁게 하루를 消日 할여고 當初의 計劃은 좋았것만 結果的으로 추態를 演出하고 말었다. 壯年 青年 할 것 없이 싸움이 버러진 그 場面이야말로 可觀이였다. 너무나도 寒心스러운 일이였다. 나는 여기에 對하여 仲裁시키느라고 아침에 입고 나간 下衣를 버리고 구두마저 진탕을 처 버렸다. 제발 德分에 禁酒 좀 했으면 좋겠다.

1957年 7月 18日 (陰 6月 21日) 木曜日 曇

어제 아침에 논의 방천을 構築하다가 아프기 始作한 허리를 어제 午後 남의 싸움 말리러 다니느라고 앞은 줄을 모르고 돌아다녔드니 아침에 일어나니 苦痛이 매우 甚하다. 步行하는데도 매우 困難하였다. 그러나 집에 있기도 싫고 그대로 出勤하였다. 11時 頃에 學仁이가 와서 學明이 집으로 돼지고기를 먹으러 가지고 해서 아프다는 것을 理由 삼어 副面長에게 許可를 얻어 "가루개"까지 갔다. 어제 가기로 하였든 것인데 몸도 不便하고 싸움 통에 가지 못하고 오늘 다시 넘어오라는 通知가 있어 갔든 것이다. 오래만에 돼지내장을 對하여 相當히 많이 먹고 돌아왔다. 午後에는 오래만에 받[밭] 求景을 하고 집에 와서 놀았다.

1957年 7月 19日 (陰 6月 22日) 金曜日 曇 雨 (里長會議)

今年度 夏穀收納日이 이미 二次나 지났것만 夏穀은 一叺도 出荷되지 않았다. 그래서 오늘은 또다시 里長會議를 召集하였다. 會議의 案件은 主로 夏穀 收納 關係이다. 勿論 지난 二回의 收納日에 있어 現物이 一叺도 出荷되지 않았다는데 對하여는 出荷義務者들도 理由가 있다. 지난 7日부터 始作한 비가 오늘날까지 하루도 빠진 날이 없이 繼續 흐리고 있다. 그 關係로 因해서 事實上 거개의 農家에서는 打麥을 하지 못하여 食糧 問題로도 打擊을 받고 있는 處地이라 出荷할 餘暇가 없었다. 午後부터 다시 出張을 나가라고 해서 全 職員은 다시 出張을 나갔다. 夏穀의 出荷가 問題가 않이다. 要는 하루 速히 장마가 개여 晴明한 날씨가 繼續되여야 만이 早速한 時日 內에 完了될 것이다.

1957年 7月 20日 (陰 6月 23日) 土曜日 雨 後 曇

夏穀 收納 督勵 次 出張을 나가야 하겠는데 오늘도 비가 오고 있으니 가보았자 別로 神通한 일이 없을 것 같아서 나가보지도 않고 말었다. 게다가 오늘은 槳樹市日이고 보니 나가보았자 里長이나 班長 相對하기도 어려울 것 같아서 깨끝이 斷念하고 面事務所만을 지키고 말었다.

1957年 7月 21日 (陰 6月 24日) 日曜日 曇 雨

어제 副面長 會議의 結果를 指示받기 爲하여 出張 갔든 職員들이 全員 歸廳하기로 하였다. 그래서 오늘이나마 나가 볼가 하다가 結果를 들은 後에 나가 볼여고 한 것이 오늘도 그럭저럭 해만 넘기고 말았다. 職員

들도 몇 名은 나오지도 않고 있다. 날마다 出張 한번 제대로 나가보지 못하면서 內務만 深[沈]滯되여 가고 있다. 그래서 오늘은 內務를 多少間 處理하였다. 內務만 해도 눈코 뜰 새 없이 바쁜데 날마다 出張을 가야하니 너무나도 過重한 일이다. 末端에는 이와 같은 隘路가 있는데도 不拘하고 上級官廳에서는 그것을 몰라주고 있으니 언제나 複雜 當하는 것은 末職者 뿐이다. 아침에 姊兄 正良 爀圭가 와서 논에 호미질을 하여 주었다.

1957年 7月 22日 (陰 6月 25日) 月曜日 曇

언제나 있는 月曜敎養도 오늘은 中止하였다. 어제 할여다 못한 副面長會議 結果에 對하여 指示가 있었다. 그 指示라고 하는 것은 不問可知였다. 夏穀 收納에 對하여 如何한 難關이 있다 할지라도 今月 末日까지 期必 完了하라고 한다. 雨天도 不問하고 期於코 責任을 完遂해야 한다고 하고 있다. 面長으로부터 우리 廳內의 規律 問題에 對하여 여러 가지 말이 있었다. 여기에 對하여는 나도 어데까지나 贊成한다. 事實 우리 面 職員의 規律이란 外部 職員이 볼 때에 寒心하기 짝이 없을 만큼 紊亂해 가지고 있다. 좀 더 是正할 必要가 있다. 午後에 出張을 갈여고 한데 또다시 비가 나리기 始作하여 斷念치 않을 수 없다. 너무나도 많은 비가 나려서 논의 방천이 또 한 간데 생겼다.

1957年 7月 23日 (陰 6月 26日) 火曜日 晴 (任實 出張)

4290年度 住宅建設 資金融資 關係로 오늘 任實에 上郡하였다. 小使 便

에 보낼여고 하였다가 內容도 알기 兼해서 올라갔다. 어제 비로 因하여 빠-쓰가 들어오지 않아서 獒樹까지 步行하였다. 任實 가는데 兼하여 三溪里 農業協同組合 設立 登錄 申請 關係書類를 가지고 갔다. 그래서 郡에 가서 用務가 大端히 바뻤다. 協同組合 關係는 部落에 發起人 中에서 해야 할 일이지만 누구 하나 率先해서 할 사람이 없어 結局 내가 가지고 간 것이다. 多幸히 用務를 마치고 나와 보니 東溪 行 빠쓰가 到着되여 있어 바로 나려왔다. 用務가 바뻐서 中食마저 먹지 않고 任實을 다녀왔다. 面에 와서 보니 夏穀 收納이라고 한 것이 겨우 40餘叺 出荷되였다. 그나마도 今年으로는 처음 收納이다.

1957年 7月 24日 (陰 6月 27日) 水曜日 晴 (吉宰 돐)

歲月은 빠르다. 吉宰의 낳은 날이 어제와 같으니 벌서 한 돐이 돌아왔다. 돐이 돌아와도 아직 스지도 못하나마 그래도 나를 알어보고 반겨하며 달어드는 것을 보면 어덴지 모르게 귀엽다. 그래서 이름도 내가 自作하였다. 다만 앞으로 健康하게 자라기를 마음깊이 바랄 뿐이다.

數日 前에 오셨든 南原 큰누님이 오늘 出發하셨다. 그래서 일직히 나가서 餞送하여 드리고 바로 出勤하였다. 오늘부터 本格的인 夏穀 收納 督勵 資[次] 出張이다. 面長의 主寬으로 集中 督勵를 始作하여 面長 以下 全 職員이 下三溪로 나려갔다. 그래 먼저 洗心 一, 二, 三區를 거처 鶴亭 二區에서 中食을 먹고 一區를 거처 三區에 가서 正淮 氏 宅에 가서 저녁을 보냈다. 過然 山中이라 모기 한 마리 없고 여름살이 좋은 곳이다.

1957年 7月 25日 (陰 6月 28日) 木曜日 雨 曇 (夜 大雨)

20餘日의 기나긴 장마에 겨우 二日間 개인 날이 다시 어제밤부터 비가 나리기 始作한다. 아침에 일어나서 보니 날씨는 개일 것 같지 않다. 朝飯을 正淮 氏 宅에서 먹고 나려올여고 하는데 비가 개이지 않아 비 개이기만 기다리고 모두 낮잠만 잣다. 그러다가 暫間 개인 時間을 利用해서 里長의 問病을 하고 洗心 一區로 나려오는데 비에 옷을 적시고 왔다. 一區 里長 집에 와서 보니 書類가 말이 않이다. 그래도 一個 部落里長의 文書가 아주 形便 없이 되여 있어 個人別 收納量도 正確히 알 수가 없다. 午後에 늣도록 하여 겨우 去年度 貸與糧穀 未納에 對하여 어덯게 調査하였다. 그래가지고 蓬峴 二區에 가서 다녀서 阿山市場으로 왔다. 蓬峴 二區 里長이 따라 나와 술을 사서 조금 마시고 냇물에 나가 모욕을 하였다.

1957年 7月 26日 (陰 6月 29日) 金曜日 雨

장마라고 하지만 너무 過히 長時日을 繼續하고 있다. 오늘도 終日토록 비는 나리고 있다. 이와 같은 雨中에 무슨 忠誠이라고 夏穀 收納 督勵를 하로 다니고 있으니 참으로 寒心할 일이다. 아침에는 後川 一區 里長이 나왔다. 朝飯 後에 理髮을 하고 後川部落으로 들어가서 비에 가처 돌아다니도 못하고 里長 宅에서 中食만 먹고 비를 마저가며 돌아다니다 歸廳하였다. 올라오면서 비를 다-맞고 왔다. 途中에서 副面長을 맞나가지고도 그대로 올라와 버렸다. 三溪里 와서야 알었지마는 어제 밤의 비가 今年으로는 第一 큰비였다고 한다. 마을 앞 방천이 數 個所 破괴되였다. 나의 논의 방천도 또다시 먼저 改修한 옆에서 破괴 되였다. 氣分이 極度로 不快해서 改修하고 싶은 마음도 없다.

1957年 7月 27日 (陰 7月 1日) 土曜日 雨 曇 (休戰調印日 中伏)

歷史의 수레바귀도 無心히 돌아 休戰協定이 締結된 지도 於焉間 3年!! 其間을 利用해서 以北 共產徒輩들은 軍備擴充에 全心力을 傾注하여 虎視耽耽 再侵의 機會만을 노리고 있다. 이것이 共產傀儡들의 좋은 機會가 될 줄이야 몰랐다. 그러나 때를 모른 南韓의 政客들은 날마다 政爭을 일삼고 어려운 이 時代를 吾不關〈焉〉 하고 있을 것인지? 그러나 末官末職의 우리들 公務員은 행여 國家의 至上命令을 어길가 보아 있는 힘을 다- 모아 職責完遂에 보다 더 努力하고 있다.

오늘도 午前에 무서웁게 나려오든 비를 마저가며 上三溪 一帶로 夏穀 收集 集中督勵를 加하였다. 午後부터는 多幸히도 日氣가 개였으나 오늘 하루에 돌아다닌 7個 部落의 收納 成績이 過然 어떠할 것인지? 夕陽에 海谷에 와서 中伏다름이라고 해서 닭을 잡어 술 한 잔식 마시고 돌아왔다.

1957年 8月 1日 (陰 7月 6日) 木曜日 雨 曇

어제 新亭里에 와서 자고 오늘은 午前 일직히 始作하여 新亭里를 마치고 竹溪 一區로 나려 갔다. 어제 많은 비가 나려서 온 들과 길이 불[물]천지였다. 구두까지 신고 나와가지고 돌아다니는데 如間[干] 不便하지 않았다. 竹溪 一區에서 中食을 먹고 堂山에 올라가서 장기를 뒤고 있다가 다시 個別 訪問을 始作하였다. 里長과 班長으로부터 次期 收納日

에는 責任 짓고 完納하겠다는 굳은 約束을 하고 竹溪 二區로 갔다. 마침 二區 里長이 一區까지 와서 같이 갔다. 夕飯을 里長 집에서 먹고 저녁에는 妻家에 가서 놀다가 거기서 잣다. 竹溪理란 데가 原來 淳朴한 곳인데 今般에는 어떠한 理由에서인지 아주 成績이 不良하였다.

1957年 8月 2日 (陰 7月 7日) 金曜日 雨 曇 (七夕)

午前부터 또다시 비를 맞어가며 活動이 開始된다. 竹契 二區에서는 原木을 下山한 關係로 多少나마 部落民의 收入이 있어 食糧이 없는 農家에서는 現金으로 徵收하여 完了를 짓고 洗心里로 나려갔다. 近日 繼續되는 霖雨로 말미아마 냇물은 滿水가 되여 건너가지도 못하고 험한 山비탈길을 이슬을 쓸어가며 돌아가는 光景이란 정말 寒心스러웠다. 末端 面 職員이 않이고서야 이와 같은 體驗은 하여보지도 못하리라 一區에서 中食을 먹고 三區를 다녀 나와가지고 二區에서 하루밤의 身勢[世]를 지였다. 적은 人員도 않이고 7, 8名이 侵[寢]食을 하게 되는 데는 참으로 未安하였다. 저녁에는 몇몇 職員이 痲雀을 해가지고 닭을 잡어다 먹고 날을 새운 職員도 있다. 오늘은 七夕 牽牛와 織女星이 一年만에 다시 맛나 눈물의 離別하는 애처러운 날이다.

1957年 8月 3日 (陰 7月 8日) 土曜日 曇

그래도 무슨 德인지 三溪面 夏穀收納日에는 日氣가 多少 개인다. 오늘도 뜨거운 해볕은 없어도 多幸히 비는 나리지 않은다. 朝飯을 學珪 家에서 먹고 나오는데 學景 氏가 自己 집에 가서 술 한 잔식 마시고 가자고 해서 드러갔드니 닭을 두 마리나 잡어서 술 한 잔식을 잘 마시고 나왔다. 돌아오는 길에 다시 一區에 들여서 督勵를 다시 하고 蓬現 一區로 왔다. 거기서도 몇 집 訪問하고 바로 歸廳하였다. 그러나 收納 成績은 以外에도 不良하였다. 겨우 60餘叺 出荷되고 말었다. 過히 좋은 成績이 못되고 보니 數日間을 集中督勵한 보람이 없어지고 만다. 몇日만에 歸廳을 하고 보니 未決된 案件이 있어 氣分이 不快한 關係로 몇 里長에게 不快한 言辭를 쓴 것이 이제 後悔된다. 언제나 忍耐를 잊어서는 않이 된다.

1957年 8月 4日 (陰 7月 9日) 日曜日 曇

數日間의 出張에 公私 間에 일이 많이 밀여 있다. 지난번 暴雨로 因하여 방천이 무너진 것을 그대로 두고 도라다니다 왔드니 相當히 많이 流失되여 일거리가 많게 생겼다. 그러나 오늘도 또다시 出張을 計劃해야 한다고 해서 出勤하여 보았드니 他 職員도 全員 出勤하였다. 그러나 그럭저럭하다가 午前에는 나가지 못하고 午後로 미루었다. 그래서 午後에 나갔드니 오늘은 各自 內務나 整理하고 來日부터 다시 出張하자고 해서 집으로 들어왔다. 방천이나 改修해 볼여고 하다가 삼을 베였다. 例年보다 10餘日이나 늦었다. 지루한 霖雨와 暴風으로 因하여 삼이라고 아주 形便 없이 나뻤다. 베를 낳기는 아주 재미없다. 그래도 量的으로는 例年과 갓다. 來日이나 익혀야 하겠다. 오늘밤에는 初생달이 밝게 떴다. 오랜만에 보는 달이다.

1957年 8月 5日 (陰 7月 10日) 月曜日 晴

오래만에 보는 아침 햇빛이다. 무던히도 지루했든 霖雨도 이제는 개일 것인지. 一個月 以上의 霖雨로 因한 被害는 이로 말할 수 없다. 아침에부터 삼을 익후기 始作하였다. 나는 아침에 삼을 쟁이는 것만 보았지 오늘도 出張이라 그 後는 몰랐다. 月曜教養을 해야 할 것임에도 不拘하고 出荷 計劃으로 因하여 中止하고 全 職員이 二班으로 編成하여 上, 下三溪로 出張하였다. 나는 上三溪로 나갔다. 梧枝 一區를 다녀서 漁隱里로 나갔다. 部落에는 里長도 書記도 없었다. 그러나 職員들은 그대로 남어 있다가 午後에 里長을 맞나서 實情을 把握한 後 三溪 二區로 나려갔다. 될 수 있으면 部落에 나가서 癈를 끼치지 않을여고 하나 三隱 二區는 不得已 나가보지 않으면 않이 될 處地에 놓여있어 그리 갔다.

1957年 8月 6日 (陰 7月 11日) 火曜日 雨 晴

1957年 9月 8日 (陰 8月 15日) 日曜日 晴 (仲秋節 白露)

其間 事務의 複雜 等으로 因하여 月餘間이나 日記를 中斷하고 말었다. 公務뿐만이 않이다. 今月 一日부터 實施한 成人教育 等으로 因해서 더욱 바쁘다. 그러나 다시 時間을 얻어 갖이고 繼續 記錄코저 한다.

때는 仲秋佳節 五穀이 무르익어 가며 높은 가을하늘 아래 말도 살이 찌는 좋은 때. 오늘 秋夕節을 맞이하였건만 아직 新穀이 完熟되지 않아 秋夕이라는 氣分이 到底히 나지 않은다. 그래도 秋夕節하면 新穀을 마음대로 먹을 수 있는 때라야 만이 홍겨웁는 데 今年에는 너무도 쓸쓸하다. 夜間에는 "장화홍련" 映畫를 上映한다고 해서 期待가 컸었는데 映畫는 求景도 못하고 남의 일만 죽도록 보아 주었다.

1957年 9月 9日 (陰 8月 16日) 月曜日 晴

오늘도 月曜敎養을 해야 할 터인데 副面長도 出勤하지 않고 面長도 늦게 出勤을 하여 敎養은 中止하고 말었다. 事實上 이 敎養講義라고 해서 實施하여 보았자 別로 所得도 없고 時間만 虛費하고 만다. 차라리 그 時間에 各自 讀書를 하는 것이 效果的일 것이다. 오늘도 別로 한 일도 없이 消日하고 말았다. 낮에 李洙龍 氏 家에서 秋夕을 맞이했다고 職員들을 招待하여서 거기서 中食을 먹었다. 그리고 午後에는 낮잠을 잣다. 요새에 成人敎育 關係 等으로 해서 저녁이면 늦게까지 자지를 못함으로 自然 中 낮이면 조을리는 習性이 생긴다.

이정덕 전북대학교 고고문화인류학과 교수
박지환 서울대학교 국제대학원 교수
이성호 전북대학교 사회과학연구소 학술연구교수
소순열 전북대학교 농경제유통학부(농업경제학) 교수
김미숙 전북대학교 고고문화인류학과 BK21교육연구단 연구원
진명숙 전북대학교 고고문화인류학과 교수
양선아 전북대학교 쌀·삶·문명연구원 전임연구원
공은숙 예수대학교 간호학부 교수
이홍재 전 추계예술대학교 문화예술경영대학원장

쌀 · 삶 · 문명 총서
1950년대, 공무원 이강운의 『삼계일기』

편저자 이정덕, 박지환, 이성호, 소순열, 김미숙, 진명숙, 양선아, 공은숙, 이홍재
펴낸이 김동원
펴낸곳 전북대학교출판문화원

초판 1쇄 인쇄 2021. 5. 1.
초판 1쇄 발행 2021. 5. 10.

전북대학교출판문화원 전라북도 전주시 완산구 어진길 32 (풍남동2가)
전화 (063) 219-5319~2
FAX (063) 219-5323
출판등록 2012년 8월 20일 제465-2012-000021호

저자 및 출판사의 허락 없이 이 책의 일부 또는 전부를 무단 복제 · 전재 · 발췌할 수 없습니다.
잘못된 책은 바꿔 드립니다.

값 30,000원

ISBN 979-11-6372-124-6 93810